"十四五"职业教育部委级规划教材

经济学基础项目化教程

主　编　王　琦　李志勤

副主编　张　玲　曾　兴　李惠青

参　编　周益冲　廖　华

中国纺织出版社有限公司

内 容 提 要

本书基于西方经济学理论架构，结合我国经济发展理论实际进行了重新设计，既保留了经典的经济学理论体系，又兼顾了日新月异的经济学新知识、新观念，注重对我国经济增长的解读及数字经济的认知。教材语言表达兼顾规范性与灵活性，较为通俗易懂，适宜作为高等院校经济类专业公共课教材，也可作为经济学爱好者的入门读物。

图书在版编目（CIP）数据

经济学基础项目化教程 / 王琦，李志勤主编. —北京：中国纺织出版社有限公司，2024.4
ISBN 978-7-5229-1512-8

Ⅰ.①经… Ⅱ.①王… ②李… Ⅲ.①经济学－高等职业教育－教材 Ⅳ.① F0

中国国家版本馆 CIP 数据核字（2024）第 055857 号

责任编辑：顾文卓　向连英　　特约编辑：孟冰清　许心怡
责任校对：王花妮　　　　　　责任印制：储志伟

中国纺织出版社有限公司出版发行
地址：北京市朝阳区百子湾东里 A407 号楼　邮政编码：100124
销售电话：010—67004422　传真：010—87155801
http://www.c-textilep.com
中国纺织出版社天猫旗舰店
官方微博 http://weibo.com/2119887771
三河市海新印务有限公司印刷　各地新华书店经销
2024 年 4 月第 1 版第 1 次印刷
开本：787×1092　1/16　印张：17.5
字数：395 千字　定价：68.00 元

凡购本书，如有缺页、倒页、脱页，由本社图书营销中心调换

前言 PREFACE

本书是一本项目任务式的介绍经济学理论体系和内容的教材。全书共分为十个项目，由微观经济学和宏观经济学两部分组成。微观经济学部分的主要任务包括探索经济学密码、研究定价策略、学会理性消费、学习企业经营之道、分析市场规律、探寻公平与效率、调节市场失灵与政府失灵；宏观经济学部分的主要任务包括读懂国民经济运行数据、感受中国经济增长的奇迹、把握数字经济发展脉搏。

随着我国经济的日益发展，人们越来越关注经济问题。经济学的理论体系对现实的经济活动起着重要的指导作用。对经济学理论的学习和研究有助于我们了解市场经济的一些基本理论和运行规律，经济学所提供的分析问题的方法也给我们的生活带来了许多有益的启示。当然，以西方经济学理论体系为基础的经济学理论并非完全适用于我们的经济生活，我们应该根据实际学以致用，重要的是要通过对理论体系的学习获得分析问题的方法，找到解决问题的途径。

本书由四川商务职业学院王琦、李志勤担任主编，西南财经大学张玲、四川文化产业职业学院曾兴、四川开放大学李惠青担任副主编，四川商务职业学院周益冲、廖华参与编写工作。具体编写分工如下：王琦副教授负责全书知识框架设计，主笔项目一、二、三、七、十中部分任务内容及全书的审核工作；李志勤教授负责各章体例设计，主笔项目一、二、六及全书统稿工作；张玲教授主笔项目八、十并参与审稿工作；曾兴教授主笔项目九并参与全书体例的设计；李惠青副教授主笔项目四并参与章节体例的设计；周益冲副教授主笔项目三、五；廖华主笔项目七。

本书在编写过程中参考了大量专家和学者的著作和研究成果，通过网络搜集和采用了大量的资料，未能一一指出其出处与采用观点，在此对原作者一并致谢！教材的编写也得到了四川省商业联合会秘书长江龙的大力支持，在此亦表示诚挚的感谢！

经济学是一门在不断发展和完善的科学，必须得到现实生活的检验。在理论发展过程中也存在很多颇具争议与探讨的观点。编者希望以经济学知识的普及作为起点，引发读者对经济学的兴趣，引导读者进入经济学的殿堂，若能抛砖引玉，引起争议或共鸣，则实为编者之快事。

由于编者水平有限，书中难免存在不当或疏漏，恳请广大读者批评、指正！

编　者
2024 年 1 月

目 录 CONTENTS

项目一　探索经济学密码

📖 项目导读

　　人类发展史就是一部经济发展史。经济学已经渗透到了现代生活的方方面面。生活中的事情小到买菜、炒股，大到国家 GDP 等，都和经济学有关。学习经济学，能让你在面临决策时做出最优选择，并能更好地理解经济政策及其实施效果的局限性。

⚙️ 思维导图

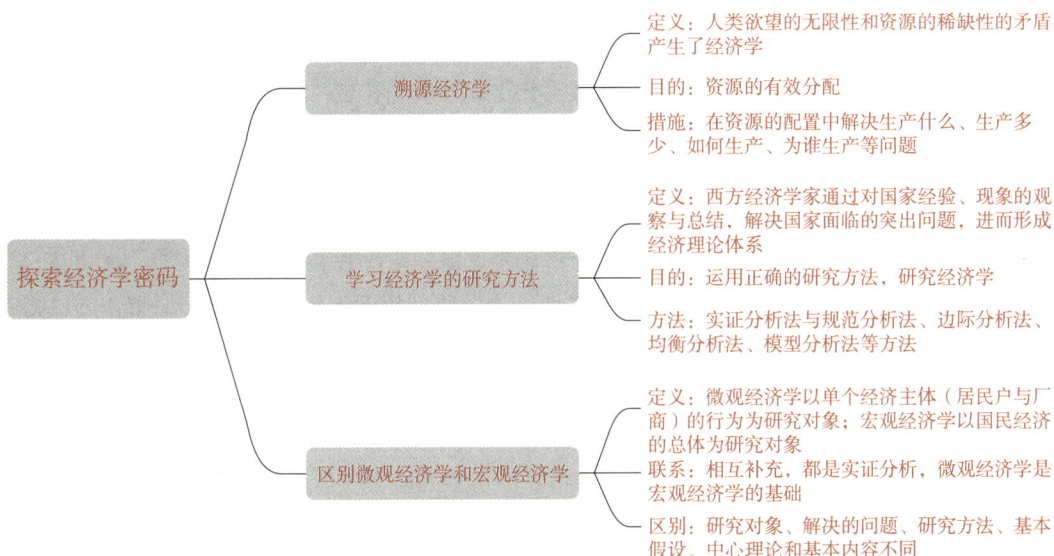

溯源经济学
- 定义：人类欲望的无限性和资源的稀缺性的矛盾产生了经济学
- 目的：资源的有效分配
- 措施：在资源的配置中解决生产什么、生产多少、如何生产、为谁生产等问题

学习经济学的研究方法
- 定义：西方经济学家通过对国家经验、现象的观察与总结，解决国家面临的突出问题，进而形成经济理论体系
- 目的：运用正确的研究方法，研究经济学
- 方法：实证分析法与规范分析法、边际分析法、均衡分析法、模型分析法等方法

探索经济学密码

区别微观经济学和宏观经济学
- 定义：微观经济学以单个经济主体（居民户与厂商）的行为为研究对象；宏观经济学以国民经济的总体为研究对象
- 联系：相互补充，都是实证分析，微观经济学是宏观经济学的基础
- 区别：研究对象、解决的问题、研究方法、基本假设、中心理论和基本内容不同

✏️ 学习目标

知识目标

（1）掌握经济学产生的原因。
（2）了解微观经济学、宏观经济学的区别和联系。
（3）了解世界经济学的发展历程。
（4）了解经济学的研究方法。

能力目标

（1）能够正确把握经济学发展历程。
（2）能够初步建立经济学知识学习图谱。

素质目标

（1）学会以经济学的新视角看待世界。
（2）学会用马克思主义经济学辩证思维分析现实生活中的经济现象。

任务一　溯源经济学

🖥 **任务导航**

经济学是基于什么原因产生的呢？人类欲望的无限性和资源的稀缺性的矛盾产生了经济学。如何正确理解人类欲望的无限性、资源的稀缺性？经济学能够帮助我们解决一些什么经济问题呢？

在线课程集锦

🔄 **育人在线**

♪ 绿水青山就是金山银山 ♪

在黑龙江伊春，天然林商业性采伐全面停止，良好的生态使这里成为旅游"打卡地"；在内蒙古鄂尔多斯，当地群众将库布齐沙漠的漫漫黄沙变为高产良田，依靠种植、畜牧、光伏等产业增收致富；在江苏连云港，随着海域生态持续改善，渔获又丰富起来了……党的十八大以来，各地坚持在发展中保护、在保护中发展，实现百姓富、生态美的有机统一，绿水青山就是金山银山的理念在祖国大地上更加充分地展现出来。

2005 年 8 月，时任浙江省委书记的习近平同志在浙江省安吉县的余村考察时，首次提出了"绿水青山就是金山银山"的重要论断。在"两山论"的引领下，当地探索出一条经济与生态互融共生的新路径。党的十八大以来，习近平同志在多个场合对"两山论"进行了更加深刻、系统的理论概括和阐释。"我们既要绿水青山，也要金山银山。宁要绿水青山，不要金山银山，而且绿水青山就是金山银山""要积极探索推广绿水青山转化为金山银山的路径"……绿水青山就是金山银山的理念深刻揭示了发展与保护的辩证统一关系，实现了对马克思主义生产力理论的丰富与发展，具有重大的思想价值和现实意义。

"草木植成，国之富也。"党的十八大以来，绿水青山就是金山银山的理念成为全党全社会的共识和行动，绿色发展按下快进键，我国生态文明建设驶入快车道。这 10 年，"看得见"的绿色在快速扩展。我国人工林保存面积 13.14 亿亩，居世界首位；林草总碳储量达到 114.43 亿吨，居世界前列；我国建成全球规模最大的碳市场和清洁发电体系，可再生能源发电装机容量超 10 亿千瓦；新能源汽车保有量超过 1000 万辆。"看不见"的绿色也在默默生长。"综合能源服务员""冶金热能工程技术人员""环境卫生工程技术人员"等一批"绿色职业"应运而生，分类已有 133 个；全国涌现出一大批绿色工厂、绿色工业园区、绿色供应链管理企业；垃圾分类、节水节电、"光盘"行动等得到有效推广，越来越多的人自觉选择简约适度、绿色低碳、文明健康的生活方式。10 年来，我国能耗强度累计下降 26.2%，单位 GDP 二氧化碳排放量累计下降约 34%，绿色越来越成为高质量发展的底色。

习近平同志强调："绿水青山既是自然财富、生态财富，又是社会财富、经济财富。"生态环境保护和经济发展不是矛盾对立的关系，而是辩证统一的关系。只有把绿色发展的底色铺好，才会有今后发展的高歌猛进。安吉县走上生态发展之路后，致富路也拓宽了。安吉县以全国 1.8% 的竹产量创造了全国 10% 的竹产业产值。安吉县的变化，是中国生态文明建设的一个缩影。停止伐木、发展旅游，自然封育、草畜平衡，生态养殖、产业升级遍布大江南北的一座座城镇、一个个乡村，依托绿色家底，实现了生态效益、经济效益、社会效益的同步提升。实践证明，保护生态环境就是保护自然价值和增值自然资本，就是保护经济社会发展的潜力和后劲。

"绿水青山和金山银山绝不是对立的，关键在人，关键在思路。"着力增加生态产品供给，加快建立以产业生态化和生态产业化为主体的生态经济体系，才能让良好生态环境成为经济社会持续健康发展的支撑点。一竿翠竹撑起一县经济，一片叶子富了一方百姓，一颗果子撑起一片产业，多地的积极探索证明守绿换金、添绿增金、点绿成金、借绿生金，是可以做到的。当前，我国转向高质量发展阶段，生态环境的支撑作用越来越明显。我们要坚定不移保护绿水青山这个"金饭碗"，利用自然优势发展特色产业，因地制宜壮大"美丽经济"，让良好生态环境成为人民生活的增长点。

人不负青山，青山定不负人。良好生态本身蕴含着无穷的经济价值，能够源源不断创造综合效益，实现经济社会可持续发展。以习近平生态文明思想为根本遵循和行动指南，牢固树立绿水青山就是金山银山的理念，把绿水青山建得更美，把金山银山做得更大，我们就一定能走出一条生产发展、生活富裕、生态良好的文明发展道路，让人民群众在绿水青山中共享自然之美、生命之美、生活之美。

（资料来源：绿水青山就是金山银山——新时代推进美丽中国建设的根本遵循③．人民日报，2022-09-29.）

解析

"生态兴则文明兴，生态衰则文明衰。"古今中外的文明史印证了生态环境对人类社会生存发展的影响巨大。绿水青山可带来金山银山，金山银山却买不了绿水青山。绿水青山和金山银山是对生态环境保护和经济发展的形象化表达，这两者绝不是对立的，而是辩证统一的。在鱼和熊掌不可兼得的情况下，要懂得选择的机会成本，让绿水青山源源不断带来金山银山，必须牢固树立和践行"绿水青山就是金山银山"的理念，站在人与自然和谐共生的高度谋划发展。这是我国立足于进入全面建设社会主义现代化国家、实现第二个百年奋斗目标的新发展阶段的现实情况，对谋划经济社会发展提出的新要求。

"绿水青山就是金山银山"的理念深刻揭示了发展与保护的辩证统一关系，实现了对马克思主义生产力理论的丰富与发展。

任务准备

一、探寻经济学产生的原因

任何一门学科都是伴随着客观环境的改变而产生的。例如，人类因为要交流而产生了语言文字、因为要计数而产生了数学等。经济学的产生显然也离不开人类的生产活动与发展。

一个家庭主妇手中只有有限的货币，可她想要购买更多的东西，因此她必须精心安排这些货币的用途；一个学生的时间是有限的，可他想要做更多的事，因此他必须精心安排有限的时间；土地是有限的，但土地的用途很多，因此人们必须精心安排土地的用途。随着人类欲望的无限增长，资源的稀缺性越来越明显，如何合理安排有限资源来满足人类的无限欲望就成为人们必须要解决的问题。

1. 欲望的无限性

人类的生存与发展离不开各种物质产品与精神产品。美国著名心理学家亚伯拉罕·马斯洛（Abraham Maslow）把人的欲望分为了五个层次：第一，基本的生理需要，即生存的需要，是最低层次的需要（包括衣食住行等基本的生活需要）；第二，安全的需要，即希望未来生活有保障，免于伤害、剥夺、失业等；第三，社交的需要，即感情的需要、爱的需要、归属感的需要等；第四，尊重的需要，包括自尊和受人尊重，即不仅希望自己有能力、有自信心、有成就，还希望能获得名誉、威望和地位；第五，自我实现的需要，即根据自己的人生观和价值观实现自我价值的需要，是最高层次的需要。这五种层次如金字塔一样分层次排列，如图 1-1 所示，当前一种需要或欲望得以满足时，就会产生后一种层次的需要。

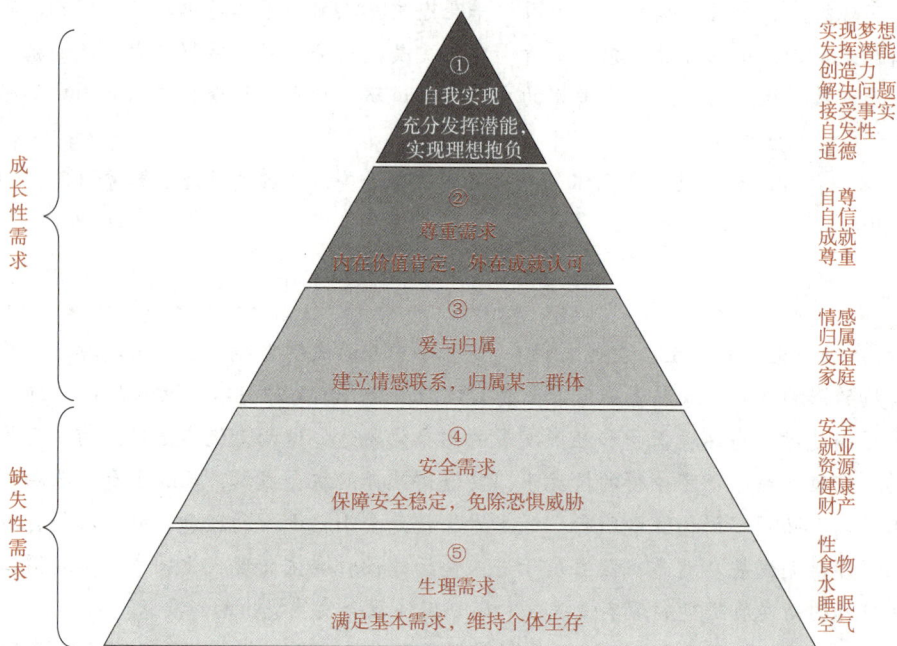

图 1-1　马斯洛层次理论分析图

我国居民的消费需求随着时代的变化呈现出由低到高的发展趋势。在 20 世纪 50 ～ 60 年代，人们追求的是自行车、缝纫机、手表和收音机；20 世纪 70 ～ 80 年代，人们追求的是收录机、黑白电视机、洗衣机和冰箱；20 世纪 90 年代，人们追求的是录像机、彩色电视机、计算机和音响；进入 21 世纪后，人们开始追求笔记本电脑、私家汽车和高级住宅。

由此可以看出，无论是整个社会还是个人的发展过程，人们的欲望总是随着条件的不断改善，沿着物质产品向精神产品、从低级向高级不断发展的，人们的欲望是永无止境的。

2. 资源的稀缺性

人类生产或生活必须依赖各种资源，因而人类欲望或需求的满足程度取决于产品和劳务资源的供给状况。经济学家把满足人类欲望的资源分为自由物品（Free Goods）和经济物品（Economic Goods）。像阳光和空气那样供给十分丰富的东西称为自由物品。自由物品可以免费地和自由地被取用，并且不会让人感觉稀少。在自由物品面前，人们没有经济问题。经济物品是指人类必须付出代价才能获得的物品，即必须借助生产资源通过人类加工生产出来的物品。

自由物品经过一定的人工处理也可以变成经济物品，如水和空气可以经过现代化装置进行人工净化过滤之后再提供，纯净水和人工氧吧就是经济物品。经济物品在人类生活中有相当重要的地位，但它们的数量是有限的，必须付费才能使用。

从形成方式来看，资源又可以分为自然资源、人工资源和智力资源。自然资源又称天然资源，是指土地、石油、煤炭、原始森林、空气、阳光、河流等一切自然形成的、不含有任何人类劳动的资源；人工资源是指所有的由人类加工制造的生产辅助物，如机器、厂房等；智力资源是指能推动生产发展、社会进步、人民生活水平提高的潜在的和现实的知识技术资源的禀赋。

如果资源的供给是无限的，那么社会就能无限量地生产出各种物品，人们就可以拥有自己想要的一切东西而不必担心花光其有限的收入；企业不必再为劳动成本和医疗保险问题犯愁；政府也不再为税收、支出和环境污染等问题大伤脑筋。人们可以随心所欲地获得自己想要的东西，不必关心不同的人或不同阶层之间的收入分配问题。社会上所有的物品都会免费，所有的价格都会变成"0"，市场也会变得可有可无。

然而，从当今世界各国的经济现状来看，资源的供给相对于人类的需求都是不足的，即资源是稀缺的。值得注意的是：稀缺性是相对的，它不是指这种资源是不可再生产的或可以耗尽的，也与这种资源的绝对量的大小无关。而是指相对于人类无穷无尽的欲望而言，再多的物品和资源也是不足的。稀缺性存在于各个社会，无论是贫穷的不发达国家还是富裕的发达国家。由此来看，稀缺性是人类社会永恒的话题，只要有人类就会有资源稀缺问题。

3.经济学的产生

人类欲望的无限性与资源的稀缺性构成一对矛盾，这对矛盾的解决方式有两种：一种是限制人类的欲望以适应稀缺的资源，这是宗教学研究的范畴；另一种是社会要考虑如何最有效地配置和利用资源，以最大限度地满足人类的欲望或需求，这则是经济学要研究的内容。

小任务

解人颐

终日奔波只为饥，方才一饱便思衣。

衣食两般皆俱足，又想娇容美貌妻。

娶得美妻生下子，恨无田地少根基。

买到田园多广阔，出入无船少马骑。

槽头扣了骡和马，叹无官职被人欺。

县丞主簿还嫌小，又要朝中挂紫衣。

作了皇帝求仙术，更想登天跨鹤飞。

若要世人心里足，除是南柯一梦西。

　　　通过古诗理解经济学产生的前提，并从人类欲望的无限性和资源的稀缺性视角谈谈你对这首古诗的看法。

_____

_____

_____

二、谈谈经济学要解决的问题

经济学产生于资源的稀缺性，但它并不直接研究稀缺性，而是研究由资源稀缺引发的选择的必要性。由于同一种资源和物品有多种用途，人类的欲望也有轻重缓急之分。因此，在用有限的资源和物品去满足人类的不同欲望时，就必须做出选择。这就是说只有对有限的资源进行有效配置与合理利用，才能更好地满足人类的欲望。由此引发了以下三个经济学必须要回答的问题。

1. 生产什么（What）、生产多少的问题

生产什么是指创造什么样的产品，各创造多少。回答"生产什么、生产多少的问题"就是确定生产对象。由于资源有限，如果用于生产某种产品的资源多一些，那么用于生产另一种产品的资源就会少一些。因此人们必须做出抉择：用多少资源生产某一种产品，用多少资源生产其他的产品。例如，我们应该生产面包还是生产衣服？生产少量优质的还是大批廉价的衣服？我们应该利用有限的资源生产更多的消费品，还是应该生产较少的消费品和较多的资本品，从而使明天有更多的产出？

2. 如何（How）生产的问题

一个社会必须决定谁来生产、使用何种资源，以及采用何种生产技术，即确定生产方式。

不同的生产方式组合是可以相互替代的，同样的产品可以有不同的资源组合方法（劳动密集型、资本密集型或技术密集型），比如谁负责教学和科研，谁负责生产粮食，用石油发电还是用煤炭、水力或风力发电，生产设备是由人来操作还是由机器来操作等。人们必须决定各种资源如何进行有效组合才能提高经济效率。同样的产品生产在不同的制度环境下，会有不同的劳动生产率。

3. 为谁生产（For whom）的问题

为谁生产是指创造出来的产品如何分配给社会的各集团和个人。回答"为谁生产"就是确定生产产品的消费群体。谁来享受经济活动的成果？社会产品如何在不同的居民之间进行分配？利用各种资源的配合所创造出来的财富在各个阶层里如何被分配？经理、运动员、工人和资本所有者，谁应当得到高收入？社会应该给穷人提供最低消费，还是遵循不劳动者不得食的原则？产品应该遵循什么样的原则、采用什么样的机制被分配？分配的数量界限如何把握？

事实上，在两个或两个以上的人构成的社会中都会存在产品或收入的分配问题，而其分配的方式受经济制度的制约，分配结果又直接关系到社会劳动效率。

以上三个问题涉及资源的配置问题，主要由微观经济学研究。人类社会必须对这三个基本经济问题做出回答，以有效地分配使用相对稀缺的资源来更好地满足人类无限的欲望。

资源是稀缺的，因此资源需要有效配置；资源是稀缺的，因此资源还需要充分利用。

实现有效配置的资源未必能使其利用效率达到最大，宏观经济学把资源配置作为既定的前提，研究现有资源未能得到充分利用的原因，达到充分利用的途径，以及如何实现增长等问题。因此，经济学还需要回答以下三个问题。

1. 充分就业的问题

充分就业指包含劳动在内的一切生产要素都能以愿意接受的价格参与生产活动的状态。一个社会未实现充分就业时，被视为资源未获得充分利用。充分就业是社会经济发展的一个十分重要的条件。要实现充分就业，政府必须加强经济干预，力求达到或维持总需求的增长速度和一个国家经济生产能力的扩张速度的均衡。

2. 经济波动与经济增长问题

尽管资源总量没有变，但产量却时高时低，增长并不稳定和均衡。政府必须考虑如何使产量不断地增长，且获得持续的成长性。

3. 货币购买力是否稳定的问题

现代社会是一个以货币为媒介的商品社会，货币购买力的变动会导致物价水平不同。第二次世界大战后的几十年来，物价水平的特点是只涨不落。因此，人们注意的中心是通货膨胀。通货膨胀的原因和后果也是经济学近年来面临的重大问题。

任务演练

个人完成：经济学的产生是基于哪一对矛盾？	解答：		
解决这一对矛盾有几种方法？	方法一：	方法二：	方法三：

教师点评：

任务二 学习经济学的研究方法

任务导航

经济学要对经济现象进行分析并得出结论，找到解决问题的方法。在这个过程中，我们有哪些进行经济现象分析和决策的方法呢？

在线课程集锦

育人在线

基于中国经济的理论分析方法创新

第一次工业革命之后，全球最早的经济中心在英国。第二次世界大战后，美国取代了英国的经济地位，因此美国毫无疑义地变成了最重要的经济理论中心。按照购买力平价计算，最迟到2030年，中国将会变成世界第一大经济体。随着中国的经济地位越来越重要，解释中国现象的理论也将会成为越来越重要的理论。怎么抓住这个时代的机遇进行理论创新？根据这些年的经验，笔者总结了一个"一分析三归纳"的方法。

"一分析"是指面对一个现象时，不要从已有的理论出发来解释这个现象，而要了解谁是这个现象背后的主要决策者、要实现的目标是什么、可动员的资源和面对的限制条件是什么、有哪些选择方案、这些方案的相对成本和收益是什么、哪个方案能更好地实现目标。

既然经济分析涉及如此多的环节与变量，那要如何对它们进行有效的"三归纳"呢？

第一种方法是当代横向归纳法，即在同一个时代里做横向比较，去归纳某种现象产生的根本原因是什么。例如，计划经济为什么会产生？政治经济学教科书都认为，计划经济是由社会主义的性质决定的。但是，实行资本主义制度的印度也有国家计划委员会。笔者认为，这是因为印度试图在一穷二白的基础上优先发展违背比较优势的资本密集型重工业。在开放竞争的市场中，如果违背比较优势，企业就没有自生能力，靠市场自身发展不起来，只有靠国家直接动员资源、配置资源才能发展起来。而要实现这样的发展，光靠财政补贴是不行的，只能靠人为扭曲把各种投入品和原材料价格压低。人为压低价格会造成供不应求，国家怎么保证非常稀缺的资金、原材料等能用在要优先发展的重工业上？这就必须要有国家计划、运用行政手段，根据计划来配置资源。

第二种方法是历史纵向归纳法。1953年，我国开始在农村推行合作化运动，教科书上认为这是由我国的社会主义性质决定的。但是，从新中国成立一直到1952年，我国的土地政策是没收地主的土地分给贫下中农。直到1953年，国家确立了第一个五年计划，推行重工业优先发展，随后才把分给农民的土地以合作化形式重新集中起来。可见，合作化的原因来自重工业优先发展而不是社会主义的性质。所以，研究经济现象既要关心当下，也要了解历史，要进行纵向比较。

第三种方法是多现象、多因素归纳法。笔者认为，真实的世界是"因因果果，果果因因"的。一个"因"会导致"果"，而这个"果"则可能成为其他现象的"因"，一个理论要想达到"认识世界、改造世界"的目标，则需要明确现象背后的根本原因。如此循环反复。如果经济学家从中间因而非始因来构建理论，那么以这样的理论来推动社会变革，经常会事与愿违。例如，在资本短缺的经济中优先发展资本密集型重工业，通常会对金融产生抑制。20 世纪 70 年代，美国斯坦福大学教授罗纳德·麦金农提出金融抑制理论，认为这是发展中国家经济发展的障碍，建议取消金融抑制，结果却使得发展中国家金融危机发生的频率加快。因此不难得出结论，当面对由多个环节同时决定的经济现象时，研究者往往要再多挖一层，只有这样才能找到这个现象的根本决定性因素。

（资料来源：节选自林毅夫. 本体与常无——有关经济学方法论的对话，北京：中信出版社，2022.）

解析

　　学者林毅夫提出中国经济应以马克思主义为指导，构建具有中国特色、中国风格、中国气派的经济学理论体系。西方经济学家通过对国家经验、现象的观察与总结，解决国家面临的突出问题，进而形成经济理论体系，为了避免经济学"淮南为橘淮北为枳""依样画葫芦"的情况发生，中国应用马克思主义的立场、观点和方法来研究中国的经济现象和问题，以提出有别于西方主流观念的新的理论体系。

任务准备

一、实证分析法与规范分析法

　　经济学的基本分析方法有实证分析和规范分析两种，与此相对应的经济学也有实证经济学（Positive Economics）和规范经济学（Normative Economics）之分。

　　实证经济学试图回答"是什么"和"如果……将会怎样"的问题，而规范经济学则试图回答"应该是什么"的问题。例如，关于限制汽油价格的问题，实证经济学仅仅关心限制汽油的价格将会有哪些后果，而规范经济学则提出应该或不应该限制汽油价格的主张。再如，关于税率问题，实证经济学仅仅关心提高个人所得税率会有哪些后果，而规范经济学则提出应该或不应该提高个人所得税税率的主张。

　　对这两种方法的理解需要从以下三个方面进行考虑。

1.结论是否含有价值判断

　　这里的价值指的是经济事物的社会价值而非商品的价值，是指事物好坏的问题。价值判断属于社会伦理学的范畴，具有强烈的主观性和阶级性。实证经济学为了使经济学具有客观科学性，就要避开价值判断；而规范经济学要判断某一具体事物的好坏，则是从一定的价值判断出发来研究问题。是否以一定的价值判断为依据，是实证经济学与规范经济学的重要区别之一。

2.分析内容是否具有客观性

　　实证分析的结论可以根据事实进行检验，不以人们意志为转移；规范分析本身则没有客观性，它所得出的结论受到不同价值观的影响，涉及的是是非善恶、应该与否、合理与否的问题。由于人们的立场、观点、伦理道德标准不同，对同一经济事物会有截然不同的看法，谁是谁非没有什么绝对的标准，从而也就无法检验。

3.规范分析要以实证分析为基础

　　无论是实证分析还是规范分析都与经济目标相关，而经济是分层次的。目标的层次性越低，与经济运行的联系就越密切，其研究就越有实证性；目标层次越高，越需要对经济进行评价，其研究就越具有规范性。实证分析与规范分析是对经济目标的不同层次上的研究，功效各异、相互补充，构成不可分割的整体。

因此，对任何一种经济现象进行研究时，不仅要对经济过程本身进行研究，而且要对经济过程做出判断，将实证分析法与规范分析法结合在一起使用，才能说明经济过程的全貌，而不至于片面化。

二、边际分析法

边际分析法是经济学普遍采用的分析方法。边际分析是指自变量每增加 1 单位或最后 1 单位的量值会如何影响和决定因变量的量值。边际量有两层含义：一是增量的意思；二是一定数量中最后一个单位所带来的增量，这一增量在数字上可以是正数，也可以是负数。边际的概念概括起来有两大类：一类是边际利益（Marginal Benefit），一类是边际成本（Marginal Cost）。前者指的是稍微增加某经济活动所带来的利益的增量（如货币收入、满意程度等），后者则是指稍微增加某种经济活动所带来的成本的增量。

边际分析法下，经济学家在进行选择时总是遵循这样的原则：当某项经济活动（如生产、消费）的边际收益大于边际成本时，人们会扩大这种活动；反之，则会减少这种活动，直到边际收益等于边际成本。

在具体分析中，边际分析给我们以下两种启示：

（1）关注增量收益和增量成本，而不是总收益和总成本。例如，当你在决定是否再购买 1 瓶矿泉水时，考虑的是这 1 瓶增加的矿泉水给你带来的好处以及为其付出的代价之间的比较，而不是考虑已购买的全部矿泉水的好处与全部矿泉水让你花费的总付出之间的比较。你并非在有水和没水之间进行决策，而是在买或不买最后这瓶水间进行抉择。

（2）忽略过去的成本，关注可能追加的成本。例如，一位店主考虑今天是晚上 10 点还是 12 点关门时，他需要关注的是多开 2 小时门能给他带来的增量收益与多开 2 小时门付出的成本之间的比较，并不关心 10 点之前营业产生的成本。于他而言，过去产生的成本是与选择是否延长关门时间无关的，这在经济学中被称为沉落成本。

边际分析是揭示经济活动中的数量变动关系，是对经济数量变化的客观描述。在以后的章节中我们会用到大量边际相关的概念，如边际效用、边际成本、边际收益、边际产量等。运用这一方法分析经济活动中的客观数量关系，有助于帮助人们认识各种数量变化的趋势和规律。

三、均衡分析法

均衡本是物理学中的概念，它表示当一个物体受到方向相反的两个外力的作用、合力为零时的静止状态。在经济分析中，经济学家用均衡的思想来描述各个经济决策主体（如消费者、厂商等）所做出的决策正好彼此相容，并且在外界条件不变的情况下，每个人都不会愿意再调整自己的决策，因而不再改变其经济行为的现象。例如，当大米的市场价格为 2 元时，大米的供给量与需求量恰好相等，既没有不足也没有剩余，此时，大米的价格就既没有上涨的空间，也没有下跌的可能，我们把这种市场状态称为均衡。

均衡分析可以分为局部均衡（Partial Equilibrium Analysis）和一般均衡分析（General Equilibrium Analysis）。局部均衡是指经济体系中单独一个消费者、一个商品市场或要素市场、一家厂商或一个行业的均衡状态；一般均衡是指一个经济体系中，所有市场的供给和需求同时达到均衡的状态。根据一般均衡分析，某种商品的价格不仅取决于它本身的供给和需求状态，还受到其他商品的价格和供求状态的影响。由于一般均衡分析是关于整个经济体系的价格和产量结构的一种研究方法，因而是一种比较全面的分析方法。但这种分析方法涉及市场的方方面面，分析起来比较复杂，所以经济学多采用局部均衡分析法。

四、模型分析法

模型是理论的规范化表述，通常是对两个或多个变量之间的假设关系的数学表达。模型分析法综合运用算术表示法、文字叙述法、几何等价法和代数法（模型法）来表述经济理论。模型分析是一种抽象分析的方法，所有的模型都是通过去掉一些不必要的部分而使现实经济问题简单化。也就是说，模型以简明的方式展示所提出的问题的重要方面。但是，当我们使用模型这一重要的经济工具时，又必须注意到，由于模型过于简单，经济模型和产生模型的理论丢掉了大量的社会和政治的现实性。

任务演练

个人完成：以下经济现象的分析中，应当采取什么样的分析方法？在相应的表格内打"√"

经济现象	规范分析法	实证分析法
2024 年的失业率较 2023 年发生了什么样的改变？		
应当实行九年制义务教育还是十二年制义务教育？		
油价涨跌对 GDP 造成了什么样的影响？		
南水北调工程的实施利大于弊还是弊大于利？		

教师点评：

任务三 区分微观经济学和宏观经济学

📖 任务导航

　　经济学理论既为个人或个别企业决策服务，也为政府决策服务。根据服务对象的不同可将经济学分成微观经济学与宏观经济学。那么，微观经济学和宏观经济学分别解决什么问题？它们各自有哪些特点呢？

在线课程集锦

🎓 育人在线

╭ 如何用好西方经济学 ╮

　　2015年11月23日，习近平总书记在主持中共中央政治局第二十八次集体学习时强调，要立足我国国情和我国发展实践，揭示新特点新规律，提炼和总结我国经济发展实践的规律性成果，把实践经验上升为系统化的经济学说，不断开拓当代中国马克思主义政治经济学新境界。

　　2015年12月18日至21日召开的中央经济工作会议强调，要坚持中国特色社会主义政治经济学的重大原则，坚持解放和发展社会生产力，坚持社会主义市场经济改革方向，使市场在资源配置中起决定性作用，是深化经济体制改革的主线。

　　我们引进"西方经济学"是要借鉴其先进经验，而不是全盘照抄。自20世纪90年代以来，由于中国选择了建设社会主义市场经济的改革目标和进一步扩大对外开放的政策，为了更多地借鉴西方发达国家的先进经验，中国开始大量引进西方经济学。我们引进西方经济学的目的，只是为了更好地借鉴西方发达国家经济发展的经验，并不是要全盘照抄西方经济学。然而，由于西方经济学本身所固有的意识形态属性，以美国为代表的发达国家有意识地对中国大量输出他们的经济学。由于近代以来形成的民族自卑心理在许多中国人身上挥之不去，且中国的实践已经在事实上超越了经典马克思主义关于社会主义的设想，于是一些人对中国所取得的巨大成就视而不见，对于解决中国发展中存在的问题不是寄希望于进一步坚持和发展马克思主义，而是寄希望于西方主流经济学上，进而产生了西方主流经济学成为事实上的主流经济学的怪现象。

　　（资料来源：如何理解中国特色社会主义政治经济学.人民网，2016.）

【解析】

　　中国共产党始终是一个富有创造精神的党，带领中国人民基于中国实践走出了一条有中国特色的社会主义建设道路。特别是改革开放以来形成的关于社会主义本质的理论，关于社会主义初级阶段基本经济制度的理论，关于树立和落实创新、协调、绿色、开放、共享的发展理念的理论，关于发展社会主义市场经济、使市场在资源配置中起决定性作用和更好发挥政府作用的理论，关于我国经济发展进入新常态的理论，关于推动新型工业化、信息化、城镇化、农业现代化相互协调的理论，关于用好国际国内两个市场、两种资源的理论，关于促进社会公平正义、逐步实现全体人民共同富裕的理论等，指导中国革命和经济发展实践，开拓了马克思主义政治经济学新境界。

任务准备

本书所要介绍的内容正是微观经济学与宏观经济学的基本原理。在这一节中，我们先对微观经济学与宏观经济学做一些概括性的介绍，以便进一步理解经济学研究的对象，并为阅读以后的内容提供一些预备性知识。

一、微观经济学

1. 微观经济学的概念

微观经济学（Microeconomics）以单个经济主体（居民户与厂商）的行为为研究对象，主要研究生产什么、如何生产和为谁生产的问题。通过研究单个经济单位的经济行为和相应的经济变量单项数值的决定来说明价格机制如何解决社会的资源配置问题。

在理解微观经济学的定义时，要注意以下四点：

（1）研究的对象是单个经济主体的经济行为。单个经济主体指组成经济的最基本的单位——居民户与厂商。居民户又称家庭，是经济中的消费者；厂商又称企业，是经济中的生产者。在微观经济学的研究中，假设居民户与厂商经济行为的目标是实现最大化，即消费者（居民户）要实现满足程度（效用）最大化，生产者（厂商）要实现利润最大化，那么微观经济学研究居民户与厂商的经济行为就是研究居民户如何把有限的收入分配于各种物品的消费上，以实现满足程度最大化，以及厂商如何把有限的资源用于各种物品的生产以实现利润最大化。

（2）解决的问题是资源配置。资源配置即以前所说的生产什么、如何生产和为谁生产的问题。解决资源配置问题就是要使资源配置达到最优化，即在这种资源配置下能给社会带来最大的经济福利。微观经济学从研究单个经济单位的最大化行为入手，来解决社会资源的最优配置问题。因为如果每个经济单位都实现了最大化，整个社会的资源配置也就实现了最优化。

（3）中心理论是价格理论。微观经济学的中心理论实际上是解释英国古典经济学家亚当·斯密的"看不见的手"这一原理的。亚当·斯密认为，每个人都在追求自己的个人利益，但在这样做时，由于一只看不见的手的指引，结果是增进了社会利益。"看不见的手"就是价格。在市场经济中，居民户和厂商的行为要受价格的支配，生产什么、如何生产和为谁生产都由价格决定。微观经济学的中心就是要解释价格如何实现资源配置最优化。

（4）研究方法是个量分析。个量分析是研究经济变量的单项数值如何决定的。例如，某种商品的价格就是"价格"这种经济变量的单项数值。微观经济学中所涉及的变量，如某种产品的产量、价格等都属于个量。

2. 微观经济学的基本假设

经济学的分析方法总是建立在一定的前提条件下的。"假设法"是当代经济学最重要的方法，微观经济学有以下三个最重要的假设前提：

（1）理性经济人假设。理性经济人假设是指人们在经济活动中，所追求的是个人经济利益的最大化。人总是按能够实现自身经济利益的方式来进行选择。经济生活中每一个人的行为均是利己的，其在做出一项经济决策时，总是深思熟虑地通过成本—收益分析或趋利避害原则来对其面临的各种可能的机会、目标以及实现目标的手段进行比较，力图以最小的经济代价追求自身利益的最大化。按理性人的假设，市场中每一个人的行为都是力图以自己最小的经济代价去追求自身利益最大化的过程。而追求自身利益最大化的过程就是微观主体对自身资源进行有效配置的过程，更进一步地说，就是市场机制通过对微观主体的诱导进而引起资源配置的过程。

理性人假设在假定人是利己的同时，也充分关注他人的利益，利己不能以损害他人利益为前提，因此不是通常意义上的"自私自利"。

小任务

　　什么是理性经济人假设？日常生活中哪些行为符合这个假定，有没有非理性的经济行为？自私自利和损人利已是理性的还是非理性的？为什么？

_____

_____

_____

（2）信息完全假设。信息完全假设也被称为"信息充分"假设，是指市场上每一个经济主体对有关的经济情况具有完全信息。例如，每一个消费者能够完全了解市场上每一种商品的性能和特点，准确地判断特定商品给自己带来的消费满足程度，掌握商品价格在不同时期的变化，从而能够确定最优的商品购买数量；每一个厂商都能准确地掌握产量和生产要素投入量之间的技术数量关系，了解商品价格和生产要素价格的变化，以及在每一个商品价格水平上消费者对产品的需求量，从而做出最优的生产决策。

（3）市场出清假设。市场出清假设是坚信价格的自由涨落可以使市场的供求处于均衡状态，包括产品价格的涨落可以使产品市场上产品供求达到均衡，利率的上升或下降可以使资本市场上资本供求处于均衡状态，工资的升降可以使劳动力市场上劳动力供求处于均衡状态等。在这种均衡状态下，社会资源可以得到充分利用，不存在资源浪费或闲置。因此，微观经济学就是在假定资源得到充分利用的条件下研究资源的优化配置问题的。

3.微观经济学的基本内容

微观经济学包括的内容相当广泛，主要有以下六项：

（1）价格理论。价格理论研究商品的价格如何决定以及价格如何调节整个经济的运行。如上所述，这一部分是微观经济学的中心，其他内容都是围绕这一中心而展开的。

（2）消费者行为理论。消费者行为理论研究消费者如何把有限的收入分配于各种物品的消费上，以实现效用最大化。这一部分是对决定价格的因素（需求）的进一步解释。

（3）生产者行为理论。生产者行为理论研究生产者如何把有限的资源用于各种物品的生产上而实现利润最大化。这一部分包括研究生产要素与产量之间关系的生产理论、研究成本与收益的成本与收益理论，是对企业如何利用各种生产要素资源开展生产活动的论述。

（4）市场理论。市场理论是指研究不同市场竞争状态下厂商的价格决策，以实现利润最大化的理论。

（5）要素理论。要素理论也称为分配理论，是指研究产品按什么原则分配给社会各集团与个人，即工资、利息、地租和利润如何决定的理论。这一部分运用价格理论来说明为谁生产的问题。

（6）市场失灵与政府干预。按微观经济学的理论，市场机制能使社会资源得到有效配置。但实际上，市场机制并不是万能的。其原因主要有三点：第一，市场机制发挥作用的前提是完全竞争，但实际上不同程度垄断的存在是一种极为普遍的现象，所以市场机制往往不能正常发挥作用；第二，市场机制的调节是自发的，其结果不一定符合社会的要求；第三，市场机制不能解决经济中的某些问题，如不能提供公共物品等，这就需要相应的经济政策提供帮助。

二、宏观经济学

1.宏观经济学的概念

宏观经济学（Macroeconomics）以国民经济的总体为研究对象，研究如何充分利用社会资源、国民收入总量均衡、就业、通货膨胀和经济增长等问题。通过研究经济中各有关总量的决定及其变化，来说明资源如何才能得到充分利用。在理解宏观经济学的定义时，要注意以下四点：

（1）研究的对象是整体经济。宏观经济学研究的不是经济中的各个单位，而是由这些单位所组成的整体；不是树木，而是由这些树木所组成的森林。这样，宏观经济学就要研究整个经济的运行方式与规律，从总体上分析经济问题。正如美国经济学家保罗·萨缪尔森所说，宏观经济学"根据产量、收入、价格水平和失业来分析整体经济行为"，美国经济学家 E. 夏皮罗则强调了"宏观经济学考察国民经济作为一个整体的功能"。

（2）解决的问题是资源利用。宏观经济学把资源配置作为既定的，研究现有资源未能得到充分利用的原因、达到充分利用的途径以及如何增长等问题。微观经济学把资源的充分利用作为既定的前提，但 20 世纪 30 年代的全球性经济危机打破了这个神话。这样，资源利用就被作为经济学的另一个组成部分——"宏观经济学"所要解决的问题。

（3）中心理论是国民收入决定理论。宏观经济学把国民收入作为最基本的总量，以国民收入的决定为中心来研究资源利用问题，分析整个国民经济的运行。国民收入决定理论被称为宏观经济学的核心，其他理论都是运用这一理论来解释整体经济中的各种问题的。宏观经济政策的制定也是这种理论的运用。

（4）研究方法是总量分析。总量是指能反映整个经济运行情况的经济变量。这种总量有两类：一类是个量的总和，例如国民收入是组成整个经济的各个单位的收入之总和、总投资是各个厂商的投资之和、总消费是各个居民户消费的总和等；另一类是平均量，例如，价格水平是各种商品与劳务的平均价格。宏观经济学所涉及的总量很多，其中主要有国民生产总值、总投资、总消费、价格水平、增长率、利率、国际收支、汇率、货币供给量、货币需求量等。总量分析就是分析这些总量的决定、变动及其相互关系，并通过这种分析说明经济的运行状况、决定经济政策。因此，宏观经济学也被称为"总量经济学"。

2.宏观经济学的基本假设

宏观经济学作为一门独立的理论经济学分支学科，是在美国经济学家约翰·梅纳德·凯恩斯于 1936 年出版其著作《就业、利息和货币通论》后正式形成的。其基本内容基于以下两个基本假设：

（1）市场机制不完善。市场经济产生以来，市场经济国家的资源都是通过价格进行调节和配置的。但在现实经济生活中，价格对经济的调节作用并不像理论所说的那样完美，若干年一次的经济危机一直困扰着市场经济国家。特别是 1929—1933 年西方资本主义国家爆发的经济危机，使各国普遍出现经济大萧条，生产幅度下降，失业率剧增。经济学家们从中认识到，单靠市场机制调节经济运行是远远不够的，解决不了失业与通货膨胀问题。

（2）政府有能力调节经济、纠正市场机制的缺点。人类并不只是简单地、被动地顺从市场机制，可以在遵从经济规律的基础上，发挥主观能动性对经济进行调节。能进行这种调节的只能是政府。政府可以利用自身的地位，通过对经济运行的认识，采用适当的手段对经济进行调节。宏观经济学就是建立在政府有能力调节经济的基础之上的。

宏观经济学在以上两个假设条件的基础上得出了通过政府调节可实现资源充分利用的结论。

3.宏观经济学的基本内容

宏观经济学的内容相当广泛，包括宏观经济理论、宏观经济政策以及宏观经济计量模型。本书涉及的主要是宏观经济理论与政策，其中主要包括以下五项内容：

（1）国民收入决定理论。国民收入是衡量一个国家经济资源利用情况和整个国民经济状况的基本指标。国民收入决定理论就是从总需求和总供给的角度出发，分析国民收入决定及其变动的规律。它是宏观经济学的中心。

（2）失业与通货膨胀理论。失业与通货膨胀是各国经济中最主要的问题。宏观经济学把失业与通货膨胀和国民收入联系起来，分析其原因及其相互关系，以便找出解决这两个问题的途径。

（3）经济周期与经济增长理论。经济周期指国民收入的短期波动，经济增长指国民收入的长期增长趋势。这一理论主要分析国民收入短期波动的原因、长期增长的源泉等问题，以期实现经济长期稳定的发展。

（4）开放经济理论。现实的经济都是开放型的经济。开放经济理论要分析一个国家国民收入的决定与变动如何影响别国以及如何受到别国的影响，同时也要分析开放经济条件下一个国家经济的调节问题。

（5）宏观经济政策。宏观经济学是为国家干预经济服务的，宏观经济理论要为这种干预提供理论依据，而宏观经济政策则是要为这种干预提供具体的措施。政策问题包括政策目标（通过宏观经济政策的调节要达到什么目的）、政策工具（用什么具体办法来达到这些目的）以及政策效应（宏观经济政策对经济的作用）。

应该指出的是，不同的经济学家对经济运行进行了不同的分析，对各种宏观经济问题做出了不同的解释，并由此出发提出了不同的政策主张，这就形成了不同的宏观经济学流派。当前最有影响力的有三大流派：新古典综合派、货币主义与理性预期学派。本书所介绍的宏观经济学主要以美国经济学家保罗·萨缪尔森为首的新古典综合派的理论体系为主，它是凯恩斯主义在当代的代表，主张国家干预经济。

三、微观经济学与宏观经济学的关系

从以上的分析中可以看出，微观经济学与宏观经济学在研究的对象、解决的问题、中心理论和分析方法上都是不同的。但它们之间又有着密切的联系，表现为以下三点：

1.微观经济学与宏观经济学是互相补充的

经济学的目的是要实现社会福利的最大化。为了达到这一目的，既要实现资源的最优配置，又要实现资源的充分利用。微观经济学在假定资源已实现充分利用的前提下分析如何达到最优配置的问题；宏观经济学在假定资源已实现最优配置的前提下分析如何达到充分利用的问题。

从这一意义上来说，微观经济学与宏观经济学不是互相排斥的，而是互相补充的。它们共同组成经济学的基本原理。

2.微观经济学与宏观经济学都是实证分析

微观经济学与宏观经济学都把社会经济制度作为既定的前提，不分析社会经济制度变动对经济的影响。这也就是说，它们都是把市场经济制度作为一个既定的存在，分析这一制度下的资源配置与利用问题。这种不涉及制度问题、只分析具体问题的方法就是实证分析。从这种意义上来看，微观经济学与宏观经济学都属于实证经济学的范围。

3.微观经济学是宏观经济学的基础

整体经济是单个经济单位的总和，微观经济学应该成为宏观经济学的基础。但如何把微观经济学作为宏观经济学的基础，不同的经济学家有不同的理解，至今也还没有令人满意的答案。凯恩斯主义用微观经济学中的均衡概念来解释宏观经济问题，新古典综合派也接受了这一基本观点。但理性预期学派经济学家并不同意这一点，他们力图从微观经济学的市场出清与完全理性这两个基本假设出发来解释宏观经济问题，并建立一个统一的经济学体系；他们在这一方面作出了许多努力，提出了一些理论，但至今还不能令大多数经济学家所接受。如何使微观经济学成为宏观经济学的基础，仍然是一个有待解决的问题。

微观经济学和宏观经济学的区别主要表现为以下五点：

（1）研究对象不同。微观经济学的研究对象是单个经济单位，如家庭、厂商等。正如美国经济学家 J. 亨德逊所说，居民户和厂商这种单个单位的最优化行为奠定了微观经济学的基础。而宏观经济学的研究对象则是整个经济，宏观经济学研究整个经济的运行方式与规律，从总量上分析经济问题。正如萨缪尔逊所说，宏观经济学是根据产量、收入、价格水平和失业来分析整个经济行为。美国经济学家 E. 夏皮罗则强调了宏观经济学考察国民经济作为一个整体的功能。

（2）解决的问题不同。微观经济学要解决的是资源配置问题，即生产什么、如何生产和为谁生产的问题，以实现个体效益的最大化。宏观经济学则把资源配置作为既定的前提，研究社会范围内的资源利用问题，以实现社会福利的最大化。

（3）研究方法不同。微观经济学的研究方法是个量分析，即研究经济变量的单项数值如何决定。而宏观经济学的研究方法则是总量分析，即对能够反映整个经济运行情况的经济变量的决定、变动及其相互关系进行分析。这些总量包括两类，一类是个量的总和，另一类是平均量。

（4）基本假设不同。微观经济学的基本假设是市场出清、完全理性、充分信息，认为"看不见的手"能自由调节并实现资源配置的最优化。宏观经济学则假定市场机制是不完善的，政府有能力调节经济，通过"看得见的手"纠正市场机制的缺陷。

（5）中心理论和基本内容当然也不同。微观经济学的中心理论是价格理论，还包括消费者行为理论、生产理论、分配理论、一般均衡理论、市场理论、产权理论、福利经济学、管理理论等。宏观经济学的中心理论则是国民收入决定理论，还包括失业与通货膨胀理论、经济周期与经济增长理论、开放经济理论等。

任务演练

要求：个人填写以下内容

微观经济学与宏观经济学的对比分析

对比项目	微观经济学	宏观经济学
中心理论		
基本假设		
分析方法		
分析对象		
主要目标		
解决问题		

教师点评：

知识拓展

曼昆经济学十大原理

原理一：人们面临均衡取舍。

原理二：一种东西的成本是为了得到它而放弃的东西（机会成本）。

原理三：理性的人考虑边际量。

原理四：人们会对激励做出反应。

原理五：贸易能使每个人的状况变得更好。

原理六：市场通常是组织经济活动的一种好方式。

原理七：政府干预有时可以改善市场结果。

原理八：一国的生活水平取决于它生产物品与劳务的能力。

原理九：政府发行了过多货币时物价上升——通货膨胀。

原理十：社会面临着通货膨胀与失业之间的短期选择关系。

（资料来源：［美］N.格里高利·曼昆.经济学原理（第8版），北京：北京大学出版社，2023.）

名人堂

经济学家：亚当·斯密（Adam Smith，苏格兰，1723—1790）

简介：经济学的主要创立者。亚当·斯密于1759年出版的《道德情操论》获得学术界的极高评价。而后于1768年开始着手著述《国家康富的性质和原因的研究》（简称《国富论》）。1776年《国富论》出版后引起大众广泛的讨论，影响所及除了英国本地，还有欧洲大陆和美洲，因此世人尊称亚当·斯密为"现代经济学之父"。

研究领域：政治经济学、伦理学、经济学。

主要贡献：提出了分工促进劳动生产力；提出了资本累积是进行分工必备的另一要素，分工的扩张与生产效率的提高跟资本的总额成正比；货币具有储藏功能、支付功能、价值尺度及流通功能；提出了价值涵盖使用价值与交换价值，具有最大使用价值之财货，往往不具交换价值；提出了工资、利润、地租决定劳动、资本及土地的资源流向；提出了四大赋税原则，即公平、确定、便利、经济。

自我总结评价

项目名称：	总结日期：	
专业班级：	总结评价人：	码上刷题
本项目的主要知识点列示：	尚未掌握的部分列示：	

改进计划：（内容、方法、途径、时间安排、效果）

项目二　研究定价策略

项目导读

　　价格是市场经济中影响资源配置的重要因素。对需求、供给、供求均衡的形成及其变动的认知，对商品的价格弹性、收入弹性的理解，是分析市场经济如何循环和变动的起点。

思维导图

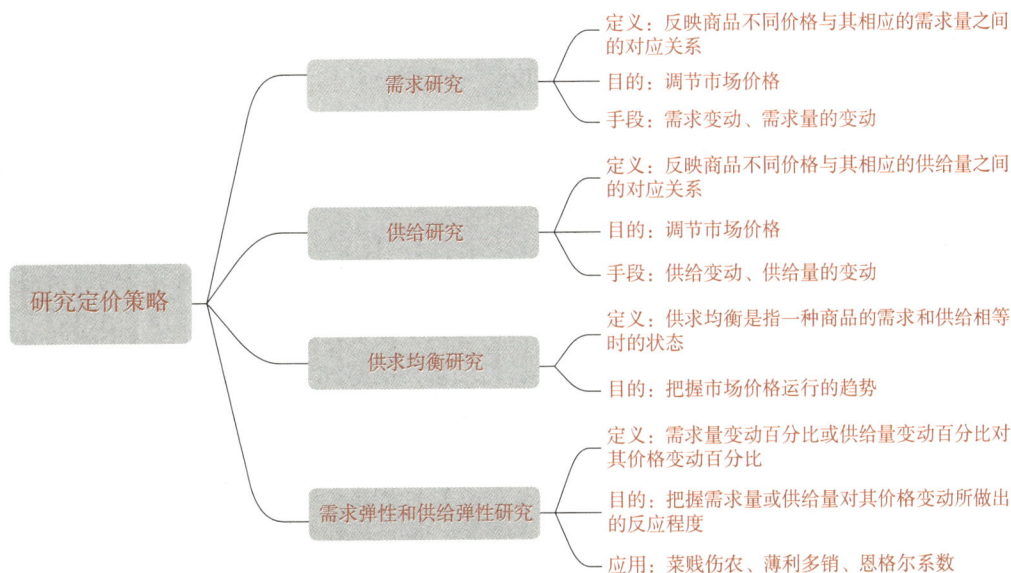

- 研究定价策略
  - 需求研究
    - 定义：反映商品不同价格与其相应的需求量之间的对应关系
    - 目的：调节市场价格
    - 手段：需求变动、需求量的变动
  - 供给研究
    - 定义：反映商品不同价格与其相应的供给量之间的对应关系
    - 目的：调节市场价格
    - 手段：供给变动、供给量的变动
  - 供求均衡研究
    - 定义：供求均衡是指一种商品的需求和供给相等时的状态
    - 目的：把握市场价格运行的趋势
  - 需求弹性和供给弹性研究
    - 定义：需求量变动百分比或供给量变动百分比对其价格变动百分比
    - 目的：把握需求量或供给量对其价格变动所做出的反应程度
    - 应用：菜贱伤农、薄利多销、恩格尔系数

学习目标

知识目标

　　(1)掌握需求定理、供给定理、供求定理。
　　(2)掌握需求价格弹性的概念、分类、各类弹性系数计算。
　　(3)熟悉菜贱伤农、薄利多销原理。

能力目标

　　(1)能够运用均衡价格原理分析如何解决现实经济问题。
　　(2)能够分析支持价格、限制价格政策的实施原理。

素质目标

　　(1)培养团队协作完成工作任务的能力。
　　(2)培养学生独立思考的能力。

任务一　需求研究

📖 任务导航

　　需求是市场形成的起点。有需求才能有效地引导供给，从而形成市场。那么，需求到底是什么？它是怎么形成的，又基于哪些因素可能发生变动？需求与需求量是什么关系？需求量与价格之间又是什么关系？对本部分内容的学习，有助于我们从消费者角度研究需求，更加了解市场规律。

在线课程集锦

🎓 育人在线

▌我国的脱贫攻坚与消费扶贫▐

　　消费扶贫是社会各界通过消费来自贫困地区和贫困人口的产品与服务，帮助贫困群众增收脱贫的重要方式。国务院扶贫办多次召开全国消费扶贫行动推进会，推进扶贫产品认定，丰富销售体系，搭建服务平台，营造社会参与氛围，激发市场消费潜力。扶贫办发布的数据显示，截至 2020 年 11 月底，中西部 22 个省份共认定 164 543 个扶贫产品，涉及 1 857 个县和 46 426 个供应商，已销售 3069.4 亿元。

　　虽然消费扶贫取得巨大成效，但是巩固拓展脱贫攻坚成果的任务依然艰巨。《中共中央关于制定国民经济和社会发展第十四个五年规划和二〇三五年远景目标的建议》提出，巩固拓展脱贫攻坚成果，全面推进乡村振兴战略。消费扶贫的创新模式不仅将现代生产力注入贫困乡村，也更新了落后生产方式和传统生产关系，实现了帮助农产品流通升级、精准挖掘用户需求、精准配置供应链和匹配供销两端，成为巩固脱贫攻坚成果的长效举措。

　　由于消费扶贫 2019 年才启动，很多政策措施和有效做法仍在探索，面临诸多困难挑战。例如，产业扶贫大多以农副业为主，产品存在同质化现象，缺乏自我营销渠道；扶贫产品市场化、规模化不够，品牌竞争力需要提升；政策释放和集成不够，各地发挥作用不平衡；市场和信息资源开放不够，没有形成全国一盘棋；宣传推进力度不够，社会力量参与还不够充分；贫困户依赖性强，内生动力和积极主动性不足，市场竞争能力较弱。

　　消费扶贫作为拉动贫困地区产业发展、带动贫困群众增收脱贫、巩固拓展脱贫攻坚成果的重要举措，需要着力抓好"五个持续"，推动消费扶贫取得新成效。

持续健全工作体系

　　健全产品目录体系、销售标准体系、运营服务体系、社会动员体系、价格监管体系、宣传推介体系等，推动消费扶贫提质增效。各级政府要做好顶层设计规划，继续以政策为导向引领消费扶贫深入持续开展，如预算单位预留 30% 份额采购扶贫产品的政策，安排消费扶贫专项引导资金补贴生产、物流、仓储、场租和网点建设等，持续发挥政策引导作用。同时统筹调动各方资源，建设消费扶贫交易市场，搭建消费扶贫购销平台，举办产品展销对接，继续利用世园会、农博会、农业嘉年华等国际和全国性平台，宣传推广扶贫产品，创新推进消费扶贫模式，完善巩固脱贫成果，持续有力推动消费扶贫行动。

持续加大整合动员

　　持续整合政府、市场、社会资源，推进政府市场联动、援受双方互动、线上线下一体、多方协同配合、社会广泛参与的消费扶贫大格局，凝聚各方合力。完善构建线上线下营销网络，推动单位购销、结对助销、企业带销、活动展销、商超直销、电商营销、基地订销、旅游促销等消费扶贫模式，线上形成"龙头电商＋合作社＋基地＋农户"的直采直销模式，线下组织动员市场主体设立销售平台，为购买扶贫产品、参与扶贫行动提供便利。

持续拓宽消费渠道

以消费扶贫专柜、专馆、专区为载体，加大消费扶贫"七进"力度，做到全覆盖、优先购。各地方党政机关、预算单位、国有企业继续按照不低于30%的预留份额优先采购扶贫产品。组织批发市场、大型商超直接对接扶贫产品，建立"集采直销"模式，降低成本，提升竞争力。同时，加大社会宣传动员，深入开展消费扶贫进机关、进企业、进学校、进医院、进社区、进商超等活动，动员人人参与消费扶贫。

持续提升品质品牌

提升扶贫产品的市场化、规模化、标准化、品牌化，打造扶贫产品优选、优品、优质、优价、优先的品牌。继续鼓励引导科研院所培育研发优质品种，推动龙头企业、批发市场、大型超市到帮扶地区建立种植养殖生产基地、深加工基地、供应基地。利用传统媒体和微博、微信、移动客户端等新媒体平台，加大对农产品品牌的展示和宣传推介，提升扶贫产品的市场知名度和品牌效益，激发社会各界参与消费扶贫的积极性。

持续完善奖惩机制

建立奖惩、监管和市场退出机制，推出一批消费扶贫示范基地、企业、单位，发挥示范作用。奖励对消费扶贫有特殊贡献的企事业、社会团体和个人，推出一批优秀示范企业、单位和个人；扶贫产品认定过程及结果接受全社会监督，对扶贫产品目录实行动态管理，加强对扶贫产品质量价格、市场主体诚信经营、减贫成效的监督，对不合格产品和不诚信企业实行退出机制。

（资料来源：持续推进消费扶贫行动．经济日报，2021-01-02.）

〔解析〕

　　从消费者的角度来看，中国消费扶贫是社会各界通过消费来自贫困地区和贫困人口的产品与服务，帮助贫困人口增收脱贫的一种扶贫方式；从生产者的角度看，是通过调动贫困人口依靠自身努力实现脱贫致富的积极性，促进贫困人口稳定脱贫和贫困地区产业持续发展。消费扶贫既满足了社会人员对生态农产品的需求，也促进了贫困地区产品的销售，是社会力量参与脱贫攻坚的重要途径。

任务准备

一、需求的含义

需求（Demand）是指消费者在某一时期内，在不同价格水平上愿意并且能够购买的某种商品的数量，它反映了不同价格的商品与其需求量之间的对应关系。

理解需求的概念应该注意以下三点：

第一，需求的产生必须具备两个条件，即购买欲望和购买能力，二者缺一不可。

第二，需求与需求量的区别。需求量是指消费者在一定时期内，在某一特定价格水平上愿意并且能够购买的某种商品的数量。这里的需求量是指消费者愿意或者打算购买的数量，而不是指其实际购买的数量。

第三，需求分为个人需求与市场需求。个人需求是指单个消费者对某种商品的需求，市场需求是指全体消费者对某一商品的需求。需求反映的是商品的价格与其需求数量之间的对应关系。

二、需求函数、需求表和需求曲线

1. 需求函数

如果把影响需求量的各种因素作为自变量，把需求量作为因变量，则可以用函数关系来表示"影响需求的因素与需求量之间的关系"，这种函数称为"需求函数"，用公式表示为

$$D = f(a, b, c, \cdots, n) \tag{2-1}$$

在影响需求量的各种因素当中，关键因素是价格，如果假定其他影响需求的因素不变，只分析商品本身的价格与该商品需求量的关系，并以 P 来代表商品自身的价格，需求函数可简化为

$$D = f(P) \tag{2-2}$$

本书所讲的需求函数都是指简化的需求函数，即表示的是商品在其他因素不变的情况下其价格和需求量之间的函数关系，指商品的需求量取决于商品的价格，此时，因变量为需求量而非需求（需求指在每一价格水平下……），本函数式可准确表达为

$$Q_D = f(P) \tag{2-3}$$

2. 需求表

需求表是描述在某一特定时间内，在其他条件不变的情况下，消费者对某商品在不同价格水平下所形成的需求数量的一个表列，既可反映个人需求也可反映市场需求。需求表实际上是用算术表格的形式来表述需求这个概念，它可以直观地表明价格与需求量之间的一一对应关系。例如（以个人需求为例），假定在一定时期内，当 1 千克苹果的价格为 10 元时，某消费者对苹果的需求量为 1 千克；价格降为 8 元时，需求量为 2 千克。价格继续下降，对苹果的需求量会继续增加。如果把某消费者在不同价格下对苹果的需求量排列起来，就可以得到苹果的需求表，见表 2-1。需求表就是反映商品的需求量和它的价格之间的函数关系的表列。

表 2-1 苹果的需求

价格 P（元 / 千克）	需求量 Q_D（千克）
10	1
8	2
6	3
4	4
2	5

这里需要注意的是，在经济学中，需求代表的是价格和相对应的需求数量之间的函数关系，而需求量是需求表当中的确定价格下对应的一个数字，如当价格为 6 元 / 千克时，其需求量为 3

千克。从表中还可以看出商品的价格与需求量之间的依存关系，即价格降低，需求量增加，价格提高，需求量减少。商品的价格与需求量的变化是反方向的。

3.需求曲线

需求曲线就是在假设除了价格之外所有的因素都不发生变化的情况下（即简化的需求函数），表示价格与其需求量之间的关系的图形。它的斜率为负值，表明需求随价格下降而增加。如图 2-1 所示，纵轴为价格 P（Price），横轴为需求量 Q_D（Quantity of Demand），把需求表的数据描绘在平面坐标图上，就形成需求曲线。需求曲线表示需求时，需求量则是需求曲线上的点。需要注意的是，经济学中常把自变量当作纵坐标，因变量当作横坐标，跟数学中的表示方法正好相反。

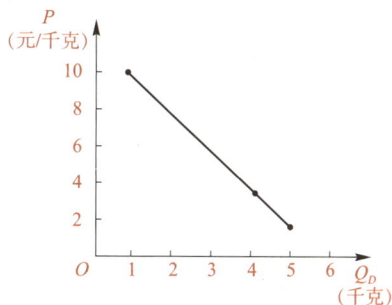

图 2-1　苹果的需求曲线

以上曲线求出的解析式为 $Q_D = f(P)$，即需求函数的简化表达式，因此需求函数、需求表和需求曲线都是需求的不同表现形式，都表示需求量与价格之间的关系。

三、影响需求的因素

一种商品的需求数量是由许多因素共同影响和决定的，其中最主要的因素有以下七种。

1.商品自身的价格

一般说来，在其他条件不变时，商品的价格越高，人们对该商品的购买数量越少；价格越低，人们购买的数量越多。在简单需求函数中，在其他因素不变的情况下，价格作为需求函数的自变量，其变动只会影响需求量的大小，对整个需求不产生影响。

2.相关商品的价格

各种商品之间存在着不同的关系，因此，其他商品价格的变动也会影响某种商品的需求。商品之间的关系有两种：一种是互补关系，另一种是替代关系。

互补关系是指两种商品共同满足一种欲望时，它们之间是相互补充的。例如，汽车和汽油的关系，当其他因素不变时，汽油价格上升，则汽车的需求会减少；反之，当一种商品价格下降时，另一种的需求会上升。两种互补商品之间价格与需求呈反向变动关系。

替代关系是指两种商品可以互相替代来满足同一种欲望。例如，猪肉和牛肉就是这种关系。当其他条件不变时，一种商品（猪肉）价格上升时，对另一种商品（牛肉）的需求就会增加，因为猪肉价格上升，消费者会购买更多的牛肉来代替猪肉，导致即使牛肉价格不变，需求量也会增加，牛肉的需求曲线向右移动；反之，当一种商品的价格下降时，另一种商品的需求会减少。两种替代商品之间价格与需求呈同方向变动关系。

3.收入水平

通常情况下随着收入水平的提高，消费者对大多数商品的需求都会增加；反之，收入下降，对大多数商品的需求都会减少。至于什么样的商品的需求会随着收入的增加而增加，又会有哪些商品会随着收入增加需求反而减少，我们会在弹性理论当中进一步讨论。

4.消费者的偏好

社会消费习惯的变化，将促使消费者在商品价格未发生任何变化的情况下增加或减少对某商品的需求。而消费者偏好的变化受许多因素的影响，其中广告宣传可以在一定程度上影响偏好的形成，这就是为什么许多厂商不惜资金大做广告宣传的原因。

5.人口的数量与结构

人口数量的增加会使需求增加，人口数量的减少会使商品需求减少。人口结构的变动也会影响对某些商品的需求。例如，人口老龄化会导致保健用品、养老服务等的需求增加。

6.政府的经济政策

政府采取不同的经济政策会强烈影响商品的需求。当经济发展过速，通货膨胀较高时，政府往往会采取从紧的财政政策和货币政策，即提高利率、压缩政府开支、增加税收等，这些政策会让大部分商品的需求减少，从而达到抑制经济过速发展的作用；反之，当经济发展处于低潮期时，政府往往会采取宽松的财政和货币政策，即降低利率、增加政府开支、减少税收等，这些政策会刺激消费，导致大部分商品的需求增加，从而达到加速经济发展的作用。

7.消费者对未来的预期

消费者对自己收入水平、商品价格水平的预期直接影响其消费欲望。当人们预料未来自己的收入水平会上升，就会增加消费，导致需求增加；反之，会减少消费，导致需求减少。当人们预料某商品的价格今后会上涨时，则会增加对它现时的购买量，而预料价格会下跌时，就会减少对它的现时购买量。消费者对未来的预期对需求的影响很难计量，但却对需求影响非常大。

四、需求量和需求的变动规律

在经济分析中要求严格区别需求量的变动和需求的变动。

1.需求量的变动

需求量的变动是由于价格的变动而引起的变动，此时，假定除商品自身价格 P 以外的因素（相关商品价格、消费者偏好、政府的政策、消费者预期、收入水平、人口数量与结构）保持不变。从需求函数上来看，需求量的变动仅仅是随着自变量的变动所引起的应变量的变动；需求量的变动表现为同一条需求曲线上的点的移动，如图2-2所示。

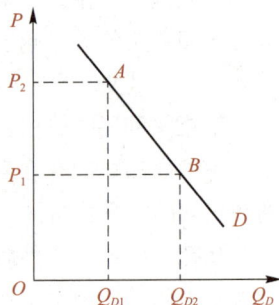

图 2-2　需求量的变动

2.需求的变动

需求的变动是指在商品本身价格不变的情况下，由于其他非价格因素的变化所引起的需求量的变动。从需求表来看，需求的变动不是同一需求表中"价格—需求量"组合移动，而是整个需求表的对应关系的变动，是在同一价格水平下由于其他因素导致所对应的需求量发生改变；从需求曲线来看，需求的变动表现为整条需求曲线的平行移动，需求减少导致需求曲线向左平行移动，需求增加导致需求曲线向右平行移动，如图2-3所示。

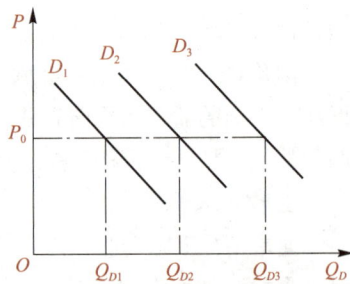

图 2-3　需求的变动

对于需求与需求量之间的关系，可以从含义、与价格的关系、变动状态以及影响因素方面来对比，见表2-2。

表 2-2　需求与需求量概念对比表

名称	英文	含义	与价格的关系	变动	影响因素
需求 D	Demand	整条曲线	每一价格水平下……	线移动	非商品本身价格因素
需求量 Q_D	Quantity of Demand	曲线中的某一点	特定价格水平下……	点移动	商品本身的价格

小任务

　　分小组讲解图 2-2、图 2-3，并录制视频，记录本次讲解的收获。

_____

_____

_____

五、需求定理及其例外

1.需求定理

　　从需求表和需求曲线可以看出，商品的价格越低，市场对该商品的需求量越多，反之需求量越少，即商品的需求量与其价格是反方向变动的。这是一种普遍存在的现象。

　　需求定理是说明商品本身的价格与需求量之间关系的理论。其基本内容是：在其他条件不变时，某商品的需求量与价格之间呈反方向的变动，需求量随着商品本身价格的上升而减少，随着商品本身价格的下降而增加。

2.需求定理例外

　　生活中的绝大多数商品都是符合需求定理的。但也有以下一些例外。

　　（1）炫耀性商品。炫耀性商品是指用来显示人们社会地位的商品，如豪华轿车等，这种商品只有在价高时才能显示出人们的社会地位。因此，价格下降反而会使需求减少。派克钢笔原本走的是高端路线，价格昂贵，但其决策者认为低端市场广阔，应该向低端市场进军，因此大量生产低价派克钢笔，结果低端市场销量大增，但是高端市场却严重滑坡，导致企业销售数量暴增，销售额却急剧下降。

　　（2）吉芬商品。英国经济学家罗伯特·吉芬发现，在 1845 年爱尔兰发生大饥荒时，马铃薯的价格上升，但需求反而增加，这种价格上升而需求增加的情况被称为"吉芬现象"，具有这种特点的商品被称为吉芬商品，它特指并不属于炫耀性商品的但却违背需求定理的生活必需品或低端产品。战争时期的粮食、药品等也具有这种特征，这往往是由于人们的心理预期造成的，只有特殊时期才存在。

　　（3）投机性商品。投机性商品是指购买者的购买目的不是消费而是投机性囤积，以便在价高的时候出售以获利的商品。投机性商品受消费者预期影响较大，往往存在高买低卖的现象，如股票、炒房等。这里要注意的是，只有消费者进行投机性消费时，商品才存在这样的特征，当消费者购买住房是为了居住而不是为了出售时，则住房满足需求定理。

任务演练

要求：小组讨论并作答。

　　新发展格局的重要内涵之一是立足中国国内大循环，协同推进强大国内市场和贸易强国建设，促进国内国际双循环。我国经济优势显著，有基础、潜力形成强大国内市场。请对如何坚持扩大内需这个战略基点、充分挖掘国内市场潜力提出合理化建议。

小组发言记录：

教师点评：

任务二　供给研究

任务导航

　　有了需求，就会有供给。企业进行产品供给的目的是获得利润最大化。但供给决策会受到市场价格的影响。那么，供给是什么？影响供给的因素有哪些呢？供给与供给量之间是什么关系？供给量与商品价格之间是什么关系？有没有例外呢？对本部分内容的学习，有助于我们了解厂商是如何进行产品供给的。

在线课程集锦

育人在线

供给侧结构性改革

　　坚持以供给侧结构性改革为主线，是大势所趋、形势使然。经济发展进入新常态，我国经济发展的主要矛盾已转化为结构性问题，矛盾的主要方面在供给侧，主要表现在供给结构不能适应需求结构的变化。这时，侧重于解决短周期经济波动问题的需求政策，不仅难以应对长周期中所出现的结构性问题，还可能进一步加剧结构失衡，造成债务增加、产能过剩乃至增速下滑的局面。无论是第二次世界大战之后的美国，还是2008年国际金融危机之后的主要经济体，基本都采用凯恩斯需求管理的政策来刺激经济，其经济增速在经历了短期恢复之后，很容易再次出现下滑，甚至滞胀。因此，必须调整经济发展政策，从供给侧发力，推进供给侧结构性改革。

　　所谓供给侧结构性改革，即从提高供给质量出发，用改革的办法推进结构调整，矫正要素配置扭曲，扩大有效供给，提高供给结构对需求变化的适应性和灵活性，提高全要素生产率，更好地满足广大人民群众的需要，促进经济社会持续健康发展。准确把握供给侧结构性改革的深刻内涵，需要把握"供给侧""结构性""改革"三大关键点。

　　"供给侧"是指经济运行的主要矛盾在供给侧。供给和需求是市场经济内在关系的两个基本方面。供给管理和需求管理是对市场经济运行进行宏观管理的两种基本方法，目的是保持社会总供给和社会总需求在总量和结构上达到基本平衡，从而促进经济持续健康发展。在实际经济运行中，如果主要矛盾出现在供给侧，则宏观经济管理方法以供给管理为主；如果主要矛盾出现在需求侧，则宏观经济管理方法以需求管理为主。2016年1月18日，习近平总书记在省部级主要领导干部学习贯彻党的十八届五中全会精神专题研讨班上的讲话中指出："需求侧管理，重在解决总量性问题，注重短期调控，主要是通过调节税收、财政支出、货币信贷等来刺激或抑制需求，进而推动经济增长。供给侧管理，重在解决结构性问题，注重激发经济增长动力，主要通过优化要素配置和调整生产结构来提高供给体系的质量和效率，进而推动经济增长。"近年来，我国宏观经济运行中供求矛盾发生变化，主要矛盾在供给侧，宏观经济管理需要从注重需求管理转变为注重供给管理。

　　"结构性"是指供给侧的矛盾主要是"结构"而非"总量"。习近平总书记指出："我国经济运行面临的突出矛盾和问题，虽然有周期性、总量性因素，但根源是重大结构性失衡。"解决结构性失衡，必须从供给侧、结构性改革上想办法、定政策，用改革的办法推进结构调整，减少无效和低端供给，扩大有效和中高端供给，增强供给结构对需求变化的适应性和灵活性。为此，习近平同志指出："'结构性'三个字十分重要，简称'供给侧改革'也可以，但不能忘了'结构性'三个字。"

"改革"是指解决供给侧结构性矛盾的途径是深化改革。经济运行之所以出现供给侧和结构性问题，根本原因是存在体制机制障碍，市场在配置资源中的决定性作用发挥不充分，政府干预过多。解决这些问题，必须依靠改革创新。一方面，要发挥市场在资源配置中的决定性作用，积极稳妥从广度和深度上推进市场化改革，大幅度减少政府对资源的直接配置，让市场在所有能够发挥作用的领域都充分发挥作用，推动资源配置实现效益最大化和效率最优化；另一方面，市场在资源配置中起决定性作用，并不是全部作用。我国实行的是社会主义市场经济体制，仍然要坚持发挥我国社会主义制度的优越性、发挥党和政府的积极作用。要切实转变政府职能，明确界定政府和市场的边界，让政府在保持宏观经济稳定、加强和优化公共服务、保障公平竞争、加强市场监管、维护市场秩序、推动可持续发展、促进共同富裕、弥补市场失灵等方面发挥作用。必须深化行政体制改革、创新行政管理方式，优化政府发挥作用的方式，减少行政性命令，更多依靠市场手段和法律手段，在尊重市场规律的基础上，用改革激发市场活力，用政策引导市场预期，用规划明确投资方向，用法治规范市场行为。

推进供给侧结构性改革，要把握好三个基本要求：其一，最终目的是满足需求。要深入研究市场变化，理解现实需求和潜在需求，在解放和发展社会生产力的过程中更好地满足人民美好生活需要。其二，主攻方向是提高供给质量。要减少无效供给、扩大有效供给，着力提升整个供给体系质量，提高供给结构对需求结构的适应性。其三，根本途径是深化改革。要完善市场在资源配置中起决定性作用的体制机制，深化行政管理体制改革，打破垄断，构建更加完善的要素市场化配置体制机制，使价格机制真正引导资源配置。同时要加强激励、鼓励创新，增强微观主体内生动力，提高盈利能力，提高劳动生产率，提高全要素生产率，提高潜在增长率。

深化供给侧结构性改革，总的要求是"巩固、增强、提升、畅通"八字方针。要巩固"三去一降一补"成果，推动更多产能过剩行业加快出清，降低全社会各类营商成本，加大基础设施等领域补短板力度。要增强微观主体活力，发挥企业和企业家主观能动性，建立公平开放透明的市场规则和法治化营商环境，促进正向激励和优胜劣汰，发展更多优质企业。要提升产业链水平，注重利用技术创新和规模效应形成新的竞争优势，培育和发展新的产业集群。要畅通国民经济循环，加快建设统一开放、竞争有序的现代市场体系，提高金融体系服务实体经济的能力，形成国内市场和生产主体、经济增长和就业扩大、金融和实体经济良性循环。

（资料来源：中共中央党校．如何准确把握供给侧结构性改革的深刻内涵，习近平新时代中国特色社会主义思想基本问题，北京：人民出版社，中共中央党校出版社，2020.）

〔解析〕

供给侧结构性改革旨在调整经济结构，使要素实现最优配置，提升经济增长的质量和数量。需求侧改革主要有投资、消费、出口三驾马车，供给侧则有劳动力、土地、资本、制度创造、创新等要素。

任务准备

一、供给的含义

供给（Supply）是指生产者在某一时期内，在不同的价格水平上愿意并且能够提供出售的某种商品的数量。应该注意：第一，供给也是供给欲望与供给能力的统一。若生产者对某种商品只有出售的愿望，而没有出售的能力，则不能形成有效供给，也不能当作供给。供给能力中包括新生产的产品与过去的存货。第二，供给不同于供给量。供给量是指在某一特定价格水平时，厂商愿意或计划供给的商品量，即每个供给量都是和特定的价格水平相对应的。第三，供给也分为个别供给与市场供给。个别供给是指单个厂商对某种商品的供给，市场供给是指厂商全体对某一商品供给。市场供给是所有个别供给的总和。

二、供给函数、供给表、供给曲线与供给定理

1. 供给函数

供给函数是用来表示供给量的变动和影响供给量的各个因素之间相互依存关系的函数。如果把影响供给的各种因素作为自变量，把供给作为因变量，则可以用函数关系来表示"影响供给的因素与供给之间的关系"，即供给函数，用公式表示为

$$S = f(a, b, c, \cdots, n) \tag{2-4}$$

式（2-4）中，S 为供给；a，b，c，$\cdots$，n 分别表示影响供给的因素（商品本身的价格、相关商品价格、技术水平等）。

这些影响因素当中，最重要的影响因素是商品本身的价格，因此狭义的供给函数是假定其他因素不变的时，只考虑商品本身的价格与该商品的供给量之间的相互关系，则供给函数简化为

$$S = f(P) \tag{2-5}$$

此时，由于仅受商品交易价格的影响，S 可以表达为在每一个特定价格水平下厂商愿意并且能够提供的商品数量，即 Q_S，上式准确地表达可表达为

$$Q_S = f(P) \tag{2-6}$$

2. 供给表

在其他条件不变的情况下，商品的供给量与商品本身的价格之间存在一一对应的关系，这种对应关系可以用供给函数表示，也可以用表格的方式进行直观的表达。

供给表用数字和图表表示某种商品的价格和供给量之间的函数关系。它提供了价格——数量的各种组合，说明了在各种价格下可能有的供给量。

假定在一定时期内（可以是1天、1个月、1个季度或1年），当每千克核桃的价格为20元时，某生产者愿意提供的核桃的数量为10千克；当每公斤核桃的价格降为16元时，供给量减少至8千克；每公斤核桃的价格降为12元时，供给量减少至6.5千克。价格继续下降，核桃的供给量会继续减少。如果把该生产者在不同价格下愿意提供核桃的供给量排列起来，就可以得到在一定时期内核桃的供给表，见表2-3。

表 2-3　核桃的供给

价格 p（元/千克）	供给量 Q（千克）
20	10
16	8
12	6
8	4
4	2

如果把表中每一组供给量和价格对应的值作为点的坐标，在直角坐标系中描点作图，就可以得到如图 2-4 所示的供给曲线。供给曲线是表示某种商品价格与供给量关系的曲线。由于对大部分商品而言供给量随着价格上升而增加，所以，供给曲线是一条向右上方倾斜的曲线。

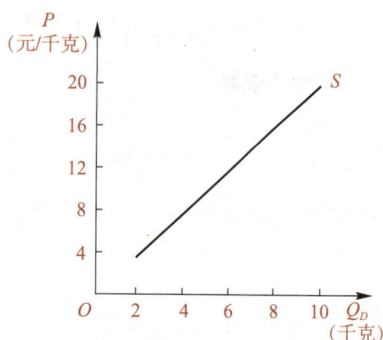

图 2-4　供给曲线

三、供给的影响因素

在一种商品市场上，影响厂商对商品供给的因素有很多，有经济因素也有非经济因素。概括起来主要有以下六种。

1. 商品自身的价格

一般说来，在其他条件不变时，商品的价格越高，生产者愿意提供该种商品的数量就越多，反之则越少，即在影响某种商品供求的其他因素既定不变的条件下，供给量与商品本身的价格水平呈同方向变化，即价格上升供给增加，价格下降供给减少。商品的市场交易价格影响的是生产者的供给量，对整个供求函数不产生影响。

2. 相关商品的价格

两种互补商品之间，一种商品的价格上升，对另一种商品的需求减少，从而这种商品的供给减少；反之，一种商品的价格下降，对另一种商品的需求增加，从而这种商品的供给增加。两种替代商品之间，一种商品的价格上升，使另一种商品的需求增加，从而这种商品的供给增加；反之一种商品的价格下降，使另一种商品的需求减少，从而使这种商品的供给减少。另外，对于两种依赖于同一资源的商品，如一块地既可以种小麦也可以种棉花，当小麦的价格不变而棉花的价格提高时，生产者将减少小麦的种植量而扩大棉花的种植量，这表明棉花价格的提高会引起小麦供给的减少，反之亦然。

3. 生产技术水平

技术进步可以大大提高生产效率，使企业有可能在给定资源条件下生产更便宜的商品，或者利用同样的资源生产出更多的商品。例如，杂交水稻的出现大大提高了水稻的产量，说明生产技术水平的提高可以增加供给水平。

4.生产要素的价格

生产要素价格的下降将会降低生产商品的成本，从而使厂商在任一价格水平都增加供给；反之，厂商会减少供给。

5.政府政策

政府采取鼓励投资或生产的政策，如降低利率、减少税收、对某些行业进行补贴等，可以降低生产者的成本，刺激生产者增加供给；反之，政府如果采取限制投资政策，如增加利率与税收，对某些行业征收投资方向调节税等，会增加生产者的成本，使得生产者减少供给。

6.厂商对未来的预期

乐观的预期会使厂商扩大生产，使未来供给增加；反之，厂商对投资前景持悲观态度，则会尽力在当前清货，压缩生产，使未来供给减少。

四、供给量、供给的变动规律

供给量的变动体现为在同一条供给曲线中由于商品价格发生改变（其他条件不变），而发生的供给量在曲线上的位移，如图 2-5 所示，当商品的价格从 P_1 下降到 P_2 时，供给量从 Q_{S1} 下降到 Q_{S2}，但整条曲线并未发生位移，函数关系并未发生改变；供给的变动则表现在同样的价格情况下，由于非价格因素导致供给发生改变，因此供给曲线的整体位移。供给增加使供给曲线右移，供给减少使供给曲线左移，如图 2-6 所示。

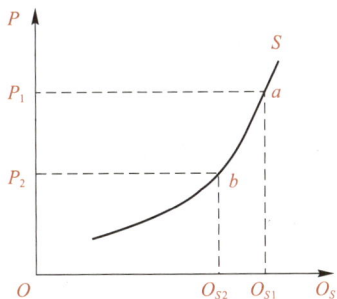

图 2-5 供给量的变动

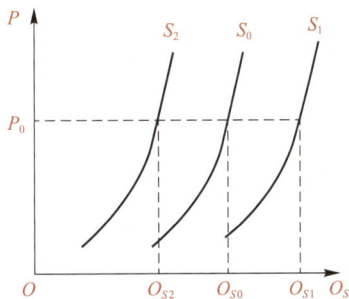

图 2-6 供给的变动

供给与供给量之间的关系，同样可以从含义、与价格的关系、变动状态以及影响因素几个方面来进行对比，见表 2-4。

表 2-4 供给与供给量概念对比表

名称	英文	含义	与价格的关系	变动	影响因素
供给 S	Supply	整条曲线	每一价格水平下……	线移动	非商品本身价格因素
供给量 Q_S	Quantity of Supply	曲线中的某一点	特定价格水平下……	点移动	商品本身的价格

小任务

分小组讲解图 2-5、图 2-6，并录制视频，记录本次讲解的收获。

_____

_____

_____

五、供给定理及其例外

1. 供给定理

供给定理是表示商品本身的价格与其供给量之间的关系的理论。从供给表和供给曲线中可以看出，某商品的供给量与其价格是呈同方向变动的。其内容是：在其他条件一定的情况下，商品的供给量与其价格之间成同方向变动，即供给量随商品本身价格的上升而增加，随商品本身价格的下降而减少。

2. 供给定理例外

供给定理指的是一般商品规律，它也有例外。例如，劳动、工资较低时，劳动满足供给定理，会随着工资的提高，供给增加，但工资高到一定程度后，工资再继续上升，劳动的供给反而会降低，这将在分配理论中再进一步讨论；另外古董、古画、古玩、已故画家作品等则因为供给量一定，不随价格变动而变动；土地、证券等投机性商品其供给曲线则可能呈现不规则的变化。

任务演练

要求	以"中华老字号"范围的产品为题，完成一份调研报告，并制作 PPT 在下一次课堂上进行分享。
班级	
组别	

任务分工

任务名称	任务清单	参加同学名单
1. 资料搜集		
2. 调研报告撰写		
3.PPT 及调研过程记录		
4. 课堂展示		

资料搜集

中国知网	
万方数据知识服务平台	
中华人民共和国商务部 中华老字号数字博物馆	
中华老字号企业实地调研（相关企业资料可到当地商务厅、商务局官网查询）	

续表

调研报告撰写	
调研报告提纲	

PPT 及调研过程记录	
PPT 制作提纲	
调研过程记录	

课堂展示	
课堂展示记录	

小组总结

任务三　供求均衡研究

📖 任务导航

在需求、供给的共同作用下形成产品市场，产品市场会自动出现均衡价格。那么，均衡价格是怎么形成的呢？均衡价格形成之后是否是一成不变的？如果发生变动，会是什么原因并带来什么样的结果呢？均衡价格在我们的生活中给予了我们哪些启示？对本部分内容的学习，能够帮助我们了解价格形成及其波动的过程，理解生活中的一些经济现象。

在线课程集锦

😊 育人在线

⌐最低收购价政策托底粮食安全⌐

农民是粮食生产主力军，确保农民种粮不亏本、有钱赚，才能调动农民种粮积极性。目前来看，粮食最低收购价政策仍然是保护农民利益、维护国家粮食安全的重要制度安排，在为市场粮价提供底部支撑、稳定农民种粮预期、确保稳产增产、维护粮价稳定等方面发挥着重要作用。

秋收秋种正忙之际，国家发展改革委等部门发布通知，明确2024年国家继续在小麦主产区实行最低收购价政策，2024年生产的小麦（三等）最低收购价为每50千克118元。这一政策的发布以及底价上调，有利于稳定种粮农民预期，调动农民种粮积极性，稳定小麦播种面积，为明年夏粮丰产丰收打下坚实基础。

小麦最低收购价是保障农民种粮收益的一项制度安排，与农业补贴和农业保险构成"三位一体"农业政策体系，在引导农民合理种植、加强田间管理、促进小麦稳产提质增效方面具有带动作用。有了小麦最低收购价政策托底，农民才会有足够信心稳定并扩大小麦播种面积，加强田间管理，确保明年稳产增产。

从公布的价格数据看，今年小麦最低收购价格再次上调。实际上，自2021年以来，国家已经连续4年上调小麦最低收购价格，从2020年的每斤1.12元上调至2021年的1.13元、2022年的1.15元、2023年的1.17元、2024年的1.18元。这是国家综合考虑粮食生产成本提高、市场供需关系演变、国内外小麦价差变化等各种因素后上调底部价格，上调幅度虽然不大，但对后期小麦市场运行提供了较强的底部支撑。

小麦最低收购价是"托底"价格，不是托市价格，国家小幅上调价格，又为市场价格调整腾出空间。随着我国粮食收储市场化机制确立，小麦收购已经实现由政策性收购为主向以市场化收购为主导、政策性收购为补充的转变，小麦最低收购价从"托市"过渡到"托底"。近年来，随着小麦价格高位波动，市场价远高于最低收购价，我国已经连续三年没有启动小麦最低收购价格。但是，最低收购价是稳定粮价的"定海神针"，在夏粮收购期间，一旦小麦市场价跌破最低收购价，国家就会启动最低收购价，避免价格下跌影响农民种粮收益。

除了小麦最低收购价格政策，我国还实施水稻最低收购价政策。小麦和水稻是我国两大口粮，二者能否丰收，直接关系到中国饭碗端得稳不稳。历史上，"谷贱伤农"现象反复上演，导致粮食生产波动起伏，影响国家粮食安全。2004年我国全面放开粮食市场，为了保障种粮农民利益和国家粮食安全，国家在主产区持续实施小麦和水稻最低收购价政策，至今已有近20年时间，期间虽有调整，但万变不离其宗，最大程度保护了种粮农民利益，也为保障国家粮食安全作出重要贡献。2004年至今，我国粮食生产没有出现巨幅波动，粮食连年丰收，库存充足，实现了谷物基本自给、口粮绝对安全，有效抵御极端天气、疫情、地区冲突等各种不确定因素对我国粮食市场的冲击，这与粮食最低保护价政策的实施不无关系。

目前来看，粮食最低收购价政策仍然是保护农民利益、维护国家粮食安全的重要制度安排，在为市场粮价提供底部支撑、稳定农民种粮预期、确保稳产增产、维护粮价稳定等方面发挥着重要作用。当前，我国粮食安全面临极端天气高发、地区冲突不断等各种严峻挑战，保持粮食最低收购价政策的连续性和稳定性具有十分重要的意义。有关部门要抓好小麦最低收购价政策的落实及宣传引导，充分发挥粮食价格支持政策的效应，调动农民种粮积极性，更好地保障国家粮食安全特别是口粮绝对安全。

（资料来源：最低收购价政策托底粮食安全. 经济日报，2023-10-12.）

〔解析〕

"三农"问题是指农业、农村、农民这三个问题。2022年《求是》杂志发表的习近平同志的《坚持把解决好"三农"问题作为全党工作重中之重，举全党全社会之力推动乡村振兴》中提到，全党务必充分认识新发展阶段做好"三农"工作的重要性和紧迫性，坚持把解决好"三农"问题作为全党工作重中之重，举全党全社会之力推动乡村振兴，促进农业高质高效、乡村宜居宜业、农民富裕富足。2023年中央一号文件提出，守好"三农"基本盘，粮食安全是社会秩序稳定的保障和支撑。我国通过落实省级党委和政府耕地保护和粮食安全责任制考核、农业科技自立自强、加快推进农业关键核心技术攻关、加大种粮补贴和奖励力度，提高粮食最低收购价格调动农民种粮积极性等措施，严防死守18亿亩耕地红线。

〔任务准备〕

一、供求均衡含义

供求均衡是指一种商品的需求和供给相等时的状态。供求均衡时，需求价格等于供给价格，需求数量等于供给数量，此时，市场出清。如图2-7所示，横轴Q表示数量（需求量和供给量），纵轴P表示价格（需求价格与供给价格），D为需求曲线，S为供给曲线。D与S相交于均衡点E，由E点决定的价格P_0就是均衡价格，对应的数量Q_0是均衡数量。

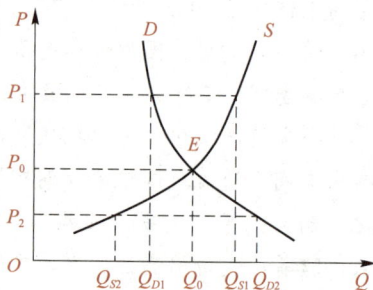
图2-7　均衡的形成

对供求均衡的理解应该注意以下三点：

（1）供求均衡的含义是由于需求与供给这两种相反力量的作用处于一种相对静止的状态，这时的价格和数量是暂时确定的，即均衡价格和均衡数量。当影响需求和供给的因素发生变动时，可能会导致需求或供给曲线的移动，则这种相对静止的状态被打破，新的均衡会形成。由此可见，均衡价格是由于需求与供给两种力量的作用使得价格处于相对静止的状态。

（2）决定供求均衡的力量是需求和供给。在完全竞争市场中，需求和供给对供求均衡的决定作用不分主次，是同等重要的。因此需求或供给的变动都会影响均衡价格和均衡数量的变动。

（3）市场上各种商品的均衡价格是最后的结果，其形成是在市场的背后进行的。但要注意的是，均衡价格不等同于市场价格，它只是市场价格运行的趋势。

二、需求、供给变动对于均衡价格的影响

供求均衡是由供给和需求共同决定的，因此供给和需求的变动都会引起均衡点的改变。

在供给曲线一定的条件下，需求增加使需求曲线右移，会使均衡价格提高，均衡数量增加；而需求减少使需求曲线左移，会使均衡价格下降，均衡数量减少。如图 2-8 所示，供给曲线为 S，当需求曲线为 D_0 时，均衡价格为 P_0，均衡数量为 Q_0。如果由于消费者收入的增加使需求曲线右移到 D_1，这时均衡价格上升到 P_1，均衡数量增加到 Q_1；相反，如果由于消费者的收入减少导致需求减少使需求曲线左移到 D_2，这时均衡价格下降到 P_2，均衡数量减少到 Q_2。

在需求曲线一定的情况下，供给增加导致供给曲线右移，会使均衡价格下降，使均衡数量增加；而供给减少导致供给曲线左移，会使均衡价格上升，使均衡数量减少。如图 2-9 所示，需求曲线为 D，当供给曲线为 S_0 时，均衡价格为 P_0，均衡数量为 Q_0。如果由于生产要素的价格下降导致供给增加使得供给曲线右移到 S_1，这时均衡价格下降为 P_1，而均衡数量则增加到 Q_1；相反，如果由于生产要素价格上升导致供给减少使供给曲线左移到 S_2，这时均衡价格上升到 P_2，而均衡数量则减少到 Q_2。

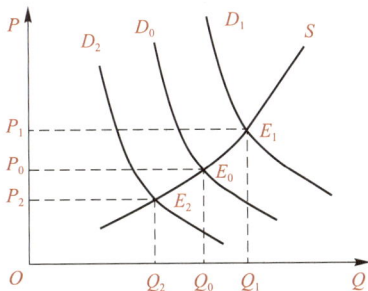

图 2-8 需求变动对均衡的影响   图 2-9 供给对均衡的影响

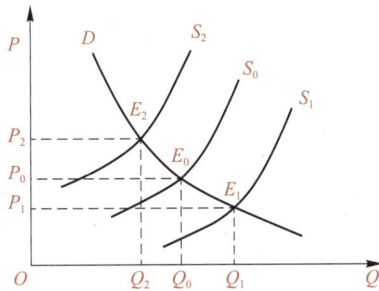

从以上关于需求与供给变动对供求均衡影响的分析中可以得出以下结论，也称供求定理：当供给不变时，需求的增加引起均衡价格上升，均衡数量增加；需求的减少引起均衡价格下降，均衡数量减少。当需求不变时，供给的增加引起均衡价格下降，均衡数量增加；供给的减少引起均衡价格上升，均衡数量减少。或者说，需求的变动引起均衡价格和均衡数量同方向变动；供给的变动引起均衡价格反方向变动而引起均衡数量同方向变动。

至于当供给和需求同时发生变动时，均衡数量和均衡价格该如何变动，则留给同学们自己去分析了。

任务演练

要求：绘制图形解释以下经济学现象：季节性气温变动对西红柿价格的影响（假设西红柿的需求不变）；油价上涨，对新能源汽车价格的影响（假设新能源汽车供给不变）。

实施方式：以上内容二选一，分小组录制讲解视频，分小组展示成果。

其中，同学个人予以图示表达如下：

教师点评：

任务四　需求弹性和供给弹性研究

任务导航

在了解了需求、供给及供求均衡的内容之后，我们需要进一步思考：各种因素对需求量和供给量产生影响的程度如何？如何表达影响的强弱？在所有的影响因素里，价格是最重要的因素。那么，价格对不同商品的需求量、供给量的影响为什么会呈现出不同的情况？这就是弹性理论。通过对本部分内容的学习，我们可以了解弹性的含义及其在生活中的应用，以便更准确地描述"薄利多销"与"谷贱伤农"，解释生活中与商品价格有关的现象。

在线课程集锦

育人在线

如何避免"菜贱伤农"现象

2023 年 11 月开始，北方地区白菜、萝卜、土豆等应季蔬菜大量上市，丰收的喜悦尚在，田间菜农却先感受到了阵阵"寒意"。北京新发地市场价格监测显示，整个 11 月大白菜的批发价最低两毛钱一斤、最高也才四毛五一斤，土豆价格降幅达三成，圆白菜、芹菜价格也降到近年来的最低点。而在地头，大白菜、萝卜等蔬菜"身价"更低，也就几分钱一斤，让大家对"白菜价"有了更清晰的认知。

今冬蔬菜为何大降价？主要原因是产量增加。2022 年冬季蔬菜价格相对较高，菜农积极性被调动起来，整体种植面积有所增加。再加上今年秋冬气温偏高，有利于北方蔬菜生长，且入冬后气温没有明显下降，使北方蔬菜上市周期延长，与陆续上市的南方蔬菜迎头相撞，以致短期内蔬菜市场供给量大增。值得注意的是，今年夏季华北地区遭受洪涝灾害，不少农民为了降低损失，临时补种易种植、好管理的白菜、萝卜等，也使得华北一带蔬菜种植面积增加，导致供过于求。

那么，如何看待这轮菜价下跌？从市场的角度来看，蔬菜价格下降有一定的合理性。北方地区初冬应季菜本就集中在这几个品种，往年 11 ～ 12 月上市时，市场一时难以消化，价格出现季节性下降的情况也是有的。近年来，我国蔬菜种植面积稳步增长，2022 年全国播种面积达3.37 亿亩，而且随着蔬菜生产水平的提高，品种在丰富，单产在提升，总量也在逐渐扩大。这为市民提供了更加多元的消费选择，但同时也稀释了人们的消费能力。毕竟，市场需求是有限的，生产端供给多了，销售端价格自然就会有所下降。

我们不妨给市场一点耐心。虽然当前菜价处于低位，但随着气温持续下降，北方露地蔬菜逐步退市，市场供给转向南方蔬菜和北方设施蔬菜，随着种植、运输的成本增加，菜价将逐步回升。即将到来的元旦和春节也会进一步抬高蔬菜消费需求，带动菜价上涨。销售末端的"风吹草动"，将快速传导至生产链各环节，调动各方主体特别是农民适时调整下一茬的蔬菜生产，推动菜价恢复正常。

菜价涨涨跌跌，虽说是正常的市场现象，但价格大幅下跌对农民的影响在任何时候都不能忽视。据媒体报道，在山东、河北、内蒙古等地，一些蔬菜低价贱卖甚至滞留在菜地中无人采收，农民迫不得已只能将蔬菜直接翻地还田。蔬菜种植是一部分人务农增收的重要来源，一季蔬菜的亏损对他们的影响不言而喻。值得思考的是，如何避免此类"菜贱伤农"现象一而再、再而三地上演？

需求侧的变化应当引起更多重视。今年以来，不只冬季蔬菜价格下跌，大闸蟹"跳水"、猪肉价"腰斩"等农产品价格波动现象也引发关注。市场的微妙变化，并非仅受单一产量因素的影响，往往还受消费习惯、市场预期等多方面因素的共同作用。就拿大白菜来说，在现代交通物流和成熟种植技术的加持下，消费者可以一年四季随吃随买，冬储白菜的市场需求大大降低，人们的消费观念也更加理性。同样，除了猪肉，牛羊肉、鸡鸭鱼等也广受市场欢迎，折射出居民膳食结构的变化。此外，近年来农产品越来越受到气候变化、自然灾害等不确定因素的影响，价格走向愈发难以预测。

无论是捕捉这些市场信号用于指导生产，还是防范应对自然风险，抑或是提高地头议价能力，单靠农民的力量显然是不够的，需要政府、新型经营主体等各方携手努力。一方面，要更好地发挥政府这只手的作用，加强对农产品市场的监测和调控，为农民提供科学决策依据，减少种植的盲目性。要加快推进仓储保鲜冷链物流设施建设，促进农产品错峰上市、均衡供应，尽量防止扎堆贱卖。在市场价格低迷时，及时加强产销对接，帮助农户拓展销售渠道，提高流通效率。另一方面，要帮助农民主动适应市场变化，合理控制种植规模，适时调整种植结构，选育优质品种，树立品牌意识，提升竞争力。在今年大闸蟹"跳水"大环境下，阳澄湖、洪泽湖大闸蟹价格波动不大，正是因其质量、品牌两手都硬。农业龙头企业、农民合作社等新型经营主体，还要积极联结小散户，指导他们开展标准化生产，同时利用自身优势直接对接商超、社区等销售终端，减少中间分销环节，帮助农民提升定价主动权。

据了解，为帮助菜农减轻损失，各地纷纷使出了硬招实招，如河南省临颍县及时摸排蔬菜滞销情况，加强与批发市场的联系，直接到田间地头组织货源，努力缓解农民卖菜难。没有一个冬天不可逾越，我们期待各方迅速行动起来，和菜农一起扛过这股"寒流"，共迎春暖花开。

（资料来源：今冬菜价大降，须防"菜贱伤农".中国农网，2023.）

〔解析〕

菜贱伤农的现象会给农民带来严重的经济损失，打击农民生产积极性，同时扰乱蔬菜市场秩序，政府通过推进农业供给侧结构性改革，围绕市场需求变化协调处理好政府和市场关系、协调好各方面利益，开创农业现代化建设新局面。

■ 任务准备

一、弹性的含义

经济学中的弹性概念是由英国经济学家阿尔弗莱德·马歇尔提出的，是指一个变量相对于另一个变量发生的一定比例的改变的属性。在西方经济学中，弹性指的是经济变量之间存在函数关系时，因变量变动对自变量变动的反应程度，其大小通常用因变量变动的百分率与自变量变动的百分率之比，即弹性系数来表示。弹性的一般公式为

$$弹性系数 = 因变量的变动比例 / 自变量变动比例$$

二、需求价格弹性

需求的价格弹性（Price Elasticity of Demand）在经济学中一般用来衡量需求的数量随商品的价格的变动而变动的情况。

1.需求价格弹性

需求价格弹性简称为需求弹性，是指需求量对其价格变动所做出的反应程度，用需求量变动的百分比除以价格变动的百分比来计算。其公式为

$$E_D = \frac{\Delta Q_D / Q_D}{\Delta P / P} \qquad (2\text{-}7)$$

式（2-7）中，E_D 为需求弹性系数；ΔQ_D 为需求量的变动量；Q_D 为需求量；ΔP 为价格的变动额；P 为商品的价格。

根据需求弹性的定义可以发现，弹性系数 E_D 具有以下三个特点。

（1）需求的价格弹性 E_D 是无维量。因为决定 E_D 的两个变量——价格与需求量都是用的各自变化的百分比，那么，E_D 的数值就不会因为价格与需求量运用的计量单位不同而不同，弹性概念完全与计量单位无关。这就使得不同商品的需求价格弹性之间可以互相比较。

（2）E_D 数量可以是正值也可以是负值。E_D 是正值还是负值，取决于价格与需求量是按同方向变动还是反方向变动，即商品特征是否服从需求定理。当商品服从需求定理时，该商品的价格与需求量呈反方向变动，则 ΔP 和 ΔQ 方向相反，E_D 数值为负；反之，当商品是需求定理的例外，则它的价格与需求量呈同方向变动，则 ΔP 和 ΔQ 方向相同，E_D 的数值为正。由于我们讨论的是大多数商品的特征，而大多数商品是服从需求定理的普通商品，因此，大多数情况下 E_D 的数值为负，为了方便计量与比较，常常用 $|E_D|$ 来表示需求的价格弹性。

（3）E_D 的绝对值不仅随着不同商品的变化而变化，一种商品的需求表上的各个不同价格之间的变化 E_D 的值，或者一条给定的需求曲线上每一点的 E_D 值也是不同的。

2.需求价格弹性的分类

根据弹性系数的绝对值的大小，需求的价格弹性可以分为以下五类：

（1）$E_D = \infty$，即在指定的价格水平下，需求量可以任意变动，被称为需求有完全弹性。此时的需求曲线是一条与横轴平行的线，如图 2-10（a）所示。

（2）$E_D = 0$，即无论价格如何变化，需求量都固定不变，被称为需求完全无弹性。这时的需求曲线是一条与横轴垂直的线，如图 2-10（b）所示。

（3）$E_D = 1$，即价格变动的百分比与需求量变动的百分比相同，被称为需求的单位弹性。这时的需求曲线是一条正双曲线，如图 2-10（c）所示。

（4）$E_D < 1$，即需求量变动的百分比小于价格变动的百分比，被称为需求缺乏弹性。此时的需求曲线比较陡直，如图 2-10（d）所示。

（5）$E_D > 1$，即需求量变动的百分比大于价格变动的百分比，被称为需求富有弹性。此时的需求曲线比较平缓，如图 2-10（e）所示。

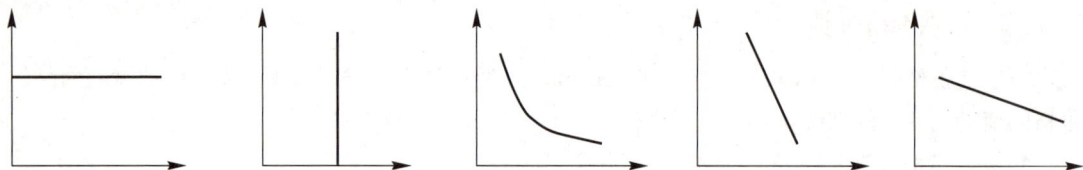

（a）完全弹性 $E_D=\infty$　（b）完全无弹性 $E_D=0$　（c）单位弹性 $E_D=1$　（d）缺乏弹性 $E_D<1$　（e）富有弹性 $E_D>1$

图2-10　需求的价格弹性曲线类型

3.影响需求弹性的因素

同一种物品在不同价格水平下价格弹性不同，不同物品的需求弹性也存在差异，特别是在消费品的需求弹性方面。通常情况下很难定量地测定某物品在某价格下的需求弹性，常常只能定性地判断其弹性的大小，这就需要知道影响需求价格弹性的因素，以及它们对需求的价格弹性产生的影响。

在判断产品的需求价格弹性时，需要综合考虑以下五种因素：

（1）消费物品项目支出在消费者的收入中所占的比例。该项目支出在家庭收入中占的比例越小，消费者对价格变化反应越小，其需求弹性也越小；所占比例越大，消费者对价格变化的反应就越大，其需求弹性就越大。

（2）替代商品的数目。一种商品的替代品的数目越多，则其需求弹性越大。因为商品价格上升时，消费者会转而购买其他替代品；价格下降时，消费者会购买这种商品来取代其替代品

（3）消费者对商品的依赖程度。一般来说，消费者对生活必需品的依赖程度较高，如一些基本生活用品，即使在战争年代食品价格飞涨，需求依然不会大幅度减少；反之，即使在丰收年，粮食价格下跌，需求也不会有明显的增加。而奢侈品的需求往往是富有弹性的，如高档衣物打折的时候需求量会迅速增加，这就是商场节假日打折时销量迅速上升的原因。当然，消费者对商品的依赖程度不仅取决于商品本身固有的性质，在一定程度上还取决于购买者的偏好：对于把车看得比生命重要的疯狂车迷而言，汽车可能是缺乏弹性的必需品。总之，消费者对商品的依赖程度越高，该商品对消费者而言弹性越小，反之则越大。

（4）商品本身用途的多寡。一种商品的用途越广泛，其需求弹性越大，因为价格上升（或下跌），会有多种途径导致对它的需求量的减少（或增加）。例如，在美国，电力的需求弹性是1.2，这与其用途广泛有关（民用电是缺乏弹性的，消费者对它的依赖程度较高）；而小麦的需求弹性仅为0.08，这与其用途少有关。

（5）商品使用时间的长短。一般来说，使用时间长的耐用消费品需求弹性大，而使用时间短的非耐用消费品需求弹性小。主要原因是使用时间越短则消费者越难找到替代品，而使用时间长则寻找替代品更为容易，如使用期限10年的电冰箱，当冰箱使用时间5年以上时，消费者就会考虑更换冰箱的可能，这时如果有促销活动，消费者会考虑购买，如果没有促销活动则不会购买。

二、需求价格弹性与销售收入

我们通过研究价格弹性，把它作为分析需求、决策价格、预测市场、推销产品等的重要依据。价格弹性概念作为分析经济理念的方法和工具，对我国经济也有参考作用。经济部门和企业在决策价格、预测市场以及研究价格变化对销售收入的影响时，都应当研究需求的价格弹性。

当商品价格富有弹性时，价格虽然降低，但由于销量的上升幅度大于价格的下降幅度，因而销售收入上升，这种现象被称为"薄利多销"；反之，富有弹性的商品若提高价格，会使销售收入下降。如图 2-11（a）所示。

当商品价格从 P_1 下降为 P_2 时，销售量从 Q_1 增加到 Q_2，销售收入 $TR=P\times Q$，降价前的 $TR_1=P_1\times Q_1$，降价后的 $TR_2=P_2\times Q_2$，从图形上来看，是指销售收入由矩形 P_1AQ_1O 增长到矩形 P_2BQ_2O，反之，销售收入则下降。

当商品价格缺乏弹性时，降低价格虽然销量增加，但由于价格的下降幅度大于销量的增加幅度，导致销售收入反倒下降。这种现象被称为"谷贱伤农"，是指缺乏弹性的商品如果降低价格，会由于价格降低幅度大于由此刺激的销量增加幅度导致销售收入下降；反之，如果价格上升，则会导致销售收入上升。如图 2-11（b）所示。

当商品价格从 P_1 下降为 P_2 时，销售量从 Q_1 增加到 Q_2，销售收入 $TR=P\times Q$，降价前的 $TR_1=P_1\times Q_1$，降价后的 $TR_2=P_2\times Q_2$，从图形上来看，是指销售收入由矩形 P_1AQ_1O 减少到矩形 P_2BQ_2O，反之，销售收入则上升。

从上面两个例子可以看出，当某种商品的价格变动时，它的需求弹性的大小与出售该商品所能得到的总收益密切相关。

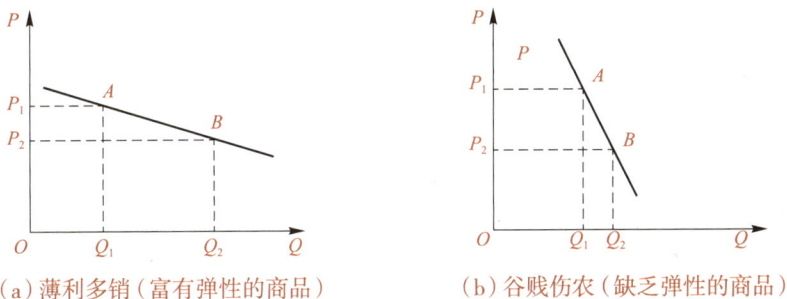

（a）薄利多销（富有弹性的商品）　（b）谷贱伤农（缺乏弹性的商品）

图 2-11 需求价格弹性与销售收入

四、需求的其他弹性

价格是影响需求的最重要因素，除需求的价格弹性外还有两种重要的需求弹性要讨论，就是收入弹性和交叉弹性。

1. 收入弹性

除价格外，人们对商品的需求和人们的收入水平的关系也很大。当然，不同商品的需求量对收入变化反映的程度是不同的。需求收入弹性反映了某一种商品的需求量变动对消费者收入变动反应的敏感程度，它是某商品需求量变化的百分比与消费者收入变化的百分比之比值。如果用 E_M 表示需求的收入弹性，Q 表示需求量，M 表示消费者收入，则需求收入弹性的计算公式为

$$E_M = \frac{\Delta Q/Q}{\Delta M/M} = \frac{\Delta Q}{\Delta M}\times\frac{M}{Q} \tag{2-8}$$

当收入变化 ΔM 趋近于 0 时，$E_M = \dfrac{\mathrm{d}Q}{\mathrm{d}M}\cdot\dfrac{M}{Q}$。

不同的商品，其需求量对收入变化的反应程度是不相同的。根据这种反应程度的不同，可以把收入弹性分成以下三类：

（1）$E_M > 1$，指随着收入上升，对某商品的需求量也上升，且需求量上升幅度会大于收入上升幅度。奢侈品往往具有这样的特性，如汽车、高档服装、化妆品等。

（2）$0 < E_M < 1$，指随着收入上升，对某商品的需求量也上升，但需求上升幅度会小于收入上升幅度。符合这种特点的商品通常是生活必需品，如食品等。

（3）$E_M < 0$，指随着收入上升，对某商品的需求量反而下降。符合这种特点的商品往往是低档商品，如解放牌胶鞋、黑白电视机等。

当然人们对低档品、奢侈品、生活必须品的划分是相对的。同一种商品，对高收入的人群来说可能是低档品，但对一般人来说可能是必需品，对低收入者来说可能是奢侈品。

2. 交叉弹性

在生活中，人们常常发现一种商品的价格变动会影响到另一种商品的需求。需求的交叉弹性反映了某一种商品的需求量变动对其他商品价格变动反应的敏感程度。商品 A 的需求量 Q_A 的变化百分比与商品 B 的价格 P_B 的变化百分比的比值，称为商品 A 对商品 B 的交叉弹性。需求的交叉弹性的计算公式为

$$E_{AB} = \frac{\Delta Q_A / Q_A}{\Delta P_B / P_B} = \frac{\Delta Q_A \cdot P_B}{\Delta P_B \cdot Q_A} \tag{2-9}$$

当 E_{AB} 大于零时，A 商品需求量的变动和 B 商品价格变动的方向相同，即当 B 商品价格上升时，A 商品需求量上升，B 商品价格下降时，A 商品的需求量下降，两种商品是相互替代关系，而且 E_{AB} 的数值越大，两种商品的替代程度越强。

当 E_{AB} 小于零时，A 商品需求量的变动和 B 商品价格变动的方向相反，即当 B 商品价格上升时，A 商品需求量下降，B 商品价格下降时，A 商品的需求量上升，两种商品是互补关系，而且 E_{AB} 的数值绝对值越大，两种商品的互补关系越强。当两种商品互不相关时，其需求交叉弹性系数为零。

五、供给价格弹性

1. 供给的价格弹性

影响商品的供给量的因素有许多，这些因素对供给量的影响程度各不相同。在这方面人们经常要做的是分析价格变化对供给的影响。供给的价格弹性反映了某一商品供给量的变动对价格变动的敏感程度。它是商品供给量变化的百分比与价格变化百分比的比值。如果 E_S 代表某商品的供给价格弹性，P 代表价格，Q_S 代表供给量，则供给价格弹性的计算公式为

$$E_S = \frac{\Delta Q_S / Q_S}{\Delta P / P} = \frac{\Delta Q_S \cdot P}{\Delta P \cdot Q_S} \tag{2-10}$$

与需求曲线不同，供给曲线通常是向右上方倾斜的，供给量与价格同方向变动，因此供给价格弹性一般是正数。

2.供给价格弹性的分类

根据供给弹性的特点，我们也把供给弹性分成以下五类：

（1）$E_S = \infty$。即在指定的价格水平下，供给量可以任意变动，被称为供给完全弹性。此时的供给曲线是一条与横轴平行的线，如图 2-12（a）所示。

（2）$E_S = 0$。表示供给完全无弹性。在这种情况下，不管价格如何变化，供给量不会发生变化，这时的供给曲线是一条垂直于横坐标的直线，如图 2-12（b）所示。

（3）$E_S = 1$。即价格变动的百分比与供给量变动的百分比相同，被称为供给的单位弹性。这时的供给曲线是一条从原点出发、斜率为 1 的直线，如图 2-12（c）所示。

（4）$E_S < 1$。即供给量变动的百分比小于价格变动的百分比，被称为供给缺乏弹性。此时的供给曲线比较陡直，如图 2-12（d）所示。

（5）$E_S > 1$。即供给量变动的百分比大于价格变动的百分比，被称为供给富有弹性。此时的供给曲线比较平缓，如图 2-12（e）所示。

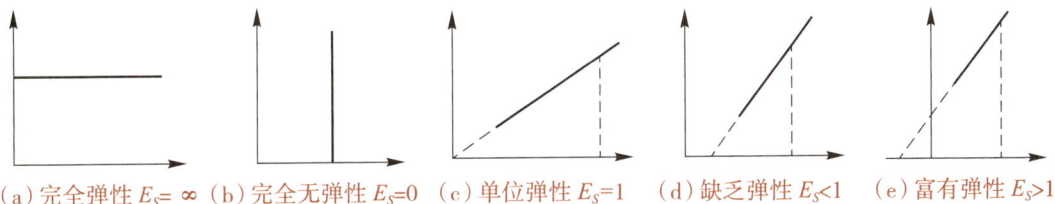

（a）完全弹性 $E_S = \infty$ （b）完全无弹性 $E_S = 0$ （c）单位弹性 $E_S = 1$ （d）缺乏弹性 $E_S < 1$ （e）富有弹性 $E_S > 1$

图 2-12 供给的价格弹性曲线类型

3.供给弹性的影响因素

影响供给弹性的因素比影响需求弹性的因素要复杂得多，主要有以下四种：

（1）生产时间的长短。在短期内，生产设备、劳动等生产要素无法大幅度增加，从而供给无法大量增加，供给弹性也就小。尤其在超短期内，供给只能由存货来调节，供给弹性几乎为 0。在长期生产过程中，生产能力可以提高，因此供给弹性也就大。这是影响供给弹性大小的最重要的因素。

（2）生产的难易程度。一般而言，容易生产而且生产周期短的产品对价格变动的反应快，其供给弹性大。反之，生产不易且生产周期长的产品对价格变动的反应慢，其供给弹性也就小。

（3）生产要素的供给弹性。供给取决于生产。因此，生产要素的供给弹性大，产品供给弹性也大；反之，生产要素的供给弹性小，产品供给弹性也小。

（4）生产所采用的技术类型。有些产品采用资本密集型技术，这些产品的生产规模一旦固定，就很难再变动，从而其供给弹性也小；有些产品采用劳动密集型技术。这些产品的生产规模变动较容易，从而供给弹性也就大。

在分析某种产品的供给弹性时要把以上因素综合起来。一般而言，重工业产品一般采用资本密集型较大，生产较为困难，并且生产周期长，所以供给弹性较小；轻工业产品，尤其是食品、服装这类产品，一般采用劳动密集型技术，生产较为容易，并且生产周期短，所以供给弹性较大。农产品的生产尽管也多采用劳动密集型技术，但由于生产周期长，因此供给缺乏弹性。

任务演练

要求：分析以下商品的需求价格弹性，根据你的判断，在"富有弹性"与"缺乏弹性"两列中选择你认为正确的打"√"，并说明理由。

商品名称	富有弹性	缺乏弹性	你的理由
商品住房			
高档服饰			
化妆品			
胰岛素			
香烟			
华为 Mate60			
瑞幸咖啡			
王者荣耀			

要求：独立完成以下计算题后在小组中进行讨论，并记录结论。

香烟的需求价格弹性系数为 0.4，如果现在每包香烟的价格为 20 元，政府想减少 20% 的吸烟量，价格应该提高到多少？

解答：

结论：

某商品原价格为 10 元，销量为 1 000 件，该商品的需求弹性系数为 3，如果降价为 9 元，此时的销售量是多少？降价后总收益会发生什么样的变化？变化多少？

解答：

结论：

知识拓展

19世纪德国统计学家恩格尔根据他对德国某些地区消费资料统计的研究，发现一个规律：收入水平越低的家庭，用于购买食品的支出占其全部消费支出的比例就越大。随着人们收入水平的提高，人们用于食品的支出在全部消费支出中的比例会逐步下降。这个规律被称为恩格尔定律，购买食品的支出占全部消费支出的比例被称为恩格尔系数，即

$$恩格尔系数 = \frac{食物支出}{全部支出} \tag{2-11}$$

恩格尔系数除用来反映一个家庭的收入状况外，还常用来反映一个国家的富裕程度与生活水平。一般来说，恩格尔系数越高，富裕程度和生活水平越低；恩格尔系数越低，富裕程度和生活水平越高。通常认为恩格尔系数在0.6以上为贫困型（饥寒型），0.5～0.6为温饱型，0.4～0.5为小康型，0.3～0.4为富裕型，0.3以下最富裕。

名人堂

经济学家：阿尔弗雷德·马歇尔（Alfred Marshall，英国，1842—1924）

简介：近代英国最著名的经济学家，新古典学派的创始人，剑桥大学经济学教授，19世纪末和20世纪初英国经济学界最重要的人物。

研究领域：微观经济学领域，供求理论、边际效用理论、生产要素报酬理论以及消费者、生产者和社会福利理论等方面。

主要贡献：马歇尔的最主要著作是1890年出版的《经济学原理》。该书在西方经济学界被公认为划时代的著作，也是继《国富论》之后最伟大的经济学著作。该书所阐述的经济学说被看作是英国古典政治经济学的继续和发展。以马歇尔为核心形成的新古典学派在西方经济学中占据了长达40年的支配地位。马歇尔经济学说的核心是均衡价格论，认为商品的市场价格取决于商品的供求状况。

自我总结评价

项目名称：	总结日期：	
专业班级：	总结评价人：	码上刷题
本项目的主要知识点列示：	尚未掌握的部分列示：	

改进计划：（内容、方法、途径、时间安排、效果）

项目三 学会理性消费

📖 项目导读

　　消费对我们而言是一种普遍而又重要的活动，那么如何衡量消费者的满足程度呢？为什么随着消费商品数量的增长，消费者的满足程度反而会越来越低？在一定的前提下，如何才能实现效用最大化呢？这是我们在本项目中要跟大家讨论的问题。

思维导图

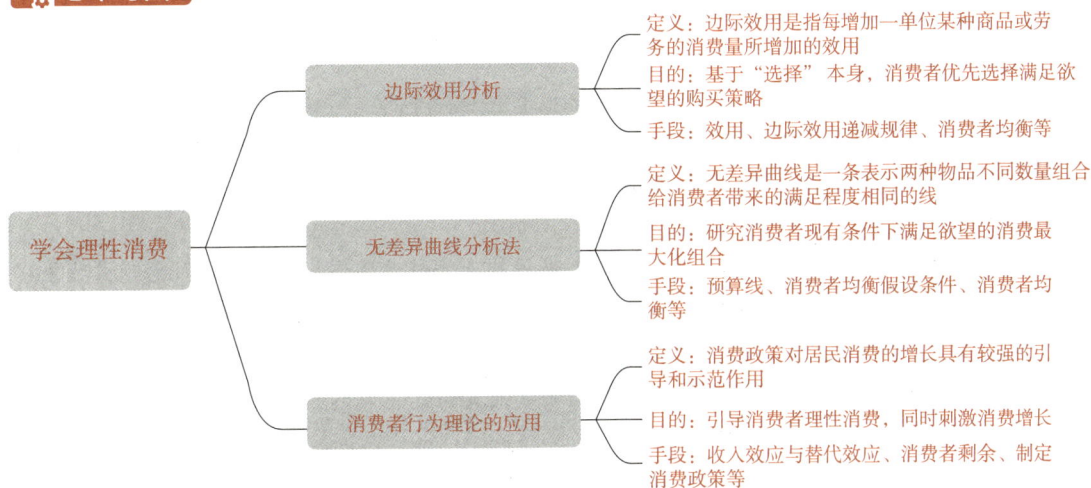

- 学会理性消费
  - 边际效用分析
    - 定义：边际效用是指每增加一单位某种商品或劳务的消费量所增加的效用
    - 目的：基于"选择"本身，消费者优先选择满足欲望的购买策略
    - 手段：效用、边际效用递减规律、消费者均衡等
  - 无差异曲线分析法
    - 定义：无差异曲线是一条表示两种物品不同数量组合给消费者带来的满足程度相同的线
    - 目的：研究消费者现有条件下满足欲望的消费最大化组合
    - 手段：预算线、消费者均衡假设条件、消费者均衡等
  - 消费者行为理论的应用
    - 定义：消费政策对居民消费的增长具有较强的引导和示范作用
    - 目的：引导消费者理性消费，同时刺激消费增长
    - 手段：收入效应与替代效应、消费者剩余、制定消费政策等

学习目标

知识目标

　　(1) 了解基数效用论和序数效用论的基本分析方法。
　　(2) 解释边际效用和总效用之间的区别。
　　(3) 理解边际效用递减规律的实质。
　　(4) 掌握效用、总效用、边际效用递减规律、无差异曲线、消费者可能线等概念。
　　(5) 理解效用最大化及消费者均衡的条件。

能力目标

　　(1) 能够区分并树立社会主义正确"消费观"。
　　(2) 发现并解决消费环节的不道德和非理性消费问题。

素质目标

　　(1) 培育和践行社会主义核心价值观。
　　(2) 倡导学生理性消费，建立健康的消费观和价值观，提升个人的精神价值追求。

任务一　边际效用分析

任务导航

消费者消费的最终目的是获得满足感。那么，我们怎么衡量满足感的大小呢？为什么随着消费数量的增加，消费者在单位消费中获得的效用会下降呢？消费者为了获得消费者均衡的条件是什么呢？这是本部分要探讨的问题。

在线课程集锦

育人在线

星巴克如何引导消费

星巴克咖啡公司成立于 1971 年，始终致力于商业道德采购并烘焙和出售世界上高品质的阿拉比卡咖啡。今天，在全球拥有超 36 000 家门店的星巴克是世界上首屈一指的专业咖啡烘焙商和零售商。星巴克始终坚守对卓越品质和服务的承诺，通过每一杯优质的咖啡，每天为顾客营造独特的星巴克体验。

1999 年，星巴克进入中国内地市场，在北京国贸写字楼开出第一家门店。目前，星巴克在中国内地超 250 个城市开设了 6 500 多家门店，拥有近 60 000 名星巴克伙伴。星巴克始终致力于成为一家与众不同的公司，秉承"每一杯咖啡，每一次对话，每一个社区——激发人文联结的无限可能"的理念，传承经典咖啡文化的同时，关爱伙伴，为顾客提供超期望值的星巴克体验，并为所在社区的繁荣做出贡献。

关于咖啡，星巴克坚持采购来自世界主要三大咖啡产区的优质阿拉比卡咖啡豆，坚持践行 C.A.F.E Practices（咖啡种植者公平规范）。通过包括中国云南在内的全球 10 个咖啡种植者支持中心，星巴克与世界各地的种植者携手合作，共同推动咖啡种植的可持续发展。星巴克中国的每一位咖啡师都经过长期专业培训，不断提升咖啡技艺，通过每一杯高品质咖啡的传递与顾客建立情感连接。

随着中国消费者生活方式与需求的不断变革，星巴克通过食品安全、门店业态和产品创新等方式重新定义"第三空间"，不断给顾客带来愉悦和惊喜。星巴克以臻选®上海烘焙工坊为星巴克中国的创新实验室，充分尊重中国历史悠久的传统文化。在星巴克数字平台，星巴克创新开拓数字化、全贯通的新零售体验，通过社交礼品"用星说"、咖啡外送服务"专星送™"、在线点、到店取服务的"啡快™"、开窗享咖啡的"沿街取"等业务，打通"第一空间"到"数字化空间"的无缝连接，同时不断优化星享俱乐部会员体系，为顾客带来更多元化、全平台的会员权益。

星巴克不仅是一家咖啡公司，更是一家"人"的公司，伙伴是星巴克体验的核心灵魂，是奠定星巴克成功的基石。星巴克在中国始终致力于为伙伴们营造温暖而有归属感的"家文化"，在积极为伙伴打造实现职业梦想平台的同时，也推行"专属版"星福利、父母关爱计划、咖啡豆股票等一系列创新和福利项目。

星巴克是第一家为自带可重复使用的杯子的顾客提供折扣的公司。星巴克中国从开设第一家门店起就鼓励顾客自带杯，顾客通过自带杯可以享受每杯减免 4 元的服务，这是星巴克在提倡绿色消费方面所做出的表率。与此同时，星巴克还率先将10%的消费后纤维（PCF）纳入热饮杯中，并且一直在倡导增加回收利用基础设施。据星巴克中国官网信息，星巴克中国的目标是在2022年加速实现使用更环保的杯子的进程：①将热饮杯中的可回收物质的含量增加一倍，并寻找冷饮杯的替代材料；②继续致力于回收利用，并努力将使用回收利用杯子的店面和社区数量增加一倍；③继续宣传和鼓励"在店内饮用"和使用可重复使用杯子。

（资料来源：作者根据相关资料整理）

解析

星巴克扎根于以咖啡为核心的赛道，是一个成功的跨国企业。如萨缪尔森的幸福方程式一样，幸福＝效用／欲望，星巴克始终围绕"方程式"分子下功夫，环保、第三空间、家文化等，都是在不断提升消费者的效用，即提升消费者的体验感。

任务准备

一、效用概述

效用（Utility）是指消费者在消费商品时所感受到的满足程度。从消费的主体来看，效用是某人从自己所从事的行为中得到的满足；从消费的客体来看，效用是商品满足人的欲望或需要的能力。从这里我们可以看出：不管从主体还是从客体来分析，效用均是一种心理感觉，不同于商品的使用价值。

1. 关于效用的几点说明

（1）效用是一个相对概念，只有在同一物品前后满足程序之间相互比较时才有意义。

（2）效用有无或效用大小取决于个人主观心理评价。对效用的判断具有很强的主观性，同一物品有无效用或效用大小对不同的人来说是不同的。

（3）效用本身不具有伦理意义。一种商品是否具有效用要看它是否能满足人的欲望或需要，而不涉及这一欲望或需要的好坏。

（4）同一物品对不同的人效用不同。因此，除非给出特殊的假定，否则效用是不能在不同的人之间进行比较的。例如，辣椒对于四川人来说其效用是很大的，而对于上海人来说就未必。

2. 效用的两种表示方法

（1）基数效用理论：基数是可以加总求和的数。基数效用论者认为，效用如同长度、重量等概念一样，可以具体衡量并加总求和，具体的效用量之间的比较是有意义的。效用的大小可以用基数（1，2，3，…）来表示，计量效用大小的单位被称作效用单位。例如，对某一个人来说，吃一盘土豆和一份牛排的效用分别为5效用单位和10效用单位，那么可以说这两种消费的效用之和为15效用单位，且后者的效用是前者的效用的2倍。根据这种理论，可以用具体的数字来研究消费者效用最大化问题。

在基数效用论下，我们将采用边际效用分析法对效用进行分析。

（2）序数效用理论：序数是不可以加总求和的数。序数效用论是为了弥补基数效用论的缺点而提出来的另一种研究消费者行为的理论。序数效用论者认为，效用的大小是无法具体衡量的，效用之间的比较只能通过顺序或等级即用序数（第一、第二、第三……）来表示。仍就上面的例子来说，消费者要回答的是偏好哪一种消费，即哪一种消费的效用是第一，哪一种是第二。或者是说，要回答的是宁愿吃一盘土豆，还是吃一份牛排。序数效用论者还认为，就分析消费者行为来说，以序数来度量效用的假定比以基数效用的假定所受到的限制要少，它可以减少一些被认为是值得怀疑的心理假设。

在序数效用论下，我们将采用无差异曲线分析法对效用进行分析。

3. 总效用与边际效用

基数效用论下的边际效用分析法，把效用分为总效用（Total Utility，简称 TU）和边际效用（Marginal Utility，简称 MU）。总效用是指某个消费者在某一特定时间内消费一定数量的某种商品所获得的满足的总和，微观经济学通常假定总效用在某个范围内是商品数量的增函数，意思是总效用随商品数量的增加而增加。总效用函数为

$$TU = U(X) + U(Y) \tag{3-1}$$

$$TU = U(X,\ Y) \tag{3-2}$$

边际效用是指每增加一单位商品或劳务的消费所带来的增加的效用，也就是每种物品的消费量每增加一个单位而增加的效用。用 MU 表示边际效用，则边际效用计算公式为

$$MU = \frac{\Delta TU}{\Delta X} \tag{3-3}$$

现举例说明总效用、边际效用以及两者之间的关系。以某人在一定时期（如一天）内喝咖啡的杯数以及对该人所产生的总效用和边际效用为例，见表 3-1。

表 3-1   总效用与边际效用

消费品数量（Q）	总效用（TU）	边际效用（MU）
1	10	10
2	18	8
3	24	6
4	28	4
5	30	2
6	30	0
7	28	−2

假如这个消费者一天之内喝 7 杯咖啡，他从第 1 杯咖啡中所得到的满足为 10 个效用单位，当他喝第 2 杯咖啡时，得到的总效用为 18 个单位，边际效用为 8 个单位，随着他喝的咖啡杯数的不断增加，他所获得的总效用也越来越多，但边际效用却越来越少。当他喝到第 5 杯咖啡时，总效用达到最大，为 30 单位，说明这时的效用已经达到饱和点，当他继续喝第 7 杯咖啡时，总效用反而减少，由 30 单位减为 28 单位，边际效用成为负数，这说明第 7 杯咖啡产生了负效用。

总效用与边际效用之间的关系，如图 3-1 所示。当边际效用为正时，总效用处于递增状态；

当边际效用为 0 时，总效用达到最大；当边际效用为负时，总效用处于递减状态。从数学的角度来看，则是因为边际效用是总效用函数的一阶导数，一阶导数为零时，总函数取得极值。

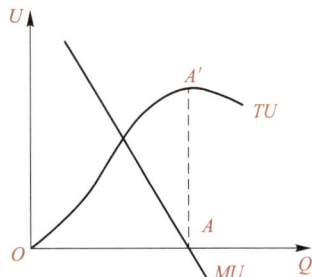

图 3-1　总效用与边际效用

二、边际效用递减规律

消费某种商品所获得的满足程度的高低，主要是通过总效用与边际效用两个指标进行衡量的。总效用是指消费一定量某种物品所得到的总满足程度，而边际效用则是指对某种物品的消费量每增加一单位所增加的满足程度。边际的含义是增量，指自变量增加所引起的因变量的增加量。在边际效用中，自变量是某物品的消费量，而因变量则是满足程度或效用。消费量变动所引起的效用的变动即为边际效用。

1.什么是边际效用递减

当边际效用为正数时，总效用是增加的；当边际效用为零时，总效用达到最大；当边际效用为负数时，总效用减少。

边际效用递减规律可以描述为：在一定时间内，随着对某种商品的消费数量的不断增加，消费者从中得到的总效用以递减的速度增加，即边际效用是递减的；当商品消费量达到一定程度后，总效用达到最大值，边际效用为零，如果继续增加消费，总效用不但不会增加，反而会逐渐减少，此时边际效用变为负数。

边际效用递减规律决定需求定理，需求量和价格成反方向变化。因为消费者购买商品是为了取得效用，对边际效用大的商品，消费者就愿意支付较高价格，即消费者购买商品支付价格以边际效用为标准。按边际效用递减规律：购买商品越多，边际效用越小，商品价格越低；反之，购买商品越少，边际效用越大，商品价格越高。因此，商品需求量与价格成反方向变化，这就是需求定理。

2.边际效用递减规律的体现

边际效用递减规律在现实中随处可见。以旅游为例，第一次去一个很好玩的地方，会觉得很新奇；但如果去的次数多了，就不觉得新奇好玩了。由此我们可以明白：为什么我们对身边经常看到的一些事物常常会熟视无睹、无动于衷呢？因为看见它的次数多了，对它的注意力就减弱了。

又如，在农田里撒化肥可以增加农作物的产量，当你向一亩农田里撒第一个 100 千克化肥的时候，增加的产量最多；撒第二个 100 千克化肥的时候，增加的产量就没有第一个 100 千克化肥增加的产量多；撒第三个 100 千克化肥的时候增加的产量就更少甚至减产，也就是说，随着所撒化肥的增加，增产效应越来越低。

再如，在社会管理中，一个政策出台以后，刚开始往往管理或者规范效应很明显，但随着时间的推移，这项政策的功能就越来越小了，越来越不适宜社会管理的需要了，也就是说政策的管理规范制约或者引导效应在不断减弱，这就是为什么法律法规、管理章程等每隔一段时间要进行调整和更新的主要原因。

总之，只要你稍加注意，就会发现很多边际效应递减的例子。掌握这个规律，我们分析问题和解决问题就获得了一个很好的工具。

3.边际效用递减规律的理论解释

为什么随着消费量的增加，单位产品消费给消费者带来的满足感会递减呢？对这种现象的解释有很多种。

（1）心理或生理的解释。效用是消费者的心理感觉，消费某种物品实际上就是提供一种刺激，使人有一种满足的感觉，或心理上有某种反应。消费某种物品时，开始的刺激大，人的满足程度就高。但不断消费同一种物品，即同一种刺激不断重复时，人在心理上的兴奋程度或满足必然减少。或者说，随着消费数量的增加，效用不断累积，新增加的消费所带来的效用增加就越来越微不足道。

（2）资源配置说。设想每种物品都有几种用途，且可按重要性分级。随着获得该物品数量的增加，消费者会将其逐次用到不重要的用途上去。这本身就说明边际效用是递减的。例如水，按重要程度递减的顺序，分别有饮用、洗浴、洗衣、浇花等多种用途。水很少时，它被用作最重要的用途如饮用。随着获得量的增加，它会被逐次用到洗浴、洗衣、浇花等相对越来越不重要的用途上。这说明水的边际效用是递减的。

（3）反证法。如果边际效用不递减，则假定当消费者可免费取用某种物品时，消费者对其的需求量都将无穷多，然而事实上并非如此。消费者对任何一件物品的需要都会在某一点上停止，在这一点上，消费者的总效用最大，而边际效用为零。

无可置疑，边际效用递减规律是客观存在的；而且，正是由于边际效用递减，才存在着如何使稀缺资源实现合理配置的问题。所以边际效用递减假说在经济学中很重要，它与后面要讲到的边际生产率递减从而边际成本递增一起被看作是资源配置理论的两大支柱。边际效用递减规律可以作为解释消费者行为的基本规律。

三、消费者均衡

在寻找消费者如何安排两种商品的消费组合才能实现在收入既定时总效用最大的方法时，是假定货币的边际效用不变的。而事实上，货币本身给消费者带来的边际效用在现实中是递减的。

消费者均衡是指消费者在收入一定、偏好一定、商品价格一定的情况下，实现了效用最大化时的多种商品消费组合的状态。

那么，如果我们假定货币的边际效用不变，消费者如何安排消费才能实现均衡呢？我们先看下面这个例子。

假设某个消费者准备购买 X 与 Y 两种商品，已知两种商品的价格分别为 P_X=10 元，P_Y=20 元，该消费者的收入为 100 元，并将其全部用于购买 X 和 Y 两种商品。两种商品的边际效用 MU_X 和 MU_Y 见表 3-2，此消费者应该购买多少 X，多少 Y 才能使得总效用最大？

表 3-2　商品 X 和 Y 的边际效用表

Q	1	2	3	4	5	6	7	8	9	10
MU_X	5	4	3	2	1	0	−1	−2	−3	−4
MU_Y	6	5	4	3	2					

根据收入约束条件 100 = 10X + 20Y 的限制，该消费者能够购买的 X 和 Y 这两种商品的所

有整数的组合是有限的。该消费者购买这两种商品不同数量的组合，以及相应的 MU_X/P_X 与 MU_Y/P_Y 和总效用，见表 3-3。根据表 3-3 所列出的资料，运用实现消费均衡的限制条件，就可以确定该消费者实现效用最大化的两种商品的购买量组合比例。

由表 3-4 可以看出：只有在 $Q_X = 4$，$Q_Y = 3$ 的购买量组合时，才既符合收入条件的限制，又符合 $MU_X/P_X = MU_Y/P_Y$ 的要求。此时，该消费者购买 X 商品所带来的总效用为 14，购买 Y 商品所带来的总效用为 15，购买 X 商品与 Y 商品所带来的总效用为 14+15=29，也就是实现了消费均衡。具体分析过程和结果见表 3-3 和表 3-4。

表 3-3　X 商品和 Y 商品的单位货币边际效用

Q	1	2	3	4	5	6	7	8	9	10
MU_X / P_X	5/10	4/10	3/10	2/10	1/10	0	−1/10	−2/10	−3/10	−4/10
MU_Y / P_Y	6/20	5/20	4/20	3/20	2/20					

表 3-4　消费者购买 X 和 Y 商品数量组合表

组合方式	MU_X 与 MU_Y	总效用
X=10，Y=0	−4/10 ≠ 0/2	5
X=8，Y=1	−2/10 ≠ 6/20	18
X=6，Y=2	0/10 ≠ 5/20	26
X=4，Y=3	2/10=4/20	29
X=2，Y=4	4/10 ≠ 3/20	27
X=0，Y=5	0/10 ≠ 2/20	20

通过表 3-3、表 3-4 可以看出，当消费者在使用 100 元对 X、Y 商品进行购买，获得最大总效用 29 时，两种商品的边际效用与其价格之比相等。

消费者均衡条件的含义是：当消费者用于购买多种商品的收入一定时，消费者购买商品所获得的边际效用之比与其价格之比相等，并等于货币本身的边际效用时，消费者获得均衡。

任务演练

要求：小组讨论以下问题，并做好记录。

请对"效用是一种主观心理感受，它的大小因人而异"进行讨论，举例说明。

小组发言记录：

教师点评：

边际效用递减规律的存在，对于企业的启示有些什么？企业如何留住忠实客户？

小组发言记录：

教师点评：

任务二　无差异曲线分析法

📖 任务导航

　　效用的大小是无法具体衡量的，效用之间的比较只能通过无差异曲线分析法进行。究竟什么是无差异曲线，什么是预算线？在序数效用论下采用无差异曲线分析，消费者均衡的结论与边际效用分析法下的结论有没有不同呢？这是我们接下来要学习的内容。

在线课程集锦

🎓 育人在线

⌐ 直播购物下的冲动消费 ⌐

　　2020年3月31日，中国消费者协会发布了《直播电商购物消费者满意度在线调查报告》。调查结果显示：从直播购物品类偏好来看，消费者在直播电商购买的品类大多为服装、日用品、美食、美妆等，其中购买服装的消费者最多，占比63.3%。经过调查也发现，在直播电商消费中，消费者冲动消费的情况较严重，风险意识相对薄弱，消费者对于维护自身合法权益缺乏足够的耐心和信心。针对这些问题中国消费者协会提出了四点建议：一是强化监管职责，引导直播电商行业健康有序发展，既要推进社会共治、严厉打击各类违法违规行为，也要包容审慎监管；二是明确直播电商各类经营者特别是直播电商平台经营者的责任义务，自觉强化诚信规范经营；三是聚焦关键节点，加强对主播群体的规范管理，主播群体不能只要人气、只获收益、不担责任；四是鼓励消费者参与，大力推进消费教育和维权宣传，在树立科学理性的消费观念和安全健康的消费习惯的同时，也要养成良好的维权意识和维权习惯。

　　（资料来源：作者根据相关资料整理）

〔解析〕

　　消费者认为直播购物中最大的问题是冲动消费。直播电商在前期宣传、直播氛围、主播的吸引力等方面，容易让消费者盲目地向外延展无差异曲线。如果时刻提醒消费者如何设定预算线，寻找合理的消费均衡，这样就可以正确地引导消费者的消费观。

📚 任务准备

一、无差异曲线

1.无差异曲线的含义

　　无差异曲线是一条用来表示消费者偏好相同的两种商品的所有组合的线，也可以说是表示能够给消费者带来相同的效用水平或满足程度的两种商品的所有组合。如图3-2所示。

2.无差异曲线的特征

（1）无差异曲线是一条向右下方倾斜的线，斜率是负的。

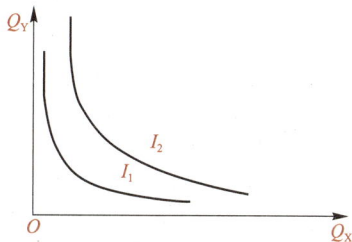

图3-2　无差异曲线

表明为实现同样的满足程度，增加一种商品的消费，必须减少另一种商品的消费。

（2）在同一个平面上可以有无数条无差异曲线，在图中位置越高或距离原点越远的无差异曲线所代表的消费者的满足程度越高。换言之，较高无差异曲线上所有商品组合的效用高于较低的无差异曲线上所有商品组合的效用。

（3）无差异曲线不能相交。这是因为两条无差异曲线如果相交，就会产生矛盾。只要消费者的偏好是可传递的，无差异曲线就不可能相交。

（4）无差异曲线凸向原点，这是由边际替代率递减规律所决定的。边际替代率是指消费者愿意用一种商品替代另一种商品的比率，通常取决于消费者目前消费的每一种商品量。特别是由于人可以更愿意放弃他拥有丰富的商品、更不愿意放弃他们不多的商品，而整体的边际效用是递减的，因此边际替代率也是递减的。假若无差异曲线凸向原点的假设不存在，除非无差异曲线跟预算线的斜率完全一样，否则消费者只会购买一种物品。

3.边际替代率递减规律

边际替代率（Marginal Rate of Substitution，简称 MRS）是指消费者在保持相同的满足程度或维持效用不变的情况下，增加一单位某种商品的消费数量时所需要的放弃的另一种商品的消费数量。它衡量的是，从无差异曲线上的一点转移到另一点时，为保持满足程度不变，两种商品之间的替代比例。边际替代率是一个点概念，即其在无差异曲线上的各点取值不同。在无差异曲线上任一点的边际替代率等于该点上无差异曲线的斜率的绝对值。

在消费者保持相同的总效用时，某消费者在消费 X 商品（苹果）与 Y 商品（梨）之间有以下五种选择，见表 3-5。

表 3-5　保持同等总效用时两种商品的组合

商品的组合方式	X 商品的消费量（苹果）	Y 商品的消费量（梨）	ΔQ_X	ΔQ_Y	MRS
A	0	100			
B	10	80	10	−20	2
C	20	62	10	−18	1.8
D	30	47	10	−15	1.5
E	40	37	10	−10	1

通过表中的计算可以看出 MRS 随着 X 商品增加消费、Y 商品逐渐减少消费呈现递减的现象。该种现象被称为边际替代率递减规律。这种规律在图形上的表现为无差异曲线凸向原点，即过该曲线上每一点的切线其斜率绝对值递减。

可以看出，边际替代率递减规律的存在是由于边际效用递减规律所致。消费者在每一次增加对 X 商品的消费的过程中，为获得同等的 X 商品而愿意放弃的 Y 商品的量递减，是由于边际效用递减规律在起作用。在每一次交换过程中，存在着等效用交换的本质。

二、预算线

预算线是指在既定价格水平下，消费者用给定的收入可能购买的商品组合点的轨迹，有时也称消费可能线、家庭预算线，或者等支出线。预算线只是消费者面临的收入约束——预算约束的一个特殊情况，即消费者只消费两种商品时的预算约束。

如果以 M 表示消费者的既定收入，以 P_X 和 P_Y 分别表示已知的商品 X 和商品 Y 的价格，以 Q_X 和 Q_Y 分别表示商品 X 和商品 Y 的数量，那么，预算线的方程为

$$M = P_X Q_X + P_Y Q_Y \qquad\qquad (3\text{-}4)$$

该式表示，消费者的全部收入等于他购买商品 X 的支出和购买商品 Y 的支出的总和。

如图 3-3 所示，预算线以外的区域中的任何一点，如 B 点，是消费者利用全部收入不可能实现的商品购买组合点。预算线以内的区域中的任何一点，如 A 点，表示消费者的全部收入购买该点的商品组合以后还有剩余。唯有预算线上的点，才是消费者的全部收入刚好花完所能购买到的商品组合点。

很容易证明，预算线的斜率取决于两种商品的价格之比，即斜率 $= -P_X/P_Y$（证明略）。

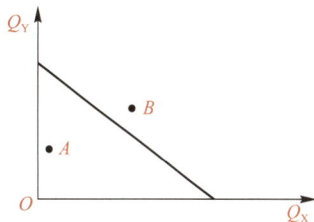

图 3-3　消费者预算线

另外，消费者预算线的变动分为以下三种具体情况。

（1）当两种商品的价格不变，消费者收入发生增加或减少，预算线向右上或左下方平行移动。

（2）当消费者的收入不变，两种商品的价格同比例增加或减少，预算线向左下或右上方平行移动。

（3）当消费者的收入不变，一种商品的价格不变而另一种商品的价格发生变化时，预算线绕着价格不变的商品一端为轴心发生上下摆动。

（4）当消费者的收入和两种商品的价格均发生变动时，预算线发生不规则变化。

三、消费者均衡

在既定收入和各种商品价格的限制下选购一定数量的各种商品，以达到最满意的程度，称为消费者均衡。消费者均衡是消费者行为理论的核心，它研究单个消费者在既定收入条件下实现效用最大化的均衡条件。

1.消费者均衡实现的假设条件

（1）消费者的偏好既定。消费者在购买物品时，根据需要程度排列的各种物品购买顺序是固定不变的。例如，一个消费者到商店中去买盐、电池和点心，在去商店之前对商品购买的排列顺序是盐、电池、点心，这一排列顺序到商店后也不会发生改变。这就是说买盐在消费者心目中的边际效用最大，电池次之，点心排在最后。

（2）消费者的收入既定。因为收入有限，需要用货币购买的物品很多，但不可能全部都买，只能买自己认为最重要的几种。因为每 1 元货币的功能都是一样的，在购买各种商品时最后多花的每 1 元钱都应该为自己增加同样的满足程度，否则消费者就会放弃不符合这一条件的购买量组合，而选择自己认为更合适的购买量组合。

（3）物品的价格既定。由于物品价格既定，消费者就要考虑如何把有限的收入分配于各种物品的购买与消费上，以获得最大效用。由于收入固定，物品价格相对不变，消费者用有限的收

入能够购买的商品所带来的最大的满足程度也是可以计量的。因为满足程度可以比较，所以对于商品的不同购买量组合所带来的总效用可以进行主观上的分析评价。

2.消费者均衡的位置

无差异曲线代表的是消费者对不同商品组合的主观态度，而预算约束线则显示了消费者的支付能力这一商品消费的客观条件，将两者放在一起，就能决定消费者的最后选择。把无差异曲线与预算线合在一个图上，那么，预算线必定与无差异曲线中的一条切于一点，在这个切点上就实现了消费者均衡，如图3-4所示。

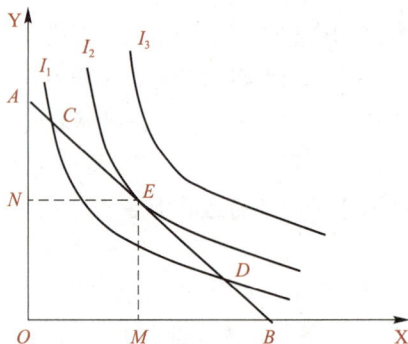

图3-4　无差异曲线分析下的消费者均衡

为什么只有在这个切点时才能实现消费者均衡呢？比它离原点远的无差异曲线 I_3 所代表的效用大于 I_2，但预算线 AB 同它既不相交又不相切，这说明在收入与价格既定的条件下 X 商品与 Y 商品的数量组合是无法达到 I_3 效用水平的。而在比它离原点近的无差异曲线 I_1 上，虽然 AB 线同它有两个交点 C 和 D，说明在 C 和 D 点上所购买的 X 商品与 Y 商品的数量也是收入与价格既定的条件下最大的组合。C 和 D 时 X 商品与 Y 商品的组合并不能达到最大的效用。

3.消费者均衡实现的限制条件

消费者均衡实现的限制条件是：消费者用全部收入所购买的各种物品所带来的边际效用与为购买这些物品所支付的价格的比例相等，或者说每单位货币无论用于购买何用商品所得到的边际效用都相等。

大家可以注意到，在无差异曲线分析法与边际效用分析法下，对于消费者均衡得出了相同的结论：在收入一定的前提下，单位货币无论用于何用商品的购买，能够买到的边际效用相等并等于货币本身的边际效用时，消费者获得均衡。

任务演练

要求：独立完成以下两道计算题后在小组内进行讨论，并记录讨论结论。

已知一件衬衫的价格为 80 元，一双皮鞋的价格为 200 元，在某消费者关于这两种商品的效用最大化的均衡点上，一双皮鞋对衬衫的边际替代率 MRS 是多少？

解答：

结论：

如图，AB 线为商品 X 和 Y 的预算线，I 为无差异曲线，E 为切点，$P_X = 2$ 元。

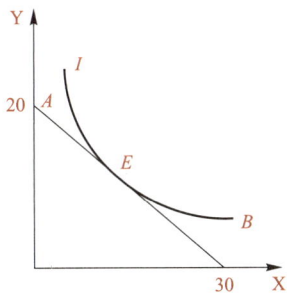

求：消费者收入；商品 Y 的价格 P_Y；预算线方程；E 点的 MRS_{XY}。

解答：

结论：

任务三　消费者行为理论的应用

任务导航

在了解了消费者均衡的理论之后，我们可以进一步去理解生活中的一些消费现象，如替代效应与收入效应在消费者决策中的作用，以及消费者针对不同性质的商品会作出不同的消费决定。在消费过程中，消费者总是在追求获得额外的收益。本部分内容将帮助大家进一步认识人们的消费行为。

在线课程集锦

育人在线

汉服火热是中华文化的崛起、文化自信的体现

近几年，身着汉服出行的人越来越多，起初好像仅出现于一些特定的场合，譬如说漫展、cosplay 展会等，身着汉服在大街上出现还会引起大部分人的侧目，身着汉服的人也会显得有些拘谨和不自然。但现在，身着汉服出行似乎已经成为一种常态，行人不再给予特殊的目光，而身着汉服的人也是神态自若。不可否认，现在的服饰极大地提高了我们的生活品位，但在闲暇之余，我们是否想过，代表我们文化的美丽服饰是否应该重现于世间，我们是否有责任让全世界见识一下只属于中华民族的审美及魅力呢？得益于国漫的崛起，汉服文化在学生群体中非常流行。之前的动漫被日本及美国垄断，"80 后""90 后"的童年只有奥特曼、变形金刚等，但"00 后"不同，在国家的有意引导下，国漫迅速崛起，其周边产品也是非常火爆，再加上汉服本身就是最贴合我们文化的服饰，汉服的火热也就顺理成章了。

（资料来源：作者根据相关资料整理）

解析

汉服火热的确是中华文化的崛起和文化自信的体现。从经济学角度来看，消费者的文化、偏好、环境变化等对消费的影响很大，大学生因为喜欢中华文化就会对购买汉服产生浓厚的兴趣，这样消费者剩余也很高，就是一个字：值！

任务准备

一、替代效应与收入效应

一种商品的名义价格发生变化后，将同时对商品的需求量产生两种影响：一种是因该种商品名义价格变化而导致的消费者所购买的商品组合中，该商品与其他商品之间的替代，称为替代效应；另一种是在名义收入不变的条件下，因一种商品名义价格变化，而导致消费者实际收入变化，进而导致的消费者所购商品总量的变化，称为收入效应。

1.替代效应

替代效应指在实际收入不变条件下，某种商品价格的变动引起其他商品的价格呈相反方向变动，从而使消费者用比较便宜商品的购买代替比较昂贵商品的购买。当一种商品价格上升时，其他商品价格就相对便宜了，消费者会多购买其他商品而少购买这种商品；当一种商品价格下降时，其他商品价格就相对昂贵了，消费者会增加这种商品的购买而减少其他商品的购买。

替代效应强调一种商品价格变动对其他商品相对价格水平的影响。例如，在茶叶价格上升以后，其他商品相对茶叶而言显得更为便宜，消费者将用对其他商品的购买来替代对茶叶的购买。又如，鸡蛋的价格由每千克 4 元降至 2 元，猪肉的价格不变，这样猪肉的价格相对于鸡蛋来讲却变得贵了。原来每月购买 10 千克鸡蛋需花费 40 元，现在只需花费 20 元，相当于实际增加收入 20 元。现在必须将这 20 元剔除。当 20 元被剔除后，消费者会继续保持原有的购买比例吗？消费者还会不会增加对于鸡蛋的购买？答案应该是肯定的。在价格下降引起的增收部分被剔除后，消费者还增加对于鸡蛋购买的部分就是替代效应。

2.收入效应

收入效应是指在货币收入不变条件下，某种商品价格的变动引起消费者实际收入呈相反方向变动，从而也引起商品购买量的相反方向的变动。当一种商品价格上升时，消费者实际收入减少，商品购买量随之减少；当一种商品价格下降时，消费者实际收入增加，商品购买量随之增加。收入效应强调价格变动对实际收入水平的影响。例如一个家庭，它的收入用来购买甲、乙两种商品，在价格变动以前，全部收入购买的两种商品是以使它获得最大满足的方式组合的。现在假定甲商品的价格下降，在购买原来数量的甲商品之后，家庭的收入将有所剩余。甲商品价格的下降等于增加了这个家庭的实际收入，剩余的收入可以用来购买甲商品，也可以用来购买乙商品。

两种效应的比较：收入效应改变消费者的效用水平，替代效应不改变消费者的效用水平。

3.总效应

某种商品价格变化的总效应是指一种商品价格变动所引起的该商品需求量的变动。表示消费者从一个均衡点移到另一个均衡点时需求量的总的变动。这个总效应可以被分解为替代效应与收入效应两个部分。

二、正常商品、劣质商品与吉芬商品

1.正常商品

正常商品是指随着收入增加而需求量上升或随着收入减少而需求量下降的商品。这里的收入是指实际购买力，而不是名义价格的变化。正常商品的价格与需求量成反向运动关系。

正常商品的收入效应：当商品价格发生变化时，人们的实际收入将呈反向变化，人们对该商品的需求量与实际收入呈同方向变化。

正常商品的替代效应：当某商品的价格发生变化时，由于需求规律的影响，人们将增加或减少其他商品的需求量（同价格变化的方向相同）来替代对该商品的需求量。

2.劣质商品

劣质商品是指收入效应使得实际收入增加导致需求量减少的商品。简单地说就是当一个人的实质收入增加后，将购买更少该物品，以较佳的代替品取代。例如，长途汽车（相对飞机）；快餐食品（相对餐厅）等。这里的劣质商品并非日常用语中指的质量有问题的货品。

3.吉芬商品

吉芬商品是一种特殊的低档物品。作为低档物品，吉芬商品的替代效应与价格呈反方向变动。吉芬商品的特殊性就在于，它的收入效应的作用很大，以至于超过了替代效应的作用，从而使总效应与价格呈同方向变动。这也就是吉芬商品的需求曲线呈现出向右上方倾斜的特殊情况的原因。

吉芬商品与其说是一种商品，不如说是一种现象。对于过去的西方人来说，土豆是一种廉价的主食，当土豆和其他食物、比如肉类的价格恒定的时候，穷人消费土豆的量是一定的，但是一旦土豆价格下降的时候，由于土豆变便宜了，所以花比原来更少的钱就可以买到和原来一样多的土豆，穷人的生活一般来说是没有什么结余的，由于土豆降价了，他们就没必要买原来一样多的土豆，这个时候他们很可能会选择减少对土豆的需求量，凑钱去购买比土豆昂贵的替代品；要是土豆价格反弹，那么穷人就会马上回到原来的消费结构上去。这才是真正意义上的吉芬商品。但是土豆的这种价格同需求的同方向移动现象并不是一直存在的，确切地说，应该是需求曲线的某一段产生了向上的现象，也就是说当土豆价格高到一定程度，需求又开始下降，因为这个时候穷人连土豆都吃不起了。所以吉芬商品并不是指需求曲线永远向上的商品，而是需求曲线带有这种反常现象的商品。

三、消费者剩余与消费政策

1.消费者剩余

消费者剩余又称为消费者的净收益，是指买者的支付意愿减去买者的实际支付量。消费者剩余衡量了买者自己感觉到所获得的额外利益。消费者剩余的计算公式为

消费者剩余 = 买者的评价 – 买者的实际支付

消费者总剩余可以用需求曲线下方、价格线上方和价格轴围成的三角形的面积表示。如图 3-5 所示，以 Q 代表商品数量，P 代表商品价格，PQ 代表需求曲线，则消费者购买的商品时所获得的消费者剩余为图中的灰色面积。

消费者剩余表现为一种物品的总效用与其市场价格之间的差额：人们之所以能够享受消费者剩余，并从他们各自的购买行为中获得福利感，根本原因就在于他们对所购买的某一物品的每一单位支付了相同的价格，而且所支付的又都是最后一单

图 3-5　消费者剩余分析图

位的价格。然而，边际效用递减规律告诉我们，对同一物品因占有的顺序的不同给人们带来的满足感就不同，因而人们所愿意支付的价格也就不同。

例如，面包的价格是每个 1 元（在供给等于需求的前提下，最后一个面包即第 8 个面包的效用决定水的价格）就可以得到水的需求曲线。因为吃第一个面包时需要的水非常有用，能够消除极度的饥饿，消费者愿意为它支付 9 元，即消费者价格是 9 元。但是这一个面包的真实代价只不过是面包的市场价格 1 元，于是，消费者就从中得到了相当于 8 元（9 元 –1 元）的消费者剩余。假如第 2 个面包对消费者来说值 8 元，但面包的成本依然为 1 元，于是消费者又从对第 2 个面包的购买中获得了相当于 7 元（8 元 –1 元）的消费者剩余。如此推论下去，直到

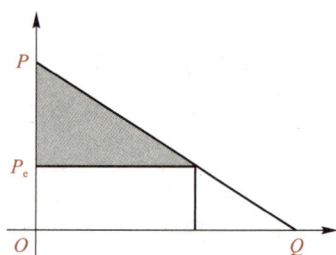

第 9 个面包，它对消费者来说只值 0.5 元，从而消费者价格低于市场价格，消费者剩余为负。从理论上来说，消费者是不会购买这一个面包的，而在第 8 个面包上，消费者达到了均衡，消费者实现了全部消费者剩余。

从消费者对水的购买行为中我们可以看到，尽管消费者为购买 8 个面包一共只支付了 8 元，但消费者从 8 个面包的购买中却得到了价值 44 元（9 元＋8 元＋7 元＋6 元＋5 元＋4 元＋3 元＋2 元）的总效用。这样，消费者也就得到了超过其支付额 36 元的消费者剩余。由于在购买行为中，消费者总是按照最后一单位的价格支付全部单位的价格，因此他们得到了成本之上的效用剩余。

然而，消费者剩余作为一种额外的效用只是一种心理感觉。如上分析，这并非消费者真的得到了 36 元的现钞，而是得到了价值 36 元的福利感或满足感。然而正是这种满足感或福利感左右着消费者的购买行为，从而影响着市场上的需求。

另外，无论人们是否意识到，在现实的买卖行为中都存在两种价格。一种是由收入和偏好决定的消费者价格，另一种则是由市场供求关系决定的市场价格。前者遵循着边际效用递减规律，而后者则遵循着供求规律；前者之和体现了消费者获得的效用之和的总量（对同一物品的购买），后者则体现了消费者为获得一定的效用总量所实际支付的货币总量。消费者价格与市场价格之差，就是体现消费者满足感或福利感的消费者剩余。

因此，当消费者以低于消费者价格购买到自己所需要的商品时，心里会很舒服，甚至有一种占了便宜的窃喜。当这种便宜感很大、很强烈时，消费者的购买行为完全可能再继续下去，直至购买到这种感觉减弱、消失为止。这就是为什么人们会多买价格变得便宜的商品的原因。反之，当一个消费者的购买行为的结果使其感到吃亏时，那一定是失去了一种满足感或福利感，从而失去了消费者剩余，甚至在某些情况下还会切切实实地失去可以计算的有形的货币收入。

当我们明白了消费者价格和市场价格之间的关系后，我们就可以解释虚假广告和不法商家雇佣"托"来害人的原理——通过夸大商品的效用或人为制造紧缺感，提高消费者价格，从而增加购买者的消费剩余感，诱发人们的购买行为。

2.消费政策

消费政策是指国家权衡某一时期国民经济综合状况和矛盾特点，根据社会主义市场经济原则，为实现经济健康发展、确保城乡居民收入—消费水平稳步提高的经济目标而做出的决策选择和采取的具体措施，它是整个经济政策的一部分。

消费政策具体包含宏观消费政策、微观消费政策和与消费相关的政策。其中宏观消费政策包括财税政策、货币政策、价格政策；微观消费政策包括消费引导、消费教育、消费信用、消费者权益保护等。

消费政策对居民消费的增长具有较强的引导和示范作用。基于对当前次贷危机、金融危机乃至于蔓延广泛的经济危机的分析，为有效刺激国内消费，政府可以从转变人们消费观念、提高农民收入、降低居民支出预期、净化消费环境、构造金融支持、培育消费热点、倡导绿色消费等方面积极行动，以有效推动国内经济的良性发展。

任务演练

消费者剩余是消费者的一种主观感受。请在小组内讨论你是如何获得消费者剩余的，并记录讨论结论。

解答：

结论：

教师点评：

目前市场上流行消费升级的说法，很多人认为消费升级就是买贵的、奢侈的商品。你是否赞同这种观点？请说说你是怎么认识"消费升级"的。如果你要说服消费者实现"消费升级"，你会怎么做？请个人完成后进行小组讨论，并记录讨论结论。

解答：

结论：

教师点评：

知识拓展

萨缪尔森：幸福方程式

美国经济学家保罗·萨缪尔森曾经给出了一个幸福方程式：幸福＝效用／欲望。这个公式告诉我们，幸福程度与效用成正比，与欲望成反比。

如果人的欲望是既定的，效用越大就会越幸福。效用是人从消费物品与劳务中获得的满足程度。效用也是一种心理感觉，欲望得到满足就是效用。效用要消费物品或劳务才能得到，消费物品与劳务要有收入，从这种观点出发，有钱并不一定幸福，但没钱绝对不幸福。有些经济学家认为，在人的幸福中由金钱带来的幸福仅仅占20%，甚至更少。对低收入者来说，金钱与幸福的关系更为密切；但对高收入者而言，金钱与幸福的关系就要淡得多。

其实人的幸福并不是效用或收入的一元函数，而是一个多元函数。决定幸福的不仅仅有金钱，还有其他因素。例如，美满的家庭生活、带来乐趣的工作、受到别人和社会的尊重等。

如果人的效用是既定的，那么欲望越大，人越不幸福。如果欲望无限大，有多大的效用也不幸福。幸福是人的一种感觉，一个人幸福还是不幸福完全取决于个人的主观感觉。人的感觉往往与用以比较的参照物有关。因此，幸福是相对的，和谁比反映了一个人欲望的大小。

要想更幸福，必须增加效用，或降低欲望。人贵有自知之明，最大的"知"是知道自己到底想要什么，而不是今天想要这个，明天又换成了那个。所以，知足常乐。

（资料来源：节选自保罗·萨缪尔森.经济学（第十六版），北京：华夏出版社，1999）

名人堂

经济学家：里昂·瓦尔拉斯（Leon Walras，法国，1834—1910）

简介：瓦尔拉斯是边际效用价值论的创建人之一。他把边际效用称为"稀少性"，在经济学研究中使用了数学方法，研究了使一切市场（不是一种商品的市场，而是所有商品的市场）都处于供求相等状态的均衡，即一般均衡，成为西方数理经济学和一般均衡理论的创建者和主要代表。他的一般均衡分析方法被西方经济学界普遍使用。主要著作有《纯粹政治经济学纲要》《社会经济学研究》《实用政治经济学研究》等。

核心观点：商品的稀少性随消费量的增加而递减，并同购买商品时支付的价格成比例；消费者购买商品时，力求使每一单位货币能买到的每一种商品的效用量相等，从而得到最大的效用，即处于均衡状态。

自我总结评价

项目名称：	总结日期：	
专业班级：	总结评价人：	码上刷题
本项目的主要知识点列示：	尚未掌握的部分列示：	

改进计划：（内容、方法、途径、时间安排、效果）

项目四 学习企业经营之道

项目导读

　　构成市场的两种力量，一是需求，二是供给。作为供给者的厂商在进行产品生产的时候需要思考哪些问题呢？企业的最终目标是什么呢？在本项目中，大家将了解，企业为了实现利润最大化目标，应如何在投入与产出、成本与收益两个方面进行思考，并做出对自己最有利的决策。

思维导图

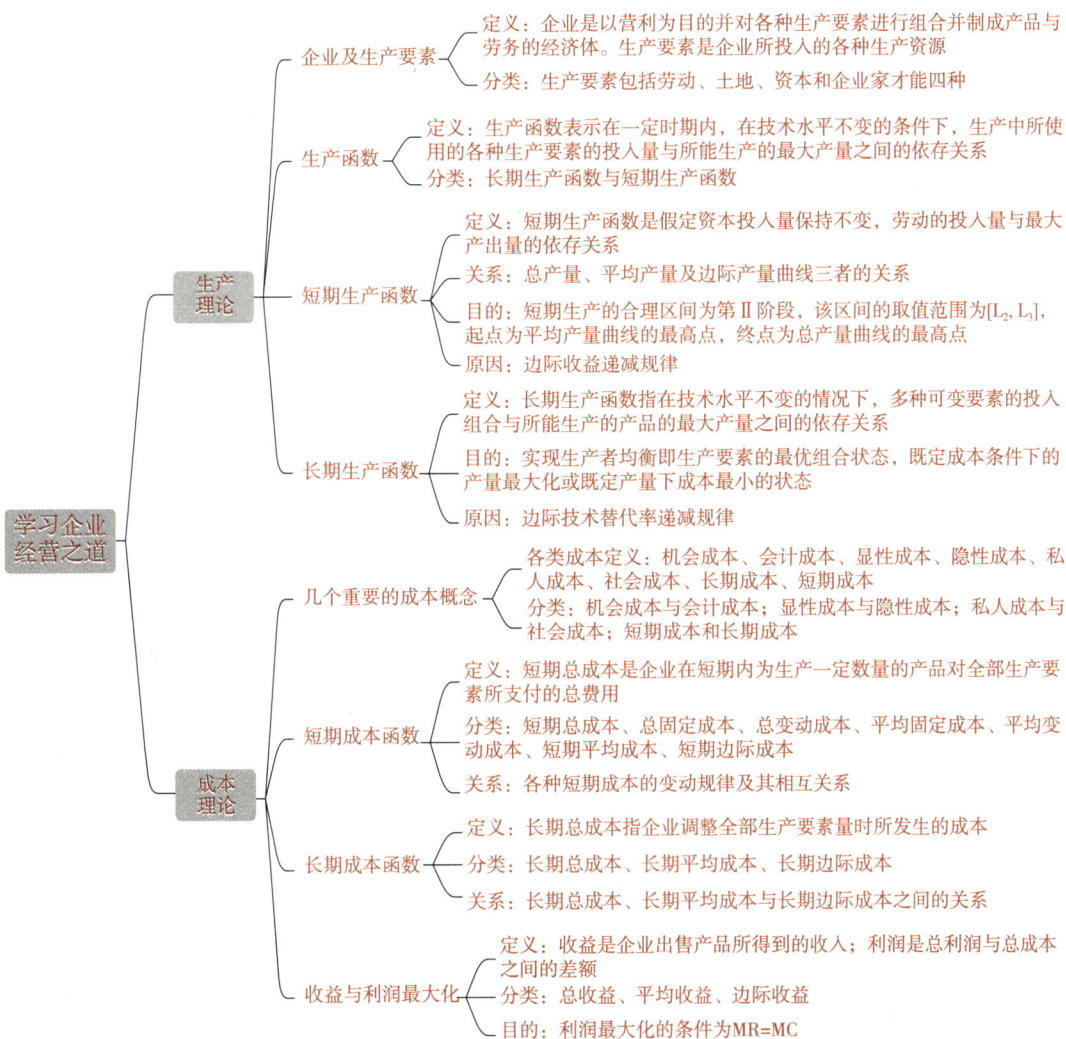

学习企业经营之道

生产理论

企业及生产要素
- 定义：企业是以营利为目的并对各种生产要素进行组合并制成产品与劳务的经济体。生产要素是企业所投入的各种生产资源
- 分类：生产要素包括劳动、土地、资本和企业家才能四种

生产函数
- 定义：生产函数表示在一定时期内，在技术水平不变的条件下，生产中所使用的各种生产要素的投入量与所能生产的最大产量之间的依存关系
- 分类：长期生产函数与短期生产函数

短期生产函数
- 定义：短期生产函数是假定资本投入量保持不变，劳动的投入量与最大产出量的依存关系
- 关系：总产量、平均产量及边际产量曲线三者的关系
- 目的：短期生产的合理区间为第Ⅱ阶段，该区间的取值范围为$[L_2, L_3]$，起点为平均产量曲线的最高点，终点为总产量曲线的最高点
- 原因：边际收益递减规律

长期生产函数
- 定义：长期生产函数指在技术水平不变的情况下，多种可变要素的投入组合与所能生产的产品的最大产量之间的依存关系
- 目的：实现生产者均衡即生产要素的最优组合状态，既定成本条件下的产量最大化或既定产量下成本最小的状态
- 原因：边际技术替代率递减规律

成本理论

几个重要的成本概念
- 各类成本定义：机会成本、会计成本、显性成本、隐性成本、私人成本、社会成本、长期成本、短期成本
- 分类：机会成本与会计成本；显性成本与隐性成本；私人成本与社会成本；短期成本和长期成本

短期成本函数
- 定义：短期总成本是企业在短期内为生产一定数量的产品对全部生产要素所支付的总费用
- 分类：短期总成本、总固定成本、总变动成本、平均固定成本、平均变动成本、短期平均成本、短期边际成本
- 关系：各种短期成本的变动规律及其相互关系

长期成本函数
- 定义：长期总成本指企业调整全部生产要素量时所发生的成本
- 分类：长期总成本、长期平均成本、长期边际成本
- 关系：长期总成本、长期平均成本与长期边际成本之间的关系

收益与利润最大化
- 定义：收益是企业出售产品所得到的收入；利润是总利润与总成本之间的差额
- 分类：总收益、平均收益、边际收益
- 目的：利润最大化的条件为MR=MC

学习目标

知识目标

(1) 理解企业的本质。
(2) 掌握生产要素、生产函数等基本概念。
(3) 掌握边际产量递减规律。
(4) 掌握生产者均衡及其条件。
(5) 掌握重要的成本概念。
(6) 掌握各类短期成本变化的规律及相互关系。
(7) 掌握利润最大化的原则。

能力目标

(1) 能够运用生产理论进行最优生产决策。
(2) 能够初步运用成本理论进行经营决策。

素质目标

(1) 学习企业家精神。
(2) 提升节约与提升创新意识。
(3) 理解企业的社会责任。

任务一　生产理论

任务导航

厂商在确定好产品定位与经营策略之后，首先要考虑的就是投入与产出之间的关系。那么，在短期里，厂商来不及调整所有生产要素的时候，应该如何安排要素的投入量呢？进入长期生产以后，厂商可以调整所有生产要素，又该如何寻找要素之间最合适的比例关系、确定企业的生产规模规模呢？对本部分内容的学习将帮助大家解答这些疑问。

在线课程集锦

育人在线

让创新激发最大潜力

从中央强调"实施创新驱动发展战略，是立足全局、面向未来的重大战略"，到河北省委提出"创新驱动要贯穿于经济发展的各个领域、各个环节"，破解经济发展深层矛盾、增强经济发展内生动力和活力，创新驱动都是根本出路。具体到一个地区，让改革释放最大的红利、用创新激发最大的潜力，始终是发展县域经济的努力方向和动力源泉。

创新，首先是思想的解放。"做人要知足，做事要知不足"，干事创业，最忌小富即安；创新驱动，尤需开拓进取。有人说，三河依靠与北京的"近"就行了。其实，近水楼台未必先得月，把"近"变成"通"、把"通"变成"融"，"近"才能转化为发展红利，也正因此我们有了"主动融入、全面对接"的理念创新。

爱因斯坦说过，"不做新鲜事的人是不会犯错误的"，反过来理解，就是创新有风险。因此，推进创新需要领导干部敢于试错的勇气、舍我其谁的担当。错失机遇是最大的损失，忽略挑战是最大的危险。如果消极的"萧规曹随"盛行、"好人主义"流行，表面上风平浪静，实际上却让地方发展付出巨大的"机会成本"。

推进创新驱动发展，政府的作用至关重要，关键是明确政府的角色定位，厘清政府、市场、企业的权责边界。对政府而言，不仅要用力，而且要学会用巧劲，把不该管的放下去，把该管的管起来。比如说，用行政权力的"减法"换取市场活力的"加法"。企业的负担少了，创新的活力就多了。如果把市场环境比作"气候"，那么企业就是择善而居的"候鸟"，市场环境天朗气清，创新活力自然生机勃勃。

另外，政府还应该用公共预算的"加法"激活创新潜力的"乘法"。科技创新必须试错，单个企业难以独自承担风险，因此，我们在银行与企业之间建立风险基金，实现风险分散；技术创新成果转化周期长，中小企业往往有创新活力却没有资金和设备支撑，对此，我们着重建设创业孵化器，实现产学研一体化；"人口红利"转化为"人才红利"，才能实现从"制造"到"智造"的飞跃，为此，我们投资10亿元，打造全国第二所县域职业技术学院，培养高素质产业工人……有所为有所不为，才能无为而无不为；当有为顺势而为，方可四两拨千斤。创新驱动的能量正在三河积聚，三河市高新技术产业增加值占地区生产总值比例达到11.2%。

"创新驱动"不局限于技术升级，更是作为一种理念提升着发展战略。以前招商引资是单个项目的机械累加，现在我们以园区为载体，并发展区中园，注重土地集约、企业集中、产业集群，实现规模效应的最大化。同时，"招商引资"这个概念的内涵也在"转型升级"，我们正在申请成为全球物流商务峰会的永久交易地址，一个永不落幕的国际交易会，其附加值是任何具体产业都无法比拟的。

创新，是撬动梦想的杠杆，是点燃梦想的星火。创新也是一个"创造性破坏"的过程，没有平坦大道，不能一蹴而就，甚至还要忍受暂时阵痛。然而，"泰山不让土壤，故能成其大；河海不择细流，故能就其深"，中国梦的创新底色，离不开每一个县域的努力。而这，正是我们矢志前行的方向。

（资料来源：让创新激发最大潜力．人民日报，2013-8-2）

解析

创新是生产要素吗？企业如何发挥创新优势？

创新不是生产要素，而是生产要素的新组合。企业要发挥创新优势，需要从以下几个方面入手。

培养创新文化：企业需要有创新的理念和文化，让员工有创新的意识和动力。这可以通过内部培训、奖励机制等方式实现。

组建创新团队：企业需要建立一支具有创新思维和能力的团队，专门负责创新工作。这个团队应该由不同领域的人才组成，能够从多角度思考问题，并提出创新的解决方案。

提供资源和支持：企业需要为创新团队提供必要的资源和支持，如资金、技术、设备等，让他们能够顺利地开展工作。

持续改进：企业需要不断审视自己的产品和服务，发现可以改进的地方，持续进行创新和改进。

抓住机遇：企业需要时刻关注市场和行业动态，及时发现和抓住机遇，进行创新和变革。

勇于冒险：企业需要有冒险精神，勇于尝试新的想法和方案，不怕失败，持续寻求创新和突破。

建立反馈机制：企业需要建立有效的反馈机制，及时收集和分析客户和用户的意见和建议，发现改进点和创新点。

建设人才队伍：企业需要建设一支高素质的人才队伍，通过培训、激励等方式提升员工的创新能力和素质。

总之，发挥创新优势需要企业在多个方面进行努力和投入，从文化、团队、资源、合作等多个角度入手，建立完善的创新体系和机制，不断推进创新和变革。

📖 任务准备

企业又称为厂商或生产者，是能做出统一生产决策的单个经济体，经济学在研究生产者行为时，假定生产者是完全理性的经济人，企业生产的目的是实现利润最大化，即在既定成本下实现最大产出，或者在既定产出下成本最小。这一分析说明价格与供给量是同方向变动的。

一、企业及生产要素

（一）企业

经济学中将提供商品与服务的基本生产单位称作企业或厂商，生产则是把投入转化为产出并提供给消费者的过程。

企业是以营利为目的、对各种生产要素进行组合并制成产品与劳务的经济体。

作为独立做出生产决策的经济体，企业一般具备三个特征：一是独立自主经营；二是自负盈亏；三是产权明晰。这样，企业财产的有效利用才会真正受到产权所有者的关注和保护，使自主经营和自负盈亏真正落到实处。

按基本的法定形式区分，企业主要包括个人独资企业、合伙制企业和公司制企业三种类型。

（1）个人独资企业。个人独资企业又称个人业主制企业，是指单个人出资经营的厂商组织。

（2）合伙制企业。合伙制企业是以两人或两人以上合资经营的厂商组织。

（3）公司制企业。公司制企业是按照公司法设立，具有法人资格并以营利为目的的厂商组织。

企业的行为准则就是充分利用各种有限资源开展生产经营活动，以获取最大的经济利润。

（二）生产与生产要素

1. 生产

生产是把各种有限的生产资源转化为产品与服务的过程。

2.生产要素

在生产中，企业所投入的各种生产资源简称为生产要素。一般认为，生产要素包括劳动、土地、资本和企业家才能四种。

（1）劳动（Labor）。是指人类在生产过程中所消耗掉的体力劳动和智力劳动的总和，劳动力的数量和质量是决定劳动生产率的决定因素。

（2）资本（Capital）。是指生产过程中所使用的各种资本品，包括了厂房、机器设备、动力燃料、原材料等有形资产，以及货币资金（现金、有价证券等）、无形资产（商标、专利、专有权等）和人力资本（工资等）可以表现为实物形态和货币形态的资产。资本的实物形态又称为资本品或投资品，资本的货币形态通常称为货币资本。

（3）土地（Native）。是指生产过程中所使用的各种自然资源，不仅指土地本身，还包括地上、地下的一切自然资源，如森林、江河湖泊、海洋和矿藏等。

（4）企业家才能（Endowment）。是指企业家组织建立和经营管理企业的才能。企业家把劳动、资本和土地组织起来进行生产和创新活动，承担市场风险。

企业利用生产要素不仅可以提供各种实物产品，如房屋、食品、机器、服装等，也可以提供各种无形产品，如理发、医疗、教育、旅游服务等。

案例：请阅读以下材料，并作答。

胸怀家国担当作为——企业家精神述评

中国共产党百年华诞之际，中华民族迎来又一个历史时刻——习近平同志代表党和人民庄严宣告，在中华大地上全面建成了小康社会，历史性地解决了绝对贫困问题。

在这场伟大的反贫困斗争中，有着坚定信念的企业冲锋在前，勇于担当。

——各尽所能。中央企业结对帮扶240多个国家扶贫开发工作重点县，民营企业"万企帮万村"，合力将人、财、物等资源向最需要的地方汇集。

——各展所长。通过产业扶贫、健康扶贫、文化扶贫等，带动贫困户脱贫增收，强健身心；创新金融保险产品等，为帮扶地区经济社会发展保驾护航……

从脱贫攻坚到决胜全面建成小康社会，历史奔腾向前，企业家精神历久弥新，持续迸发出强大力量。

（资料来源：作者根据相关资料整理）

分析：什么是企业家精神？如何发扬企业家精神？

解析

企业家要带领企业战胜当前的困难、走向更辉煌的未来，就要弘扬企业家精神，在爱国、创新、诚信、社会责任和国际视野等方面不断提升自己，努力成为新时代构建新发展格局、建设现代化经济体系、推动高质量发展的主力军。

要发扬企业家精神，首先要注重创新，不断开发具有创新性的产品和服务，以满足市场的变化需求。其次，企业家要有冒险精神，勇于承担风险，敢于尝试新事物。同时，企业家精神还包括追求卓越、精益求精的精神，不断追求更高的生产效率和产品质量。此外，企业家应该具备强烈的社会责任感，关注社会公益事业，积极回馈社会。

总之，企业家精神是推动企业发展的重要动力，也是实现社会繁荣稳定的基石。要发扬企业家精神，需要全社会的共同努力和支持。

二、生产函数

（一）生产函数的概念

厂商在生产过程中投入一定量的生产要素，生产出一定的商品或服务。要素的投入量与产出量（商品或服务）之间存在着一定的依存关系，这种依存关系可以用生产函数来表示。厂商生产出的产品可以是有形的，如牛奶、食物、衣服、汽车、机器、电脑等；也可以是无形的，如教育服务、医疗服务、法律服务等。

厂商在生产中要达到利润最大化的目标，需要做出三个基本决策：一是生产多少产品与服务（产出量）；二是如何生产（采用什么样的生产技术）；三是每种要素投入的数量。

厂商一旦决定生产多少产品，其所选择的生产方法（技术）就决定了厂商的要素投入需求。例如，一家企业采用自动化生产线技术生产汽车和采用手工打磨生产时，同样的要素投入量却可能产出不同的产品数量。可见，既定技术方法是要素投入量产出一定产量的前提条件。

生产函数表示在一定时期内，在技术水平不变的条件下，生产中所使用的各种生产要素的投入量与所能生产的最大产量之间的依存关系。

（二）生产函数的公式

任何生产函数都是以一定的生产技术水平为假定前提，企业生产中所涉及的四种要素相互作用，相互配合，从而生产出一定量的产品。在技术水平不变的情况下，生产中所使用的各种生产要素与所能生产的最大产量之间的关系，被称作生产函数。用 Q 代表所能生产的最大量，则生产函数可表达为

$$Q = f(L, K, N, E) \tag{4-1}$$

式（4-1）中，Q 为生产量，L 为劳动投入量，K 为资产投入量，N 为土地投入量，E 为企业家才能的投入量。

在研究生产函数时，土地一般被视为固定不变的要素，企业家才能又难以估算，因此，为了简化分析，生产函数通常表示为

$$Q = f(L, K) \tag{4-2}$$

生产函数的前提条件是一定时期内生产技术水平的既定，如果生产技术水平发生变化，要素投入量与产出量之间的数量关系会发生变化，则会形成新的生产函数。在现有技术水平下，如何使投入到生产中的各种要素得到最大的产出是经济学家一直感兴趣的话题。研究生产函数有助于厂商掌握生产的基本规律，做出正确的决策，实现资源优化配置和利润最大化。

（三）长期与短期的划分

生产除了受到生产技术的限制以外，还与时间存在密切的关系，如一条跨海大桥的建造

需要较长时间；一架飞机的制造需要较长的时间来完成从设计、生产到销售的流程等。资本设备一旦以一种具体的形式投入生产之后，就不能有效地拆除、搬迁到其他地方或转作其他用途。时间长短对投入资本量的改变使厂商在安排生产时可能投入不同的生产要素，从而影响生产成本，经济学按照厂商调整全部生产要素投入量所需的时间将生产的期间分为长期和短期两种。

1.短期

短期是指在厂商来不及调整全部生产要素的投入量的情况下，至少有一种生产要素的投入量是固定不变的时间周期。因此，在短期，生产要素可以分为可变要素与不变要素。如机器、厂房、设备等厂商在短期是无法改变和调整其投入量的，被视为不变要素；如劳动力、原材料、易耗品在短期内是可以调整其投入量的，被视为可变要素。

2.长期

长期是指厂商可以调整全部生产要素的投入数量和时间周期。由于厂商在长期内所有的要素投入量都是可调整的，因此没有可变要素投入和不变要素投入的区分。例如，增加厂房，购置和安装新设备等都需要一定的时间，厂房和设备没有增加的这一时期内，厂商就处于短期，而厂房和设备就是固定的投入。厂商虽然不能调整厂房和设备数量的时间，却可以通过增加新雇员、现有工人加班加点等方式改变投入生产过程中的劳动数量。如果时间足够长，那么只要需要，厂商就可以调整包括厂房和设备在内的所有投入。

但要注意的是，长期与短期的划分并不是以一个统一的时间作为区分标准，而是以投入的各种要素有没有全部发生改变为标准。对于不同的产品生产，短期和长期的具体时间是不相同的。例如，造船厂要增加或减少船的生产规模可能需要 1 年的时间，对它来说 1 年以上才能算是长期；而要改变一个奶茶店的经营规模可能仅需要 1 个月的时间甚至更短，对于它而言长期则是指 1 个月了。

三、短期生产函数

短期生产函数是指在技术水平不变的情况下，当其中一种生产要素的投入量保持不变时，一种可变要素的投入量与其所能生产的产品的最大产量之间的关系。

（一）一种可变生产要素的生产函数

在公式（4-3）中，假定资本投入量保持不变，用 $\overline{K}$ 表示，劳动的投入量是可变的，用 L 表示，Q 表示厂商生产的最大产出量，因此在短期生产函数可以表示为

$$Q = f(L, \overline{K}) \tag{4-3}$$

上述函数式表明在资本投入量保持不变的情况下，劳动投入量的变化引起产量的变化。这就是通常采用的一种可变生产要素的生产函数的形式，也被称为短期生产函数。由于在短期内投入量最易发生变动的是劳动这一生产要素，以下就以劳动的函数来说明其特征。资本的函数特征与劳动的函数特征相同，不再另行介绍。

（二）总产量、平均产量和边际产量

在生产理论中，最重要的三个概念为总产量、平均产量和边际产量。

1.总产量、平均产量和边际产量的概念

根据短期生产函数 $Q = f(L, \overline{K})$，可以得到投入劳动要素所带来的总产量、平均产量和边际产量的概念。

（1）总产量。总产量（Total Product）简写为 TP_L，是指与一定的可变要素劳动 L 的投入所能生产的最大产量。短期总产量函数可以表示为

$$TP_L = f(L, \overline{K}) \tag{4-4}$$

（2）平均产量。平均产量（Average Product）简写为 AP_L，是指平均某一单位生产要素所能生产的产品数量。也指总量与所使用的可变要素劳动的投入量 L 之比。平均产量函数可以表示为

$$AP_L = \frac{TP_L(L, \overline{K})}{L} \tag{4-5}$$

（3）劳动的边际产量。劳动的边际产量（Marginal Product）简写为 MP_L，是指增加一单位某种可变要素劳动的投入量所引起的总产量的变动量。劳动的边际产量函数可以表示为

$$MP_L = \frac{\Delta TP_L(L, \overline{K})}{\Delta L} \tag{4-6}$$

假定投入劳动从 1 个单位逐渐增加为 8 个单位，则可以得到相应的总产量、平均产量与边际产量见表 4-1。

表 4-1　某企业劳动投入量与产量的统计表

劳动力数量（L）	总产量（Q）	平均产量（AP_L）	边际产量（MP_L）
0	0	0	0
1	29	29	29
2	70	35	41
3	117	39	47
4	164	41	47
5	205	41	41
6	234	39	29
7	245	35	11

2.总产量曲线、平均产量曲线和边际产量曲线

根据表 4-1，可绘制总产量、平均产量和边际产量曲线图，如图 4-1 所示。图中横轴表示可变要素劳动 L 的投入量，纵轴表示产量 Q，TP_L、AP_L 和 MP_L 三条曲线分别表示劳动总产量曲线、劳动平均产量曲线和劳动的边际产量曲线。这三条曲线均为倒"U"型，呈现上升趋势，在达到各自的最大值后开始下降。

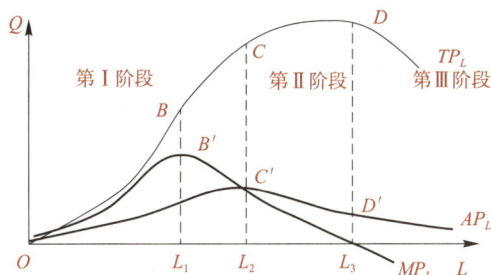

图 4-1 总产量、平均产量与边际产量

值得注意的是，当劳动不变，资本投入可变时函数 $Q = f(K, \overline{L})$ 的图形与图 4-1 相似，只是横坐标为 K、劳动变成资本，其他特征相同。

3.总产量 TP_L、平均产量 AP_L 和边际产量 MP_L 相互之间的关系

根据平均产量的定义公式（4-5）可以得知，连接 TP_L 曲线上任一点和坐标原点的线段的斜率，可以表示为该点上的 AP_L 值。总产量曲线和边际产量曲线的关系，根据边际产量的定义公式（4-6）可以得知，在 TP_L 曲线上任一点的切线的斜率，可以表示为该点上的 MP_L 的值。

（1）在资本量不变的情况下，随着劳动的投入量不断增加，产品的总产量、平均产量和边际产量都呈现先上升到顶点后下降的规律，都呈现倒"U"型。

（2）当边际产量大于零时，总产量递增；当边际产量等于零时，总产量达到最大；当边际产量小零时，总产量递减。

（3）平均产量曲线和边际产量曲线相交于平均产量曲线的最高点。相交前，平均产量递增，边际产量大于平均产量；相交时，平均产量达到最大，边际产量等于平均产量。相交后，平均产量递减，边际产量小于平均产量。

（三）短期生产的三个阶段

根据可变生产要素的总产量曲线、平均产量曲线和边际产量曲线之间的关系，可将短期生产过程划分为三个阶段，如图 4-1 所示。

第 I 阶段可变要素 L 的投入量从 0 增至 L_2。这一阶段总产量与平均产量一直上升，表明相对于不变要素而言，可变要素的投入量相对不足，理性的厂商会选择追加可变要素的投入量，使得不变要素得到充分利用。不变要素资本的投入量相对过多，厂商增加可变要素的投入是有利的。

第 II 阶段可变要素 L 的投入量从 L_2 增至 L_3。这一阶段介于最大平均产量与边际产量大于零之间，总产量达到最大。该阶段是厂商的合理生产区域。

第 III 阶段可变要素大于 L_3。在这一阶段，边际产量为负数。总产量、平均产量、边际产量同时下降。表明相对于不变要素而言，可变要素投入过多，理性的厂商会选择减少可变要素的投入量，退回到第 II 阶段开展生产。

厂商在短期会选择第 II 阶段作为合理的生产区间，该区间的取值范围为 $[L_2, L_3]$，起点为平均产量曲线的最高点，也是边际产量曲线与平均产量曲线的交点；终点为总产量曲线的最高点，即边际产量为零。

（四）边际收益递减规律

经济生活中投入与产出之间存在一个重要规律，就是边际收益递减规律。这一规律是指给定技术水平和其他投入不变条件，某一生产要素的投入不断增加所带来的边际产量会先上升而后下降，直至越来越小。

边际收益递减规律成立的原因在于：在产品的生产过程中，不变要素投入和可变要素投入之间存在着一个最佳组合比例。由于不变要素投入量总是存在的，随着可变要素投入量逐渐增加，生产要素的组合逐渐接近最佳比例，可变要素的边际产量递增。生产要素的组合达到最佳组合比例时，可变要素的边际产量达到最大值。此后，随着可变要素投入量继续增加，生产要素的组合逐渐偏离最佳组合比例，可变要素的边际产量递减。

理解边际收益递减这一经济规律应注意几点：第一，边际收益递减规律具有普适性。无论是什么经济制度，在其他投入不变时持续增加某种投入，终究会出现边际收益递减的结果。第二，边际收益递减规律表述包括"技术水平"不变的限制条件。从长期看，技术进步能够改变生产函数，在劳动投入量不变的情况下增加产出，但在短期内，技术水平保持一定时，劳动的持续增加投入所带来的边际产量必然会越来越小，因此，边际收益递减规律适用于在技术水平不变的短期。第三，这一规律表述有"最终"二字作修饰条件。也就是说，某一生产要素投入的边际收益并非自始至终递减，它可能在一定范围内呈现增加趋势，但边际收益增加趋势或迟或早会到达一个数量比例的临界点，此后边际收益会递减。

> **思考：边际产量递减规律与边际效用递减规律有何区别？**

〔解析〕

边际产量递减规律与边际效用递减规律是经济学中的两个重要概念，它们都描述了一种变化率，但存在显著的区别。

边际产量递减规律是指在一定的技术水平下，随着投入要素的增加，产出的增加量即边际产量先增加至最大值后开始减小。这是因为随着投入的增加，资源利用的效率逐渐降低，或者说是"瓶颈效应"使得产出的增加速度逐渐放缓。这是一个关于生产过程的规律，具有客观性。而边际效用递减规律则描述的是消费者在消费某一物品时，随着消费量的增加，每增加一单位消费所带来的效用增加量是逐渐减少的。这种规律的产生源于人的心理感受，也就是说，随着消费的增加，人们的满足感或效用逐渐达到饱和，再增加消费也不会带来更大的满足感。这是一个关于消费过程的规律，具有主观性。

两者在概念、适用范围、变化规律等方面都有所不同。

四、长期生产函数

（一）长期生产函数的概念与公式

在长期，所有的生产要素都是可调整的。长期生产函数是指在技术水平不变的情况下，当全部生产要素投入量可变时，多种可变要素的投入组合与所能生产产品的最大产量之间的依存关系。

在长期内，厂商可以根据产量的要求调整全部生产要素的投入量，甚至进入或退出一个行业。在生产理论中，通常假定只有劳动和资本两种生产要素。则在长期内，由于两种生产要素的投入均可变，生产者使用这两种生产要素生产产品时，要素的投入量与产出量之间的函数关系可以表示为

$$Q = f(L,\ K) \tag{4-7}$$

式（4-7）中，Q 为产量水平，L 为劳动可变要素的投入量，K 为资本可变要素的投入量。

在长期内，这两种要素的投入都可以改变，并且两者之间可以相互替代。因此，同一产量往往可以由多种不同的要素投入组合来完成，这样，企业就面临着多个可能的选择。企业既可以选择多使用资本而少使用劳动，也可以选择多使用劳动而少使用资本的方式来获得同一产量，关键是确定哪一种组合方式能使企业在长期内获得最大利益。这就需要引入等产量曲线和等成本曲线的概念进行分析。

（二）等产量曲线

1.等产量曲线的含义

等产量曲线是在技术水平不变的条件下，生产同等产量同一产品的两种生产要素投入量的所有不同数量组合的点的轨迹。生产理论中的等产量曲线与前面已经学过的效用理论中的无差异曲线很相似。由于长期中劳动和资本的投入量均可改变，则生产同一产量可以有很多种劳动要素与资本要素的投入量的组合。将这些组合点连接起来所获得的曲线，被称为等产量曲线。

如图 4-2 中，横轴 L 代表劳动要素的投入量，纵轴 K 代表资本要素的投入量，Q_1 代表产量为 100 时的等产量曲线。

同一条等产量曲线所代表的产量是相同的，但在等产量曲线上的各点所代表的生产某一既定产量所使用的资本和劳动两种生产要素的投入量的组合比例是不同的。这说明，生产同等的量可以采用不同的要素投入组合方式。

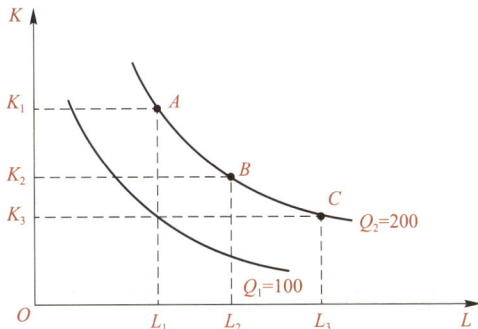
图 4-2　等产量曲线

2.等产量曲线的特征

与无差异曲线很相似，等产量曲线具有以下三个特点。

（1）等产量曲线与坐标原点的距离表示产量水平的高低，离原点越近的等产量曲线代表的产量水平越低；离原点越远的等产量曲线代表的产量水平越高。如图 4-2 中，Q_2 代表的产量水平大于 Q_1 所代表的产量水平。

（2）在同一坐标平面上的任意两条等产量曲线不会相交，因为两条等产量曲线交点代表两种投入要素的同一种组合，而同一种组合的投入要素量不可能对应不同的产量。

（3）等产量曲线斜率为负，意味着生产者在增加某一生产要素的使用量时，必须同时相应减少另一种生产要素的使用量。曲线凸向于原点，其斜率的绝对值是递减的，这是由边际技术替代率递减规律所决定的。

（三）边际技术替代率

1.边际技术替代率的概念

产量曲线的斜率代表了资本和劳动两种生产要素之间的相互替代的能力。边际技术替代率（Marginal Rate of Technical Substitution，简称 MRTS）指在维持产量水平不变的条件下，增加一种生产要素的数量与可以减少的另一种生产要素的数量之比，用 $MRTS_{LK}$ 来表示。

$$MRTS_{LK} = -\frac{\Delta K}{\Delta L} \qquad (4\text{-}8)$$

式（4-8）中，ΔK 和 ΔL 分别为资本投入的变化量和劳动投入的变化量。因为两者的变化是反方向的，所以 $\Delta K / \Delta L$ 往往是一负值，所以在公式中加上负号，以使 $MRTS_{LK}$ 在一般情况下为正值。

2.边际技术替代率递减规律

边际技术替代率递减规律是指在维持产量不变的前提下，当一种生产要素的投入量不断增加时，每一单位的这种生产要素所能替代的另一种生产要素的数量是递减的。在产量不变的条件下，在劳动投入量不断增加和资本投入量不断减少的替代过程中，边际技术替代率是递减的。

边际技术替代率递减的原因可解释为：以劳动对资本的替代为例，随着劳动对资本的不断替代，劳动的边际产量逐渐下降，而资本的边际产量逐渐上升，因此，作为逐渐下降的劳动的边际产量与逐渐上升的资本的边际产量之比的边际技术替代率是递减的。边际技术替代率递减规律决定了等产量曲线一般是凸向原点的。

（四）等成本线

生产理论中的等成本线与效用理论中的预算线十分相似。等成本线是在既定的成本预算和既定生产要素价格条件下，生产者可以购买到的两种生产要素的各种不同数量组合的轨迹。它反映了生产者在某一既定的总成本的约束和在资本和劳动的价格已知的条件下，所能购买到的资本和劳动数量的各种组合。假定既定的成本为 TC，已知的劳动的价格即工资率为 P_L，已知的资本的价格即利息率为 P_K，则成本方程为

$$TC = P_L L + P_K K \qquad (4\text{-}9)$$

在本方程中，TC、P_L 和 P_K 都是已知的，所以对应每一个 L 的数值都有一个相应的 K 的数值。两个对应的 L 和 K 的值构成多种购买 L 和 K 的数量组合。连接若干多个组合点所形成的斜率为负的一条曲线，则为等成本线。如图 4-3 所示。

由于总成本方程是线性的，所以等成本线一定是一条直线。其在横轴上的截距为 TC/P_K，在纵轴上的截距为 TC/P_L，

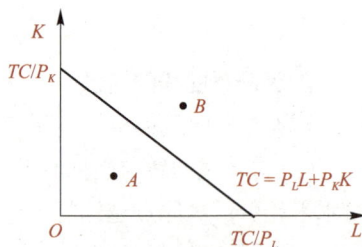

图 4-3　等成本线

分别表示总成本全部用于购买某种生产要素时的量。连接这两点的线段就是等成本线，表示既定的全部成本所能购买到的劳动与资本的各种组合。等成本线的斜率为 $-P_L/P_K$，表示该线的斜率取决于两种要素的价格之比。

等成本线将全部区域分成三部分，位于等成本线左下方的任意一点（如图中的 A 点）表示购买该点的劳动和资本的组合以后还有剩余；位于等成本线右上方的任意一点（如图中的 B 点）表示企业用全部成本购买该点的劳动和资本的组合是不够的；只有等成本线上的任何一点，才表示用完全部成本能刚好购买到的劳动和资本的组合。

（五）生产者均衡

在等产量线与等成本线的切点上，生产者实现了均衡。生产者均衡是指生产要素的最优组合状态，即既定成本条件下的产量最大化或既定产量下成本最小的状态。如图 4-4、图 4-5 所示。

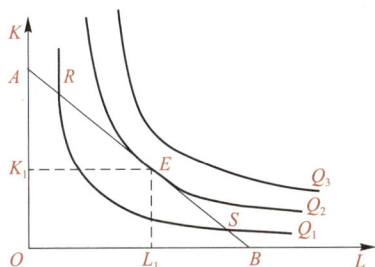

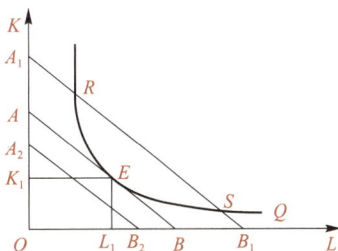

图 4-4　成本既定条件下产量最大的要素投入组合　　图 4-5　产量既定条件下成本最小的要素组合

两种情况下，均衡点为等产量线与等成本线的切点。在该点，满足以下条件：

$$\frac{MP_L}{P_L} = \frac{MP_K}{P_K} \tag{4-10}$$

（六）规模报酬

规模报酬分析的是企业的生产规模变化与所引起的产量变化之间的关系。通常以全部生产要素都以相同比例发生变化来定义企业的生产规模变化，相应地，规模报酬变化是指在其他条件不变的情况下，企业内部各种生产要素按相同比例变化时所带来的产量变化。规模报酬变化可分为以下三种情况。

1. 规模报酬递增（规模经济）

规模报酬递增是指产出增加的比例大于各种生产要素投入增加的比例。例如，劳动、资本和原料同时增加 10%，会引起总产出超过 10% 的增长。产生规模报酬递增的主要原因是企业生产规模扩大所带来的生产效率的提高。现实中，一些规模较大的工厂的许多制造过程都享有适度的规模报酬递增。

2. 规模报酬不变

规模报酬不变表示所有投入的增加导致产出同比例增加。如果劳动、土地、资本和其他投入都增加 1 倍，在规模报酬不变的情况下，产出也增加 1 倍。例如，许多手工业（如皮革制造业、服装生产行业）就表现为规模报酬不变。

3. 规模报酬递减（规模不经济）

规模报酬递减是指产出增加的比例小于各种生产要素投入增加的比例。如果一个农民的耕地、种子、劳动和机器都增加了 50%，其总产出只增加了 40%，这种情况就是规模报酬递减。产生规模报酬递减的主要原因是企业生产规模过大，使生产的各方面难以协调，从而降低了生产效率。许多涉及自然资源的生产活动，如种植业，就表现为规模报酬递减。

规模报酬的变化一般来说呈现如下规律：当企业从最初的小企业创业阶段开始快速增长时，处在规模报酬递增阶段。在追逐利润的驱动下，企业在品尝到生产规模扩张的好处后会继续扩大生产规模，此时企业的收益慢慢进入规模报酬不变的阶段。如若再过分地追求市场的主导权和市场占有率，继续扩大企业规模，就有可能进入规模报酬递减阶段。

企业进入规模报酬递减阶段并不一定是一件坏事，因为很多企业在进入这个阶段后往往意味着其已经是这个市场的垄断者，可以从垄断利润中得到更多的收益。并且，进入信息时代后，传统的企业因规模过大导致的协调效率问题将得到有效解决，一些传统行业的企业将可能继续扩大其规模而不会进入规模报酬递减阶段。如何适应信息社会的要求并改进企业的管理以享受更多的规模经济收益，是当今管理学领域的一大课题。

案例解析

大力推动数字经济和实体经济深度融合

目前，我国已建成全球规模最大、覆盖广泛、技术领先的移动通信网络和光纤网络，建成 5G 基站超过 305 万个，数据中心算力总规模超每秒 19700 亿亿次浮点运算（197EFLOPS），移动通信实现从"3G 突破"到"4G 同步"再到"5G 引领"的跨越，人工智能、大数据、云计算等新兴技术规模化应用效应不断显现。数字经济核心产业规模加快增长，全国软件业务收入从 2012 年的 2.5 万亿元增长到 2022 年的 10.8 万亿元，年均增速达 15.8%，工业互联网核心产业规模超过 1.2 万亿元。

5 月 26 日，2023 中国国际大数据产业博览会在贵州省贵阳市开幕。数字技术与千行百业融合向纵深拓展。数字技术加速向各行业各领域广泛渗透、深度融合，融合重点正从消费服务领域转向生产制造领域，地位作用正从辅助手段转向创新发展引擎，促进各类资源要素的网络化在互联、服务化弹性供给、平台化高效分配，推动发展方式、产业模式、企业形态的深刻变革。有关数据显示，数字化改造使智能制造示范工厂的生产效率平均提升 32%，资源综合利用率平均提升 22%，产品研发周期平均缩短 28%，运营成本平均下降 19%，产品不良率平均下降 24%。

数据作为关键生产要素的价值日益彰显。数据在快速融入生产、分配、流通、消费等各环节的同时，加速线上线下、生产生活、国内国际全面贯通，促进精准供给，激发新兴需求，重塑经济模式，对提高生产效率的乘数作用不断凸显，成为最具时代特征的生产要素，为经济发展带来新机遇。数据的爆发增长、海量汇集以及数据共享、开放、流通、应用步伐加快，各类经营主体更加重视以数据驱动发展，着力提升数据管理能力和开发利用水平，释放数据中蕴藏的巨大价值。

激发企业融合发展活力。这是促进数字经济和实体经济深度融合的着力点。聚焦数字经济和实体经济深度融合的重点领域、新兴领域，营造公平竞争市场环境，促进各类要素资源向企业汇聚，激发企业创新动力和融合发展活力。培育具有重大引领带动作用的生态主导型企业，鼓励领军企业组织产业链上下游形成创新联合体，建立稳定的产、供、销和技术开发等紧密型协作关系，构建具有国际竞争力的"硬件＋软件＋平台＋服务"产业生态。

推动有效市场和有为政府更好结合，建制度、保安全，持续优化管理和服务，提升数字治理的能力和水平。完善数据资源管理，加快制定数据资产、数据交易、数据标注等数据要素市场基础制度配套政策，加强数据要素应用场景指引，保障数据要素规范有序流通。营造良好市场环境和政策环境，构建适应数字经济和实体经济融合发展的政策体系，推动建立健全协同监管机制，提升常态化监管水平。强化网络和数据安全保障，加强关键数字基础设施安全保障能力建设，提升网络安全应急处置能力。纵深推进工业和信息化领域数据安全管理，推动网络和数据安全产业创新发展。深化数字领域国际交流合作，积极参与数字领域技术标准、经贸规则制定，丰富拓展数字基础设施、数字化转型、网络安全等领域的国际合作，携手打造开放、公平、公正、非歧视的发展环境。鼓励数字经济企业"走出去"，提升国际化运营能力。

（资料来源：作者根据相关资料整理）

思考：分析在数字经济时代，数据是否是一种新的生产要素？掌握企业的数据是否有助于提升企业的生产能力。

〔解析〕

在数字经济时代，数据无疑已成为一种新的生产要素。随着大数据、云计算、人工智能等技术的快速发展，数据在各行各业中的作用愈发凸显。数据能够揭示规律、预测未来，为企业决策提供有力支持。同时，数据还是产品和服务的优化依据，通过数据分析和挖掘，企业可以更精准地满足用户需求，提升生产效益。

掌握企业的数据确实有助于提升企业的生产能力。一方面，企业内部的数据流能够优化生产流程，提高运营效率；另一方面，企业通过数据洞察市场趋势，能够提前布局，抓住商机。数据是数字经济时代的"石油"，谁拥有更多的数据，谁就更有可能在竞争中取得优势。

综上所述，数据在数字经济时代确实是一种新的生产要素，掌握企业的数据对提升企业的生产能力具有重要意义。

任务演练

分组完成讲解：以"我国智能手机现状分析"为题，分析某款（如华为、OPPO、小米等）目前处于规模报酬的哪个阶段，制作 PPT 并在下一次课堂上进行分享展示，并在下方进行相应记录。

本组发言记录：

自我评价：

教师点评：

评价点包括：

（1）任务是否按时完成。

（2）小组内分工协作是否合理。

（3）观点是否正确。

（4）逻辑是否清晰。

（5）互动效果。

个人完成：已知某厂商的短期生产函数为 $TP_L = 56L + 83.5L^2 - L^3$，计算劳动的平均产量函数 AP_L 与边际产量 MP_L，该厂商的劳动投入量的合理区域。

解答：

自我评价：

教师点评：

任务二　成本理论

📖 任务导航

（1）显性成本与隐性成本分别指什么？
（2）短期成本曲线之间的关系如何变化？
（3）厂商如何实现利润最大化？

在线课程集锦

🎓 育人在线

加大节能减排，推动降本增效——张掖市金农源生物科技有限公司创建绿色工厂典型案例

张掖市金农源生物科技有限公司创建于 2010 年 2 月，位于张掖市甘州区明永镇下崖村，是一家专业从事配合饲料、浓缩饲料、精补充料研发、生产与销售的农牧企业；公司先后多次荣获"甘肃省诚信单位""甘肃省诚信企业""张掖市诚信单位"和"张掖市守合同重信用企业"荣誉称号；2019 年被认定为省级龙头企业，2020 年被评为高新技术企业，2022 年被认定为甘肃省绿色工厂。2021 年公司根据张掖市甘州区全年气温温差大的特点，决定采用太阳能与联合供采暖的系统方案，选用热效率高、经济实惠的玻璃—金属真空管式太阳集热器，用采暖系统辅助加热补充采暖，并充分利用太阳能，厂区生活供暖用燃气从每年消耗的 12 吨下降至 6.1 吨，节能率达到了 50%，节能成本 31 860.00 元。为有效开展环保节能减排工作，公司成立了节能减排工作领导小组，全面组织公司环保节能减排工作，以绿色制造理论为依托，以产业板块为基础，以项目为载体，注重产业链延伸和产业附加值提升，提高规划的可操作性；总体规划，分步实施，量力而行。

（资料来源：作者根据相关资料整理）

思考：从成本的视角分析企业为什么要开展节能减排？

【解析】

从成本的视角分析，企业开展节能减排的原因主要有以下几点：

降低运营成本、提高资源利用效率、增强竞争力、塑造企业文化、应对不确定等。从成本视角来看，企业提倡节能减排具有多方面的好处。这些好处不仅有助于企业的短期发展，还能够为企业的长期稳定奠定基础。因此，企业应该积极倡导节约意识开展节能减排，将其融入企业的日常运营和管理中。

📚 任务准备

前面一节我们分析了生产的实物形态，但实物形态难以比较。厂商从事生产的目的是追求利润最大化，还必须引入价格因素，进一步分析研究生产的货币形态。这就是成本理论。

　　成本是指企业为生产一定数量的商品所消耗的生产要素的支出总额，即生产中所投入的生产要素数量与单位要素的价格乘积。但从不同的角度来考查，可以将成本分为机会成本、沉落成本、显性成本、隐性成本、总成本、平均成本等概念。我们主要从以下几个方面来了解成本概念。

一、重要的成本概念

1.机会成本与会计成本

　　看一场电影需要支付什么成本？同学们的回答可能是：大片59元，普通片38元。然而，从经济学的角度来看，电影票价格只计算了会计成本，却没有考虑到机会成本。

　　机会成本（Opportunity Cost）是指将某一生产要素用于某一特定用途时所必须放弃的该要素在其他用途上可能获取的最高收益，或是将一定的资源用于某项特定用途时所放弃的该项资源用于其他用途时所能获得的最高收益。如此看来，看一场电影的机会成本，则是指因为看电影而放弃的学习、打球或与朋友聚会的机会，或者利用这段时间做兼职可能赚取的收益。机会成本不是指费用或时间，而是指以所费资源所能得到的其他物品、服务和效用。

　　机会成本存在的前提条件：一是生产要素是稀缺的，当厂商把某一生产要素用于生产某种产品时，就不能用于生产其他产品。二是生产要素具有多种用途，如果一种生产要素只有唯一的用途就不会有机会成本。三是资源的投向不受限制。从机会成本的角度来考察生产活动时，企业将生产要素收益最大的项目，而避免带来生产浪费，使稀缺的经济资源达到最优的配置。

　　会计成本（Accounting Cost）则是指为获得某项收益，而发生的各项真实的耗费或支出，在会计工作中予以了记录和计算。机会成本属于观念上的一种损失，它可能并未为此发生真实的花费，但却因为做出一项选择所放弃丧失掉的可能的最好收益。

2.显性成本、隐性成本与经济成本

　　企业的生产成本可以分为显性成本和隐性成本。在经济分析中，经济成本既包括显性成本，也包括隐性成本，即

$$经济成本（机会成本）= 显性成本 + 隐性成本$$

　　显性成本和隐性成本之和构成企业的总成本（经济成本）。

　　显性成本（Explicit Cost）是指厂商购买生产要素而支付货币所构成的成本，它是一种会计成本。例如，厂商购买原材料、给雇佣工人支付的工资，并向土地出租者支付地租，这些支出便构成了该企业的生产显性成本，企业会计人员将在会计账簿上予以记录，因此也称其为会计成本。

　　隐性成本（Implicit Cost）是指厂商使用自有的生产要素而支付的费用。企业在生产经营中除了使用前面所述的原材料、雇佣工人、向银行取得款项之外，也常使用自有的生产要素。企业使用自有资金、自有土地，企业家管理自己的企业，看起来不需要拥有这些要素的企业自身支付任何费用，但不会不计成本。因为，资金若借给别人用，可得利息；土地若出租给他人，可收得地租；企业主为别的企业工作，可得与自己才能相应的报酬。只是现在自己使用了，自己不用向自己支付工资、地租和利息，在会计成本上不予以体现，但必须考虑自有要素自己使用的机会成本，这些自有要素的机会成本不体现在账面上，故称隐性成本。

经济成本（Economic Cost）是指总成本，它强调为获得某项收益而发生的各项真实的耗费以及为此所丧失的可能收益，即隐性成本与显性成本之和。例如，某人有自有资金5万元，借入资金5万元，年利率为8%，用这10万元资金进行投资活动，该投资者选择了投资店铺经营，年收益为4万元。这时，每年不仅有显性成本0.4万元，同时，由于投资经营店铺而放弃了自有资金其他用途产生了机会成本。因此，该项投资的经济成本为0.4万元的显性成本加上5万元的机会成本。

3.私人成本与社会成本

私人成本（Private Cost）是指企业在生产中为全部投入要素所付出的成本。

社会成本（Social Cost）是指整个社会为企业的商品生产所付出的成本。例如，某化工厂在生产过程中将废水排放到附近的一条河里，对化工厂而言，处理废水的成本可能仅是将废水排入河中所支出的金额；但是，由于这条河被污染，社会必须为此支付一笔费用来治理这些污染，这笔费用就构成了社会外部成本。将私人成本和社会外部成本相加就构成了社会成本，即

$$社会成本 = 私人成本 + 社会外部成本$$

4.短期成本和长期成本

在成本分析中，一般按考察期限分为短期成本（Short Run Cost）和长期成本（Long Run Cost），划分长短期的标准是企业能否调整所使用的全部生产要素的投入量。

在短期内，成本分为固定成本与变动成本。某些生产要素投入量是固定的，企业只能改变其他生产要素投入量来增加或减少产量，如厂房、设备是固定不变的，企业只能在既定的厂房设备的生产能力范围内，通过增减工人和原材料的方法来改变产量。短期成本是指企业只调整某些生产要素量时所发生的成本。

在长期内，企业有足够的时间增购在短期内固定不变的生产要素，即在这个阶段任何生产要素投入量都是可变的。长期成本是指企业调整全部生产要素量时所发生的成本。

> **案例解析**
>
> **XYZ公司的生产线升级决策**
>
> XYZ公司是一家生产高端电子产品的制造商。近年来，随着技术的进步和市场需求的变化，公司正在考虑对其生产线进行升级，以提高生产效率和产品质量。公司现面临两个选择：一是投资引进全新的自动化生产线；二是升级现有生产线，采用更先进的半自动化技术。
>
> 全新自动化生产线，直接成本：购买和安装新设备的费用、培训和招聘新员工的成本。机会成本：放弃现有生产线升级的机会，可能导致现有设备迅速过时，同时新设备可能不适用于未来的市场需求。
>
> 升级现有生产线，直接成本：购买新设备和技术升级的费用、对现有员工进行培训和重新配置的成本。机会成本：如果选择升级现有生产线，可能会错过引进全新自动化生产线带来的潜在生产效率提升和市场竞争力增强。XYZ公司进行了详细的市场调研和成本效益分析。他们发现，全新自动化生产线虽然能够提供更高的生产效率，但初始投资巨大，且可能不适合公司未来的战略方向。另一方面，升级现有生产线可以在保持成本相对较低的同

时，提高生产效率和产品质量，更好地满足当前市场需求。

基于上述分析，XYZ 公司最终决定升级现有生产线。他们通过引进先进的半自动化技术，不仅提高了生产效率，还降低了人工成本，同时保持了生产的灵活性，以便更好地应对未来市场的变化。这一决策使 XYZ 公司能够在保持竞争力的同时，有效管理其机会成本。

思考：XYZ 公司如何做生产线升级决策？

【解析】

企业在面临重要决策时，必须仔细考虑机会成本。XYZ 公司通过详细分析不同选择的机会成本，最终做出了符合公司战略和市场需求的明智决策。这一案例展示了如何有效评估和管理机会成本，以实现企业的长期成功。

二、短期成本函数

（一）短期总成本、总固定成本、总变动成本

1.短期总成本

短期总成本（Short-run Total Cost，简称 STC）是企业在短期内为生产一定数量的产品对全部生产要素所支付的总费用，等于总固定成本和总变动成本之和。它的函数式为

$$STC=f(Q) \text{ 或 } STC=TFC+TVC \tag{4-11}$$

STC 表示短期总成本，TFC 表示总固定成本，TVC 表示总变动成本。

2.总固定成本

总固定成本（Total Fixed Cost，简称 TFC）是指厂商在短期内必须支付的不能调整的生产要素的费用，总固定成本不随产量的变动而变动，如厂房、机器设备等。它是一个常数。

3.总变动成本

总变动成本（Total Variable Cost，简称 TVC）是指厂商在短期内生产一定量的某种商品所投入的可变要素的费用总和，它不随产量的变动而变动，如原材料、工人的工资等。用公式可表示为

$$TVC = TVC(Q) \tag{4-12}$$

（二）平均固定成本、平均变动成本、短期平均成本与边际成本

1.平均固定成本

平均固定成本（Average Fixed Cost，简称 AFC）是厂商在短期内平均生产每一单位产品所消耗的固定成本。用公式可表示为

$$AFC = \frac{TFC}{Q} \tag{4-13}$$

2.平均变动成本

平均变动成本（Average Variable Cost，简称 AVC）是厂商在短期内平均每生产一单位产品所消耗的变动成本。用公式可表示为

$$AVC = \frac{TVC}{Q} \tag{4-14}$$

AVC 曲线呈现 U 型，即开始时随产量的增加 *AVC* 下降，最后 *AVC* 又随产量的增加而增加。

3. 短期平均成本

短期平均成本（Short-run Average Cost，简称 SAC）是企业在短期内平均每生产一单位产品所消耗的全部成本。它是平均不变成本和平均可变成本之和。用公式可表示为

$$SAC = STC / Q = AFC + AVC \tag{4-15}$$

SAC 随着产量的增加先减少后增加，因此 *SAC* 曲线也呈现 U 型。

4. 短期边际成本

短期边际成本（Short-run Marginal Cost，简称 SMC）是厂商在短期内每增加一单位产品时所增加的成本。用公式可表示为

$$SMC = \lim_{\Delta Q \to 0} \frac{\Delta STC}{\Delta Q} = \frac{\mathrm{d} STC}{\mathrm{d} Q} \ \text{或} \ SMC = \frac{\Delta STC}{\Delta Q} \tag{4-16}$$

SMC 随产量的增加先减少后增加，*SMC* 曲线也呈现 U 型。

某企业在生产过程中，随着产量的增大，其所产生的各项成本呈如下变化，能够清晰地反映各类短期成本的特征及相互之间的关系。见表 4-2。

表 4-2　各类短期成本的变动规律及其相互关系

产量 Q	固定成本 TFC	变动成本 TVC	总成本 STC	平均固定成本 AFC	平均变动成本 AVC	平均成本 SAC	边际成本 SMC
0	100	0	100	—	—	—	—
1	100	100	200	100	100	200	100
2	100	128	228	50	64	114	28
3	100	148	248	33.3	49.3	82.7	20
4	100	162	262	25	40.5	65.5	14
5	100	180	280	20	36	56	18
6	100	200	300	16.7	33.3	50	20
7	100	225	325	14.3	32.1	46.4	25
8	100	254	354	12.5	31.8	44.3	29
9	100	292	392	11.1	32.4	43.6	38
10	100	350	450	10	35	45	58

（三）各种短期成本的变动规律及其相互关系

1.短期总成本、总固定成本与总变动成本及其关系

我们用图 4-4 来分析总成本、总固定成本与总变动成本的变动规律。如图 4-4 所示，横轴 OQ 代表产量，纵轴 OC 代表成本。TFC 为固定成本曲线，它与横轴平行，表示固定成本在短期中是固定不变的，它不随产量的变动而变动，即使产量为零时，也存在固定成本。

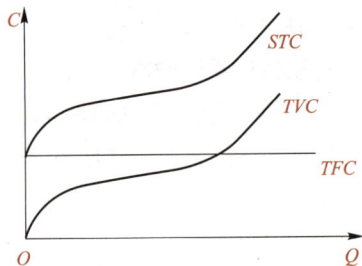

图 4-6　总成本、固定成本和变动成本曲线

TVC 为变动成本曲线，它从原点出发，表示没有产量时就没有变动成本。该曲线向右上方倾斜，表示随产量的变动而同方向变动。但从图 4-6 可以看到，TVC 曲线上每一点的斜率是不同的，在曲线上的拐点之前，TVC 曲线的斜率是递减的，在拐点之后，TVC 曲线的斜率是递增的。其原因是在产量开始增加时，由于不断投入变动生产要素，使变动要素与不变要素之间的结构趋于合理，生产效率不断提高，产品产量的增加率大于变动成本的增加率，斜率递减，直至拐点斜率最小，说明此时变动生产要素与不变生产要素的配合比例达到最佳。超过拐点，曲线再次变得陡峭，是因为随着产量进一步增大，变动生产要素所占的比例越来越大，打破了变动要素与不变要素之间的最佳比例结构，生产效率不断下降，变动成本的增加率大于了产量的增加率，斜率递增。我们所指的边际收益递减规律，即是指产量超过拐点之后，随着可变要素的投入，同等投入所能产出的产量呈现下降趋势。这一规律还可以结合后面将要讲到的 AVC、AC 曲线形状得以证实。

STC 为总成本曲线。从图 4-6 可以看出，STC 从 TFC 与纵轴的交点处出发向右上方倾斜，它是由每一产量点上的总不变成本和总可变成本垂直相加而成的，而且，其倾斜的程度与 TVC 完全一致，相当于 TVC 曲线向上方平移 TFC 到高度。这是因为 STC=TVC+TFC。

2.平均成本、平均固定成本和平均变动成本及其关系

平均固定成本 AFC 曲线是一条向两轴渐近的双曲线。如图 4-5 所示。根据平均不变成本的定义式 AFC=TFC/Q 可知，平均不变成本 AFC 等于由原点到 TFC 曲线相应点的射线的斜率。因此，随产量 Q 的增加，平均不变成本 AFC 是减少的，也就是说 AFC 曲线随着 Q 值增大向横轴 OQ 逼近，但不会和横轴相交。

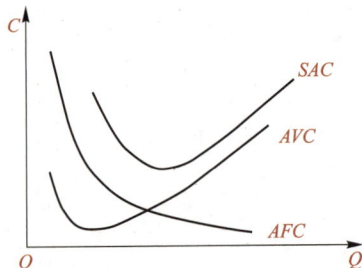

图 4-7　平均成本、平均固定成本和平均变动成本曲线

平均变动成本曲线是一条 U 形曲线。根据平均可变成本的定义式 AVC=TVC/Q 可知，平均可变成本 AVC 等于由原点到 TVC 曲线相应点的射线的斜率。由图 4-7 可以看出，当产量较低时，AVC 随着产量 Q 增大而降低；当在适当的产量水平，AVC 达到最小值；当产量较高时，AVC 随着产量 Q 增大而上升。这是因为，在生产过程中，固定生产要素和变动生产要素之间存在着一个最优组合。在 TVC 曲线中，到达拐点之前为凸区间，其与原点连线的斜率呈递减趋势；在拐点处，变动生产要素与固定生产要素达到最佳组合比例，此时 AVC 到达最低点；拐点之后，TVC 曲线进入凹区间，其与原点连线的斜率递增，此时 AVC 随 Q 的增大而增大。事实上，AVC 曲线呈现 U 型是由 TVC 曲线先凸后凹的特征决定的。

平均成本也是 U 形曲线。根据 $SAC=AFC+AVC$ 可知，短期平均成本 SAC 曲线可由平均变动成本 AVC 曲线和平均固定成本 AFC 曲线垂直相加得到。由图 4-5 可以看出，当产量较低时，AVC 曲线和 AFC 曲线都下降时，SAC 曲线肯定也随着产量 Q 增大而下降。但由于 AFC 曲线一直呈下降的趋势，而且，当 AFC 曲线下降速率快于 AVC 曲线上升的速率时，SAC 曲线仍随着产量 Q 增大而下降，即 SAC 曲线最低点对应的产量水平比 AVC 曲线最低点对应的产量水平要大；当 AFC 曲线下降速率正好与 AVC 曲线上升的速率相等时，AC 曲线就到达了它的最低点；当 AVC 曲线上升的速率超过了 AFC 曲线下降的速率时，AC 曲线呈上升状态。可见，AC 曲线呈现 U 型的原因，是 AVC 曲线呈 U 形和 AFC 曲线递减共同作用的结果。

3. 短期平均成本、短期平均变动成本与短期边际成本及其关系

短期边际成本 SMC 曲线呈 U 形。由 $SMC = \dfrac{\mathrm{d}STC}{\mathrm{d}Q}$ 可知，任何产量水平上的 SMC 的值等于总成本 STC 曲线上的相应点切线的斜率。当产量比较小时，TFC 曲线上的切线斜率随着 Q 的增加而下降，SMC 曲线呈下降状态；在 STC 曲线的拐点处，TVC 曲线切线的斜率取得最小值，SMC 曲线达到最低点；在 STC 曲线上的拐点之后，STC 曲线切线的斜率开始递增，SMC 曲线开始呈上升状态。

由于短期边际成本 SMC 的变化率比短期平均成本 SAC、平均变动成本 AVC 都大，且 SMC 的起点较低，SMC 曲线必然与 SAC、AVC 曲线相交。三者之间的关系是：

（1）SMC 曲线与 SAC 曲线之间的关系。如图 4-8 所示，SMC 曲线与 SAC 曲线都呈 U 形。

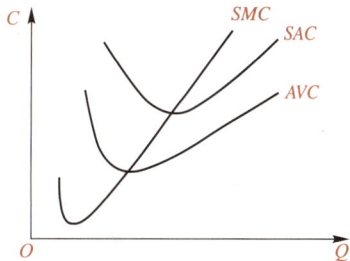

图 4-8　平均成本、平均变动成本与边际成本曲线

其中，在 SMC 曲线上升的过程中，总是通过 SAC 曲线的最低点。这意味着，如果 SMC 曲线位于 SAC 曲线的下方，那么 SAC 曲线必然会下降。因为如果 SMC 小于 SAC，最后一单位的成本小于过去全部单位的平均成本。这时，新的 SAC（包括最后一单位成本的 SAC）必然会小于原来的 SAC，因此 SAC 必然会下降。

如果 SMC 大于 SAC，最后一单位的成本大于过去全部单位的平均成本。因此，新的平均成本（包括最后一单位成本的 SAC）必然会高于原有的 SAC。所以，当 SMC 大于 SAC 时，SAC 必然会上升。

当 SMC 等于 SAC 时，最后一单位的成本正好等于过去全部单位的平均成本。因此，新的 SAC（包括最后一单位成本的 SAC）等于原有的 SAC。当 SAC 等于 SMC 时，SAC 曲线既不上升，也不下降，SAC 曲线处于最低点。并且，SAC 曲线的最低点的出现既慢于，又高于 AVC 曲线的最低点的出现，这是因为在短期平均成本中不仅包括平均变动成本，还包括平均固定成本。

（2）SMC 曲线与 AVC 曲线的关系。在图 4-6 中，U 形的短期边际成本 SMC 曲线相交于 U 形的平均变动成本 AVC 曲线的最低点。SMC 既是 SAC 的边际成本，也是 AVC 的边际成本，当 SMC 小于 AVC 时（即 SMC 曲线位于 AVC 曲线的下方），AVC 曲线随着产量 Q 的增加而下降；当 SMC 大于 AVC 时（即 MC 曲线位于 AVC 曲线的上方），AVC 曲线随着产量 Q 的增加而上升。

案例解析

为什么民航公司愿意向顾客提供折扣机票？

经常坐飞机的人可以发现，有的航班满员，而有一些航班空座很多。当航班有空座时，民航公司总是以向乘客提供折扣机票的办法作为竞争的基本手段。民航公司的行为是理性的吗？我们可以用边际分析理论来回答这一问题。

从理论上说，短期内民航公司的成本分为固定成本和可变成本。固定成本包括飞机购置费，即购置飞机的贷款利息，以及折旧费、乘务员工资、检修费用及机场设施和地勤人员费用等。这部分费用是必须支出的。可变成本主要由燃料和服务费（安检、饮食、清洁）构成，这部分费用随着乘客人数的增加而增加。显然，就航空业而言，它的成本大部分是由固定成本构成的。当民航公司的一些航班空座很多的情况下，能否把机票降价出售呢？边际分析告诉我们这是可行的。因为根据边际分析法，决策不应当考虑全部成本，而应当考虑每增加一位乘客而额外增加的成本，这种额外增加的成本叫作边际成本。在这里，每增加一位乘客而引起的边际成本是很小的，它只包括乘客的餐饮费和飞机因增加载荷而增加的燃料支出。而航空公司多卖一张票而增加的收入叫作边际收益，如果航空公司机票打折后每多卖一张票所增加的边际收益大于边际成本，那么，多卖客票就能增加公司的总利润。否则，如果机票没有灵活性，因票价过高使一些航班被虚糜了座位，造成浪费，这对航空公司是不利的。

当然，航空公司仅用让利的办法争取乘客是不够的，因为如果不能改进内部管理提高效率，只用让利的手段去竞争，也会造成企业的亏损。所以，机票打折后，航空公司还应该提高业务水平，既提高航空公司收入，又降低乘客负担。

思考：如果航空公司不愿意提供折扣机票，航空公司的效益将会更高还是更低？使航空公司获得利润最大化的条件是什么？

解析

如果航空公司不愿意提供折扣机票，其效益会受到两方面的影响：一是需求影响。如果机票价格过高，会导致部分乘客选择其他出行方式或者选择其他航空公司，这会降低航空公司的乘客数量，从而影响其总收益。二是供给影响。如果机票价格过高，航空公司可能会增加航班次数或扩大机队规模以吸引更多乘客。但这种增加供给的行为可能会导致市场竞争加剧，进而降低机票价格和航空公司的市场份额。因此，如果航空公司不愿意提供折扣机票，其效益可能会降低。

要使航空公司获得利润最大化，需要找到一个平衡点：既能满足乘客需求，又能保持合理的机票价格和航班频率。这需要航空公司进行市场调研和数据分析，以了解乘客需求和竞争状况，并据此制定合适的定价策略和供给计划。因此，使航空公司获得利润最大化的条件是边际收益等于边际成本。在这个条件下，航空公司可以确定最佳的机票价格，从而实现利润最大化。

三、长期成本函数

长期成本可以分为长期总成本、长期平均成本、长期边际成本。

（一）长期总成本

1. 长期总成本的概念及公式

长期总成本（Long-run Total Cost，简称 LTC）是指企业调整全部生产要素量时所产生的成本。为了区分长期总成本与短期总成本函数，长期总成本往往用 LTC 表示。长期总成本是产量的函数，表达为

$$LTC = f(Q) \tag{4-17}$$

2. 长期总成本曲线

长期总成本曲线可以从企业扩展线推导出来，如图 4-9（a）所示，OL、OK 代表劳动、资本两种生产要素的数量，A_1B_1、A_2B_2、A_3B_3 为三条等成本线。Q_1、Q_2、Q_3 为三条等产量曲线，E_1、E_2、E_3 为等成本线与等产量曲线的切点，即各种生产规模下的均衡点。

显然，不同的等成本线对应的不同的最大产量曲线，其 3 个切点表示三种不同的生产规模，连接各种可能规模下的最佳生产量的点，就得到扩展线。扩展线是在生产要素的价格、生产函数和其他条件不变时，生产成本或产量发生变化所形成的生产均衡点的轨迹。企业在长期内，变动产量或成本，必然会沿着扩展线来选择最优的生产要素组合，从而实现生产的均衡。

根据前面所学习的等成本线理论，可以获知，E_1、E_2、E_3 点所代表的成本与产量都不相同，其中，E_1 所代表的成本与产量数都最小，而 E_3 点所代表的成本与产量数最大。很显然，如果规模的扩展可以无限小的话，将会有很多这样的均衡点，每一个均衡是在每一种产量下，通过调整规模所能得到的最佳成本点。如图中的 E_1 点，其产量为 Q_1，此时的成本投入为 $OA_1 \times w$（w 表示 L 要素的价格，等成本线上每一点的成本额相等，因此，E_1 点的成本额可以以 A_1 点的成本额来表达）；E_2 点，其产量为 Q_2，成本投入为 $OA_2 \times w$；E_3 点，其产量为 Q_3，成本投入为 $OA_3 \times w$。这样，产量 Q_1、Q_2、Q_3 就分别对应着 $OA_1 \times w$、$OA_2 \times w$、$OA_3 \times w$，又 $OA_1 < OA_2 < OA_3$，显然，随着产量的增大，长期总成本是上升的。由此可以推导出长期总成本曲线，如图 4-9（b）所示。

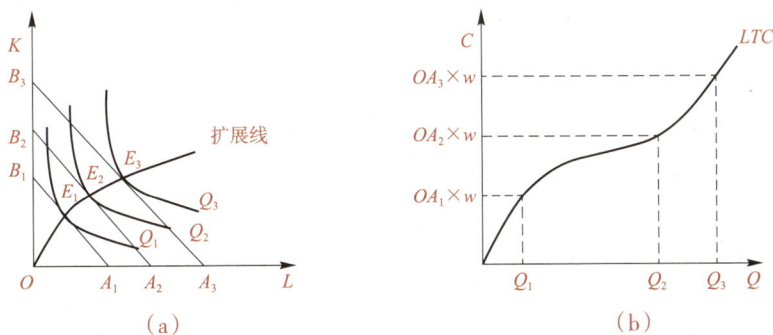

（a）　　　　　　　　　　　　（b）

图 4-9　扩展线与长期成本曲线

图 4-9（b）表达了 Q 与长期总成本 LTC 之间的关系。长期总成本曲线还可以表达为在若干多个短期内，使平均成本最低时的产量点连接起来的线，从图形上看，是与若干多条短期总成本曲线相切的一条线。如图 4-10 所示。

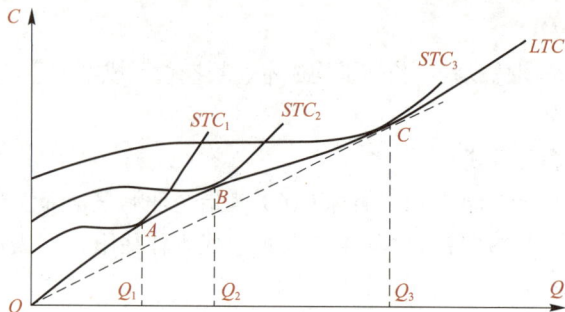

图 4-10　长期总成本曲线

在图 4-10 中，当产量为 Q_1 时，企业可以选择三种生产规模中任何一种进行生产，但无疑，只有选择 STC_1 曲线所代表的生产规模能使该产量下的成本最小；当产量为 Q_2 时，企业只有按 STC_2 所代表的生产规模进行生产能使成本最小；当产量为 Q_3 时，企业按 STC_3 所代表的生产规模进行生产能使成本最小。如果规模的变化可以无限细分的话，则对应于每一产量，必然存在一个短期成本曲线，使其在该产量下成本最小。连接无数多条一定生产量下使平均生产成本最小的 STC 线上的点，可以得到长期成本曲线，此时长期成本曲线与每一规模下的短期成本曲线相切。可以看出，长期内，企业可以通过调整生产规模来使企业在任一产量情况下成本达到最小。

（二）长期平均成本

1.长期平均成本概念及公式

长期平均成本（Long-run Average Cost，简称 LAC）是指企业在长期内单位产品分摊的最低总成本。可表达为

$$LAC = \frac{LTC}{Q} \tag{4-18}$$

由于长期总成本 LTC 是指企业在长期内在各种产量水平上生产产品所支付的最低总成本，所以，长期平均成本也可以理解为企业长期内在各种产量水平上生产单位产品所支付的最低平均成本。

2.长期平均成本曲线

由 $LAC=LTC/Q$ 可知，LAC 等于 LTC 曲线上任一产量点到原点的连线的斜率，因此，可以根据长期总成本曲线导出长期平均成本曲线。具体的做点是：用长期总成本曲线上每一点的长期总成本值除以相应的产量，便得到每一产量上的长期平均成本值；再把每一个产量和相应的长期平均成本值描绘在产量和成本的平面坐标图中，便可得到长期平均成本曲线。其实，长期平均成本曲线也可以根据短期平均成本曲线求得：由于长期平均成本是各种产量水平下的最低平均成本，因此，连接可以无限细分的短期平均成本曲线的最低点，也可以获得长期平均成本曲线。

如图 4-11 所示，有 3 条短期平均成本曲线 SAC_1、SAC_2 和 SAC_3，它们各自代表三种不同的生产规模。

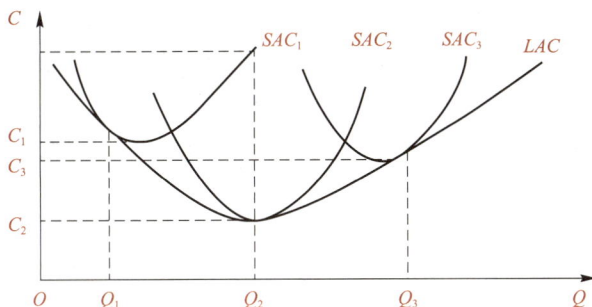

图 4-11　长期平均成本曲线

　　在长期内，企业可以根据产量要求，选择最优的生产规模进行生产。产量为 Q_1 时，企业会选择 SAC_1 曲线所代表的生产规模，以 OC_1 的平均成本进行生产，而对于产量 Q_1 而言，平均成本 OC_1 是低于其他任何规模下的平均成本。产量为 Q_2 时，企业会选择 SAC_2 曲线所代表的生产规模进行生产，相应的最小平均成本为 OC_2。产量为 Q_3 时，企业会选择 SAC_3 曲线所代表的生产规模进行生产，相应的最小平均成本为 OC_3。

　　可以看出，在长期内，使平均成本最小的点在生产量为 Q_2 时，即生产规模选择为 SAC_2 所代表的生产规模时。长期内，企业总是可以通过调整生产规模找到在每一产量水平上的最小平均成本生产方式。假定企业现有的生产规模为 SAC_1 曲线所示，需要生产的产量为 OQ_2，那么企业在短期内只能以 SAC_1 曲线上的 OC_1 平均成本来生产。无疑，SAC_1 所代表的生产规模平均成本较高，企业在长期内则可以扩大生产规模，使企业按照 SAC_2 所代表的生产规模进行生产，从而使平均成本下降到 OC_2。

　　由于长期内可供企业选择的生产规模很多，在理论分析中，可以假定生产规模可以无限细分，即可以有无数多条 SAC 曲线，这样，便可得到图 4-9 中的长期平均成本曲线 LAC。

　　事实上，企业在长期内，可以通过调整生产规模，从而寻找到使企业平均成本最低的那种产量和生产规模，并以此规模作为企业最佳的生产量。如图 4-8 中的 C 点，即是企业通过多种尝试确定的在长期内平均成本最低的点，该点无疑是 LTC 曲线上的拐点。在 C 点以前，LTC 曲线呈凸区间，此时为规模报酬递增区间，企业必然扩大生产规模以使平均成本下降；C 点之后，LTC 曲线呈凹区间，此时为规模报酬递减区间，企业将不再扩大自己的生产规模。

　　在图 4-9 中，长期平均成本 LAC 曲线是无数条短期平均成本 SAC 曲线的包络线。在这条包络线上，连续变化的每一个产量水平都存在 LAC 曲线和一条 SAC 曲线的相切点，该 SAC 曲线所代表的生产规模就是生产该产量的最优生产规模，该切点所对应的平均成本就是相应的最低平均成本。所以，LAC 曲线表示厂商长期内在每一产量水平下可以实现的最小平均成本。

3. 长期平均成本曲线呈 U 形的原因

　　长期平均成本曲线的形状与短期平均成本曲线的形状很相似，都呈现出先下降而后上升的 U 形。但是，两者形成 U 形的原因却不相同。

　　对短期平均成本曲线而言，呈 U 形的原因是短期生产函数的边际收益递减规律的作用。但在长期内所有生产要素投入量都可变的情况下，边际收益递减规律不会对长期平均成本曲线的形状产生影响。长期平均成本曲线的 U 形特征主要由长期生产中的规模经济和规模不经济决定。

规模经济是指由于生产规模扩大而导致长期平均成本下降的情况。一般来说，在企业生产规模由小到大的扩张过程中，会先后出现规模经济和规模不经济。规模经济决定了在规模（产量）较低时，长期平均成本 LAC 曲线随着产量（规模）的增大而下降，进而使经济效益得到提高；规模不经济决定了在规模（产量）较高时，长期平均成本 LAC 曲线随着产量（规模）的增大而上升。因此，规模经济和规模不经济决定了 LAC 曲线呈 U 形的特征。

（三）长期边际成本

1. 长期边际成本概念及公式

长期边际成本（Long-run Marginal Cost，简称 LMC）是指企业在长期内增加一单位产量所引起的最低总成本的增量。长期边际成本函数可写为

$$LMC = \frac{\Delta LTC}{\Delta Q} \text{ 或 } LMC = \lim_{\Delta Q \to 0} \frac{\Delta LTC}{\Delta Q} = \frac{dLTC}{dQ} \tag{4-19}$$

2. 长期边际成本曲线

由 $LMC=dLTC/dQ$ 可知，每一产量下的长期边际成本 LMC 为长期总成本曲线的斜率，所以只要把每一个产量水平上的 LTC 曲线的斜率值描绘在产量和成本的平面坐标图中，便可得到长期边际成本 LMC 曲线。如图 4-12 所示。

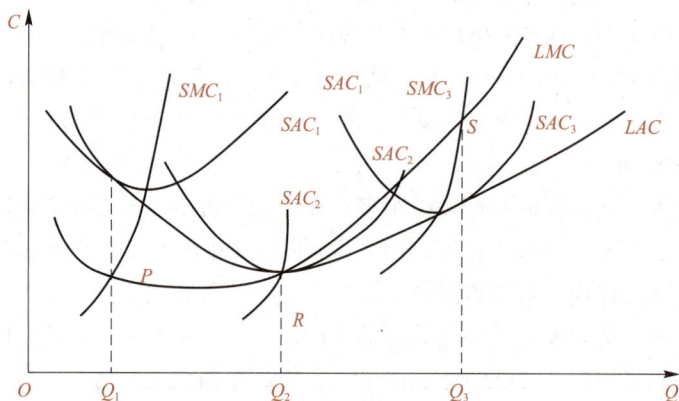

图 4-12　长期边际成本曲线

在图 4-12 中，每一个产量水平上代表最优生产规模的 SAC 曲线都有一条相应的 SMC 曲线，每一条 SMC 曲线都过相应的 SAC 曲线最低点。在产量 Q_1 上，生产该产量的最优生产规模由 SAC_1 和 SMC_1 曲线所代表，相应的短期边际成本由点 P 给出，PQ_1 既是短期边际成本，又是长期边际成本，即 $LMC=SMC_1=PQ_1$。同理，在产量 Q_2 上，有 $LMC=SMC_2=RQ_2$；在产量 Q_3 上，有 $LMC=SMC_3=SQ_3$。在生产规模可以无限细分的条件下，可以得到无数个类似于点 P、R 和 S 的点，将这些点连接起来便可得到一条光滑的长期边际成本曲线 LMC。

由长期边际成本曲线的推导过程可知，与长期总成本曲线和长期平均成本曲线不同，长期边际成本曲线不是短期边际成本曲线的包络线。因为，LMC 在连续变化的每一个产量水平上，都存在着长期边际成本 LMC 曲线和一条短期边际成本 SMC 曲线的相交点，该 SMC 曲线所代表的生产规模就是生产该产量的最优生产规模，该交点所对应的边际成本就是生产该产量的最低边际成本。所以，LMC 曲线是所有 LMC 与 SMC 的相交点连接起来的轨迹。

四、收益与利润最大化

（一）收益

收益是企业出售产品所得到的收入。收益可以划分为总收益、平均收益和边际收益。

总收益（Total Revenue，简称 TR）是企业出售产品得到的全部收入。如果用 P 表示产品价格，Q 表示产品数量，则

$$TR = P \times Q \tag{4-20}$$

平均收益（Average Revenue，简称 AR）是指厂商在已销售产品总量中，平均每一单位产品销售上获得的收入，即

$$AR = \frac{TR}{Q} \tag{4-21}$$

边际收益（Marginal Revenue，简称 MR）指厂商增加一单位产品的销售所获得的总收入增量，即

$$MR = \frac{\Delta TR}{\Delta Q} \text{ 或 } MR = \frac{\mathrm{d}TR}{\mathrm{d}Q} = TR' \tag{4-22}$$

（二）利润

经济学中利润一般指经济利润，也称为超额理论。

经济利润是总利润与总成本之间的差额，其函数表达式为

$$\pi(Q) = TR - TC \tag{4-23}$$

式 4-22 中，π 为利润，TR 为总收益，TC 为总成本，三者都是产量或销售量 Q 的函数。

经济成本由显性成本与隐性成本构成，其中显性成本又称为会计成本，由此形成经济利润、会计利润与正常利润的区分。会计利润是总收益减去会计成本得到的差额；正常利润则属于隐性成本，是厂商投入自有生产要素应得的报酬，也是厂商继续留在原行业从事生产经营的最低报酬，如果得不到正常利润，厂商将退出原有行业转入其他行业。

（三）利润最大化原则

厂商追逐的利润是考虑了隐性成本之后的经济利润。

在学习了收益与成本概念之后，我们现在可以来分析厂商获得最大化利润的条件。厂商的利润等于总收益减去总成本，我们用 π 来代表利润，即

$$\pi = TR - TC \tag{4-24}$$

要使企业获得利润最大化，即

$$\pi' = (TR - TC)' = 0$$

由于 $TR' = MR$，$TC' = MC$，很容易得出厂商获得利润最大化的条件是

$$MR = MC \tag{4-25}$$

按照边际分析法，要判断一个产量是否是利润最大化产量，只需要比较增加或减少产量所带来的收益变化和成本变化。如果边际收益大于边际成本，那么，增加产量将导致利润增加或亏损减少；反之，则会导致利润减少或亏损增加，如图 4-13 所示。

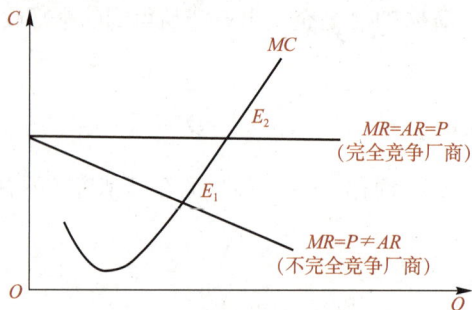

图 4-13　利润最大化条件

通过图 4-13 可以看出，无论我们面临的是完全竞争市场，还是不完全竞争市场，厂商都会在边际收益大于边际成本的时候增加生产量，以获得利润额的增加；而在出现边际收益小于边际成本的时候，减少生产量，以减少带来的亏损；使厂商获得利润最大化的条件是边际收益恰好能够弥补边际成本，即图中的 E_1（不完全竞争市场）点和 E_2（完全竞争市场）点。

在下一章中，我们将运用利润最大化条件 $MR = MC$ 说明厂商在不同市场结构中的产量和价格决策。

任务演练

个人完成：已知某厂商的短期成本函数为 $STC = 50000 + 80Q - Q^2$。写出 TFC、TVC、AC、AFC、AVC、SMC 的函数式。

解答：

小组讨论完成：大学生小王在市区开设了一家奶茶店，辛苦经营一个月后，税后净利润（会计利润）为 2 万元，可有人认为大学生小王费力不讨好，做的是亏本生意。请问你们同意他的说法吗？

本组发言记录：

自我评价：

教师点评记录：

评价点包括：
（1）任务是否按时完成。
（2）小组内分工协作是否合理。
（3）观点是否正确。
（4）逻辑是否清晰。
（5）互动效果。

生活中的"机会成本"

"机会成本"是经济学中的一个重要概念，常常要用公式、表格、矩阵来分析，讲得很抽象、很复杂，令人难以理解。其实，生活工作中普遍存在"机会成本"。正确分析机会成本，理智做出决策，对于我们的生活和工作具有重要意义。

"机会"是在一定条件下，人们可能从事的各种活动、可能做的各种事情。生活工作中的"机会"有两个特点：第一，机会是人们在决策时可选择的项目。客观上可能存在很多项目，但对某个人来说，有些项目是他无法选择的，这些无法选择的项目就不是他的机会。"机会成本"中所指的机会必须是决策者可选择的项目，决策者不可选择的项目不是他的机会。第二，机会之间是不可兼容的，面对多个机会，选择了一个机会，就只能放弃其他机会。这两点是讨论"机会成本"的前提。

"机会成本"的含义可以从多个方面来理解。在经济学中，机会成本是指所放弃的机会中收益最高的项目。从一般意义上说，机会成本是指把一种资源（如资金、物资、脑力、体力、时间等）用于一个机会而放弃用于其他机会时可能造成的利益损失。通俗地说，机会成本是指为了得到某种东西而放弃另一些东西时，这些被放弃的东西的最大价值。这样看，机会成本普遍存在于人们的生活工作中。

有些机会成本可以定量分析，可以用货币来衡量，如经济活动中的投资机会成本。在生活中，有很多机会成本往往无法定量分析，只能定性比较。比如不同职业选择所带来的事业成就，从事不同活动所产生的社会效益，节假日是在图书馆看书学习还是外出旅游等，这些事情之间的机会成本就无法用货币来衡量。

有人会说，在生活工作中有很多机会是兼容的，一个人可以同时选择这些机会。从事多种活动，做很多事情，都会得到相应的收益，就不会产生机会成本。这个问题涉及机会成本的深层次问题，即资源的稀缺性问题。"资源稀缺性"通常理解为资源的有限性，这只是一个方面的含义，是指资源量的特征。资源稀缺性还有一个重要特征，就是资源用途的不可兼容性。机会不兼容、机会成本的产生，根本原因在于资源用途的不可兼容性。

人们从事任何活动、做任何事情，都要投入一定的资源，并获得一定的收益。资源是广泛的，如资本、物资、脑力、体力、时间等。收益也是广泛的，如经济利益、政治利益、文化利益、荣誉地位、精神享受等。资源用途的不可兼容性是指某一份资源投入某个活动项目之后，就不可能再投入其他活动项目上。例如，一笔资金，投入某个商业项目，就不能再投入其他项目；一批原材料，用于生产一批产品，就不能再生产其他产品；一个人的一份时间和精力，用于某种事情，就不能再用于其他事情；一个人拥有一份资源，在面对多个机会时选择其中一个机会并投入这份资源，这份资源就不能再用于其他机会，也就不能获得其他机会可能带来的收益，这就产生了机会成本。

任何一个人、任何一个组织所拥有的资源，在量上总是有限的，在质上总是稀缺的。如何理智分析机会成本，有效利用资源，获得最大收益，对个人事业、组织发展来说都是一个重要问题。

对个人来说，可能拥有多种资源，但最基本的资源就是时间和精力。在个人事业中，需要投入一定的资金、物质资源，但需要投入更多的是时间和精力资源。个人时间和精力如何配置、怎样利用，决定着一个人的事业状况。当面对多种机会，需要选择、做出决策时，要根据自己的条件，理智地全面分析衡量各种机会成本，避免资源浪费和收益损失。

要权衡各种机会之间的得失关系。机会成本的实质，就是"得"和"失"之间的比较关系。由于机会的不可兼容性、资源的稀缺性，有得必有失，有失必有得。对于各种机会的可能收益，要进行价值排序、比较权衡，选择对自己具有重要价值的机会，做具有重要意义的事情，放弃那些价值不大的机会，不做那些无意义的事情。

要具体分析各种机会实现的可能性。每种机会都有一种可能的收益，各种机会的收益是不同的。每种机会实现的难度也是不同的，有的难度小，有的难度大。在选择机会时，并不是收益越大的机会越好，选择哪种机会，要根据自己的客观条件和主观条件来决定。如果自己的客观条件和主观条件有限，选择了收益很大、难度也很大的机会，投入了资源，付出了成本，最终得不到相应的收益，也会造成很大的机会成本。

组织发展、地区发展也要注意分析机会成本。"抓住机遇，加快发展"是组织发展、地区发展的一个重要要求。从可能性来看，发展机遇是很多的，但由于资源的有限性和稀缺性，面对多种发展机遇，不可能选择所有的机遇，要从自身条件出发，抓住能带来最大发展收益的关键机遇。如果机遇选择不恰当，虽然抓住了某个机遇，但实际获得的发展收益小于其他机会成本，就是说，失去了本来可能获得的更大的发展收益，这样的发展实际上是一种相对损失，从根本上说，是错过了最重要的机遇。在发展中，提倡"突出特色、打造优势"，就是要根据自身的资源条件，选择适合自身的发展机遇，这样才能获得最好的发展收益，降低发展中的机会成本。

（资料来源：生活中的"机会成本".共产党员网，2012-11-05.）

名人堂

经济学家：罗伯特·马尔萨斯（Thomas Robert Malthus，1766－1834）

简介：马尔萨斯是英国人口学家和政治经济学家。出生于一个富有的家庭。他于1784年被剑桥大学耶稣学院录取，在那里学习了许多课程，并且在辩论、拉丁文和希腊文课程中多次获奖；1791年，获得硕士学位，两年后当选为耶稣学院院士；1797年，他被按立为圣公会的乡村牧师。他的学术思想悲观但影响深远。

主要贡献：马尔萨斯在1798年发表的《人口学原理》中做出了一个著名的预言：人口增长超越食物供应，会导致人均占有食物的减少。马尔萨斯倾向于用道德限制（包括晚婚和禁欲）手段来控制人口增长。他认为："……周期性灾难持续存在的原因自人类有史以来就已经存在，目前仍然存在，并且将来会继续存在，除非我们的大自然的物理结构发生决定性的变化。"马尔萨斯认为他的《人口学原理》是对人类过去和目前状况的解释，以及对人类未来的预测。马尔萨斯的结论被许多20世纪的经济学家所反对，后者认为由于技术进步，大规模的人口增长并未造成马尔萨斯灾难。

自我总结评价

项目名称：	总结日期：	
专业班级：	总结评价人：	码上刷题
本项目的主要知识点列示：	尚未掌握的部分列示：	

改进计划：（内容、方法、途径、时间安排、效果）

项目五 分析市场规律

项目导读

　　厂商不仅要思考投入与产出、成本与收益之间的关系，还要充分了解自己所生产的产品面临的市场竞争状态，以便根据不同的市场类型做出对企业最有利的安排。因此，对产品市场进行认知、分析成为企业决策者继生产与成本理论之后的又一重要课题。对本项目内容的学习，有助于我们理解不同竞争状态下厂商的决策行为。

思维导图

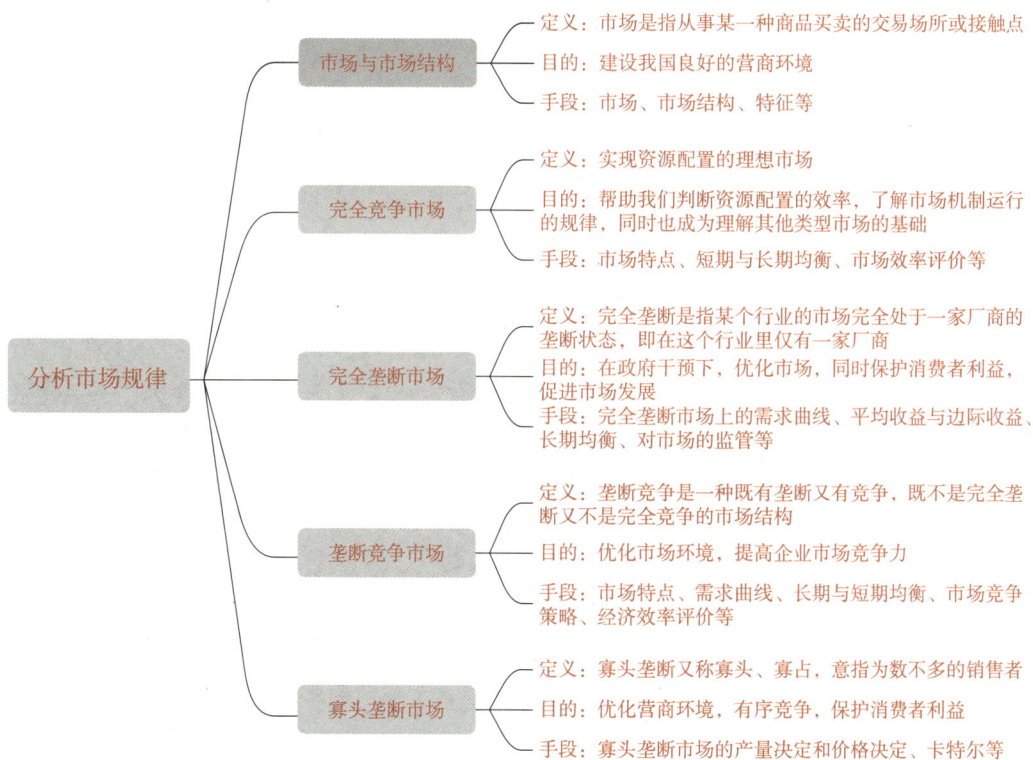

市场与市场结构
- 定义：市场是指从事某一种商品买卖的交易场所或接触点
- 目的：建设我国良好的营商环境
- 手段：市场、市场结构、特征等

完全竞争市场
- 定义：实现资源配置的理想市场
- 目的：帮助我们判断资源配置的效率，了解市场机制运行的规律，同时也成为理解其他类型市场的基础
- 手段：市场特点、短期与长期均衡、市场效率评价等

完全垄断市场
- 定义：完全垄断是指某个行业的市场完全处于一家厂商的垄断状态，即在这个行业里仅有一家厂商
- 目的：在政府干预下，优化市场，同时保护消费者利益，促进市场发展
- 手段：完全垄断市场上的需求曲线、平均收益与边际收益、长期均衡、对市场的监管等

垄断竞争市场
- 定义：垄断竞争是一种既有垄断又有竞争，既不是完全垄断又不是完全竞争的市场结构
- 目的：优化市场环境，提高企业市场竞争力
- 手段：市场特点、需求曲线、长期与短期均衡、市场竞争策略、经济效率评价等

寡头垄断市场
- 定义：寡头垄断又称寡头、寡占，意指为数不多的销售者
- 目的：优化营商环境，有序竞争，保护消费者利益
- 手段：寡头垄断市场的产量决定和价格决定、卡特尔等

分析市场规律

学习目标

知识目标

　　(1) 掌握各种市场结构及其特征。
　　(2) 理解不同市场结构中产量和价格的确定。
　　(3) 掌握不同市场结构均衡的条件。
　　(4) 理解企业停产的条件。

能力目标

（1）能够分析产品所处的市场类型。

（2）对于"推动加快建设全国统一大市场"，提出合理化建议。

素质目标

（1）能够区分并树立社会主义正确的"竞争观"。

（2）了解中国营商环境，大力培育公平竞争意识和弘扬公平竞争文化。

任务一　市场与市场结构

任务导航

厂商需要充分分析自己的产品将面临的竞争状态，因此需要分析市场。每种商品面临的市场竞争状态是一样的吗？如果不一样，它们分别具备什么样的特征呢？无论在什么样的市场上，企业都希望实现利润最大化。对本部分内容的学习，有助于建立起我们对市场类型的整体认知。

在线课程集锦

育人在线

《反垄断法》首次修订

2022 年 8 月，修改后的《中华人民共和国反垄断法》（以下简称"反垄断法"）正式施行，这是反垄断法实施 14 年以来的首次修改。

自反垄断法施行以来，我国在公平竞争制度体系建设、预防和制止垄断行为、优化营商环境、保护消费者利益、执法能力建设、公平竞争文化倡导以及国际影响提升等方面均取得了令世界瞩目的显著成就，成为全球三大反垄断司法辖区之一。

实践证明，修改前的反垄断法的框架和主要制度总体可行。不过，随着我国社会主义市场经济的发展，反垄断法在实施过程中也暴露出相关制度规定较为原则、对部分垄断行为处罚力度不够、需要进一步健全执法体制等问题。特别是随着平台经济等新业态快速发展，一些大型平台经营者滥用数据、技术、资本等优势，实施垄断行为、进行无序扩张，导致妨碍公平竞争、抑制创业创新、扰乱经济秩序、损害消费者权益等问题日益突出，迫切需要明确反垄断相关制度在平台经济领域的具体适用规则，以加强反垄断监管。修改完善反垄断法是我国社会主义市场经济发展的内在要求，是助力构建新发展格局的客观需要。

垄断包括市场垄断和行政性垄断。其中，垄断协议、滥用市场支配地位和违法实施经营者集中是典型的市场垄断，滥用行政权力排除、限制竞争是典型的行政性垄断。无论是市场垄断还是行政性垄断，都会排除限制竞争、抑制创新、损害消费者利益和社会公共利益。

资本扩张主要是指发生在资本市场的并购行为，这不仅会导致企业股权乃至控制权发生变化，而且会提升相关产业和市场的集中度，引发产业市场结构、竞争状况等变动。资本的无序扩张发生在资本市场，后果会蔓延至实体经济。相关产业的市场集中度若被资本市场的无序扩张过度推高，且被同一资本控制，可能造成排除限制竞争、抑制创新的后果。竞争与创新的良好互动是经济高质量发展的必要条件。垄断和资本无序扩张，会损害竞争机制和创新动力，不利于经济高质量发展。

（资料来源：作者根据相关资料整理）

〔解析〕

《中华人民共和国反垄断法》于 2007 年 8 月 30 日在第十届全国人民代表大会常务委员会第二十九次会议上获得通过，并于 2008 年 8 月 1 日起正式施行。2022 年 8 月，《中华人民共和国反垄断法》首次进行修订，其目的在于营造良好的营商环境，倡导公平竞争，这将有利于社会资源配置，促进创新，保护消费者权益。

任务准备

当今世界，最稀缺的资源是市场。加快建设全国统一大市场、畅通国内大循环，是落实构建高质量发展格局部署的必要条件；必须处理好一个长期以来普遍存在的矛盾，那就是市场和政府的关系。

一、市场

每一个企业都面临着不同的市场。在不同的市场条件下，企业所面临的需求状况是有差异的，但无论是在什么市场上，企业都要思考应该如何确定自己的产量与价格，以便实现利润最大化，这就是企业的竞争策略。

市场是指从事某一种商品买卖的交易场所或接触点，由消费者和生产该商品的厂商构成，它可以是有形的，也可以是无形的。一个市场不一定是一个单一的地点，也可能是一个区域。例如，黄金、钻石及有政府担保的金边证券等是有世界区域的市场；而一些价值低、重量大的商品，如沙、砖等，其市场往往缩小到地区或地方范围。行业是指制造或提供同一产品或类似产品或劳务的厂商的集合。

二、市场结构

市场结构是指市场的垄断与竞争程度，各个市场的竞争与垄断程度不同形成了不同的市场结构，市场结构可根据以下四个因素来划分：

（1）市场上厂商的数目。

（2）厂商各自提供的产品之间的差别程度。

（3）单个厂商对市场价格控制的程度。

（4）厂商进入或退出一个行业的难易程度。

市场一般可分为完全竞争、垄断竞争、寡头垄断、完全垄断四种类型。完全竞争和完全垄断是两个极端，垄断竞争和寡头竞争是介于这两个极端之间的市场，是竞争和垄断不同程度的结合。这四种市场存在的区别和特点见表 5-1。

表 5-1   市场类型的划分和特征

市场类型	厂商数目	产品差别	对价格的控制程度	进出一个行业的难易程度	接近哪种商品市场
完全竞争	很多	完全无差别	没有	很容易	农产品，如玉米，小麦等
垄断竞争	很多	有差别	有一些	比较容易	轻工业品，如服装、食品等
寡头垄断	几个	有差别或无差别	相当程度	比较困难	汽车、石油
完全垄断	唯一	产品唯一，且无替代品	很大程度，但常受管制	很困难，几乎不可能	公用事业，如水、电等

任务演练

要求：个人完成，分析以下产品分别属于哪一类市场，在相应位置打"√"，并进行分析。

产品名称	完全竞争	垄断竞争	寡头垄断	完全垄断	分析
大米或小麦					
服装					
医疗器械					
智能手机					
北斗导航					
商品房					
供暖服务					
社会培训					

任务二　完全竞争市场

📖 任务导航

按照英国著名经济学家亚当·斯密的表述，完全竞争市场接近一个完美的市场，充分发挥着一双"看不见的手"的作用进行资源配置。目前现实的经济条件下，可以找到一个完全竞争市场吗？若存在这样的市场，它能否真正地促进社会经济发展呢？

在线课程集锦

🗨 育人在线

中央农村工作会议绘就乡村振兴新蓝图

"优化村庄布局、产业结构、公共服务配置""推动大面积提高粮食单产""探索建立粮食产销区省际横向利益补偿机制""加快推进种业振兴行动"……在 2023 年 12 月 19 日至 20 日召开的中央农村工作会议上，这些提法让人眼前一亮。

不少专家表示，此前召开的中央经济工作会议将明年的"三农"工作单独列出部署，"三农"工作的重要程度进一步提高。而中央农村工作会议对"有力有效推进乡村全面振兴"做出了更细化的阐述。

"明年是贯彻落实党的二十大精神的第二年，根据新的形势，中央农村工作会议提出一些新的表述。"中国人民大学农村发展研究所所长、教授郑风田举例说，"比如在推动大面积提高粮食单产方面提及巩固大豆扩种成果，在加强耕地保护和建设方面提到健全耕地数量、质量、生态'三位一体'保护制度体系。"他还特别提到要优先把东北黑土地区、平原地区、具备水利灌溉条件地区的耕地建成高标准农田。

郑风田教授尤其关注到此次会议提及的"适应乡村人口变化趋势，优化村庄布局、产业结构、公共服务配置"。他分析，一方面农村人口结构在变化，有的村庄人口大幅度减少，有的村庄甚至"空心化"，"这需要适应人口变化趋势，精准推进乡村建设"；另一方面，全面推进乡村振兴需要更有针对性，需要"有力有效"："全面推进乡村振兴并不是'胡子眉毛一把抓'，终究还是要看有没有效"。

今年是"千万工程"实施 20 周年。在郑风田教授看来，浙江省的"千万工程"被当地农民群众誉为"继实行家庭联产承包责任制后，党和政府为农民办的最受欢迎、最为受益的一件实事"，值得在全国范围推广，值得多地学习。

据统计，截至 2022 年年底，浙江全省 90% 以上的村庄达到新时代美丽乡村标准，创建美丽乡村示范县 70 个、示范乡镇 724 个、风景线 743 条、特色精品村 2 170 个、美丽庭院 300 多万户。

"预计在明年的中央一号文件中，学习运用'千万工程'经验，尤其是其蕴含的发展理念、工作方法和推进机制等内容会有更具体的体现。"郑风田教授告诉中青报·中青网记者，"千万工程"是惠民工程、民心工程，出发点和落脚点始终是增进人民福祉、促进人的全面发展。

在郑风田教授看来，农民最想解决的实事就是提高收入。他结合此次中央农村工作会议提出的"实施农民增收促进行动"说："2012 年到 2022 年，我国城乡居民人均可支配收入比由

2.88 降至 2.45，但城乡差距依然突出。"中国农业大学农民问题研究所所长朱启臻也表示，推进乡村全面振兴，农民增收仍然是关键。他说："当前，乡村振兴已进入质量提升的新阶段，在这个阶段，努力发展乡村产业，帮助农民持续增收，仍然是非常重要的工作。""农林牧副渔，应该充分发挥各个领域的有限资源，因地制宜，适合什么做什么，发展各种各样的产业，这也是帮助农民增收的重要途径。"朱启臻说。

（资料来源：中央农村工作会议绘就乡村振兴新蓝图 . 中国青年报，2023-12-22.）

［解析］

乡村振兴的目的是提高农村居民的收入水平和生活品质、减少城乡差距、促进城乡一体化发展。相关经济理论认为，农产品市场接近于完全竞争市场，如何在完全竞争市场上增加农民收入，是新时代乡村振兴面对的重大课题。

任务准备

本任务将重点分析完全竞争市场（Perfect Competition Market，简称 PCM）的条件、完全竞争市场上的价格、需求曲线、平均收益与边际收益、完全竞争市场上的短期和长期均衡。

一、完全竞争市场的特点

一种产品的市场具有完全竞争的性质，必须具备以下四个特点：

1.市场上有大量的生产者和消费者

由于市场上生产者和消费者的数量多、规模小，任何一个购买或销售行为仅占市场的一个很小比例，任何人都无法影响市场价格。每个人在市场上，都是既定价格的接受者（Price Taker），而不是价格的决定者（或称制定者）。

2.完全竞争市场的产品是同质的，或者说是同一性的

只有同质的产品才能产生完全竞争，不同质的产品可能产生垄断。对于买者而言，购买哪一个厂商的产品都没有区别，而如果某一厂商提高产品价格，所有的顾客都会转而购买其他厂商的产品。

3.市场信息是对称的

买卖双方完全公开、公平，生产者和消费者都完全了解市场情况。

4.企业可以自由进入或退出市场

完全竞争市场中所有的投入要素自由流动，厂商数目和生产规模在长期内可以任意变动，不存在法律、政策或资金的障碍。

以上四个条件必须同时存在，否则就不是完全竞争。显然，在现实中这样的市场并不存在，它只是一种高度抽象的市场模式，但完全竞争市场能帮助我们判断资源配置的效率，了解市场机制运行的规律，同时也成为理解其他类型市场的基础。在一般情况下经济学把农产品市场看成是近似的完全竞争市场。

二、完全竞争市场上的价格、需求曲线、平均收益与边际收益

1. 市场价格等于平均收益

在完全竞争条件下，单个厂商是价格的接受者，没有任何操纵价格的能力，而市场价格则完全由供求关系来决定，如图5-1所示。

市场价格决定后，任何人都不能影响它，所以有：P 市场价格 = P 卖价 = AR 平均收益。P 卖价 = AR 平均收益，不仅适用于完全竞争市场，还适用于其他市场结构。

平均收益等于边际收益（$AR=MR$）是完全竞争市场的一个特点。由于卖者与买者很多，他们彼此都不能影响市场价格，这样平均每一个商品的卖价都是相等的，因而有 $P=AR=MR$。在其他市场条件下，不存在 $AR=MR$。

2. 需求曲线、平均收益曲线、边际收益曲线重合为一条线

在完全竞争既定的市场条件下，价格不会发生变动，对一个厂商来说，需求是无限的，即需求具有无限弹性，因此需求曲线是一条平行于横轴的线。这时的价格由整个行业的供求情况来决定，所以需求曲线、平均收益曲线、边际收益曲线重合为一条线。三线合一且为水平状是完全竞争市场与其他类型的市场从图形上来看的最关键区别。如图5-2所示。

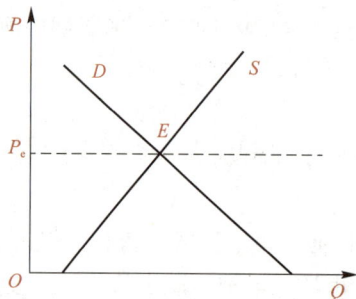

图5-1　完全竞争市场的需求曲线

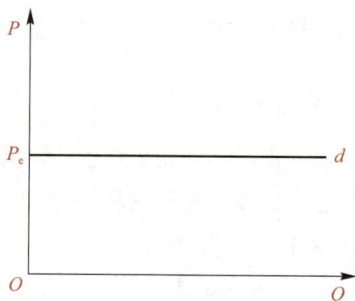

图5-2　完全竞争厂商的需求曲线

三、完全竞争市场条件下厂商短期均衡

从完全竞争市场的条件可知，单个厂商是价格的接受者，没有任何操纵市场的能力，因此在完全竞争市场上厂商的需求曲线呈水平线，意味着厂商接受由市场决定的产品价格，同时在这一既定的价格水平下，厂商可以出售任何数量的产品。

尽管完全竞争厂商对产品价格无可奈何，但能对产品的数量做出最有利的决策。厂商按照利润最大化原则来确定其应该生产的产量。因为在短期，厂商只能调整可变要素投入量，来不及调整固定要素投入量，所以，厂商在短期的均衡可能出现下面五种情况：

1. 存在经济利润或超额利润

平均收益大于平均总成本，即 $AR>SAC$，厂商获得超额利润。如图5-3所示。

当市场价格较高，达到 P_1 时，厂商面临的需求曲线为 d_1，为获取最大利润，厂商根据 $MR=SMC$ 的利润

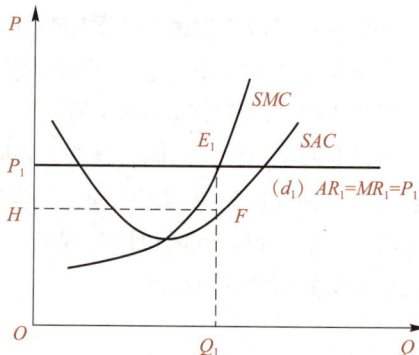

图5-3　厂商短期均衡

最大化原则，把产量确定在 Q_1 上，SMC 曲线与 MR_1 曲线的交点 E_1 即为厂商的短期均衡点。这时平均收益为 OP_1，平均总成本为 Q_1F，单位产品获得的利润为 E_1F，总收益为 $OQ_1 \times OP_1$，总成本为 $OQ_1 \times Q_1F$，利润总量为 $OQ_1 \times E_1F$，即图中矩形 HP_1E_1F 的面积。如果产量超过 OQ_1 以后，$MC > P_1$，增加产量会降低总利润，若产量小于 OQ_1，增加产量都能增加总利润，只有使产量确定在 OQ_1，$MR = P = SMC$，总利润才达到最大。

2.获得正常利润

价格或平均收益等于平均总成本，即 $P = AR = SAC$，厂商的经济利润为零，但获得全部的正常利润，处于盈亏平衡状态，相交点称为盈亏相抵点。如图 5-4 所示。

当市场价格为 P_2 时，厂商面临的需求曲线为 d_2，这条需求曲线刚好切于短期平均总成本曲线 SAC 的最低点，同时短期边际成本 SMC 曲线也通过此点，SMC 曲线与 MR_2 曲线的交点 E_2 就是均衡点，相应的均衡产量确定在 Q_2。在 Q_2 产量上，平均收益等于平均成本，总收益也等于总成本，如图中矩形 $OP_2E_2Q_2$ 面积，此时厂商的经济利润为零，但实现了全部的正常利润。由于在该点上，厂商既无经济利润、又无亏损，所以也把 SMC 与 SAC 的交点称为"盈亏平衡点"或"收支相抵点"。

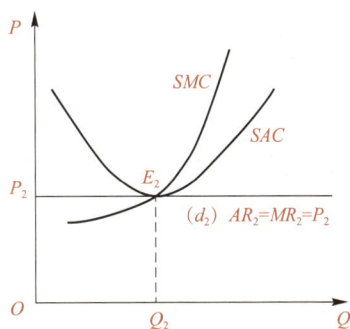

图 5-4　厂商短期均衡

3.有亏损，但继续生产

价格或平均收益小于平均总成本，但仍大于平均可变成本，即 $AVC < AR < SAC$，厂商亏损，在存在沉没成本时，厂商还应继续生产。如图 5-5 所示。

当市场价格为 P_3 时，厂商的平均总成本已经高于产品的市场价格，整个平均总成本曲线 SAC 处于价格 P_3 线之上，出现了亏损。为使亏损达到最小，产量由 SMC 曲线和 MR_3 曲线的相交的均衡点 E_3 决定，在 Q_3 的均衡产量上，平均收益为 OP_3，平均总成本为 OG，总成本与总收益的差额构成厂商的总亏损量，如图中矩形 P_3GIE_3 面积。不过平均可变成本小于平均收益。厂商在这种情况下，虽然出现亏损，但仍会继续生产，因为此时厂商获得的全部收益不仅能够弥补全部的可变成本，还能够收回一部分固定成本，即厂商继续生产所获得的收益超过继续生产所增加的成本。

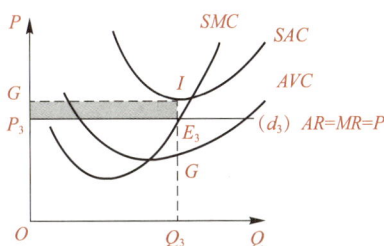

图 5-5　厂商短期均衡

4.有亏损，并停止营业

平均收益等于平均可变成本，即 $AR = AVC$ 时，厂商亏损，处于生产与不生产的临界点。其中，相交点 $AR = \min(AVC)$ 称为停止营业点。如图 5-6 所示。

价格或平均收益等于平均可变成本，即 $P = AR = AVC$ 时，厂商处于亏损状态，且处于生产与停产的临界点。当价格为 P_4 时，厂商面临的需求曲线为 d_4，此线恰好切于平均可变成本 AVC 曲线的最低点，SMC 曲线也交于该点。根

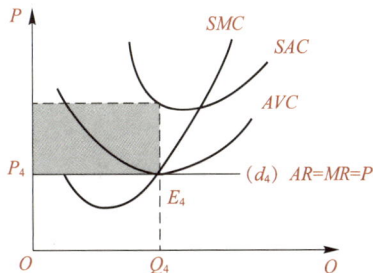

图 5-6　厂商短期均衡

据 $MR_4 = SMC$ 的利润最大化原则，这个点就是厂商短期均衡点 E_4，决定的均衡产量为 Q_4。在 Q_4 产量上，平均收益小于平均总成本，必然是亏损的。同时平均收益仅等于平均可变成本，这意味着厂商进行生产所获得的收益只能弥补可变成本，而不能收回任何的不变成本，对厂商来说生产与不生产结果是一样的。所以，SMC 曲线与 SVC 曲线的交点是厂商生产与不生产的临界点，也称为"停止营业点"或"关闭点"。

5. 停止经营

价格或平均收益小于平均可变成本，即 $AR < AVC$，意味着厂商若继续生产的话，所获得的收益连可变成本都收不回来，更谈不上收回固定成本了，所以厂商停止生产。

综上所述，在短期厂商的均衡条件为 $MR = SMC$，其中 $MR = AR = P$。在短期内，完全竞争的厂商可以获得最大经济利润，可以经济利润为零，也可以蒙受最小亏损。

小任务

　　试着分别画出完全竞争市场的需求曲线、完全竞争厂商面临的需求曲线，并指出两者之间的关系。

完全竞争市场的需求曲线	完全竞争厂商的需求曲线	分析两者之间的关系

例题

一家自行车制造商面临一条水平的需求曲线，企业的总变动成本为

$$TVC = 150Q - 20Q^2 + Q^3$$

问：低于什么价格企业就应当关厂？

方法一

企业在 AVC 最低点处停产，同时利润最大化要求 $P = SMC$，所以，企业当 $AVC = SMC$ 时企业应停产（事实上，在讲边际值和平均值的关系时，我们说过，边际值必然和平均值相交于平均值的极值点）。所以有

$$SMC = 150 - 40Q + 3Q^2 \qquad AVC = 150 - 20Q + Q^2$$
$$150 - 40Q + 3Q^2 = 150 - 20Q + Q^2$$

解这个一元二次方程，可以得到

$$Q = 0 \quad 或 \quad Q = 10$$

$Q=0$ 显然不合理，把 $Q=10$ 代入 AVC 或 SMC 方程，可以得到 $P=MC=AVC=50$（元）

方法二

企业在价格等于 AVC 最低点时应该停产。

$$AVC=TVC/Q=150-20Q+Q^2$$

AVC 最低的条件是其边际值等于零，即 $\mathrm{d}\,(AVC)\,/\mathrm{d}Q=0$

对 AVC 求导数

$$\mathrm{d}\,(AVC)\,/\mathrm{d}Q=-20+2Q=0$$

所以 $Q=10$（单位）。

把 $Q=10$ 代入原 AVC 的方程，可以得到，最低的 $AVC=50$（元）

所以，如果市场价格低于 50 元，企业就应当关厂（停止经营）。

四、完全竞争市场条件厂商的长期均衡

1. 完全竞争市场上的长期均衡

在一个竞争市场上，竞争机制的作用包括以下两个方面：

（1）行业内部的竞争，比如规模竞争、成本竞争。

（2）行业之间的竞争及厂商进入、退出。

在完全竞争的短期内，根据 $MR=SMC$ 的条件下实现均衡这一前提，厂商可能有亏损，也可能有超额利润。但在完全竞争条件下，资源可以自由流动，所以这两种情况都不会维持太长久。

从长期来看，各个企业都可以根据市场价格来充分调整其全部生产要素和产量，也可以自由进入或退出该行业。企业在长期中要做出两个决策：生产多少，以及退出还是进入这一行业。各个企业的这种决策会影响到整个行业的供给，从而影响市场价格。具体来说，如图 5-7 所示，厂商利润最大化的原则是 $MR=LMC$，当市场价格为 P 时，产量为 Q，这时厂商的 $AR=LAC$，即 $TR=TC$，正好可以获得正常利润，即收支相抵。当整个行业供给小于需求时，价格水平高，各企业会扩大生产，其他企业也会涌入该行业，从而整个行业供给增加，价格水平下降，个

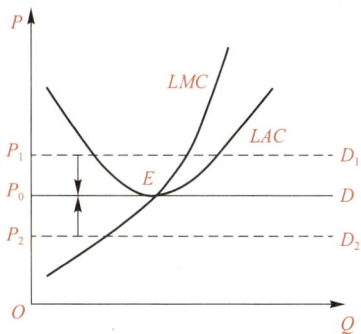

图 5-7　完全竞争市场的长期均衡

别厂商需求曲线 D_1 向下移动。当整个供给大于需求时由于价格低会引起各企业减少生产，有些企业会退出该行业，从而整个行业供给减少，价格水平上升，个别企业需求曲线 D_2 向上移动。调整的结果使需求曲线最终移动到 D，价格水平会达到使各个企业既无超额利润又无亏损的状态。这时，整个行业的供求均衡，各个企业的产量也不再调整，于是就实现了长期均衡，所以在完全竞争市场，厂商长期均衡的条件是

$$MR=AR=LMC=LAC \tag{5-1}$$

以上的分析可以得出，在完全竞争市场上，从长期看，厂商的产量将达到生产效率的最高

点，即平均成本的最低点。它的意义在于，完全竞争条件下的市场机制能够使社会的生产资源实现最有效的配置，因而任何政府干预只能导致非效率。

2.对完全竞争市场厂商的效率评价

完全竞争是一种理想的最佳境界，它的优点有以下三点：

（1）在完全竞争条件下，一方面资源可以自由流动，另一方面社会的需求与供给相等，这样可以使社会资源充分发挥作用并得到充分的利用，实现了资源最优的配置。在完全竞争的市场上，价格像一只"看不见的手"指挥着整个社会生产，通过价格机制的调节，每个厂商都可以把生产规模调整到平均成本的最低点，这样可以使社会上的资源得到最有效的配置。

（2）长期均衡时，每个企业都在长期平均成本的最低点处生产，因此生产效率达到了最高。成本低也就决定了价格低，这对消费者是有利的。

（3）完全竞争厂商都是既定价格的接受者，在销售中，他们可以节省如广告等许多非生产性支出，从而减少销售费用。

总之，完全竞争市场是经济学家推崇的一种最理想的市场模式。现实经济越接近完全竞争状态，则经济效率越高。

完全竞争的缺点有以下三点：

（1）完全竞争阻碍社会进步。因为这时有大量的厂商存在，但这大量的厂商多属于小厂商，它们的经济、技术力量都比较单薄。为了在竞争中能够维持生存，它们经常是在简单再生产的基础上循环往复，而在技术上很难有什么突破，因为它们缺乏技术进步的能力。

（2）各厂商的平均成本最低，但并不一定是社会成本最低。

（3）对消费者不利。由于完全竞争的厂商缺乏技术进步的能力，所以完全竞争下的社会产品比较单一，不能完全满足消费者日益增长的各种需要。

任务演练

要求：按小组讨论以下两个问题，并做好讨论记录。

完全竞争市场的优点和缺点有些什么？

小组发言记录：

教师点评：

完全竞争市场是经济学家推崇的一种最理想的市场模式。现实经济越接近完全竞争状态，则经济效率越高。为什么在现实经济中很难找到完全竞争市场呢？

小组发言记录：

教师点评：

任务三 完全垄断市场

任务导航

处于另一个极端的是完全垄断市场。在这个市场上，只有唯一的卖者。那么，作为唯一的产品提供者，厂商是否就可以"为所欲为"了呢？它在市场上到底拥有哪些方面的决策权，来实现企业的"利润最大化"呢？这种市场形式对整个社会来说是利大于弊还是弊大于利的呢？通过对本部分内容的学习，理解市场中的垄断现象。

在线课程集锦

育人在线

孟晚舟事件：百年未有之大变局的缩影

2021年9月25日22时14分，中国公民孟晚舟乘坐的中国政府包机抵达深圳宝安国际机场，舱门打开，孟晚舟走出机舱，挥手致意。

孟晚舟在机场发表简短讲话，她表示："有五星红旗的地方，就有信念的灯塔。如果信念有颜色，那一定是中国红！"随后，现场的欢迎人群同时唱起歌曲《歌唱祖国》。

在被加拿大无理拘押1 000多天后，孟晚舟终于回到了祖国怀抱，与家人团聚。这是党中央坚强领导的结果、中国政府不懈努力的结果、全中国人民鼎力支持的结果，是中国人民的重大胜利。

孟晚舟事件是百年未有之大变局的一个集中缩影。"孟晚舟事件发生在美国对华发动贸易战和科技战过程中，这一事件绝非偶然和孤立的。"中国社会科学院工业经济研究所研究员刘建丽告诉记者。孟晚舟事件的实质是美国试图阻挠甚至打断中国发展进程。中国通过努力维护的不仅是一位公民的权利、一家企业的权益，更是在维护中国人民过上更美好生活、国家实现现代化的权利。透过孟晚舟事件，中国人民更加清晰地看到，越是接近民族复兴越不会一帆风顺、越充满风险挑战乃至惊涛骇浪。

面对世界百年未有之大变局，我们必须坚定不移走自己的路，百折不挠地办好自己的事，实现高水平科技自立自强，把伟大祖国建设得更加强大。回顾历史，中国在1978年还被看作是世界上最贫穷的国家之一。经过改革开放40多年经济的高速增长，我国创造了世所罕见的经济快速发展和社会长期稳定"两大奇迹"，成为世界第二大经济体和制造业第一大国。伴随着这一进程，中国企业逐步做大做强，"走出去"的广度和深度不断拓展。

（资料来源：孟晚舟事件：百年未有之大变局的缩影.中央纪委国家监督委网站，2021-09-26.）

解析

美国执行的政策，除了常规的科技竞争战略，美国越来越多地动用国家力量，采用各种非常规手段，建成完全垄断市场，以维护美国的技术霸权地位。

任务准备

一、完全垄断市场的特征

1.完全垄断的定义

完全垄断（Pure Monopoly）是指某个行业的市场完全处于一家厂商的垄断状态，即在这个行业里仅有一家厂商，这家厂商提供的产品或劳务没有直接的替代物，它垄断了这个行业的全部市场，新厂商不可能也无法加入。美国经济学家爱德华·哈斯丁·张伯伦认为，垄断的本质是对供给的控制。完全垄断市场，是一种与完全竞争市场相对立的极端形式的市场类型，也叫作纯粹垄断市场，一般简称垄断市场。垄断一词出自希腊语，意思是"一个销售者"，也就是指某一个人控制了一个产品的全部市场供给。因此，完全垄断市场就是指只有唯一一个供给者的市场类型。

2.完全垄断市场形成的条件

（1）整个市场的物品、劳务或资源都由一个供给者提供，消费者众多。

（2）没有任何替代品，消费者不可能购买到与之提供的商品性能等方面相近的替代品。

（3）进入限制使新的企业无法进入市场，从而完全排除了竞争。

（4）厂商可以根据获取利润的需要，实行差别价格。

3.完全垄断的类型

在市场经济中，完全垄断基本上表现为完全私人垄断和完全政府垄断两种情况。

（1）完全私人垄断。完全私人垄断指的是某一行业的市场完全让一家私人厂商所垄断，这种垄断主要存在于三种状态中：①对某种自然资源的垄断。如果某厂商能够控制一种用于生产的自然资源，并且对这种资源没有直接的替代物，那么，这个厂商用这种自然资源生产的产品，在市场上就处于完全垄断地位，如崂山矿泉水等。②对某种技术的垄断。技术垄断最为典型的是专有技术，这是一种在生产中形成的、成熟的专门经验或技术，并且是一种秘密技术，这种技术不经转让，别人是无法模仿和使用的，如某种配方等。③对某些市场的垄断。例如，某些产品市场非常狭小，或生产具有特殊性，只要一家厂商生产即可满足全部需求，那么这家厂商就很容易实行对这种产品的完全垄断，例如某些工业生产上使用很少的零配件等。④自然垄断。自然垄断是指由于一个企业能以低于两个或更多企业的成本向整个市场供给一种物品或劳务而产生的垄断，或者由于规模经济需要而产生的垄断。

（2）完全政府垄断。完全政府垄断指的是借助政府的力量进行垄断，这种垄断主要存在于两种情况之中：①政府支持下的私人垄断。这种垄断，主要是根据政府授予的专营权而产生的私商对某些商品的独家经营，如专利权。②政府开办企业而产生的政府完全垄断。在市场经济中，对于很多社会公共事业，如自来水、煤气、公共交通等，由于投资较大而收益不明显，甚至亏损，私人不愿意投资经营，只能由政府投资兴办。当政府投资兴办和经营公用事业时，产生了真正意义上的完全政府垄断。

在政府垄断的两种情况下，第一种垄断是在特殊情况下使用的，并且都有一定的时间限制，所以这种垄断在市场上一般不会持续太久的时间，在市场经济中，实际上是不可能有永久性的完全私人完全垄断的。第二种政府开办的公用事业才是完全垄断的典型体现。

二、完全垄断市场上的需求曲线、平均收益与边际收益

1.完全垄断市场上的需求曲线

在完全垄断条件下，由于产量由一家厂商所控制，假设厂商的销售量等于市场的需求量，那么垄断厂商可以通过提高供给而压低价格，需求量大；反之，产量少而价格高，需求量就小，所以需求曲线是一条向右下方倾斜的线。

2. 完全垄断市场上的平均收益、边际收益和总收益

如图 5-8 所示，d 线上每一点都是在既定垄断价格下的需求量，也就是厂商的平均收益。所以有 $d=AR$，两条线重合为一条线。在 AR 减少时，MR 一定小于 AR。在此情况下，说明厂商每增加 1 个单位产品的出售，卖价会相应下降，厂商的边际收益减少，所以 AR 不等于 MR，并且有 $MR<AR$，厂商减少一个单位产品供应，卖价上升；增加一个单位产品供应，卖价下降。所以 AR 线向右下方倾斜，并与 d 线重合，这时说明厂商任一销售量的单位产品卖价总是大于该销售量的边际收益。

边际收益曲线——完全垄断厂商的边际收益 MR 曲线位于平均收益 AR 曲线的左下方，且 MR 曲线也是向右下方倾斜的曲线。

图 5-8 完全垄断市场上的平均收益和边际收益

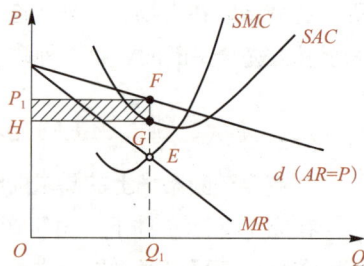

总收益曲线——由于每一销售量上的 MR 值就是相应的 TR 曲线的斜率，所以 TR 曲线是先增后减的曲线。即：当 $MR>0$ 时，TR 曲线的斜率为正；当 $MR<0$ 时，TR 曲线的斜率为负；当 $MR=0$ 时，TR 曲线达到最大值。

在任何既定的需求曲线下，MR 在不同价格范围内的数值可以有三种情况，如表 5-2 所示。

表 5-2 某制鞋厂生产情况

Q	P (AR)	TR	MR
1	10	10	10
2	9	18	8
3	8	24	6
4	7	28	4
5	6	30	2
6	5	30	0
7	4	28	-2

（1）在 $E_d>1$ 的范围内，每增加一个单位销售量，TR 增加，MR 为正。

（2）在 $E_d=1$ 的一点，由于销售量增加的比率被价格减少的比率抵消（或者说相等），因而 TR 不因增加一个单位的销售量而有所增加，MR 在该点为零。

（3）在 $E_d<1$ 的范围内，每增加一个单位的销售量反而使 TR 减少，因而 MR 为负数。

三、完全垄断市场上的短期均衡

完全垄断的厂商虽然控制了供给，但为谋求最大利润必须遵循 $MR=MC$ 的原则去确定产量水平，短期内也可能出现供大于求或供小于求的状况，也可能供求相等。

在供小于求的情况下，如图 5-9 所示，当 $MR=MC$，边际收益等于边际成本，两线相交于 E 点，决定了均衡产量为 OQ_1 和垄断价格 OP_1。因为，$TR=AR\times Q$、$TC=AC\times Q$，则

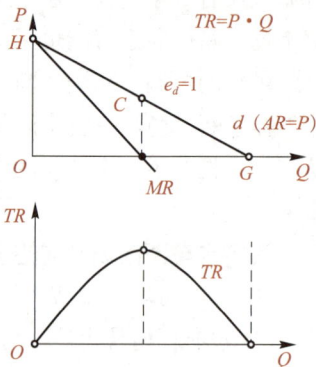

图 5-9 垄断厂商的短期均衡：有超额利润

$$TR=OP_1 \times OQ_1 = OQ_1FP_1$$

$$TC=OH \times OQ_1 = OQ_1GH$$

这时很明显有 $TR>TC$，厂商获得了超额利润，也就是垄断利润，它就是 $TR-TC=P_1HGF$ 的面积。

如图 5-10 所示，总收益与总成本相等，都为 OQ_1GP_1，所以收支相抵，只有正常利润。

如图 5-11 所示，总成本 OQ_1FH 大于总收益 OQ_1GP_1，亏损为 $HFGP_1$。

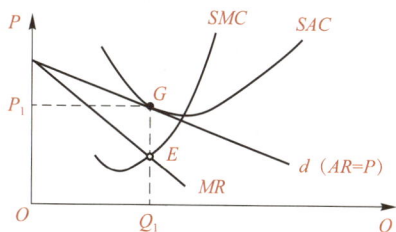

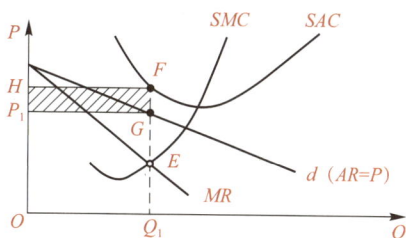

图 5-10　垄断厂商的短期均衡：收支相抵　　　　图 5-11　垄断厂商的短期均衡：有亏损

这时只有平均可变成本曲线 AVC 与 G 相切，即总成本可以弥补可变成本，才可维持 OQ_1 产量，如图 5-12 所示。所以，G 点为停止营业点，如果说价格再低，就无法生产了。由于这些内容分析方法类似，在此不再赘述。

所以，在完全垄断市场上短期均衡的条件是：

$$MR = SMC$$

(5-2)

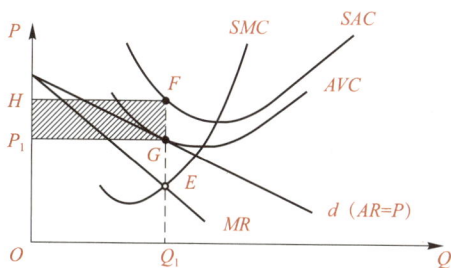

图 5-12　垄断厂商的短期均衡：停止营业

四、完全垄断市场上的长期均衡

1.完全垄断市场上的长期均衡

在完全垄断的情况下，短期均衡与长期均衡的情况基本一样。在短期内，厂商可能有超额利润存在。从长期来看，完全垄断意味着现在和将来都不可能存在竞争对手加入被垄断的行业，厂商可以根据市场调整自己的产量，但这只是在高价少销和低价多销之间做出选择，以便使自己得到更多的超额利润。如果出现短期亏损或仅能保持正常利润，垄断厂商会通过调整生产要素投入或生产规模来保持垄断利润（在长期中如果继续亏损，垄断厂商会考虑退出行业）。在完全垄断的条件下保持长期均衡的条件是

$$MR=LMC=SMC$$

(5-3)

小任务

根据下图回答以下问题：

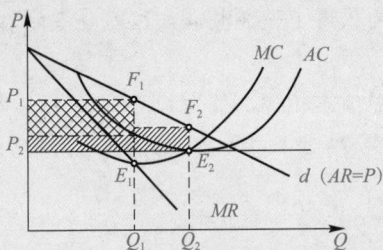

(1) 厂商把价格定在 P_2 水平上，厂商有利可图吗？他为什么不这么做呢？

(2) 比较一下两个产量水平，哪个更有效率呢？

(3) E_1 与 E_2 相比，哪个状态对消费者更有利呢？

解答：

假定一家垄断企业的总成本方程为：$TC = 500 + 20Q^2$ 需求曲线为：$P = 400 - 20Q$
问：利润最大化的价格和产量应为多少？

解答：

2.价格歧视

价格歧视又称价格差异，是指在完全垄断和寡头垄断的市场上，一家厂商以不同的价格出售同一产品给不同的购买者的行为。或者说，垄断厂商对同一种商品用两种或两种以上的价格进行销售，就称为价格歧视。

价格歧视的存在，是因为在具有完全垄断的市场上，消费者对每1个单位的产品所愿意支付的价格是不一样的，这时需求曲线向右下方倾斜；作为独立垄断的厂商，可以对同一种商品实行不同的价格，以赚取尽可能多的消费者剩余。价格歧视的程度可分为一级价格歧视、二级价格歧视、三级价格歧视。

价格歧视应具备以下两个条件：

(1) 垄断者必须能把市场相互分割开来，使低价格市场的消费者无法将购得的商品转向高价格的市场去出售，否则价格差异就不可能继续维持下去。

(2) 垄断者还必须有能力按不同的需求价格弹性将其消费者分为两个以上或更多的集团。

五、对垄断的管理

由于垄断会导致大量社会资源的浪费、降低经济活动的效率，因此各国政府纷纷采取各种管制措施，对垄断市场加以调节，以达到优化资源配置效率、增进社会福利的目的。一般来说，政府对垄断市场的管制手段有法律和经济两个方面。

1.反托拉斯法

反托拉斯法即反垄断法，是一系列用于控制垄断活动的法律法规的总称。1890年，美国通过了第一部反托拉斯法《谢尔曼法》；1914年，美国制定了《克莱顿法》和《联邦贸易委员会法》；1936年，美国颁布了《罗宾逊—帕特曼法案》；1938年，美国制定了《惠特—李法》；1950年，美国颁布了《塞勒—凯弗维尔法》。这些法案基本形成了美国的反垄断法律体系，对垄断厂商的"价格歧视""排它性行为""约束性契约""相互串联""相互控股"等行为加以相应的法律约束。

2.价格管制

在不存在政府行为的情况下，一旦厂商具备了垄断地位，不论是否是自然垄断行业，厂商都会索取较高的价格，实现自己的利润最大化。因此，政府通常对垄断者进行价格管制。政府对垄断厂商的产品定价做出规定，并要求垄断厂商只能按照这个价格销售产品。通常情况下，有边际成本定价法和平均成本定价法两种价格管制方式。

六、对完全垄断市场厂商的效率评价

完全垄断市场的优点为以下两点：

（1）完全垄断厂商的生产规模一般都较大，所以生产效率一般都较高。

（2）完全垄断有助于社会技术进步，由于完全垄断厂商的生产规模都比较大，所以能够比较容易得到和采用先进的技术和资源，能用比别人更雄厚的优势和资金去开发新技术。

完全垄断市场的缺点为以下五点：

（1）完全垄断使稀缺的资源得不到良好的配置，存在着资源的浪费。因为在完全垄断条件下，厂商仅考虑如何获得最大利润，又以较高的成本进行生产，对资源不能像完全竞争那样得到更好的配置。

（2）在完全垄断条件下，价格是比较高的，尤其是价格歧视的存在，对消费者来说会造成较大的损失，同时也会减少社会福利。

（3）完全垄断会使得社会收入分配不平等。垄断者得到的垄断超额利润，实际是建立在使别人受到损失的基础上的，所以会造成社会收入分配不平等。

（4）完全垄断阻碍了社会技术进步。

（5）在完全垄断条件下，寻租（Rent Seeking）行为会产生资源的非生产性消耗。垄断条件下企业能够获得超额利润，因此，企业愿意为获得和保持这种特权而付出额外的代价。人们把资源被用来寻求或保持垄断利润的行为称为寻租，如企业游说立法者以给自己垄断特权，甚至贿赂决策者给予自己某种垄断特权（如独家供应办公用品等）。由于有可能存在数个企业为同一个垄断特权的寻租而竞争，他们的努力可能互相抵消，从而使寻租的总花费超过预期的总收益（胜利者实际获得的垄断利润远小于其预期的垄断利润）。这种寻租导致的实际垄断利润的减少，被称为"租金耗散"。

任务演练

要求：按小组讨论以下两个问题，并做好讨论记录。

完全垄断市场对于社会发展来说，是利大于弊还是弊大于利的？

小组发言记录：

教师点评：

世界上第一部反垄断法《谢尔曼法》出台的背景是什么？反垄断法的出台是为了调节市场的哪些行为，会对营商环境产生什么样的影响？

小组发言记录：

教师点评：

任务四　垄断竞争市场

任务导航

　　垄断竞争市场的竞争状态略次于完全竞争。在这样的市场上，厂商又能做出哪些方面的决策来实现企业的利润最大化呢？通过对本部分内容的学习，我们将了解企业在成长过程中、竞争逐渐减弱时将可能面临的状态。

在线课程集锦

育人在线

成都本土红旗连锁占据四川便利连锁超市"头把交椅"

　　曹世如的创业之旅始于 2000 年。据了解，红旗连锁的前身是成都国营红旗商场，位置就在现在盐市口西南影都。2000 年 6 月，48 岁的曹世如带着 40 多名员工背负 1000 多万元的债务脱离红旗商场实施改制，开始独立创业。"自己当时的目标就是想让老百姓出门就能见到'红旗'。"曹世如此前在采访时表示。为了实现这个目标，曹世如和当时仅有的 40 名老员工一起不断探索新的营业模式，开拓了富士数码冲印、报刊发行点、驾校报名点，以及电话购物、网上购物、送货上门等服务，让红旗连锁"便利"的特点深入人心。

　　此后，红旗连锁于 2012 年 9 月 5 日上午，正式在深交所中小板市场挂牌上市，成为 A 股"便利店第一股"。

　　2015 年以来，红旗连锁相继收购了红艳超市、互惠超市、乐山四海和 9010 超市，进一步完善了网络布局。

　　2020 年 9 月，红旗连锁走出四川，迈出布局省外市场关键的一步。彼时，红旗连锁与兰州国资利民资产管理集团有限公司（以下简称兰州利民集团）合资经营设立"红旗便利"。借此，红旗连锁将自身优秀的经营模式复制到省外市场。经过 3 年的发展，甘肃红旗门店数量已从首批开业的 15 家增长到 97 家。

　　2023 年 12 月 20 日，成都红旗连锁股份有限公司（以下简称"红旗连锁"）发布公告，公司实际控制权转让协议达成，接手方为四川商投投资有限责任公司，公司实际控制人变更为四川省政府国有资产监督管理委员会。

　　（资料来源：作者根据相关资料整理）

解析

　　成都本地红旗连锁从单店开始，不断探索新的营业模式，增加不同类别的便民服务，让红旗连锁"便利"的特点深入人心，形成了红旗连锁的核心竞争力。2015 年以来，红旗连锁相继收购了红艳超市、互惠超市、乐山四海和 9010 超市，进一步完善网络布局。由此，红旗连锁在垄断竞争市场中占有一席之地，受到了资本市场青睐和追捧。

任务准备

一、垄断竞争市场的特征

1. 垄断竞争市场与完全竞争市场、完全垄断市场的基本差别

在完全竞争市场条件下，完全竞争者是价格的接受者。在完全垄断市场条件下，完全垄断者是价格的制定者。垄断竞争者既不是价格的接受者，也不是价格的制定者，可以在不失去其全部消费者的条件下，通过调整价格来增加其销售量。

在完全竞争市场条件下，完全竞争者面临着许多的竞争对手。在完全竞争垄断市场条件下，完全垄断者不存在竞争对手，控制了某种产品的全部供给。垄断竞争者在市场上，面临着行业中较多的其他厂商竞争。

2. 垄断竞争市场的定义

根据以上分析，可以看出垄断竞争是一种既有垄断又有竞争、即不是完全垄断又不是完全竞争的市场结构。垄断竞争的关键在于产品的差别：由于有产品的差别，因此产生了不完全替代；产品的不完全替代产生了价格竞争；同时由于产品差别存在，又形成了垄断。在垄断竞争市场上，每一个生产者都是一种有差别产品的所有者或垄断者。

3. 垄断竞争市场的特征

（1）许多卖者：有许多企业争夺相同的顾客群体。

（2）产品差别：每个企业生产的一种产品至少与其他企业生产的这种产品略有不同。因此每个企业不是价格接受者，而是可以根据需求调整其价格。

（3）自由进入：企业可以比较自由地进入一个市场。因此，市场上企业的数量要一直调整到经济利润为零为止。

二、垄断竞争市场上厂商的需求曲线

垄断竞争行业中每个厂商的产品，可以设想有两条需求曲线。一条曲线表示该行业某一代表性厂商改变产品的销售价格但它的竞争者并不随之改变其价格情况下，销售价格与销售量的关系。这条曲线比较平坦，表示价格稍有变动，则需求量变动很大，如图5-13所示中的 D_1。另一条曲线表示该厂商降低卖价并且其他所有的竞争者也同时降低卖价的情况下，该厂商事实上会有的销售量与其卖价的关系，如图5-14所示中的 D_2。

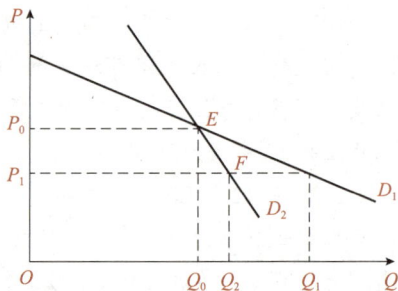

图5-13 垄断竞争厂商的需求曲线

曲线 D_1 是每个厂商自己预期的或主观的需求曲线。每个厂商都认为其产品需求是有很大弹性的，只要降价就会从别的厂商那儿吸引大量的新顾客，从而大幅度地增加销售量。如图5-13所示，当销售价格为 P_0 时，代表性厂商的销售量为 Q_0（D_1 线上的 E 点相应的产量）。现在假设厂商把售价降为 P_1，该行业的其他竞争者并不随着他的减价而降低他们的销售价格，该厂商的销售量将从 Q_0 增为 Q_1，这表示先前曾经是其竞争者的顾客中有一部分转而购买他的产品了。但是若其他竞争者也同时把他们的价格削减为 P_1，那么该厂商的销售量就只能有极少量增加，即从 Q_0 增为 Q_2。销售量之所以只有少量增加，是因为其竞争者的顾客并没有被他吸引过来，

只是由于降价带来了少量增长，D_2 是该厂商单独降价后的产品需求曲线。事实上垄断竞争厂商单独降价后的需求曲线是图 5-13 中的 EF 线。

如图 5-14 所示，描述的是垄断竞争行业有代表性厂商短期均衡的实现过程。

我们知道，不管什么类型的市场结构，厂商利润最大化的条件都是 MR=MC。那么在垄断竞争的条件下，厂商怎样通过调整其产品的销售价格来确定适当的产品销售量以实现利润最大化呢？假设一家厂商只根据市场情况来决定自己的价格和产量，而不考虑对其他厂商价格变动的反应。在这种情况下，短期中，每一个生产有差别产品的厂商都可以在部分消费者群体中形成自己的垄断地位，处于完全垄断状态。这样，垄断竞争市场上的短期均衡就与完全垄断市场上的短期均衡完全相同，也就是 MR = SMC。厂商在垄断竞争市场上实现了短期均衡时，也可能出现获得超额利润、取得盈亏平衡或亏损三种状态。

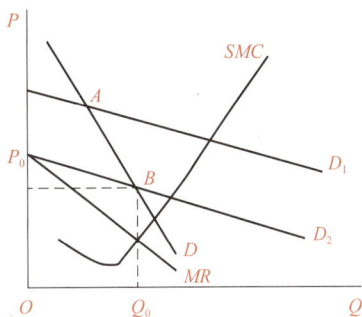

图 5-14　垄断竞争厂商的短期均衡

和完全垄断市场上的厂商一样，垄断竞争厂商也按利润最大化原则来确定产品产量。从较高的需求曲线 D_1 上的 A 点开始，不断降低价格，增加销售量，当降到较低的需求曲线 D_2 上的 B 点时，边际收益等于边际成本，由此所决定的销售量为 Q_0，价格为 P_0。在这一过程中，该厂商的需求曲线由 D_1 移动到了 D_2，实现了短期均衡。与完全垄断市场上的厂商均衡相比，在垄断竞争市场上除了有两条需求曲线外，厂商的短期均衡与完全垄断市场相同。

三、垄断竞争市场上厂商的长期均衡

在长期中，垄断竞争的市场上也存在着激烈的竞争。各厂商可以仿照别人的特色产品创造自己的特色产品，也可以通过广告来创造新的需求，形成自己产品的垄断地位。当在短期内存在超额利润时，竞争的结果是存在替代性的各种差别产品的价格下降，如图 5-15 所示。厂商决定产量的原则仍然是边际收益等于边际成本，因此，由长期边际成本曲线（LMC）与边际收益曲线（MR）的交点 E 所决定产量是 OQ_0，由 Q_0 作一条垂线，这就是产量为 OQ_0 时的供给曲线。这条供给曲线与需求曲线 d 相交于 M，决定价格水平为 OP_0。这时的总收益是平均收益（价格）和产量的乘积，即图中 P_0MQ_0O

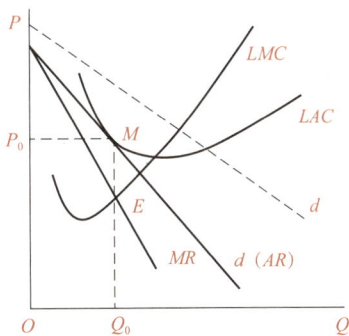

图 5-15　垄断竞争市场厂商的长期均衡

的面积。总成本等于平均成本与产量的乘积，实际也是图中的 P_0MQ_0O 的面积，总收益等于总成本，实现了厂商的长期均衡。由此可见，在垄断竞争市场上，实现长期均衡时，边际收益等于边际成本，平均收益等于平均成本，在垄断竞争市场上厂商实现长期均衡的条件是：MR=LMC，AR=LAC。

四、垄断竞争厂商的竞争策略

（1）技术创新：提高产品质量、增加新的功能、开发新的更新换代的产品、新设计、新包装

等，如等离子彩电（客观差异）。

（2）广告和各种促销活动：如史玉柱的脑白金（主观差异），所谓"造名"形成主观差异。

（3）服务竞争：如完善的售后服务系统。

五、对垄断竞争的经济效率的评价

比较完全竞争长期均衡条件 $P=MR=AR=MC=AC$，两者都是 $P(AR)=AC$。差别是完全竞争下 $AC=MC$，$P(AR)=MR$，而垄断竞争市场 $AC>MC$，$P(AR)>MR$。这说明了以下两点：

（1）垄断竞争下成本较高，未能达到最低点，存在资源浪费。由于长期中不可能在平均成本的最低点的实现最大利润，因而其资源利用效率比完全竞争市场要低，存在着一定的资源浪费。

（2）垄断竞争下价格较高，价格高于边际成本，相应产量较低，与完全竞争相比，消费者被迫多支付。

垄断竞争市场的经济效率介于完全竞争市场和垄断竞争市场之间，在垄断竞争厂商处于长期均衡时，市场价格高于厂商的边际成本，市场价格等于厂商的平均成本但高于平均成本最低点。这就决定了垄断竞争市场的经济效率低于完全竞争市场。但从程度上来看，垄断竞争又比垄断市场有效率，这是因为：

（1）由于垄断竞争市场的产品有差别，因而可以满足多样化的市场需求，充分体现消费者的消费个性。

（2）由于产品的差别包含了销售条件如品牌、售后服务等，所以企业会不断地提高某品牌的质量，改善售后服务，从而对消费者有利。

（3）垄断竞争市场被认为最有利于技术进步。在完全竞争市场上，由于缺乏对技术创新的保护，因而企业缺乏技术创新的动力；在完全垄断的市场结构中，由于没有竞争，所以缺乏技术创新的压力。在垄断竞争的市场结构中，既存在对技术创新的保护，又存在着同类产品的竞争，具有较大的外在压力，所以垄断竞争企业被认为最有利于技术进步。

任务演练

要求：按小组讨论以下问题，做好小组讨论记录。

星巴克、瑞幸咖啡等是否属于垄断竞争呢？若它们属于垄断竞争，在你的认知范围内，为它们提供企业竞争策略的建议，或者说明它们已经做了哪些市场竞争策略。

小组讨论记录：

教师点评：

任务五　寡头垄断市场

📖 任务导航

　　与完全竞争市场、完全垄断市场、垄断竞争市场都不同的是寡头垄断市场，在寡头垄断市场中，参与竞争的寡头们的决策行为均要受到竞争对手的影响。因此，寡头市场里厂商之间的竞争十分微妙，存在着大量的博弈行为。通过本部分内容的学习，我们将了解市场里复杂而敏感的厂商关系以及为此可能产生的策略调整。

在线课程集锦

💗 育人在线

平台经济的崛起

　　回望平台经济崛起的历史，2016 年是一个标志性的年份。过去，全球市值最高的公司排名长期被制造业、资源采掘业和金融业的企业占据；但在 2016 年 8 月，全球市值最高的 5 家公司第一次全部变为互联网平台型巨头，其排名从高到低依次为：谷歌、苹果、微软、亚马逊和脸书。这标志着全球进入平台经济时代。

　　与传统经济发展不同，新兴科技巨头不再是产品的生产者，也不是消费服务的提供者，而是利用技术优势构建起独立的平台系统，并直接控制全球经济体系的一部分。从这一点来看，具备全球性质的科技巨头们通过数据平台获得了远超普通企业的影响力和造富能力，以至许多老牌工业巨头上百年的积累竟比不过新兴科技公司数年的财富增长。以特斯拉公司为例，其创立于 2003 年 7 月，主要业务为新能源汽车制造。作为一个成立不到 20 年的新兴汽车制造商，其 2021 年 6 月 4 日的最新市值超过了 5770 亿美元，约为老牌传统汽车制造商丰田的 2 倍以上，戴姆勒公司的 5 倍以上，更是福特汽车公司市值的 10 倍以上。也就是说，特斯拉单日市值波动就可以超过拥有百年历史的福特汽车的全部市值。

　　如果将视角拉长，对比历次工业革命的创富周期，我们会看到，互联网平台企业造富的加速趋势愈加明显。从 15 世纪欧洲资产阶级诞生的最初阶段至第一次工业革命这段时期，经营纺织业从发迹到成为亿万富豪，需要经过二代至三代人的不懈努力，如富格尔家族；到第二次工业革命时期，成为亿万富豪也需要至少一代人的长期奋斗，如卡内基家族、福特家族；到第三次工业革命时期，造富周期缩短到 20 至 30 年，如英特尔等半导体企业的崛起；而在如今的数字时代，互联网平台企业已经将造富周期缩短到 2 至 10 年。

　　生活在数字经济时代的中国人，也目睹了大量造富神话。2012 年胡润首次发布全球富豪榜时，大中华区进入榜单前 50 名的富豪只有 4 人，而且都是香港房地产商；到了 2021 年，进入全球富豪榜前 50 名的大中华区富豪人数猛增到 17 人，其中 7 位来自互联网平台型巨头，占比超过了 40%。

　　2011 年，原网景公司创始人马克·安德里森在《华尔街日报》上发表了一篇文章，题目是"为什么软件正在吞噬世界"。安德里森认为，目前成长最快、利润最高的公司，无一不是软件公司。面对软件公司的竞争和冲击，诸如制造业、电信业、电影业、石油和天然气业、金融业等传统企业要么转型，要么死亡，只有那些将自己变成软件公司的传统企业才能存活下来。他据此预测，在未来，软件将颠覆和重塑更多行业，软件会渗入经济活动的方方面面。

十年过去了，我们不妨说，互联网平台正在吞噬世界。正如亚历克斯·莫塞德与尼古拉斯·L.约翰逊在他们合著的《平台垄断：主导21世纪经济的力量》中所言："如果说软件是这一经济大变革的开启者的话，那么今天吞噬世界的就是平台。平台主导了互联网和我们的经济。"互联网宇宙改变、侵蚀、分解着物理宇宙，如同用巨大的触手在一个活体上源源不断地吸取能量。阿里巴巴和亚马逊是最好的例子，它们成功地转变并"吞噬"了很多传统的零售业。物理宇宙里的实体除了配合和改变外，别无他法。抵抗是无效的，如果不合作，就只能等着慢慢消亡。

今天的中国，已经与美国并驾齐驱站到了数字经济的最前沿，前方已经没有现成的坦途。美国正在经历的由大数据经济与算法驱动的社会生活方式的变化，同样也冲击着中国的社会。技术并不是中立的技术，不管如何飞跃，本质上依然服务于资本。而对技术神话的盲目推崇，时常让我们放松对幕后操作的警惕。我们应该看到，平台系统并非客观中立的"管理者"，"数字控制"的背后存在着资本操纵的身影。作为数字经济时代的领跑者之一，中国有责任探索并规制互联网平台这种新型的经济现象，找到缩小贫富差距的方法。这不仅关乎中国自身，也关乎世界整体的利益。

（资料来源：美团34亿罚单底下，躲着一条更隐蔽的利益鸿沟.人民资讯网，2021-10-08.）

解析

平台是一种交易场所，本身不生产产品，但可以促成双方或多方供求之间的交易，通过收取恰当的费用或赚取差价获得收益。平台在本质上就是市场的具化，它使市场这只"看不见的手"变成了"有利益诉求的手"，它是典型的双边市场，存在较强的规模经济性，数据要素在平台经济中显得尤为重要。平台经济在竞争过程中最后出现几家独大的现象，既是竞争的结果，也可能进一步导致垄断。

任务准备

一、寡头垄断市场的特征

1.寡头垄断的含义

寡头垄断又称寡头、寡占，原意是为数不多的销售者。所谓寡头垄断是指在某一行业中少数几家厂商控制了该行业的生产，他们对该行业的价格和产量决定有着举足轻重的影响。寡头垄断是介于完全垄断与垄断竞争之间的一种市场结构。寡头垄断的典型部门是重工业。

2.寡头垄断的分类

（1）纯粹寡头。纯粹寡头指的是这些寡头生产无差别的产品，即他们生产的产品可以完全一样，只是牌号不同，如钢铁、石油等行业，都容易产生纯粹寡头。

（2）差别寡头。差别寡头指的是这些寡头生产同类但有差别的产品，即他们的产品类别是一样的，但在外观、性能等方面存在着一定的差别，如汽车、造船等行业，都容易产生差别寡头。

3.寡头垄断市场的特征

（1）企业数量少。市场上的企业数量很少，每个企业的市场份额都比较高，因此在市场上都具有影响力。

（2）存在明显的进退壁垒。进退壁垒的存在阻止了其他企业的进入，从而使企业数量不多。

（3）产品有差别或者同质。如果产品是同质的，这种寡头市场就是纯寡头垄断市场，如钢铁、铝、水泥等原材料行业的寡头垄断就属于这种类型；如果产品是有差别的，则叫差别寡头垄断市场，如汽车、彩电等市场。

（4）决策相互依存。由于一个行业中能处于寡头垄断地位的厂商数量很少，以至于一家厂商的价格和产量变动都会明显地影响本行业竞争厂商的销售量。因此，每一个卖者必须根据同行业中其他厂商的决策来制定自己的决策。同时还必须考虑自己的决策对竞争对手可能产生的影响。所以，处于寡头垄断地位的厂商之间具有相互依存性。

（5）企业行为相互影响。这是寡头垄断市场上的一个关键的特征。在寡头垄断市场上，决策相互依存的问题就是企业的行为有时无法预测。分析这种相互影响的行为的有力工具就是博弈论。

（6）价格不是竞争焦点。由于以上不确定性的存在，必然使厂商把价格变动的次数减少到最小，以避免价格竞争带来的不利后果。因此，在寡头垄断市场上，价格和产量一经确定，就具有稳定性。在一般情况下，只在一些成本项目如租税、原料、燃料、工资等价格发生变动并且可以确定其他竞争对手也会发生变动的情况下，寡头垄断厂商才会改变价格。实际上，寡头垄断者之间的竞争，一般不表现在价格上，而是集中于技术改造、推销活动、改变产品性质和涉及方面的竞争。

二、寡头垄断市场的产量决定和价格决定

1.寡头垄断市场的产量决定

各寡头之间存在勾结和不勾结两种情况，这对产量的决定是不同的。

当各寡头之间存在勾结时，产量是由各寡头协商确定的，结果对谁更有利则取决于各寡头实力的大小。这种协商可能是对产量的限定（例如石油输出国组织对各产油国规定限产数额），也可能是对销售市场的瓜分，即不规定具体产量的限制，而是规定各寡头的市场范围。当然，这种勾结往往是暂时的，当各寡头的实力发生变化之后，就会要求重新确定产量或瓜分市场，从而引起激烈的竞争。

在不存在勾结的情况下，各寡头根据其他寡头的产量决策来调整自己的产量，以达到利润最大化的目的。这要根据不同的假设条件进行分析。经济学家曾做了许多不同的假设，并得出了不同的答案，如古诺模型、斯坦克贝模型、张伯伦模型、贝尔特模型、埃奇沃思模型、霍特林模型等。

2.寡头垄断市场的价格决定

在寡头垄断条件下，价格往往不是由市场供求关系直接决定的，而是由少数寡头垄断者通过协议或默契作为一种措施来制定的，寡头垄断产品的价格一般由少数几家厂商所控制，他们所确定的价格是一种"操纵价格"。操纵价格是由少数几家处于寡头垄断地位的供给者通过协议或某种默契共同决定供给的价格。操纵价格的决定通常采取以下三种方式：

（1）价格领袖制。价格领袖制是由处于寡头垄断地位行业中一家最大的寡头先行定价，其他寡头进行仿效的一种价格制定方法。

价格领先制通常有三种形式：①支配型价格领先。支配型价格领是指先由寡头垄断行业中占支配地位的厂商根据利润最大化原则确立产品的售价，其余规模小一些的厂商根据已确立的

价格确定各自的产销量。②成本最低型价格领先。成本最低型价格领先是指由成本最低的寡头按利润最大化原则确定其产销量和销售价格，而其他寡头也将按同一价格销售各自的产品。③晴雨表型价格领先。晴雨表型价格领先是指寡头垄断行业中，某个厂商在获取信息、判断市场变化趋势等方面具有公认的特殊能力，该厂商产品价格的变动，起到了传递某种信息的作用，因此其他厂商会根据该厂商产品价格的变动而相应变动自己产品的价格。

（2）成本加成法。成本加成法是寡头垄断市场上一种最常用的定价方法。该方法的主要步骤是：首先以厂商生产能力的某个百分比确定一个正常或标准的产量数字，其次根据这一产量计算出相应的平均成本，由此可以减少实际产量的变动带来的厂商制定价格的频繁变动。最后在所估计的平均成本基础上加上固定百分比的加成，从而制定出产品的售价。例如，某产品的平均成本为 100 元，利润率为 10%，则此产品的价格就可以定为 110 元。平均成本可以根据长期中成本变动的情况确定，而利润比率则要参照全行业的利润情况确定，这种定价方法可以避免各寡头之间的价格竞争，使价格相对稳定，从而避免在降价竞争中两败俱伤。从长期来看，这种方法能接近于实现最大利润，是有利的。

（3）建立价格联盟。如果几家寡头力量相当，没有一家可以充当领袖，这时只能由这几家寡头对价格进行协商，形成价格联盟。价格联盟一般称为卡特尔，是指生产同类商品的若干独立企业为垄断某一特定市场而组成的联盟。卡特尔显著的特点是，在协议上总是要求以共同的定价政策和生产政策代替独立的定价政策和生产政策。许多国家都制定了反卡特尔法来对此进行抑制，如美国的反托拉斯法将卡特尔视为非法联盟。

三、卡特尔

1.概念

卡特尔是寡头垄断市场上的企业通过明确的、公开的协议而形成的联合体（联盟），如欧佩克、德贝尔钻石卡特尔。而到目前为止，存在时间最长的卡特尔是 1878 ～ 1939 年的国际碘卡特尔。当时，所有的销售都通过伦敦的一个中央卡特尔办公室来进行，这就防止了成员之间的欺诈。

OPEC（石油输出国组织）在 1960 年 9 月由 5 个主要石油输出国——伊朗、伊拉克、科威特、沙特和委内瑞拉设立。它成立的目的就是限制每个国家的石油输出数量以提高石油价格。但实际上，各成员国因为在配额分配、提交幅度等方面意见不同而经常争吵。后来随着俄罗斯石油输出、英国北海石油开采，OPEC 对世界石油市场的影响力有所削弱。

德贝尔钻石卡特尔成立于 1934 年，它控制了钻石市场 80% 的产量，是世界上最大的钻石销售代理。它一直在努力地维持钻石价格。只要新矿开采出来，德贝尔就给予成员企业足够的市场份额，让它们同意通过德贝尔销售钻石，并接受德贝尔的产量控制系统。如果有成员企业试图独立行动，它就会压制该企业生产的钻石的价格，迫使企业重返德贝尔。例如，当坦桑尼亚决定独立行动时，德贝尔就压制坦桑尼亚所生产的那种钻石的价格，逼迫坦桑尼亚重新加入德贝尔。

2.类型

（1）价格卡特尔。这是最常见和最基本的卡特尔形式。卡特尔维持某一特定价格，垄断高价、在不景气时稳定价格或者降价以排挤非卡特尔企业。

（2）数量卡特尔。卡特尔对生产量和销售量进行控制，以降低市场供给，最终使价格上升。

（3）销售条件卡特尔。是对销售条件，如回扣、支付条件、售后服务等在协定中进行规定的卡特尔。

（4）技术卡特尔。典型形式是专利联营，即成员企业相互提供专利、相互自由使用专利，但不允许非成员企业使用这些专利。

（5）辛迪加。一种特殊的统一销售卡特尔，指成员企业共同出资设立销售公司，实行统一销售，或者卡特尔将所有成员企业的产品都买下，然后统一销售，如德贝尔钻石卡特尔。

3.卡特尔的建立

要在某个市场上形成卡特尔，至少需要以下三个条件：

（1）卡特尔必须具有提高行业价格的能力。只有在预计卡特尔会提高价格并将其维持在高水平的情况下，企业才会有加入的积极性。这种能力的大小与卡特尔面临的需求价格弹性有关，弹性越小，卡特尔提价的能力越强。

（2）卡特尔成员被政府惩罚的预期较低。只有当成员预期不会被政府抓捕并遭到严厉惩罚时，卡特尔才会形成，因为巨额罚金将使得卡特尔的预期价值下降。

（3）设定和执行卡特尔协定的组织成本必须较低。使组织成本保持在低水平的因素有：①涉及的厂商数目较少；②行业高度集中；③所有的厂商生产几乎完全相同的产品；④行业协会的存在。

4.卡特尔的决策

卡特尔在决策时就像一个垄断企业一样，根据整个卡特尔所面临的需求曲线和总成本曲线，使得 $MR = MC$，确定出最优的总产量和相应的价格，然后在成员企业之间分配这个总产量，同时指令成员企业执行卡特尔制定的价格。而分配产量的原则与多工厂生产时企业分配产量的原则一样：使得每个成员企业的边际成本相等。

5.卡特尔的不稳定性

主要有以下两个因素导致卡特尔具有天然的不稳定性：

（1）潜在进入者的威胁。一旦卡特尔把价格维持在较高水平，那么就会吸引新企业进入这个市场，而新企业进入后，可以通过降价扩大市场份额，此时卡特尔要想继续维持原来的高价就很不容易了。

（2）卡特尔内部成员所具有的欺骗动机。这是一个典型的"囚徒困境"，给定其他企业的生产数量和价格都不变，那么一个成员企业偷偷地增加产量将会获得额外的巨大好处，这会激励成员企业偷偷增加产量，如果每个成员企业都偷偷增加产量，显然市场总供给大量增加，市场价格必然下降，卡特尔限产提价的努力将瓦解。如果卡特尔不能有效解决这个问题，最终将导致卡特尔的解体。事实上，经济学家研究得出，世界上卡特尔的平均存续时间约为 6.6 年，最短的 2 年就瓦解了。

此外，随着各国政府反垄断法的实施，卡特尔也可能因为违反政府法律而被迫解体，也正因为如此，许多卡特尔都是国际性卡特尔，以此规避国内的反垄断法。也可从博弈论角度分析这种不稳定性，因为（欺骗，欺骗）是一个纳什均衡。

任务演练

要求：按小组讨论以下两个问题，并做好小组讨论记录。

观察我国经济中的市场类型，列出你认为属于寡头垄断的行业。

小组发言记录：

教师点评：

选择以上你所列出的寡头垄断的行业之一，分析其在应对竞争中的具体做法。

小组发言记录：

教师点评：

知识拓展

"囚徒困境"与博弈论

博弈论（Game Theory）是研究各博弈参与主体在其行为相互依存、相互作用时的决策以及这种决策的均衡问题的理论。该理论是冯·诺伊曼和摩根斯坦于20世纪20年代和40年代建立和发展起来的。诺贝尔经济学奖获得者约翰·纳什（John Nash）发展了博弈论在经济分析中的应用。

实际上，在现实生活中有各种不同的博弈。下棋打牌、赌胜博彩和田径、球类等各种体育比赛等都是不同种类、不同形式的博弈（或游戏）；经济活动中的寡头厂商间的价格战、广告战以及政治军事领域中的竞选、谈判，战争中的斗智斗勇也都是博弈。这些博弈都具有一定的博弈规则，并在博弈过程中根据对手的选择对应不同的策略，形成一定的结局。根据结果来看，博弈可以分为合作博弈与非合作博弈两种，区别主要在于博弈参与者是否能达成一个有约束力的协议。例如，欧佩克成员国之间形成了合作博弈，从而使参与的各方共同获利；而价格战中的各商家显然是因为形成了非合作博弈，从而出现对彼此利益的伤害。现实生活中的很多博弈都是非合作博弈，其中最著名的案例就是"囚徒困境"（Prisoners' Dilemma）。

话说有一天，一个富翁在家中被杀，财物被盗；警方在此案的侦破过程中，抓到两个犯罪嫌疑人张三和李四，并从他们的住处搜出被害人家中丢失的财物。但是，他们矢口否认曾杀过人，辩称他们只是顺手牵羊偷了点儿东西。于是警方将两人隔离，分别关在不同的房间内进行审讯。警察分别对张三和李四说："你的偷盗罪已有确凿的证据，如果你单独坦白杀人的罪行，我只判你1年的刑期，但你的同伙要被判10年刑期。如果你拒不坦白，而被同伙检举，那么你就将被判10年刑期，他只判1年的刑期。但是，如果你们两个人都坦白交代，那么，你们都要被判5年刑期。"此外，如果两个人都不坦白，那么他们最多会被判1年刑期。

以上是博弈论中最为著名的囚犯困境案例，说明占优策略均衡原理。对两个犯罪嫌疑人犯罪事实的认定及相应的量刑完全取决于他们自己的供认。假定警方对两名犯罪嫌疑人实行隔离关押、审讯，每个犯罪嫌疑人都无法观察到对方的选择。同时，警方明确地分别告知两名犯罪嫌疑人，他们面临着以下几种后果，见表5-3。该表又称为"收益矩阵"或"得益矩阵"。从表5-3中可以看出，每个犯罪嫌疑人都有两种可供选择的策略：供认或不供认。而且，每个犯罪嫌疑人选择的最优策略不依赖于其同伙的策略选择。

表5-3　囚犯困境的收益矩阵

		囚犯B	
		供认	不供认
囚犯A	供认	+5，+5	+1，+10
	不供认	+10，+1	+1，+1

在博弈中，如果所有参与人都有占优策略存在，可以证明，博弈将在所有参与人的占优策略的基础上达到均衡，这种均衡被称为占优策略均衡。上面提到的囚犯困境中的"A供认，B供认"就是占优策略均衡解。

　　张三和李四怎么办呢？他们面临着两难的选择——坦白或抵赖。显然最好的策略是双方都抵赖，结果是大家都只被判一年。但是由于两人处于隔离的情况下无法串供，按照亚当·斯密的理论，每一个人都是一个"理性的经济人"，都会从利己的目的出发进行选择。这两个人都会有这样一个盘算过程：假如他招了，我不招，得坐10年牢，招了才5年，所以招了划算；假如我招了，他也招，得坐5年牢，他要是不招，我就只坐1年牢，而他会坐10年牢，也是招了划算。综合以上几种情况考虑，不管他招不招，对我而言都是招了划算。两个人都会动这样的脑筋，最终，两个人都选择了招，结果都被判5年刑期。原本对双方都有利的策略（抵赖）和结局（被判1年刑期）就不会出现。这就是著名的"囚徒困境"。它实际上反映了一个很深刻的问题，这就是个人理性与集体理性的矛盾。

　　如果两个人都抵赖，各判刑1年，显然比都判5年好，但实际上做不到，因为它不满足个人理性要求。作为一个理性的人，张三和李四都会想，如果我抵赖而对方坦白的话，自己就可能判刑10年，理性的人是不会冒这种险的。但张三和李四都理性选择的结果是两人都被判了5年，最优的被判1年的结果并没有出现。也就是说，对每个人而言都是理性的选择对于整个集体来说却是不理性的。

　　在上面的例子中，我们注意到了一个并非最优的结果，就是两人都选择坦白的策略以及因此被判5年的结果，这个结果被称为"纳什均衡"，也叫非合作均衡。博弈论中最基本的概念就是"纳什均衡"，一谈到博弈论，人们说得最多的、最著名的也是"纳什均衡"。纳什均衡指的是这样一种战略组合，这种战略组合由所有参与人的最优战略组成，也就是说，给定别人战略的情况下，没有任何单个参与人有积极性选择其他战略使自己获得更大利益，从而没有任何人有积极性打破这种均衡。

　　当然，"纳什均衡"虽然是由单个人的最优战略组成，但并不意味着是一个总体最优的结果。如上述，在个人理性与集体理性的冲突的情况下，各人追求利己行为而导致的最终结局是一个"纳什均衡"，也是对所有人都不利的结局。

　　从这个意义上说，"纳什均衡"的提出实际上动摇了西方经济学的基石。同时，它也提示我们：合作是有利的"利己策略"。实际上，如果上述两个囚徒能够进行合作，那么他们一定会选择都抵赖从而只因偷盗罪被判1年；当然，正是考虑到了这一点，所以警察才对他们进行隔离审查从而获知了事实真相，对囚徒而言最有利的合作结果才没有出现。"纳什均衡"描述的就是一种非合作博弈均衡，在现实中非合作的情况要比合作情况更普遍。所以"纳什均衡"是对冯·诺依曼和摩根斯坦的合作博弈理论的重大发展，甚至可以说是一场革命。

　　囚徒困境的问题是博弈论中的一个基本的、典型的事例，类似问题在许多情况下都会出现，如寡头竞争、军备竞赛、团队生产中的劳动供给、公共产品的供给等。同时，囚犯困境反映了一个深刻问题，就是个人理性与团体理性的冲突。例如，微观经济学的基本观点之一，是通过市场机制这只"看不见的手"，在人人追求自身利益最大化的基础上达到全社会资源的最优配置。囚犯困境对此提出了新的挑战：这只看不见的手在参与选择的人数只有少数几个的时候会失去作用，因为这个时候人们决策的过程会考虑其他参与者的想法，就像赌博和下棋的时候一样，这就和完全竞争不同，需要用新思路进行研究。

今天，纳什均衡被广泛应用于各个领域的研究中，尤其在进行制度分析时，我们可应用它得出一个很重要的结论：一种制度（体制）安排要发生效力，必须是一种纳什均衡。否则，这种制度安排便不能成立。

（资料来源：作者根据相关资料整理）

名人堂

经济学家： 阿尔弗雷德·马歇尔（Alfred Marshall，英国，1842—1924）

简介： 阿尔弗雷德·马歇尔是近代英国最著名的经济学家，新古典学派的创始人，剑桥大学经济学教授，19世纪末和20世纪初英国经济学界最重要的人物。

主要贡献： 马歇尔最主要的著作是1890年出版的《经济学原理》。该书在西方经济学界被公认为划时代的著作，也是继《国富论》之后最伟大的经济学著作。该书所阐述的经济学说被看作是英国古典政治经济学的继续和发展。以马歇尔为核心形成的新古典学派在长达40年的时间里在西方经济学中一直占据着支配地位。马歇尔经济学说的核心是均衡价格论，而《经济学原理》正是对均衡价格论的论证和引申。他认为，市场价格取决于供、需双方的力量均衡，这两方犹如剪刀的两翼，是同时起作用的。

自我总结评价

项目名称：	总结日期：	码上刷题
专业班级：	总结评价人：	
本项目的主要知识点列示：	尚未掌握的部分列示：	

改进计划：（内容、方法、途径、时间安排、效果）

项目六 探寻公平与效率

📖 项目导读

　　公平与效率是经济学伦理研究的重要课题。社会财富的分配能够反映公平优先或效率优先的不同政策。造成社会财富差异的重要因素之一就是要素资源的拥有量及其价格。因此，对要素市场的了解有助于我们弄懂造成贫富差异的根本原因，并使我们能对"公平与效率谁应当优先"开展进一步讨论。本项目主要阐述要素市场的均衡及收入分配不平等方面的内容。

⚙️ 思维导图

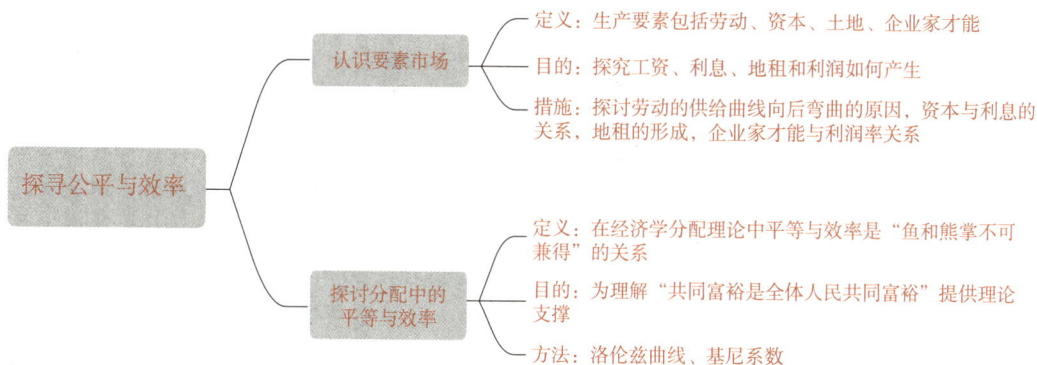

认识要素市场
- 定义：生产要素包括劳动、资本、土地、企业家才能
- 目的：探究工资、利息、地租和利润如何产生
- 措施：探讨劳动的供给曲线向后弯曲的原因，资本与利息的关系，地租的形成，企业家才能与利润率关系

探寻公平与效率

探讨分配中的平等与效率
- 定义：在经济学分配理论中平等与效率是"鱼和熊掌不可兼得"的关系
- 目的：为理解"共同富裕是全体人民共同富裕"提供理论支撑
- 方法：洛伦兹曲线、基尼系数

⚖️ 学习目标

知识目标

（1）掌握四大生产要素决定论。
（2）了解洛伦兹曲线、基尼系数内容。
（3）理解收入分配不平均的原因。

能力目标

（1）能够客观认知收入分配差距的现状。
（2）能够解释缩小收入分配差距的具体做法。

素质目标

（1）区分并树立社会主义正确"义利观"。
（2）深入理解商道文化中经世济民的精髓，发扬企业家坚韧不拔、吃苦耐劳的精神。

任务一 分析要素市场

📖 任务导航

在产品市场之外，还有一个不为消费者所关注的市场，它既能解决"消费者的收入从何而来"的问题，也能解决"企业生产产品的资源从何而来"的问题，这就是要素市场。那么，生产要素到底有些什么呢？在要素市场上如何实现供求均衡，或者说，最终均衡价格怎么形成？价格的高低最终会决定收入分配吗？通过本部分内容的学习，可以帮助大家对微观经济的整体运行有一个全局的了解，并剖析要素价格对收入分配的影响。

在线课程集锦

💗 育人在线

渐进式延迟法定退休年龄

2021年12月30日，国务院印发了《关于印发"十四五"国家老龄事业发展和养老服务体系规划的通知》，这份一万八千多字的通知，对我国"十四五"期间养老事业和养老服务作出全面的规划，其中大家最为关注的是"实施渐进式延迟法定退休年龄"。

为什么要延迟退休？延迟退休很重要一个原因是，中国面临着从轻度老龄化进入中度老龄化阶段发展的态势。第七次人口普查数据显示，我国60岁及以上人口约有2.64亿，占总人口的18.7%；65岁以上人口约有1.9亿，占总人口的13.5%；"十四五"期间，我国老年人口将超过3亿人。

联合国曾预测照此趋势，2050年中国社会的人口年龄中位数将达到49.6岁，即一半人口都将在50岁以上，老龄化社会已成为迫在眉睫的问题。延迟退休，很显然是应对人口老龄化的一项重要举措。

其次，我国现行退休年龄相对偏低，中国现行法定退休年龄是男职工60周岁，女干部55周岁，女工人50周岁。这一规定制定颁布于20世纪50年代，当时我国人均预期寿命也只有50岁左右。这一退休年龄标准是根据新中国成立初期人均预期寿命、劳动条件、用工方式等诸多因素确定的，到现在已经近70多年没有调整过。

改革开放以后，我国人均预期寿命大幅提高，从新中国成立初期的40多岁提高到了"十三五"期间的77.3岁。"十四五"期间，我国人均预期寿命将达78.3岁。与此同时，我国的经济社会发生了巨大变化，退休年龄总体偏低的问题就显得十分突出，延长退休年龄是自然而然的事。横向比较，延迟退休年龄也是世界各国应对人口老龄化的普遍做法。近几十年来，多数国家都不同程度提高了退休年龄。

据不完全统计，全球30个主要国家中退休年龄普遍都在65岁以上。世界银行曾发布一项报告，调查了全球139个经济体的官方退休年龄，其中中国目前男性60岁、女性50岁的退休年龄虽然谈不上最早，也算是进入了"偏早行列"中。欧美国家普遍的退休年龄都为65岁，美国为67岁，日本为男65岁，女60岁。

因此，随着生活水平的进步，人们的寿命不断提高，延迟退休年龄是必然趋势。

（资料来源：延迟退休真要来了，这两省已试点. 国务院妇女儿童工作委员会，2022-02-25.）

【解析】

目前中国人社部正在会同相关部门制定延迟退休具体实施方案。方案会借鉴国际上通行的做法和经验，更要充分考虑我国的现实国情、文化传统和历史沿革等。

任务准备

19世纪法国经济学家让·巴蒂斯特·萨伊提出了"三位一体"公式，即"资本—利息，土地—地租，劳动—工资"理论。之后，英国经济学家马歇尔接受了"三位一体"公式，并将均衡价格理论应用到每一个生产要素的价格决定上，"生产三要素"改为"生产四要素"，"三位一体公式"改为"四位一体公式"，新加入了"企业家才能—利润"，从而形成了西方经济学分配理论的核心思想：劳动者提供劳动，取得工资；土地所有者提供土地，获得地租；资本所有者提供资本，获得利息；企业家凭借企业家才能经营企业，获得利润。下面我们就来一起学习工资、利息、地租和利润。

一、劳动与工资率

（一）劳动的需求曲线

从劳动（Labour）的需求方面而言，劳动这一生产要素的价格取决于劳动的边际生产力，随着劳动雇佣量的增加，劳动的边际收益产量下降，即劳动的边际生产力下降。

和其他需求曲线一样，劳动的需求曲线是一条从左上方向右下方倾斜的一条曲线。

（二）劳动的供给曲线

1. 向后弯曲的劳动供给曲线

就单独的一个劳动者而言，他所提供的劳动供给曲线是一条向后弯曲的劳动供给曲线，如图6-1所示。

2. 决定劳动供给量的因素

一般认为劳动的供给取决于劳动的成本。劳动的成本包括两类：一类是劳动的实际成本，即维持劳动者及其家庭生活的必需的生活资料费用以及劳动者接受培训、教育的费用；另一类成本是劳动者的心理成本，即"负效用"。一般情况下我们认为，劳动会给劳动者带来痛苦，而与劳动相对反的闲暇却能给劳动者带来快乐。

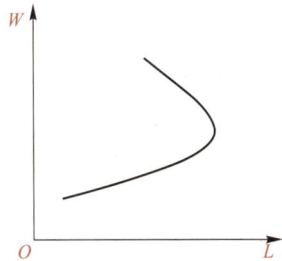

图6-1 向后弯曲的劳动供给曲线

换句话说，劳动产生负效用，而闲暇则产生正效用。随着工资收入的增加，劳动者的"正效用"增加，这时劳动者愿意增加劳动的供给，但每个人的时间毕竟是有限的，劳动投入的增加，收入的增加都是以牺牲闲暇为代价的。当收入达到一定程度后，增加的工资收入给劳动者带来的"正效用"小于"负效用"时，劳动者就宁愿少工作，多拥有闲暇娱乐的时间，劳动者这时就会减少劳动供给。

就其实质而言，决定劳动供给量的因素是劳动者将自己每天有限的时间分配给工作和闲暇的方式，而这种时间分配的临界点取决于劳动者对于最末一单位时间进行劳动付出的边际成本与劳动所获得的边际报酬之间的关系，即当劳动者最末一单位时间进行劳动付出的边际成本与劳动所获得的边际报酬相等时，劳动者获得的效用最大。

3.劳动的供给曲线向后弯曲的原因

每个人一天只有 24 个小时，时间的分配大致分为两类：一类是工作时间，即从事生产劳动的时间；另一类是闲暇娱乐时间，即除了工作时间外的时间，这包括吃饭、睡觉、旅游、逛街和看电影等。劳动者总是偏好于更多的工资收入、更多的闲暇娱乐。劳动者只有通过工作才能得到工资，对于"工作还是娱乐"的问题，劳动者往往会陷入"鱼和熊掌不能兼得"的困境。工资水平的变动又会对工作和闲暇娱乐带来什么样的影响呢？

现在我们就通过替代效应与收入效应来解释劳动供给曲线向后弯曲的原因。

（1）替代效应（Substitution Effect）指工资水平的提高意味着劳动者闲暇比较"昂贵"，即闲暇的机会成本较高，因此，劳动者会选择增加劳动供给而减少闲暇时间。

（2）收入效应（Income Effect）指工资水平的提高会使劳动者收入提高，劳动者减少工作时间也可获得与以往同样的收入，因此，劳动者随工资率的提高将减少劳动供给。

一般规律是，当工资水平较低时，替代效应大于收入效应，导致 S 曲线向右上方延伸；当工资水平较高时，收入效应大于替代效应，导致 S 曲线向后弯曲。

（三）劳动均衡价格

整个劳动市场的供给建立在由单独的个人劳动供给曲线的基础上。将整个劳动市场中向后弯曲的单独的个人劳动供给曲线相叠加就构成整个劳动市场供给曲线，与单独的个人劳动供给曲线向后弯曲完全不同，整个劳动市场劳动的供给曲线是向右上方延伸的一条曲线，如图 6-2 所示。

劳动的均衡价格是劳动的需求与供给共同决定的。

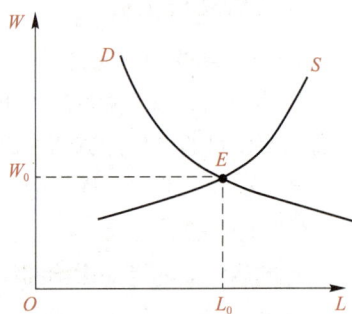

图 6-2 劳动均衡价格的形成

（四）工资的影响因素

1.需求的变动对均衡的影响

影响一个国家工资市场需求的因素很多，有非经济因素，也有经济因素，概括起来有以下三种：

（1）机器对劳动力的替代。随着技术的发展，机器的生产率远远高于人工劳动的生产率。例如，一条流水线原来要 20 个工人完成的工作任务，现在只要 1 台机器、1 名技术人员就可以完成。机器对劳动力的替代，减少了对劳动力的需求。

（2）国家采取的贸易政策。限制进口是国家采取的贸易保护政策之一。限制进口某种商品，消费者只能消费本国的同类商品，本国同类商品的需求增加，从而增加了对本国劳动的需求。

（3）国家的经济状况。国家的经济状况直接影响着劳动的需求。2008 年，美国的次贷危机愈演愈烈，并逐步升级成为一场席卷全球的金融危机，此次金融危机造成了大量企业亏损甚至破产，有的企业采取裁员的方式来应对危机，降低生产成本。

2.供给的变动对均衡的影响

供给的变动引起供给曲线的移动，从而影响工资的均衡价格。影响一个国家工资市场供给的因素很多，有非经济因素，也有经济因素，概括起来有以下四种：

（1）影响劳动的各种法规、制度、政策等。如工作的最低年龄立法、教育的相关规定、对待妇女工作的态度的相关规定、离退休制度等，都会影响劳动市场可供利用的劳动要素数量。

（2）社会可工作的总人口数。一个国家人口的自然增长率、人口的年龄构成、人口的健康状况、劳动力的流动性和移民的规模等都会影响劳动的供给。全社会能够工作的人口数减少，则劳动的供给就减少，反之就增加。

（3）限制移民的政策。一个国家如果有大量的新移民，新的移民要生存就需要工作，这样接受的移民国家劳动的供给就会增加，同时移民国劳动的供给会减少。无任何限制的移民政策会对一个国家劳动的供给产生很大的冲击。因而任何一个国家都会根据本国劳动力市场的实际情况制定相应的移民政策。

（4）行业工资率的变化。在任何一个劳动市场上，劳动的供给都取决于劳动者在其他劳动市场可以得到的机会。例如，建筑工人的工资提高了，那么做皮鞋的工人就会放弃现在的工作进入建筑行业，这样建筑业的劳动供给就增加了，而皮鞋行业劳动供给就减少了。

如图 6-3 所示，L 表示劳动的需求量（或供给量），W 表示工资水平，假设劳动的需求曲线为 D_0，劳动供给曲线为 S_0，劳动的需求曲线 D_0 与劳动的供给曲线 S_0 相交于均衡点 E_0，此时所对应的工资水平为 W_0，劳动的需求量（或供给量）为 L_0。假如第一种情况下，在劳动的供给不变的情况，劳动的需求增加，劳动的需求曲线向右平移到 D_1，此时，D_1 与供给曲线 S_0 相交于新的均衡点 E_1，E_1 所对应的工资水平 W_1 比原来的 W_0 显然是提高了很多；假如第二种情况下，劳动的需求不变，而劳动的供给减少，劳动的供给曲线向左平移到 S_1，此时，D_0 与供给曲线 S_1 相交于新的均衡点 E_2，E_2 所对应的工资水平 W_2 比原来的工资水平 W_0 显然是提高了很多，但是此时劳动的供给量从 L_0 减少到 L_2，现实社会中通过减少劳动的供给来增加工资的同时，会造成大量劳动者失业，影响社会的安定。

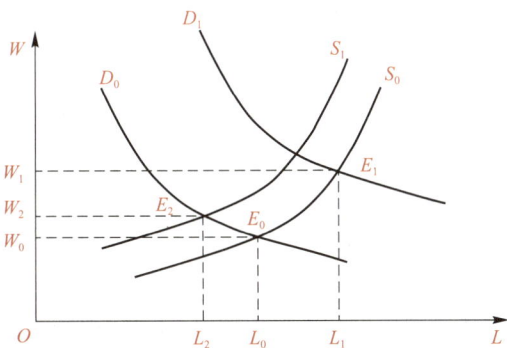

图 6-3　劳动需求曲线、供给曲线的移动对工资的影响

小任务

　　请作图说明国家采用最低工资法可能带来什么样的后果。

二、资本与利息率

（一）利息的性质

什么是利息？假如你将 100 元存入银行，一年后得到 106 元，多出的 6 元就是"利息"，也就是 100 元"生"出来的钱，此时的年利息率就是 6%。

利息（Interest）是资本所有者出让资本使用权、承担风险获得的报酬，是向他人贷款的人所取得的收益，是资本提供服务的报酬，是国民收入中属于资本所有者的那部分。利息率（Interest Rate）是在一定时期（通常指 1 年内）利息占货币资本的比率。

资本是如何产生利息的，西方经济学家的解释有以下三种：

1.迂回生产理论

迂回生产理论（Roundabout Production）是 1889 年由奥地利学派经济学家欧根·冯·庞巴维克提出的，迂回生产是先生产出生产资料（或称资本品），再利用这些生产资料去生产消费品。假设我们的祖先 A 徒手去打猎，发现了猎物（消费品）再去制造打猎工具（生产资料），等打猎工具制造好猎物可能早就跑掉了。而我们的祖先 B 在打猎之前先制造打猎工具弓箭（生产资料）。显然 B 的生产效率远远高于 A。这种认为先制造生产工具，再去生产消费品的"迂回生产"办法，有利于劳动生产率的提高，并且迂回生产的过程越长，生产率的提高就越多。现代生产的特点就在于迂回生产，但生产资料从哪里来？这就必须依赖于资本，没有资本就没有迂回生产。这种由于资本而提高的生产效率就是资本的净生产力。资本的净生产力是资本能带来利息的根源。

2.时间偏好论

简单地说就是现在的快乐比以后的快乐更加有价值。现在我们就做一个简单的测试，分析一下你是否是绝大多数时间偏好者中的一员。假如你的爱人在情人节当天只是轻轻地吻了你一下，同时告诉你，有一束玫瑰花要下个月才能送给你。你此时觉得 2 月 14 日的玫瑰花与 3 月 14 日的玫瑰花价值相同吗？假如你是一个普通消费者，让你选择现在购买一台新能源汽车还是 3 年后再购买？消费者的效用评价显然是不同的。因此要让人放弃现期消费，把资本用于生产生产资料，就必须以利息作为资本的报酬。利息是资本的时间价值。由于人们都具有时间偏好，人的认知心理总是对未来事物认识模糊、对现存的事物感知清晰，即人们对现期消费的评价高而对未来消费的评价较低，因而在未来消费和现期消费中，人们总是偏向于选择现期，这就是时间偏好论（Time Preference Theory）的观点。

3.节欲论

节欲论（Abstinence Theory）是 19 世纪英国经济学家纳索·威廉·西尼尔在《政治经济学大纲》中提出的。"节欲"指资本持有人放弃现在的享乐，即节制现在消费的欲望。"节欲论"把利息看成对资本持有人牺牲当前消费、节制欲望的一种补偿方式。因而资本获得利润（利息）是合理的。

（二）利息率的决定

简单地说，利息率在现实生活中就是"钱"的价格。为什么利率是货币的价格？因为利率度量的是货币的机会成本——货币用于其他用途时所产生的价值。从数值的计算上看，利息率指一定时期内利息与本金的比率。在现代商品化的社会，货币作为一种商品，和其他商品一样，也有其自身的价格，即利息率。对于商品而言，市场的需求和供给关系决定了商品的价格，利率也不例外。利率的高低是由需求和供给两方面共同来决定的。影响利息率的因素很多，利息率水平最终是由可贷资金需求和供给两个方面的因素综合影响所决定的。

1.影响需求的因素

影响需求的因素主要有以下两个：

（1）厂商对资本品的需求。厂商的货币资本大部分都用于购买资本物品。资本品的价格越高、对资本品的需求量越多，厂商需要的货币资本就越多。

（2）投资的预期利润率或边际效率。厂商在进行新产品、新项目决策时，都要考虑投资的预期利润率或边际效率，将投资的预期利润率或边际效率与现期的利息率做比较。如果投资的预期利润率或边际效率低于现期的利息率、厂商投资的产出大于投入，厂商就会选择储蓄而不是投资。因此，厂商为了获得利润的最大化，总是会将利息率和资本的边际效率相等作为资本使用量的衡量标准。

2.影响供给的因素

影响供给的因素主要有以下两个：

（1）消费者对收入在现期消费与未来消费（储蓄）之间的选择，消费者是作为"借款者"还是"贷款者"出现，最主要还是取决于消费者对不同时期的消费偏好。如果消费者对未来的预期不乐观，就会抑制现在的消费欲望，将钱存入银行，这样社会上可供利用的可贷资金的数额就会增加，反之则减少。

（2）取决于国家提供的货币总量。国家提供的货币总量越多，资本的供给越大；反之国家提供的货币总量越少，资本的供给越少。

3.利息率的决定

利息率是厂商使用资本所应支付的价格，是单位资本在单位时间（通常是 1 年）内获得的利息在货币资本中所占的比率。资本的需求主要是企业的需求，因此可以用投资来代表资本的需求，资本的供给主要是储蓄，因此可以用储蓄代表资本的供给。这样就可以简单地用投资和储蓄来解释利息率。

如图 6-4 所示，需求曲线 D 与供给曲线 S 相交于均衡点，E_0 点对应的利息率为 i_0，此时储蓄者愿意提供的储蓄恰好等于投资者需要的资本，两者均为 K_0。

利率既是国家调控经济的杠杆，同时也可以反映出经济的状况。

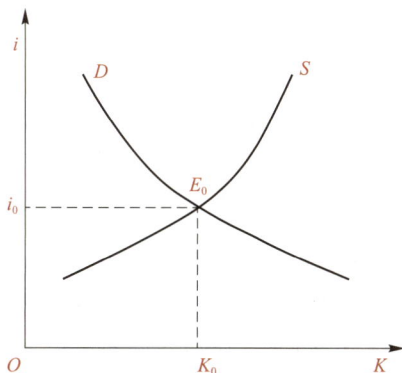

图 6-4 利息率的决定

（三）利息的作用

1.鼓励人们多储蓄、少消费

就利息的存在对人们消费选择上的影响来看，提升人们储蓄动力的就是利息，高利息有利于鼓励人们通过抑制消费来增加储蓄。储蓄虽然能够提供资金量，但储蓄率的提升却会减少现期消费量，从而减少消费对经济的拉动作用。因而，世界各国在运用利息政策时，都会采取谨慎的态度。

2.使资本得到最有效的利用

在企业成本的核算中，利息是企业成本的重要构成部分。企业从银行取得贷款，为了按期归还银行本金和支付利息，必须把贷款合理运用到生产经营中去才能增加收入。如果企业对借入资金不能合理监管、有效利用，就会增加企业的利息负担，增加企业的成本，降低企业的经营效益。因此，利息的存在促使企业合理使用资金、精打细算、加强经济核算，进而提高企业的经济效益。

3.利率是世界各国调节经济的重要杠杆之一

利率决定着银行的"钱袋子"。如果银行利率降低，人们会把存在银行的钱取出来投资、购物、买房等，这时银行的"钱袋子"就会空空如也。如果银行利率提高，人们又会把钱存回银行，银行的"钱包"又会"鼓"起来。现在，世界各国政府都将利息率政策作为本国宏观货币政策的重要组成部分之一，也是世界各国调节经济的重要杠杆之一。当一个社会出现通货膨胀时，提高利息率可以刺激可贷资金的供给，抑制对可贷资金的需求，从而起到抑制经济过热的作用；而在经济萧条时期，降低利息率可以刺激对可贷资金的需求，抑制可贷资金的供给，最终目的是起到刺激经济发展的作用。目前各国都通过法规、政策等方式调整利息率来影响经济。

三、土地与地租率

1.地租的决定

经济学上的土地泛指一切自然资源，具有永久性、原始性、固定性、不变性的特征。

地租（Land Rent）是土地这种生产要素的价格，地租的高低取决于土地的供给和需求。

土地的需求取决于土地的边际产品价值，土地的边际产品价值是递减的，因此土地的需求曲线和其他需求曲线一样是一条从左上方向右下方倾斜的曲线。

相对于人们对土地的无穷需求而言，对于某个区域的土地，该区域的可供利用的土地总是有限的，这样土地的供给曲线就是与纵坐标平行的一条直线。土地的供给完全缺乏弹性，这时，不管价格如何变化，土地的供给量都不会发生变化。土地的需求曲线与供给线的交点就决定了地租。

如图 6-5 所示，N 表示土地量，R 表示土地地租，土地的需求曲线 D_0 与供给曲线 S 相交于均衡点 E_0，此时均衡点对应的地租为 R_0。假设随着经济的发展，土地的需求增加，土地的需求曲线向右移动到 D_1，在土地的供给不变的情况下，在 E_1 对应的地租 R_1 显然高于 E_0 处的地租 R_0。假设经济不景气，土地的需求减少，土地的需求曲线就会向左移动到 D_2，在土地的供给不变的情况下，S 与 D_2 相交于 E_2，在 E_2 处对应的地租 R_2 显然低于 E_0 处的地租 R_0。

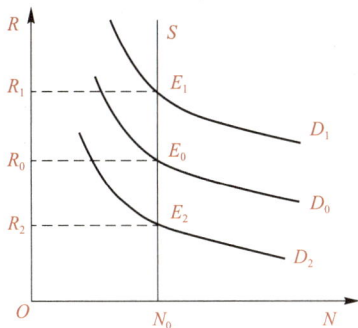

图 6-5　地租的变化

2.地租的发展趋势

随着社会经济的发展，人们对土地的需求会越来越大，但土地的供给又是有限的，这就会造成地租的不断上升。

小任务

通过图 6-5，试着分析导致商品房价格上涨的原因。

_____

_____

_____

四、企业家才能与利润率

（一）利润率是企业家才能的报酬

利润率（Profit Rate）是利润额与投资资本的比率，是反映企业在一定时期内利润水平的比率指标。分析比较利润率可考核企业利润计划的完成情况，也可比较各企业之间及同一企业不同时期的经营管理水平，从而提高经济效益。企业家在利用自身的才能整合了劳动、资本与土地三大要素后，要求获得回报，这种回报是以企业经营所产生的利润作为基础的。

（二）利润的构成

在经济学上，西方的经济学家通常把利润分为正常利润和超额利润。在完全竞争市场中，企业获得长期均衡时，是实现了正常利润的，此时，经济利润为零；而非完全竞争市场中的企业，则可以利用其在一定程度上的垄断特性获得超额利润。垄断的产生可以基于行政因素，也可以基于创新因素。

1.正常利润

正常利润是企业家才能的价格，是由于企业家才能（管理）这种生产要素所得到的报酬，是工资的一种特殊形式。正常利润包含在经济分析的成本中，因此收入减去支出的余额就是正常利润。正常利润的性质与工资类似，是由企业家才能的需求与供给所决定的，但是因为企业家才能具备边际生产力大、培养成本大等特殊性，所以正常利润的数额远远高于劳动者的普通工资。

2.超额利润

超额利润又称为纯粹利润或经济利润，是指超过正常利润的那部分利润。在数值的计算上是总收益与总成本之差。在完全竞争的市场中不存在超额利润，超额利润来源于以下三个方面：

(1) 垄断带来的超额利润。由垄断而产生的超额利润又称为垄断利润。根据垄断的形式不同又分为两种：买方垄断和卖方垄断。

买方垄断是指购买者对购买权的垄断，又称专买。买方根据自身利益的需要，压低产品价格，损害生产者（卖方）的利益，买方获得了超额利润。例如，某个林场位于偏远的山区，交通不方便。而林场的职工因为地理位置的限制而缺乏从事其他工作的机会，因而该林场可以以较低的工资雇用到职工，则这个林场就能获得超过正常利润的超额利润，这是在完全竞争的市场中林场必须多付出的工资，而此处的超额利润就是工资差额。

卖方垄断指生产者对出售权的垄断，又称专卖。卖方可以任意抬高产品价格，使购买者为获得产品而支付更多的货币，损害了购买者（买方）的利益，卖方从而获得了超额利润。例如，可口可乐公司拥有可口可乐的专利，因而能够获得超过正常利润的超额利润。

(2) 创新带来的超额利润。美国经济学家约瑟夫·熊彼特在《经济发展理论》一书中提出创新是将原始生产要素重新排列组合为新的生产方式，以求提高效率、降低成本的一个经济过程。而企业家的职能就是"创新"，企业的创新包括以下五种情况：①引进新产品；②引用新技术，即新的生产方法；③开辟新市场；④控制原材料的新供应来源；⑤实现企业的新组织。

创新是社会进步的动力，因此，由创新获得的超额利润是合理的，是社会对创新者的奖励。但是，由创新产生的超额利润是暂时的，很快就会由于竞争者和模仿者的出现而消失。而当一种创新利润的源泉消失之时，另一种又将诞生。只要经济不断出现新的产品和新工艺流程，创新利润总是会存在。

(3) 承担风险带来的超额利润。美国芝加哥学派创始人经济学家富兰克·奈特在《风险、不确定性和利润》一书中解释了风险与利润的相关性。"风险"指可度量的不确定性，即风险是一种人们可知其概率分布的不确定；"不确定性"指不可度量的风险，即意味着人类的无知，因为不确定性表示着人们根本无法预知没有发生过的将来事件，它是全新的并且过去从来没有出现过的。因此，超额利润可以看作是企业承担风险的报酬。

（二）利润的作用

(1) 利润作为企业家才能的报酬能鼓励企业家更好地管理企业，获得更多的经济效应。

(2) 利润是投资的源泉，厂商生产的目的就是实现利润的最大化。利润的存在促使厂商投资，维持经济持续的增长，因而不能没有利润。

(3) 由于创新可以提高效率、降低成本，因而鼓励创新能带来超额利润。如果没有创新，就没有超额利润，也就不会有人类科学技术的进步、社会的进步。

(4) 企业家勇于承担风险能带来超额利润，因而企业家敢于去大胆尝试、敢于去冒险。

(5) 鼓励有效利用资源，与社会利益一致。利润要通过提高经济效率和效益，靠降低生产成本来实现。并不是像大多数人所认为的那样是靠提高商品价格来实现的。竞争无处不在，假如在同一个行业中的企业所提高的产品或服务都是一样的，那么这些产品或服务的价格就应该是相同的。这时只有生产成本最低的企业才能获得最高的利润，而那些生产成本高、效率低的企业就会被淘汰。这也是竞争的必然结果。

（6）影响资源配置。依照需求来配置各种商品的相对产出，引导生产要素的流向是利润的最重要作用之一。如果硬性管制利润，只会加大供求矛盾，并使生产和就业总量下滑。

小任务

　　企业家才能应当获得的报酬是否应当包含创新、承担风险所获得的超额利润？为什么？

_____

_____

_____

任务演练

要求：小组协作制作 PPT，并在班级内进行分享。

进入新时代，有关企业家精神的思想成为新时代中国特色社会主义思想的重要组成部分，也成为中国特色社会主义政治经济学的重要组成部分，企业家精神图谱进一步凝练。

请以小组为单位，搜集中国企业界慈善资助的典型案例，讨论中国企业家精神的内涵。

小组分享记录：

个人感受：

教师点评：

任务二　探讨分配中的平等与效率

📖 任务导航

　　要素价格的高低很大程度上决定了财富的分配。一个国家的贫富差距是如何形成的？在贫富差距拉大的过程中，社会发展应效率优先还是公平优先？贫富差距过大对社会造成的影响有什么？国家应当通过哪些方法缩小贫富差距？我们将带着这些问题，展开对平等与效率的讨论。

在线课程集锦

🎧 育人在线

探讨共同富裕

　　我国全面建成小康社会的进程，是贫困现象不断减少的过程，也是人民日益富裕起来的进程。党的十八大以来，我国经济实力持续跃升，人民生活水平全面提高，居民收入分配格局逐步改善。虽然存在贫富差距，但城乡、地区和不同群体居民收入差距总体上趋于缩小。

　　一是城乡之间居民收入差距持续缩小。随着国家脱贫攻坚和农业农村改革发展的深入推进，农村居民收入增速明显快于城镇居民，城乡居民相对收入差距持续缩小。从收入增长上看，2011—2020年，农村居民人均可支配收入年均名义增长10.6%，年均增速快于城镇居民1.8个百分点。从城乡居民收入比看，城乡居民人均可支配收入比逐年下降，从2010年的2.99下降到2020年的2.56，累计下降0.43。2020年，城乡居民人均可支配收入比与2019年相比下降0.08，是党的十八大以来下降最快的一年。

　　二是地区之间居民收入差距逐年下降。在区域协调发展战略和区域重大战略实施作用下，地区收入差距随地区发展差距缩小而缩小。2011—2020年，收入最高省份与最低省份间居民人均可支配收入相对差距逐年下降，收入比由2011年的4.62（上海与西藏居民收入之比）降低到2020年的3.55（上海与甘肃居民收入之比），是进入21世纪以来的最低水平。2020年，东部与西部、中部与西部、东北与西部地区的收入之比分别为1.62、1.07、1.11，分别比2013年下降0.08、0.03和0.18。

　　三是不同群体之间居民收入差距总体缩小。基尼系数是衡量居民收入差距的常用指标。基尼系数通常用居民收入来计算，也用消费支出来计算，世界银行对这两种指标都进行了计算。按居民收入计算，近十几年我国基尼系数总体呈波动下降态势。全国居民人均可支配收入基尼系数在2008年达到最高点0.491后，2009年至今呈现波动下降态势，2020年降至0.468，累计下降0.023。同时居民收入分配调节在加大。"十三五"时期，全国居民人均转移净收入年均增长10.1%，快于居民总体收入的增长。还要看到，在世界银行数据库中，2016年中国消费基尼系数为0.385，比当年收入基尼系数0.465低0.080，而消费的数据更直接地反映了居民实际生活水平。

　　四是基本公共服务均等化加快推进。看居民收入，不仅要看家庭可支配收入，还要看政府为改善民生所提供的公共服务。在全面建设小康社会进程中，各地区各部门积极推进基本公共服务均等化。完善多层次社会保障体系成效明显，目前我国已经建成世界上最大的社会保障网，基本医疗保险覆盖超 13.5 亿人，基本养老保险覆盖超 10 亿人。住房保障和供应体系建设稳步推进，全国已累计建设各类保障性住房和棚改安置住房 8000 多万套，帮助 2 亿多困难群众改善了住房条件。教育公平和质量不断提升，2020 年九年义务教育巩固率为 95.2%。基本医疗和公共卫生服务改善，2020 年一般公共预算卫生健康支出 1.92 万亿元。人民群众通过自己劳动、经营、转移支付得到的收入在增加。同时，有一些收入并没有进入家庭，而是通过公共服务提供给广大群众，这方面在我们这样的中国特色社会主义国家，各部门各地区做的工作尤其多。

"十四五"时期，进一步控制和缩小贫富差距，既要做大蛋糕，又要分好蛋糕。要坚持发展是第一要务，通过发展经济、辛勤劳动、扩大就业增加居民收入。同时，坚持按劳分配为主体、多种分配方式并存，提高劳动报酬在初次分配中的比重，健全工资合理增长机制，着力提高低收入群体的收入，扩大中等收入群体；完善按要素分配政策制度，增加中低收入群体的要素收入；完善再分配机制，加大税收、社保、转移支付等调节力度和精准性；发挥第三次分配的作用，发展慈善事业；构建初次分配、再分配、三次分配协调配套的基础性制度安排，促进社会公平正义，促进人的全面发展，使全体人民朝着共同富裕目标扎实迈进。

（资料来源：《中国的全面小康》白皮书新闻发布会．中国国家统计局官网，2019-09-30.）

> **〔解析〕**
>
> 中国共产党十九届四中全会明确指出，必须坚持和完善社会主义基本经济制度。我国必须坚持三项基本经济制度包括公有制为主体、多种所有制经济共同发展；按劳分配为主体、多种分配方式并存；社会主义市场经济体制。共同富裕是全体人民共同富裕，是人民群众物质生活和精神生活都富裕，不是少数人的富裕，也不是整齐划一的平均主义。

📖 任务准备

一、世界贫富差距的现状

一部以印度孟买贫民窟为实景拍摄地的影片《贫民窟的百万富翁》获得了奥斯卡最佳影片、最佳摄影等 8 项大奖。影片讲述的是一个在印度贫民窟中长大的男孩，为了爱情、为了梦想，参加电视有奖问答最后赢得智力竞赛百万大奖的故事。随着电影的上映，贫民窟问题再次受到了全世界的关注。印度最大的金融中心孟买有着一个亚洲最大的贫民窟——达拉维贫民窟。达拉维贫民窟位于孟买市中心，总面积约 2 平方公里，生活着约 100 万人。这里居民的住宅狭小，有的甚至只有几平方米。住宅有自来水管，但经常断水。整个贫民窟缺乏排污系统，大约每 1 500 人才拥有一个厕所，并且没有一家公共医院，常常流行痢疾等传染病。一些路面不平，经常积水。居民区各种电线密如蛛网，存在安全隐患。

与此形成鲜明对比的是，世界顶级富豪们却掌握着极大的社会财富。据《福布斯》统计，截至 2023 年 12 月 15 日，年度十大亿万富豪的资产在一年中共增加了 4900 亿美元。其中，特斯拉 CEO 埃隆·马斯克 2023 年增加了 1084 亿美元的资产，排名第一，身家约 2549 亿美元，成为目前全球最能赚钱的人。

为什么在同一个地球、同一片蓝天下，人们的生存环境会有如此大的差别呢？这就是本节要研究和探讨的问题。

二、收入分配不平均的衡量指标

1. 洛伦兹曲线

洛伦兹曲线（Lorenz curve）由美国统计学家 M.O. 洛伦兹提出，用来比较分析一个国家的不同时期或不同国家同一时期国民收入分配的平等程度。

洛伦兹曲线的弯曲程度有重要意义，弯曲的程度越小反映收入分配越平等，反之，洛伦兹曲线弯曲的程度越大反映收入分配越不平等。洛伦兹曲线的弯曲程度能反映收入分配的平等程度。

假设在一个极端公平的社会，所有人的财产都是相等的，没有穷人、富人之分。如果人口累计百分比等于收入累计百分比，即任一人口的百分比均等于其收入的百分比。例如，20% 的人口拥有 20% 的社会财产，40% 的人口拥有 40% 的财富。在这个类似乌托邦式的理想王国里，洛伦兹曲线为图 6-6 中所示的正方形对角线，这就反映收入分配完全平等。

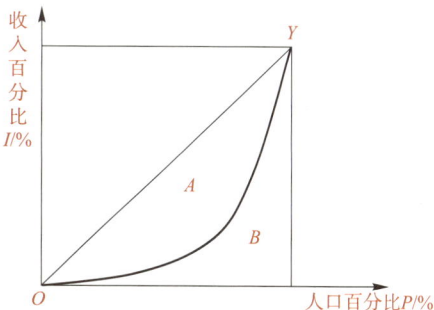

图 6-6　洛伦兹曲线

如果所有的收入都集中在一个人的手里，而其他人一无所有，这有点像"普天之下，莫非王土"的中国古代社会，即在 1 000 个人中，财富集中在 1 个人的手里，而另外的 999 个人没有任何财产。在这时洛伦兹曲线为图 6-6 中对角线下三角形的两个直角边，反映了收入分配完全不平等。

一般情况下，一个国家的收入分配不会是完全平等的，也不会是完全不平等的，而是介于两者之间，即一般情况下，洛伦兹曲线不会是正方形对角线，也不会是对角线下三角形的两个直角边，而是像图中这样向横轴突出的弧线 OY。

2. 基尼系数

基尼系数（Gini Coefficient）又称洛伦兹指数，是 20 世纪初意大利经济学家科拉多·基尼根据洛伦兹曲线提出的，用比例系数来表示收入分配的均等程度的指标。基尼系数是用来反映一个国家或地区不同时期收入分配的差异程度的指标之一。

在图 6-6 中，实际收入分配曲线与绝对平等曲线之间的面积为 A，实际收入分配曲线与绝对不平等曲线之间的面积为 B，则

$$基尼系数 = A/(A+B) \qquad (6-1)$$

基尼系数的数值一般在 0 和 1 之间。当 A = 0 时，基尼系数 = 0，实际的洛伦兹曲线为图中正方形对角线，表明一个国家的收入绝对平均；当 B = 0 时，基尼系数 = 1，实际的洛伦兹曲线为图中对角线下三角形的两个直角边，表明一个国家的收入绝对不平均。

基尼系数是西方经济学家普遍公认的、国际组织（如联合国）认可的一种反映收入平等程度的方法。目前，国际上通行的标准是：基尼系数大于 0.5 称为贫富差距过大；在 0.4～0.5 称为差距较大；在 0.3～0.4 称为基本合理；在 0.2～0.3 称为基本平均；在 0.2 以下称为绝对平均。

一般情况下，将基尼系数 0.4 设为警戒线，经济学家认为超过此数据国家会发生不稳定的现象。中国目前的基尼系数已经超过此警戒线，但中国并没有发生明显的社会不稳定。可见基尼系数也有其不足的地方：

（1）基尼系数不能反映单个阶层的收入变化情况，单纯从基尼系数数值本身无法判断哪个阶层的收入份额上升多少或者下降多少。

（2）基尼系数不能揭示收入差异的变化及其原因。每个国家都有自己具体的国情，居民的承受能力也不一样。

（3）基尼系数不能说明一个国家分配的公平程度。结果的公平并不能说明过程的公平。基尼系数只能说明一个国家收入分配的均等状况，即只能说明一个国家贫富差距状态的大体情况，如果要分析一个国家分配的公平程度，就要从这个国家的制度入手；不同国家对基尼系数可能采用不同的计量口径和资料，从而导致可比性较差。

三、导致收入分配不平均的原因

在任何社会都可能存在收入分配不均等的问题，收入分配不均等的原因在任何社会中既有相同的地方，也有不同的地方。

1.劳动者个人的原因

劳动者个人的原因包括劳动者年龄、性别、受教育程度、机遇、个人能力、性格、个人勤奋等造成的收入分配不平均。

2.社会因素

如工会制度、户籍制度等社会因素也有可能造成收入分配的不平均。

3.经济发展相关因素

1955 年诺贝尔经济学奖获得者、美国经济学家西蒙·史密斯·库兹涅茨提出收入分配状况是随经济发展过程而变化的曲线，即"倒 U 曲线"，又称为"库兹涅茨倒 U 曲线"。该曲线说明：从长期来看，一个国家在经济发展的初期，尤其在国民收入从最低达到中等水平时，随着经济的发展，该国的收入分配情况会恶化，即该国的人均 GDP 的增加的同时基尼系数也会增加；但当经济发展到一定程度，收入分配情况会得到好转，即随着该国的人均 GDP 的增加，基尼系数反而会减少，最后收入分配达到比较公平的现象。如图 6-7 所示，从长期

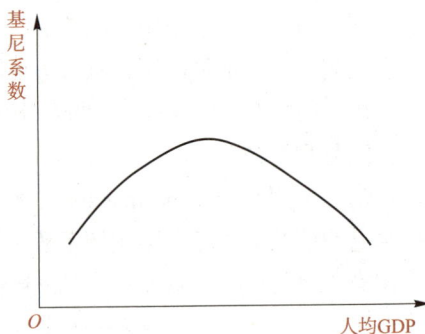

图 6-7　库兹涅茨倒 U 曲线

来看，随着人均 GDP 的增加，基尼系数的轨迹呈现出"倒 U"的轨迹。

该曲线的纵坐标是收入分配或基尼系数，横坐标是收入状况。说明了收入不均现象随着经济增长先升后降，呈现倒 U 型曲线关系。

库兹涅茨揭示了一个国家的人均收入与收入分配之间的内在联系。库兹涅茨通过统计研究英国、美国等 18 个经济发达国家的经济增长和收入分配的实证数据后，得出从长期来看收入分配轨迹"先恶化，后改进"的规律。

从 20 世纪改革开放一直到现在，我国的经济保持着持续的高增长态势，但是我国的收入分配差距却越来越大。从我国经济增长和收入分配的内在联系来分析，与"库兹涅茨倒 U 曲线"基本一致，并且我国还处于"库兹涅茨倒 U 曲线"左侧的上升阶段。

四、平等与效率

平等与效率的关系一直是西方经济学家争论的问题。

"平等"是目前许多国家包括我国的收入分配政策的基本指导思想之一，有利于解决机会平等问题，因为许多结果不平等源于机会不平等。

"效率"强调的是最有效地使用社会资源以满足人类的愿望和需要，是对经济资源做出能带来最大可能性的满足程度的利用，是从一个给定的量中获得最大的收入。公平至少包括以下三个方面，即初始状态的公平、机会的公平及结果的公平。初始状态的公平是我们不能决定的，因为每个人都不可能选择自己的父母，而祖辈的生活状况在我们出生前就存在，是我们不能改变的，我们只有平静接受。正因如此，有的人一出生就是乞丐的孩子，有的人却是含着"金钥匙"出生，一出生就是亿万富翁的孩子。结果公平是通过收入分配的结果来判断是否公平。例如，你辛苦工作一天赚到1 000元，为了结果的公平，晚上你却将这1 000元中的800元平均分给了另外4个什么都没干的懒人。试问这样你愿意吗？答案当然是否定的。过程公平是通过收入分配的机制、手段来判断是否公平。这就不得不提到社会的再分配。

西方经济学家普遍认为，收入分配的标准有以下三种：

(1) 贡献标准，即按社会成员的贡献分配国民收入。

(2) 平等标准，即按公平的准则来分配国民收入。

(3) 需要标准，即按社会成员对生活必需品的需要来分配国民收入。

贡献标准能保证经济效率，但是由于社会成员个人能力、机遇等的限制，又会造成新的收入分配的不平等；而平等标准和需要标准不利于经济效率的提高，但有利于收入分配的平等化。这就是经济学中平等与效率的矛盾。

平等与效率是"鱼和熊掌不可兼得"的，平等和效率双方都有价值，而且其中一方对另一方没有绝对优先权，那么在它们产生冲突时，就应该达成某种妥协。因此国家在不同的阶段坚持的原则应该是不一样的。在经济需要获得快速增长的时候可能会"效率优先，兼顾公平"，但在这个原则引起贫富差距过大时，可能就会反过来"注重公平，牺牲效率"了。

1.税收政策

宏观财政政策中的税收政策的主要作用，一方面是为了增加国家财政收入并调节各利益主体的行为，另一方面是为了调节贫富差距。用于调节贫富差距的税种主要是指个人所得税。

个人所得税于1799年起源于英国，是当今世界上各国普遍征收的税种之一，一般认为这种累进的个人所得税有利于减少社会成员间的收入差距，有利于实现收入分配的平等。除了个人所得税外，政府还通过遗产税、财产税、赠与税、消费税等纠正财产分配的不平等。目前，我国正在酝酿实施物业税，我国将要实行的物业税一方面可以调控房价的虚高，另一方面也有利于实现收入分配的平等。

2.社会福利政策

如果上述的税收政策是对富人加收重税来达到收入分配的平等的话，那么社会福利政策则是通过向穷人补贴的方式来实现收入分配的平等，是通过转移支付来实现对收入较低阶层的支持，结合当前各国的实际情况，社会福利政策主要包含以下措施：

(1) 向贫困者提供培训和就业机会。劳动者诸如能力、受教育程度等个人因素也是导致收入分配不平等的原因之一。改变贫困者的就业能力是政府改善收入分配平等的措施之一。

（2）颁布各种有利于保护劳动者的法令、法规。主要是通过如最低工资法、环境保护法、最高工时法、食品和医疗卫生等法律立法来保护劳动者权益。

（3）为居民提供各种形式的社会保险和社会保障，这其中包括失业保险、养老保险、医疗保险、工伤保险等。

（4）改善住房条件。例如，我国通过向符合条件的中低收入家庭提供廉租房、经济适用房等实行住房补贴；为刚毕业的大学生提供廉租的大学生公寓等措施来改善中低收入者的居住条件，提高其生活质量，减少收入分配不平等的程度。

（5）对教育事业的关注。一百多年前，梁启超在《少年中国说》中提到"少年智则国智，少年富则国富，少年强则国强。"关注中国的教育事业就要关注青少年。我国对教育事业的资助方式主要有全面实施九年制义务教育、捐资助学的"希望工程"等，为帮助家庭经济困难的大学生上大学并且顺利完成学业，我国已经建立起一套完备的资助体系，该体系具体包括激励学生勤奋学习和全面发展的国家级奖学金、解决学费和住宿费困难的国家助学金、对特殊困难群体特殊照顾的学费减免等八个环节。

社会福利政策在一定程度上是一种把贫富差距"拉平"的政策。社会福利政策通过补贴的形式提高了穷人的实际收入，改善了穷人的生存现状，使社会弱势群体的基本生活得到了保证，减少了因为收入分配不平等而日益扩大的社会矛盾。但同时福利政策也产生了新的弊端：

（1）政府财政压力加大。庞大的社会福利政策需要巨额资金作为后盾，税收是政府的财政收入支柱之一。因此高福利必定面临高税收。

（2）优越的社会福利政策，加大了部分人对社会福利的依赖而不出门工作。劳动者的生产积极性不高，进而使整个社会的劳动生产率下降。

（3）政府将大量的公共资源用于社会福利事业，以国家权力干预市场收入分配的不平等，造成市场失灵，既浪费了社会公共资源，也不利于经济的持续发展。

任务演练

个人完成：劳动者工资的高低取决于什么因素？试着在以下三个选项中选择，并写出你的理由。

A.劳动的供求状况	我的选项是（　　　），我的理由如下：
B.人才培养成本	
C.为企业所作贡献的大小	

教师点评：

小组讨论完成：1993 年，党的十四届三中全会提出，建立以按劳分配为主体，效率优先、兼顾公平的收入分配制度，鼓励一部分地区、一部分人先富起来，走共同富裕的道路。请分析我国贫富差距的现状并提出合理化建议。

小组发言记录：

教师点评：

个人完成：请登录世界银行数据库
World Bank Database.（https://data.worldbank.org.cn/indicator/SI.POV.GINI）查询世界主要国家的基尼系数，填写以下数据：

美国		俄罗斯		中国		朝鲜	
英国		巴西		日本		越南	
德国		加拿大		韩国		古巴	
意大利		澳大利亚		新加坡		印度	

名人堂

经济学家：厉以宁（中国，1930 － 2023）

简介：经济学家，北京大学战略研究所名誉理事长，北京大学光华管理学院名誉院长、博士生导师，中国民生研究院学术委员会主任，中国企业发展研究中心名誉主任。

研究领域：管理制度和管理哲学、社会主义经济理论与实践、国民经济管理学、社会主义政治经济学、宏观经济学、比较经济史、西方经济学、中国宏观经济问题、宏观经济的微观基础等。因论证倡导中国股份制改革，被尊称厉股份。

主要贡献：厉以宁提出中国经济发展的非均衡理论，并对"双重转型"进行理论探讨，2003 年出版专著《资本主义的起源——比较经济史研究》将封建社会分为"刚性体质"和"弹性体制"，把封建社会的异己力量分为体制内异己力量和体制外异己力量，把资本主义分为原生型资本主义和非原生型资本主义，以此为前提对资本主义起源进行了深入探讨。厉以宁力主城乡二元体制改革和土地改革等新一轮农村改革，是这一轮改革的重要推动者。2008 年初，厉以宁在《北京大学学报》上发表长文《论城乡二元体制改革》，提出搞活农业经济发展、提高农民收入，关键在于改革城乡二元体制。著有《经济学的伦理问题》一书。

自我总结评价

项目名称：	总结日期：	码上刷题
专业班级：	总结评价人：	
本项目的主要知识点列示：	尚未掌握的部分列示：	

改进计划：（内容、方法、途径、时间安排、效果）

项目七　调节市场失灵与政府失灵

📖 **项目导读**

政府和市场的关系是经济学中的一个永恒话题。政府和市场的关系实质就是政府干预问题。政府到底要不要对经济进行干预？政府怎样对经济进行干预？政府在什么时期用什么手段对经济进行干预？这种经济手段干预的短期和长期效果究竟如何？这其中有些问题我们可以在微观经济学中找到答案，有些问题要等到学习宏观经济学时才能回答。本项目主要从市场失灵和政府失灵两个角度考察政府和市场的关系，即政府干预的必要性和局限性。因此，本项目可以作为学生学习微观经济学的一个小结，也可以作为今后学习宏观经济学的一个开端。本项目主要讨论市场经济的市场失灵问题、政府失灵问题，以及与政府失灵相关的一个问题——寻租。

思维导图

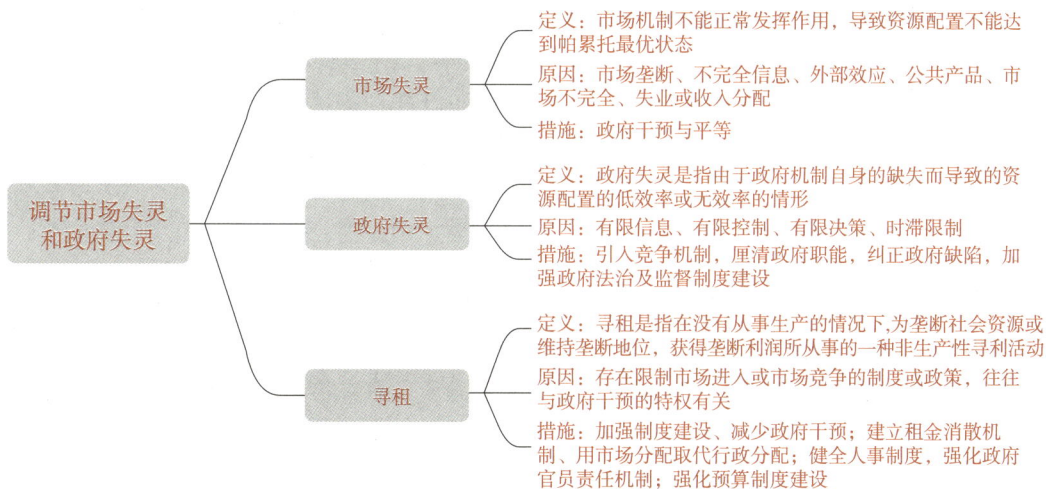

学习目标

知识目标

(1) 理解什么是帕累托最优，掌握市场失灵理论及其相关概念。
(2) 理解造成市场失灵的原因。
(3) 理解政府干预措施。
(4) 了解政府失灵论和寻租。

能力目标

(1) 通过了解现实生活中市场资源无法有效配置的原因，提高学生学习经济学的兴趣，培养其经济思维。
(2) 能够在现实生活中辨别市场失灵现象，并分析原因及其影响。

（1）通过阐述市场失灵产生的原因，剖析个人道德素质和企业自律素质的重要性。

（2）引导学生理解国家对各类市场失灵行为采取的相关措施。

任务一　市场失灵与政府干预

任务导航

市场的有效性已经得到充分证明，但是市场并不是万能的，它也存在着各种局限，这就需要政府出面进行干预。但是，政府干预也不能随心所欲，必须遵循市场规则。那么，市场失灵的表现有哪些？市场为什么会失灵？政府会采用什么方法来解决市场失灵的问题呢？

在线课程集锦

育人在线

上交所发布关于暂缓蚂蚁科技集团股份有限公司科创板上市的决定

2020 年 11 月 3 日，上海证券交易所发布暂缓蚂蚁科技集团股份有限公司科创板上市的决定。

蚂蚁集团起步于 2004 年诞生的支付宝。2004—2013 年，支付宝逐渐从服务电商交易的支付工具发展成服务各行业的支付平台；随着移动互联网的发展，支付宝逐渐进入人们日常生活的衣食住行各个环节，不仅为用户提供了极大便利，同时也成为移动生活方式的代表，成为日后蚂蚁金服成立的基础。2013 年 3 月支付宝的母公司——浙江阿里巴巴电子商务有限公司，宣布将以其为主体筹建小微金融服务集团，小微金融成为蚂蚁金服的前身。

2014 年 10 月 16 日，小微金融服务集团以蚂蚁金融服务集团的名义正式成立，旗下业务包括支付宝、余额宝、招财宝、蚂蚁小贷（后逐渐整合至网商银行）和网商银行等。

2015 年 7 月初，蚂蚁金服对外宣布已完成 A 轮融资，引入了包括全国社保基金、国开金融、国内大型保险公司等在内的 8 家战略投资者。按照融资额以及占股比例倒推计算，蚂蚁金服当时的市场估值已经超过 450 亿美元。2016 年 4 月 26 日，蚂蚁金服对外宣布，公司已完成 B 轮融资，融资额为 45 亿美元。2018 年 2 月 1 日，阿里巴巴公布同意收购蚂蚁金服 33% 的股权。

2020 年 7 月 15 日，蚂蚁金服运营主体浙江蚂蚁小微金融服务集团股份有限公司正式变更企业名称，变更后为蚂蚁科技集团股份有限公司。2020 年 7 月 20 日，支付宝母公司蚂蚁集团（蚂蚁金融服务集团）宣布，启动在上海证券交易所科创板和香港联合交易所有限公司主板寻求同步发行上市的计划。有媒体报道称，蚂蚁集团据悉寻求 IPO 估值至少 2000 亿美元。

2020 年 11 月 2 日，上交所发布关于暂缓蚂蚁科技集团股份有限公司科创板上市的决定，阿里巴巴股价大跌。次日，银保监会、中国人民银行发布《网络小额贷款业务管理暂行办法（征求意见稿）》，向社会公开征求意见。

（资料来源：作者根据相关资料整理）

银保监会出台《商业银行互联网贷款管理暂行办法》

为规范商业银行互联网贷款业务经营行为，促进互联网贷款业务平稳健康发展，中国银行保险监督管理委员会制定了《商业银行互联网贷款管理暂行办法》(下称《办法》),自公布之日起施行。

2020年5月9日至6月9日,银保监会就《办法》向社会公开征求意见,金融机构、行业自律组织、专家学者和社会公众给予了广泛关注。银保监会在对反馈意见逐条进行认真研究,充分吸收科学合理的建议后,将绝大多数意见采纳或纳入相关监管制度。

《办法》共七章七十条,分别为总则、风险管理体系、风险数据和风险模型管理、信息科技风险管理、贷款合作管理、监督管理和附则。一是合理界定互联网贷款内涵及范围,明确互联网贷款应遵循小额、短期、高效和风险可控原则。二是明确风险管理要求。商业银行应当针对互联网贷款业务建立全面风险管理体系,在贷前、贷中、贷后全流程进行风险控制,加强风险数据和风险模型管理,同时防范和管控信息科技风险。三是规范合作机构管理。要求商业银行建立健全合作机构准入和退出机制,在内控制度、准入前评估、协议签署、信息披露、持续管理等方面加强管理、压实责任。对与合作机构共同出资发放贷款的,《办法》提出加强限额管理和集中度管理等要求。四是强化消费者保护。明确商业银行应当建立互联网借款人权益保护机制,对借款人数据来源、使用、保管等问题提出明确要求。《办法》还规定,商业银行应当加强信息披露,不得委托有违法违规记录的合作机构进行清收。五是加强事中事后监管。《办法》对商业银行提交互联网贷款业务情况报告、自评估、重大事项报告等提出监管要求。监管机构实施监督检查,对违法违规行为依法追究法律责任。在过渡期安排方面,按照"新老划断"原则设置过渡期,过渡期为《办法》实施之日起2年。过渡期内,商业银行对照《办法》制定整改方案并有序实施,不符合《办法》规定的业务逐步有序压降。过渡期结束后,商业银行所有存续互联网贷款业务均应遵守本《办法》规定。

发布实施《办法》是完善我国商业银行互联网贷款监管制度的重要举措,有利于补齐制度短板,防范金融风险、提升金融服务质效。下一步,银保监会将加强督促指导,做好《办法》贯彻落实工作,推进商业银行互联网贷款业务健康发展。

(资料来源:中国银保监会发布《商业银行互联网贷款管理暂行办法》.中华人民共和国政府网,2020-07-17.)

[解析]

在《网络小额贷款业务管理暂行办法》中,与蚂蚁金服颇为密切的一条是,在单笔联合贷款中,经营网络小额贷款业务的小额贷款公司的出资比例不得低于30%(蚂蚁金服显然没有达到),以及网络小额贷公司的注册资本不低于人民币10亿元(蚂蚁金服虽然达到了,但是旗下的"花呗"和"借呗"比例都未能达标)。跨省经营网络小贷不低于50亿元(蚂蚁金服以及旗下的"花呗"和"借呗"显然没有达到)。

显然,银保监会和央行是有备而来的,此举就是针对蚂蚁金服以及旗下的"花呗"和"借呗"进行有针对性的监管。近年来,蚂蚁金服在跨地区小额贷款业务方面通过在重庆注册的两家小贷公司开展"花呗"和"借呗"业务,以不到30亿的资本金,做成了3000多亿贷款规模,在互联网贷款业务方面渐成垄断之势,"花呗"和"借呗"相加,在我国20~35岁年轻人中的渗透率超过50%,形成了事实上的垄断。这种垄断,或因为贷款额度高,而对借款人形成巨大的还本付息的压力。暂缓蚂蚁金服上市和出台《网络小额贷款业务管理办法》有效抑制了我国小贷业务形成具有垄断力量的金融寡头。

任务准备

通过市场完成对资源的配置，最终目的是实现消费效率、生产效率及分配效率的最大化。我们把这种最佳的状态称为"帕累托最优"。

帕累托最优（Pareto Optimality）是由帕累托提出的，也称为帕累托效率（Pareto Efficiency），是指资源分配的一种理想状态，假定固有的一群人和可分配的资源，从一种分配状态到另一种状态的变化中，在没有使任何人境况变坏的前提下，使得至少一个人变得更好，这就是帕累托改进或帕累托最优化。帕累托最优状态就是不可能再有更多的帕累托改进的余地，换句话说，帕累托改进是达到帕累托最优的路径和方法。帕累托最优是公平与效率的"理想王国"。

前面所阐述过的三个基本问题分别是：生产什么？如何生产？为谁生产？这三个问题可具体化为以下3个问题：

（1）各种产品各生产多少？

（2）每一种产品在生产中各投入哪些及多少生产要素？

（3）如何将产品在消费者之间进行分配？

如果能够很好地回答这三个问题，并使得在产品的生产、消费及分配领域已经没有改进的空间了，则资源配置实现最优。

但实际上，市场的自发调节很难出现理想中的状态。当今世界上极少有国家完全依赖于自由市场经济，几乎所有的政府都或多或少地介入了市场经济活动之中。为什么会出现这样的情况呢？这是因为市场并不是万能的，它在调节经济的同时，也会引起许多问题。例如污染，对人们的身体健康有害，然而要减少污染，并不是人们说一句话就能解决的，必须添置大量的防污染设备和检测仪器，这就增加了经营成本。经营成本的增加则意味着利润的减少，私人企业为了追求利润最大化的目标，怎肯轻易增加经营成本？故而你污染，我也污染，以致人类都呼吸着使人短命的空气，饮用受到污染的水。再如，从历史的角度来看，人们都能认识到国防对每个人的重要性，可是，世界上却没有哪个国家的国防经费是靠着百姓自愿而筹集的。政府必须强制公民纳税，以支援国防建设。这就防止了所谓"搭便车"的问题，即一部分人出资建设国防，却使另一些不愿出钱的人无形之中受益，而这恰好是市场经济所无法解决的，这种情况称为"市场失灵"。

所谓的市场失灵，也称市场缺乏效率，是指市场机制不能正常发挥作用，从而资源配置不能达到帕累托最优状态。市场失灵的原因大致可分为以下四种，而每一种市场失灵都为政府的直接介入提供了依据。

一、市场垄断与政府调节

只有在完全竞争的条件下，"看不见的手"才能充分起到作用，然而有一些现实因素使某些行业无法达到完全竞争的市场结构。例如，规模经济会带来自然垄断，其他一些进入或退出壁垒也会使市场偏离完全竞争。如果一个行业出现垄断，厂商就可能通过控制产量来控制价格，价格信号就会受到干扰，它的资源配置功能就会"失真"。因此，垄断虽然具有经济上的必然性，但同时又具有经济上的不合理性，表现在垄断导致资源配置的低效率从而降低了社会福利水平。这种矛盾迫使人们寻求国家干预，以防止市场经济中自发产生的最终破坏市场经济的这种低效率的资源配置方式。

垄断对社会造成的损失，主要表现为资源浪费和社会福利的损失两个方面。针对垄断造成的市场失灵，政府通常采用以下的方式予以调节：

1.价格管制

价格管制是指政府控制垄断者产品的价格的方法。这种方法主要用于自然垄断行业，其原则有三种：一是边际成本定价，即垄断企业按产品的边际成本确定价格；二是平均成本定价，即垄断企业按产品的平均成本定价；三是确定一个合理的资本回报率，按成本加回报定价。此外，政府为了防止企业定价过高，也可以采用设定价格上限的政策，即规定一个企业的产品价格不能超过某个最高价，在此之下由企业自行定价。

我国现阶段天然气定价方法主要采用"成本加成"的方法，即出厂的生产成本加上合理的利润构成了成本价。众所周知，我国天然气中上游基本由中石油、中石化和中海油三家大型国有企业垄断。其中中上游价格由国家发展和改革委员会制定，下游销售价则由地方发展和改革委员会定价。政府这样做主要是为了控制垄断企业过分索取经济资源的剩余价值，保障人民的生活，稳定经济，使得全国天然气可以有一个长期合理稳定的出厂价。

2.制定反垄断法

政府可以通过立法的形式来反对垄断。为了预防和制止垄断行为，保护市场公平竞争，提高经济运行效率，维护消费者利益和社会公共利益，促进市场经济健康发展，2022 年 6 月 24 日，第十三届全国人大常委会第三十五次会议表决通过修改《中华人民共和国反垄断法》的决定，该法自 2022 年 8 月 1 日起施行。该法大幅充实了法律责任体系，将垄断责任的主体扩张至个人，加大了罚款的金额，引入了加重赔偿制度、信用记录制度，并明确了需承担的刑事责任。

美国也曾经颁布一系列反对垄断的法律。例如，1890 年的《谢尔曼反托拉斯法》、1914 年颁布的《克莱顿反托拉斯法》、1936 年颁布的《罗宾逊—帕特曼法案》、1950 年颁布的《塞勒—凯弗维尔法》等，这些法律通称为反托拉斯法。

二、不完全信息与政府调节

市场经济是消费者主权（Consumer Sovereignty）至上的经济，然而消费者要真正做出效用极大化的正确决策需要掌握全面、正确、充足的信息。信息就像其他经济物品一样，也是一种稀缺的资源，因为获得信息需要成本。由于搜寻信息的成本有时候会十分高昂，消费者不得不在信息不充分的情况下做出决策，从而导致市场效率下降。信息在许多方面具有公共产品的特征，因而在私人市场经济中总是供给不足。为了避免这种现象的发生，政府经常要承担起向消费者免费提供信息的职能，一个最典型的例子是各地的气象预报都是由当地政府部门提供的。

不完全信息也称信息不对称，在现实中分为以下两种情形：

（1）卖者比买者掌握更多的信息。例如，在二手交易市场上，卖方通常会隐藏该二手商品存在的缺陷，买方只有购回并使用一段时间才能发现其实际的质量和存在的问题。

（2）买者比卖者掌握更多的信息。在保险市场上，买方通常更清楚自己所面临的风险（如医疗保险里家族基因隐患），而卖方则知道得更少。

在这两种情形下，卖方占优势时买方会愿意支付较低的价格以保护自身利益，最后导致"劣币驱逐良币"现象的出现，伪劣产品将充斥市场；买方占优势将使得卖方提高售价从而造成买方福利流失。

为解决不完全信息造成的市场失灵，政府通常会采取以下几种措施：

1.建立市场信号

政府重视和充分发挥行业协会、消费者协会、国家质量标准组织、信用评级机构的作用，对新闻媒体和其他各类信息服务组织进行有效的监督评价，保证信息正确传递，使消费者能够在一定程度上了解商品质量信息，提高质量知情者的比例。

为推进我国政务公开，保障人民群众依法获取政府信息，2007年4月5日中华人民共和国国务院令第492号公布了《中华人民共和国政府信息公开条例》。2019年4月3日国务院公布修订后的《中华人民共和国政府信息公开条例》。

条例修订主要包括三个方面：一是坚持公开为常态，不公开为例外，明确政府信息公开的范围，不断扩大主动公开。二是完善依申请公开程序，切实保障申请人及相关各方的合法权益，同时对少数申请人不当行使申请权，影响政府信息公开工作正常开展的行为作出必要规范。三是强化便民服务要求，通过加强信息化手段的运用提高政府信息公开实效，切实发挥政府信息对人民群众生产、生活和经济社会活动的服务作用。

根据《中华人民共和国政府信息公开条例》，2021年5月24日，国务院生态环境办公厅发布了关于印发《环境信息依法披露制度改革方案》的通知（以下简称《改革方案》）。《改革方案》明确指出，要逐步建立健全企业强制性披露环境信息的要求：2021年印发环境信息依法披露管理办法、企业环境信息依法披露格式准则；2022年完成上市公司、发债企业信息披露等有关格式文件修订，2023年开展环境信息依法披露制度改革评估，到2025年基本形成环境信息强制性披露制度。《改革方案》要求重点排污单位、实施强制性清洁生产审核的企业以及因生态环境违法行为被追究刑事责任或者受到重大行政处罚的上市公司、发债企业在年度报告等相关报告中依法开展环境信息强制性披露工作，并应在规定期限内持续披露企业环境信息；对于环境信息披露不及时、不规范、不准确等未按规定履行信息披露义务或所披露的信息存在虚假记载、误导性陈述或重大遗漏的企业将要求其及时补充披露相关环境信息，并依法追究有关责任。

2.建立标准化认证体系

随着市场竞争的日趋激烈和关税壁垒任用的日益减弱，标准在国际贸易中的地位不断增强。许多发达国家和国际组织，如美、日、欧盟等，将保护本国市场的目光转向了标准，凭借其完善的标准化体系及自身技术、经济优势，通过标准中技术要素的确定、技术指标的设定及相关的合格评定制度等，提高市场准入门槛，设置技术壁垒以保护本国市场，使得标准已不仅仅是建立和维持市场经济的技术手段及国际贸易和国际技术合作中的技术纽带，而且也成为阻止外国商品进入本国市场的合法、有效的武器。

为了发展社会主义商品经济，促进技术进步，改进产品质量，提高社会经济效益，维护国家和人民的利益，使标准化工作适应社会主义现代化建设和发展对外经济关系的需要，我国于1989年4月1日起施行了《中华人民共和国标准化法》，并于2017年11月4日对该法进行修订，自2018年1月1日起施行。

目前中国的标准化体系由三部分构成，一是政府标准，二是市场标准，三是国际标准。政府标准包括国家标准、行业标准和地方标准；市场标准包括团体标准、企业标准，如图7-1所示。

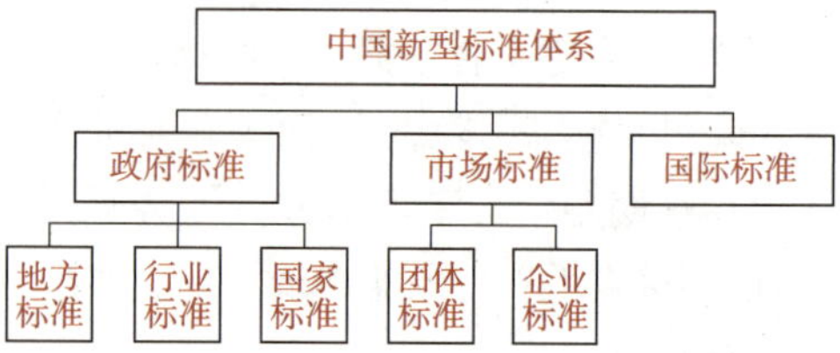

（1）政府标准

①国家标准。国家标准包括强制性国家标准和推荐性国家标准。

图7-1　中国新型标准体系

强制性国家标准旨在保障人身健康安全、国家安全、生态环境安全、经济社会管理基本需要，由国务院有关行政主管部门负责项目提出、组织起草、征求意见和技术审查，国务院标准化行政主管部门负责立项、编号和对外通报，国务院批准发布或者授权批准发布，兼具标准和法规的特点，从业者必须执行。强制性国家标准由政府主导，严格限定范围。

推荐性国家标准基础通用，与强制性国家标准配套，对行业起引领作用，由全国标准化技术委员会负责标准的编制工作，国务院标准化行政主管部门批准发布，国家鼓励采用。推荐性国家标准突出基础公益性，强调公开透明。

②行业标准。行业标准没有推荐性国家标准、需要在全国某个行业范围内统一技术要求，由国务院有关行政主管部门批准发布，国务院标准化行政主管部门备案，国家鼓励采用。行业标准有严格限定的范围。例如住房城乡建设部发布《关于深化工程建设标准化工作改革的意见》，要求优化"存量"标准，严控"增量"标准，并发布了《可转化为团体标准的现行工程建设推荐性标准目录（2018 年版）》。

③地方标准。地方标准根据地方自然条件、风俗习惯等特殊技术要求确定，由省级和市级标准化行政主管部门批准发布，国务院标准化行政主管部门备案，地方鼓励采用。《中华人民共和国标准化法》中规定禁止利用标准实施妨碍商品、服务自由流通等排除、限制市场竞争的行为（第二十二条），基本不再制定一般性工业产品标准，2017 年新增地方标准中有 80% 是农业、服务业、社会管理和公共服务标准。

（2）市场标准

①团体标准。团体标准根据市场和创新需要确定，由学会、协会、商会、联合会、产业技术联盟等社会团体组织制定、批准发布，本团体约定采用或社会自愿采用。

②企业标准。企业标准由企业按需制定（优先使用国家、行业、地方或团体标准），企业自行制定或者与其他企业联合制定，企业内部使用或作为质量承诺（自我声明公开）。

（3）国际标准

采用国际标准是中国的一项基本技术经济政策，《中华人民共和国标准化法》第八条规定，国家积极推动参与国际标准化活动，参与制定国际标准，结合国情采用国际标准。我国先后召开 6 次全国性采标工作会议，推动采用国际标准工作，我国遵守 ISO（国际标准化组织）和 IEC（国际电工委员会）的版权政策采用 ISO 和 IEC 国际标准。

当下，贸易壁垒已成为发达国家保护自己的市场、占领别人的市场、谋求最大利益的武器。为达到控制进口，保护自身利益的目的，发达国家常常将国家或地区标准作为所设置的贸易技术壁垒的手段。在国际市场上，谁掌握了标准的制定权，谁的技术成为国际标准，谁就掌握了国际市场的主动权，谁就能控制未来的国际市场。国际标准是世界各国协商一致的产物，是国际上普遍能达到的比较先进的科学技术和生产水平，是保证国际贸易公平竞争、维持正常国际市场秩序的基本要求和准则、破除贸易壁垒的有力武器。通过国际间标准化工作的交流与合作，形成国际化的标准化发展环境，将本国的标准化纳入国际标准化体系之中，学习国外和工业发达国家的经验，能够提高本国的标准化工作的水平，并在国际标准化中发挥作用，真正成为国际标准化的组成部分。

三、契约引导与商誉的建立

市场交易以个人利益为取向、契约为媒介。在完全竞争中，完备的信息、同质的商品，当事人能签订并能严格履行完备的合同，没有依严格的标准选择对方的必要。但完备合同只是一种理想，现实中绝不存在。在不完全竞争的社会现实中，如果交易在狭小的熟人社会中进行，虽然会受制于人际互动的压力、人情、面子、习惯和伦理，但基于彼此的相互了解、知根知底，合同也能近乎完好地签订和履行，而不会存在过大的风险与不确定性。

市场交易受制于专业分工、知识分层、阅历禀赋，交易各方就所涉信息的掌握状况是不一致的，信息不对称是一种常态。信息不对称决定了交易双方在议价能力上的不平等，掌握更多信息的一方有可能利用优势，滋生投机主义和败德行为，隐藏、扭曲信息，"敲竹杠"会时有发生。而处于信息劣势的一方由于担心不确定性因素，顾虑重重，犹豫观望，甚至抵制交易，所谓逆向选择、市场冷清正是这一现象的典型表现。

信息不对称表现出来的市场失灵引发了信任危机，合理的期待将成为相互交易的明智之人在交易过程中需要的最低信任。交易的顺利进行必然要求引入信任机制，形成一套处理风险和信息的制度。

商业信用日复一日的沉淀，"关系"利益的长期累积，最终会生成"商誉"。商誉本质上是一种极具权威性的声誉或名声，是一种极具资产价值的"关系"，企业一旦拥有商誉，也就赢得了长期交易，等于获得了一个有组织的市场，从而拥有稳定而广泛的市场份额，也就具有了获得未来利润的能力。为此，理论上往往将商誉定义为一种现实的、能获取未来经济利益的"资产"，是一种极具经济意义和竞争价值的社会资本，表示着拥有者未来盈利的能力。

四、外部效应与政府调节

竞争的市场机制能够实现资源的有效配置，它有一个重要前提：生产者或消费者的生产或消费行为不会对其他人的经济福利造成影响。但是，事实上，这个重要前提却经常受到破坏，人们的生产或消费行为经常会给其他人或企业造成影响，这种影响被称为"外部效应"。

外部效应是指个人或企业的行为直接影响到其他个人或企业，但其他个人或企业并没有因此而支付任何成本或得到任何补偿。外部效应根据对其他个人或企业产生的影响是好是坏，分为正外部效应与负外部效应。

正外部效应是指个人或企业的行为对其他个人或企业产生有利影响，但并没有得以补偿，受益的一方也未支付成本。例如，养蜂人在果园旁放蜂，这一行为客观上提高了果园的产量，但果园主并没有额外支付费用，养蜂人也并未得到额外的回报。

负外部效应是指个人或企业的行为对其他个人或企业产生不利影响，但并没有因此承担成本，受损的一方也未得到补偿。例如，一家化工厂排放污水污染了河流，使下游养鱼场受损，但该化工厂并未支付任何成本，养鱼场也未得到任何补偿。

显然，正外部效应应当得到鼓励，政府通常采取补贴、减税等方式对提供正外部效应一方予以奖励，如苗木种植业；负外部效应则应当予以管制，通常采用如下做法：

（一）政府直接管制

英国经济学家罗纳德·哈里·科斯（Ronald H.Coase）认为政府有能力以低于私人组织的成本进行某些活动。因此，在市场和私人谈判解决不了负外部效应时，政府有必要进行直接管制，即政府做出直接规定，强制性地规定人们必须做什么、不得做什么，并要求人们必须服从。对违反这些强制性规定的行为予以相应程度的罚金，使其行为的边际成本与社会边际成本相等，其主要表现有禁令，如明令禁止某些生产经营活动或资源利用与排污，甚至对一些严重污染企业直接采取"关、停、并、转"的强制措施；行政许可证制，即规定只有持有政府行政主管部门颁布的生产经营许可证才能生产或排污。

一般来说，政府直接管制缺乏效率，具体有以下原因：

（1）管制标准的制定由政府当局一手操办，它是否科学、合理且可行，难以预料。

（2）政府对生产和消费过程中所涉及的污染活动进行直接干预，没有考虑企业之间成本与收益的差别，对所有的企业都一刀切，排除了市场效用。

（3）直接管制中，企业和市场在政府严格的行政管制中没有活动余地。

但直接管制也并非绝对无效率，在某些特定情况下，直接管制可能比市场调节更具有效性。例如，当出现偶然的、未预期到的紧急情况，如异常气候导致的干旱、洪、涝灾害，或其他自然灾害时，由于情况紧急，而且持续不长，征税或许可证市场贸易体系的建立不仅时间上来不及，而且也难以达到所希望的标准。这时，直接管制将会发生有效作用。例如，在十一届人代会上，河北省省长郭庚茂就曾提议要在奥运会期间关停污染企业，支持北京奥运，保证北京空气质量，此时政府就发挥了不可或缺的作用。从上述分析可知，直接管制在通常情况下，是缺乏效率的。但这并不意味着直接管制与效率根本不相容。在一些特定情况下，直接管制具有经济刺激手段的不可替代性。从这一意义上讲，直接管制的最大缺点和最大优点都表现在指令的严格性。严格的指令虽然妨碍了市场的运作而导致效率的降低，但正是这样才确保了标准的准确落实。

（二）税收和补助

税收历来是满足政府支出需要的、是政府征集财政收入的手段。税收可以用于负外部性问题的治理，即对企业生产中产生的额外成本，也就是未能在企业生产成本中体现的成本（即部分社会成本）用税收形式加之于企业，使企业的边际成本与社会边际成本一致。这与政府规定排放标准的区别在于，它不用一刀切的办法来处理企业的污染排放。企业可以自行排放污染，排放得多，多交税；排放得少，则少交税。政府则用征收污染的税收来治理污染。

2018年1月1日起施行的《中华人民共和国环境保护税法》明确规定，在中华人民共和国领域和中华人民共和国管辖的其他海域，直接向环境排放应税污染物的企业事业单位和其他生产经营者为环境保护税的纳税人，大气污染物、水污染物、固体废物和噪声为应税污染物。环保税开征之后，以年产值5000万元为基准的中型类制造企业以例，该类企业每年度需缴纳大气污染物税额累计6万～12万元；需缴纳水污染物税额累计8万～15万元；需缴纳锯末、粉尘、化工垃圾等固体废物税额累计15万～30万元；而需缴纳噪声税额累计每月5 000～20 000元。综上所述，这类生产企业的年度环保税额为30万～70万元。环保税的征收对企业来说是一笔巨大的开支，对于缺乏竞争实力的小企业和杂牌企业来说，承受压力太大。环保税征税将会加剧行业洗牌，淘汰部分企业。

与税收相反的做法是补助，补助体现在两个方面：一方面是对积极的外部性生产进行补助，使企业生产的边际效益增加到与社会边际效益相等，鼓励企业扩大产出，如对教育的补助、对研究开发实行贴息贷款；另一方面，对企业治理污染的行动采取补助或允许治理污染的支出在税前列支，以鼓励企业治理污染，减少污染。

（三）企业合并

如果把有外部不经济的企业与受其影响的企业合并，就会使这种外部性"内部化"，从而实现资源的优化配置。因为这两种企业合并之后，形成了利益共同体，为了减少产量过多而造成的经济损失，企业必然要将产量确定在边际收益等于边际成本的水平上，使得合并企业的成本和收益等于社会的成本和收益。

例如，过量的碳排放会对环境造成污染，使全球气候变暖、海平面上升、极端气候增多；烟雾、粉尘、有毒气体等会对人体健康、野生动植物造成极大的危害等。环境被污染之后，政府和社会还要进行环境治理，从而增加了政府预算、社会治理成本。最容易忽视的是，过量的碳排放还表现为代际的负外部性，即随着当代人碳排放量的增多，后代子孙能够享受到的环境质量越来越差，治理环境的成本也就越来越高。

假设经济系统有两个生产者：化工厂和附近的精密仪器厂，且两家企业分别生产 Q_1 和 Q_2 两种产品，化工厂为生产 Q_1 必须进行碳排放，而仪器厂因为空气污染不得不支付费用改善 Q_2 的质量。在仪器厂的成本中包含着由化工厂控制的外生变量碳排放量 e，而化工厂为追求利润最大化必然使得仪器厂无法实现利润最大化。

假设两家企业合并，并成为新厂下属的车间，则碳排放的外部效应被内部化，从而使 Q_1 和 Q_2 的产量都可以按照利润最大化的条件进行生产，达到所有产品的帕累托最优配置效率。由于 Q_1 的产量减少，碳排放量也就得到抑制和减少。同时 Q_2 的产量得到增长，增加了仪器生产车间的利润。但是用合并的方法来解决外部性问题也有一定的局限性，因为合并后的企业规模必须足够大。另外，合作双方可能会在谈判、分配、合作、剩余等方面不能达成一致意见而使得合并不能够实现。

（四）界定产权——科斯定理

通过明确产权解决外部影响的方法，是以科斯为代表的新制度经济学派提出来的。美国芝加哥大学教授科斯认为，只要财产权是明确的，则在交易成本为零的条件下，无论最初的产权赋予谁，市场总会有效配置资源并解决外部性的问题。后来科斯的这一思想被西方学者作为应用于解决外部影响的市场化思路，并概括为"科斯定理"。

科斯认为，外部性导致资源配置的低效率，是由于财产权不明确。产权是指对某种资源的排他性使用权，在产权明确并且其实施得到充分保障的情况下，外部性产生的机会就会减少，或者生产正的或负的外部性的主体会得到相应的补偿或处罚。只要法定的产权是明确界定的和可以交易的，那么"看不见的手"总是会使相关的经济实体得出有效率的结果。因此，政府在产权改革中力求使产权明晰，就可以在一定程度上解决外部性问题。所以政府所要做的是通过制定相应的规章制度，明确经济主体的权利义务关系，明晰产权归属，使当事人自由交易，从而使外部性问题得以解决，进而实现资源的优化配置。可见产权配置不失为政府治理外部性的有效手段之一。在这方面，中央政府和地方政府均已展开实际工作来规范产权制度，为更好地保护产权进行了实际的探索。

例如，2022 年，国家知识产权局批准湖南省常德市为国家知识产权试点城市，国家知识产权局将在知识产权政策与战略研究、人员培训、信息搜集等方面给予试点城市优惠的政策。试点时限为 2022 年 7 月至 2025 年 6 月。据了解，常德市市委、市政府高度重视知识产权，并采取积极有效的措施展开申报工作，2006 年常德市政府专门设立了专利申请资助资金。知识产权对常德经济的贡献度明显加大，全市涌现出了一大批拥有自主知识产权的优秀企业。常德市加入全国知识产权试点城市后，有效地促进了全市加强完善知识产权管理与保护工作，营造有利于技术创新的市场经济秩序，有效促进高新技术的知识产权化和有自主知识产权的高新技术产业化，加快实现建设创新型常德，促进市场更有效地进行配置资源。由此可见，政府在产权的保护和管理方面的作用不容忽视。但是科斯定理本身是建立在许多经济假设之上的，在实际经济环境的运用中必然会有许多限制。而事实也证明了，当产权管辖范围太大或者产权只归国家不归私人时、当外部性问题涉及很多人时，要通过谈判达成协议的成本可能非常高，即存在所谓的交易成本，因此难以解决外部性问题。所以，政府在运用科斯定理进行产权的明细配置时也需要对具体情况做出判断。而且在产权明晰、配置合理、产权自由配置的情况下，市场可以自行达到资源的有效配置，政府所起的作用是为市场提供必要的经济基础和良好的市场环境，是要建立一个良好的市场秩序和健康的经济环境，此时，政府更加需要明确自身的定位。

五、公共物品与政府提供

公共物品是指政府向公众提供的各种物品或劳务的总称。与公共物品相对的概念是"私人物品"。私人物品通常同时具有"排他性"与"竞争性"的特征。而具有"非排他性"与"非竞争性"其中至少一项的产品被称为"公共物品"，见表7-1。

表 7-1　物品的分类

	排他性	非排他性
竞争性	私人物品，如：衣服、个人电脑、拥挤的收费道路	公共资源，如：公园、海洋、拥挤的不收费道路
非竞争性	准公共物品，如：电影院、图书馆、不拥挤的收费道路	纯公共物品，如：国防、环保、不拥挤不收费的道路

公共物品的两个基本特征导致了"搭便车"问题和私人部门的低效率，因此自由市场不会也不宜提供公共物品。例如，很难想象个人（除非是慈善家）会投资灯塔这样的设施，因为投资者无法从受益者那里得到经济上的回报；也很难想象由私人部门来经营气象预报，因为在私人投资必须得到回报的情况下，消费者必须付费才能决定出门是带伞还是带太阳帽。

然而，公共物品过于缺乏会降低经济运行的效率，甚至使整个社会经济无法正常运行。但基于以上分析，人们都愿意使用公共物品，却无人愿意提供，因此公共物品只能由政府来承担。政府是否提供一项公共物品，通常有以下两种方法来确定：

（一）成本收益分析法

成本效益分析是指通过比较项目的全部成本和效益来评估项目价值的一种方法，成本—效益分析作为一种经济决策方法，将成本费用分析法运用于政府部门的计划决策之中，以寻求在投资决策上如何以最小的成本获得最大的效益。常用于评估需要量化社会效益的公共事业项目的价值。

成本效益分析法的基本原理是：针对某项支出目标，提出若干实现该目标的方案，运用一定的技术方法，计算出每种方案的成本和收益，通过比较方法，并依据一定的原则，选择最优的决策方案。

假设政府正在考虑一个公共项目，如修建一个大型的水库。为了判定是否修建，政府必须比较水库带来的总收益和建设维护成本。为了做出这个决策，政府会组织专家小组进行研究，这种研究往往采用成本收益分析法，目的是估算该项目对社会的总成本和总收益，以提供有效率的公共物品。在私人物品市场，买者通过他们愿意支付的价格反映出他们对该物品的评价，卖者通过他们愿意接受的价格反映出他们的成本。然而公共物品项目的成本收益分析是一个难题。因为所有人都可免费享受公共物品如水库带来的收益，无须判断水库的价值。那么如何了解个人对公共物品的偏好和评价？办法之一是调查每个人愿意为公共物品付出多少价格，如果每个人都能够如实回答，则问题就解决了。

首先这个调查工作量是巨大的，其次人们没有如实回答的激励。因为，若个人知道税收将根据自己报告的数额征收，而不会改变某公共物品的供给数量，那么，他就会尽量少报，以做到少花钱而享用同样数量的公共物品；而一个人如果知道无论自己报告多少，税收是给定的，那么他就会多报，因为这样可以提高公共物品的消费量，而自己不必多花钱。因此按照个人效用最大化的逻辑，人们有不说实话的动机，个人不说实话是为了自己获得最大利益，而这种理性行为导致的最终结果便是公共物品的实际消费量小于最优数量。当人们少报自己的金额时，社会就无法提供足够数量的公共物品；而多报自己从公共物品消费中的效用，就不能实现资源的最优配置。也就是说，在公共物品的问题上，个人理性导致了整个社会的非理性行为。因此当评价政府是否应该提供一种公共物品时，成本收益分析并没有提供任何价格信号，而关于公共项目成本和收益的结论，也只是近似估计得到是否提供及提供的数量。

（二）公众选择法

政府对公共物品的提供和与政府行为有关的"集体选择"问题密切联系。所谓集体选择，是指所有参加者依据一定的规则通过相互协商来确定集体行动方案的过程。为了解决公共物品的"搭便车"问题，揭示人们的真实偏好，经济学家设计了多种方案，如一致同意规则、需求显示法等。人们还借鉴政治决策过程中的多数票规则、加权投票规则、否决投票规则等规则来决定公共物品的供给问题。

1.一致同意规则

瑞典经济学家林达尔（E.Lindahl）设计出了一致同意规则的具体操作方法。所谓一致同意规则，是指一项集体行动方案，只有在所有参与者都同意或者至少没有任何一个参与者反对的前提下，该方案才能最后被通过并实施，即每一个参与者都对将要达成的集体决策享有否决权。只有参与各方达成完全一致的意见，才能决定采取什么样的行动。在决策过程中有一个投票主持人，他负责收集每一轮投票的信息，按照既定的规则处理这些信息，修改相应的议案，把新的议案提交下一轮投票，直到所有人都赞成。在公共物品供给的决策中，主持人不断修改每一位当事人对公共物品应该分摊的税收份额，这一税收份额称为税价。针对每一个税价结构，当事人根据自己的收入和偏好得出对公共物品的需求量，并真实地报告给主持人，这一信息只有主持人知道，其他当事人不了解这一信息。这时，每个人对公共物品的需求很可能不一致，而公共物品的特性决定了每个人的消费量是一致的，所以为了全体参与人一致同意，主持人必须修改每个人的税价，当事人再根据修改后的税价，报出自己对公共物品的需求。这个调整过程一直持续下去，最终必然会出现一个税价结构，当所有人报出的对公共物品的需求是一致的，这个税价结构就得以通过，并满足一致同意规则。这一结果称为"林达尔均衡"。一致同意规则有如下几个特点：

（1）由一致同意规则得出的集体行动方案是帕累托最优的，因而在经济学上是有效率的。但是，这样的结果不是唯一的。

（2）在一致同意规则下，每个参与者都拥有否决权，因而任何成员都不能把自己的意志强加给别人，也不能把自己的利益凌驾于其他人的利益之上。所以，在一致同意规则下，参与人的权利是绝对平等的，每个参与人都有积极性说出自己的真实意愿，"说谎"是不能得到任何好处的，因为别人可能因为你的不诚实而一直否决议案。

（3）一致同意规则可以有效避免"搭便车"行为的发生。如果某个集体行动议案能够使部分成员不付任何代价地从中获益，这项决议就会因为损害其他人的利益而被这些人否决。

（4）一致同意原则需要反复讨论、修改和表决议案，要不断地进行"讨价还价"，需要花很大的交易成本才能实现。但当事人数目众多时，达成一个议案需要进行"马拉松式"的谈判。这是一致同意规则最大的缺点。

公共选择学派的代表人物都十分推崇一致同意原则，因为这样可以最小化政府的投机行为，从而最能够保证个人的自由和权利。但是，由于一致同意原则实施的成本高得令人难以置信，所以只具有理论上的意义。

2. 需求显示法

下面用一个简单的例子来说明需求显示法的含义以及实施过程。

假设有甲、乙、丙三个人，要在 A、B、C 三个公共物品的方案中选择一个作为最终的集体行动方案。表 7-2 给出了如果三个方案实施能够给三个人带来收益的货币衡量值。

表 7-2　需求显示法

居民	方案			
	A	B	C	税收
甲	30	10	5	20
乙	10	40	20	0
丙	25	5	10	15
社会价值	65	55	35	35

首先加总各个方案的价值，每个方案的合计值称为其社会价值。在这个例子中，A、B、C 三个方案的社会价值分别为 65、55、35，A 方案的社会价值最大，所以认为它对社会是最优的方案，因而集体的行动方案应该是 A。但是，从表中可知实施方案 A 显然对乙不公平，如果实施其他方案乙能够获得更多的利益。所以需要对有些成员征税，来筹集生产公共物品的一部分经费。

对成员征税额的计算，采用下列方法，以甲为例，首先计算出只有乙和丙参与时 A、B、C 三个方案的社会价值，看哪个方案的社会价值最大，它就是没有甲参与时社会最佳的行动方案，我们看到这时是 B 方案当选，其社会价值是 45。然后加入甲对三个方案的评价，看哪个方案社会价值最大，也就是最终的社会最优行动方案。如果甲加入以后，最优方案没有变化，甲就不需要缴税；如果甲加入以后，最优方案有了变化，那么两个方案的社会价值的差额就是甲应该缴纳的税收额。在上述的例子中，由于甲的加入，A 变为最优方案，其社会价值为 65，甲需要缴纳的税收就是 20（65-45=20）。同理，乙不用缴税，丙需要的缴税额为 15，三个人的总税额是 35。如果这个行动提供的公共物品的成本小于 35，就不用再进一步分担费用，税收减成本的差额，以一次总付的方式，返还给三个选民；如果公共物品的成本超过 35，还需要三个人进一步分摊成本。

需求显示法的优点在于它可以激励每个参与者说出对公共物品需求的真实信息，从而可以使投票者得到的公共物品的数量与质量最大限度地接近投票者的偏好结构。其缺点是实施起来比较复杂，当参与人数过多时，交易成本会愈来愈大。

3.多数票规则

在多数票规则下，一个方案能否通过取决于能否获得超过某一比例的参与者的支持，这一比例可以是2/3，也可以是1/2，后一种情况又称为简单多数。所以，最终通过的议案只是维护多数派的利益，而忽略甚至损害少数人的利益。多数票规则选出的每一项方案都具有内在的强制性，因为决策是根据多数派成员的意志做出的，但要求所有成员服从。

多数票规则的最大优点在于节省决策的交易成本。前面已经论述过一致投票规则的最大缺点是交易成本太高，而多数票规则可以减少这一成本。但是多数票比例不同，决策的成本是不同的。一般说来，多数票比例越高，其决策成本越大。因而在现实过程中，一般采用简单多数规则，因为这样的预期决策成本是最低的。但是，多数投票规则下同样存在"搭便车"问题以及由此诱发的利益集团操纵，这是多数票规则带来的最大问题。

4.加权投票规则

加权投票规则的特点是按照利益差别，把投票参与者按重要性分类，根据分类来分配票数，然后对候选方案进行投票，得到最多票数而不是最多人数支持的议案将获得通过。加权投票规则在现实中比较普遍应用，它只是多数票规则的一个变体，通常具有和多数票规则一样的优点和弊端。

5.否决投票规则

否决投票规则首先让每个成员提出自己认为可供选择的一整套建议或者行动方案，汇总后每个成员再从汇总的方案中否决掉自己不喜欢的那些方案，最后剩下的没有被任何人否决的议案，就是集体选择的结果。否决投票规则的优点是每个人都有机会表达自己的偏好情况，同时由于每个成员都有否决其他人提案的权利，因而每个成员为了自己的议案不被别人否决，就会在酝酿议案的时候尽量考虑他人的利益。与一致同意规则一样，这种投票规则下达成的最后结果是帕累托最优的。否决投票规则的缺点就在于它的可实施性。如果所有的参与成员不具有某些共同的特征，就无法达成最终协议。

以上这些决策规则或实施方案的最终目的在于试图提供一种经济激励，使人们说真话。但是从以上的分析可知：使人们说真话是有代价的。或者说都是有利有弊的，那么该如何确定最优的集体选择规则，即按照什么样的规则来进行集体选择才能保证所得到的结果是最有效率的？经济学家提出了两种解决方法的理论模型。一种是成本模型，这种方法将集体选择规则中的成本分为决策成本和外在成本，决策成本指在该规则下通过某项集体行动方案所花费的时间和精力，外在成本指在该规则下通过某项集体行动方案与某些参加者的意愿不一致而给他们带来的损失。这是认为理性经济人将按最低的成本来决定集体选择的规则。另一种是概率模型，认为最好的集体选择规则是使集体决策的结果偏离个人意愿的可能性达到最小时的规则。

知识拓展

市场失灵原因的拓展分析

除以上四种市场失灵的原因之外，市场还会受到其功能不完全、失业或收入分配等现象的影响。

1.市场不完全

市场不完全是指即使对于有些产品或服务消费者愿意支付的价格要高于生产成本，私人市场仍无法提供这种产品或服务。例如，私人保险公司一般不愿意承担风险很大的保险业务，私人银行也不太愿意提供金额大、周期长的贷款。于是，政府承担起了相应的义务，如许多国家政府为银行提供了存款保险，并成立了政策性银行开展私人银行不愿涉足的业务。

市场不完全的另一表现为互补性市场。例如，假定在某个城市里，许多人爱喝加糖的咖啡，并且糖和咖啡除了放在一起外别无他用，那么在咖啡厂建立以前，没有人愿意投资糖厂；而没有糖厂就没有人愿意投资咖啡厂。如果私人之间协调的成本很高的话，在自由市场均衡下，该城市的人们就有可能享受不到加糖的咖啡。类似的情况常常出现在发展中地区或新开发地区，基础设施（如电、水、煤气等）部门与制造业部门之间就存在着这样的互补关系，要使这个地区发展起来，常常需要政府的规划和协调。

2.失业或收入分配

人们感触最深的市场失灵不是上述效率问题，而是与公平有关的问题，如市场经济国家在周期波动中经常出现高失业率。从市场经济制度建立以来，周期性的失业大军一直是自由竞争市场挥之不去的梦魇，特别是 1929 年世界经济大危机发生以后，失业问题更是引起了人们普遍的关注。英国经济学家凯恩斯（John Keynes）认为，造成大规模失业的原因是需求（包括投资）不足，在市场机制本身存在着缺陷（价格、工资刚性）而不能进行及时调整的情况下，就必须由政府承担刺激需求的任务，以保证社会的充分就业。凯恩斯的理论曾被认为是经济学的一次革命，在相当长的一段时期内为市场经济、国家政府干预经济提供了理论依据，但后来也遭到了一些经济学家的批评。

收入不平等是市场经济制度又一个争议的焦点。消费者的市场力量在相当程度上取决于各自的收入，在收入不平等的情况下，很难保证市场竞争的平等。另外，收入的不平等还会扩大社会阶层的两极分化，带来一系列的社会经济问题，甚至有可能导致社会动荡。于是，人们普遍要求政府承担起维持经济稳定发展、降低失业、促进收入平等的作用，以减少市场调整过程中所必须付出的代价。

除了上述市场失灵要求政府干预之外，有关政府的作用还有一种"父爱主义"的观点，即政府觉得它的人民当中，并不是每个人都知道真正使自己的利益极大化，尤其是未成年人和教育水准低的人。例如，一些人抽烟、酗酒危害自己的健康，一些人开车不系安全带增加了交通事故中伤亡的可能性，一些家长不愿让孩子接受教育而毁了孩子的前程等。在这些情况下，政府仅仅靠提供有用的信息往往还不够，需要强制消费者消费某些"美德商品"（Merit Goods），如安全带、基础教育等。但是，并不是每个被强迫消费这类看来对他们有利的商品的消费者都会感激政府，父爱主义观点的反对者认为政府应该尊重每一类消费者自己的偏好，反对者甚至担忧有家长作风的政府最终会贯彻某些利益集团的意志。由于这是一个规范范畴的问题，有争议是一件自然的事。不过，很少有人会反对政府做以下事：禁止吸毒、禁止未成年人酗酒、推行义务基础教育等。

任务演练

要求：阅读以下材料，开展小组讨论，并作答。

去年超六成险企车均保费同比下降

作为与消费者息息相关的保险产品，车险的走势和发展一直备受关注。截至2024年2月21日，已有70多家险企发布了2023年四季度偿付能力报告，除退出车险市场以及"不适用"的险企外，共有55家险企披露了2023年四季度车险车均保费数据。

从数据分布来看，已披露相关数据的财险公司2023年累计车均保费差距较大，最低的约586元，最高的接近6300元。从区间来看，大部分公司的车均保费在1000到3000元。

对比2022年，超过六成保司的2023年车均保费呈现下降趋势。有业内人士表示，车均保费的下降，是在车险综合费改深化监管指导下，行业优化定价和成本结构的结果，也是保险高质量发展的必然趋势。

车均保费价格有何变化

据悉，车险一直都是财险领域的第一大业务。国家金融监督管理总局数据显示，2023年车险保费收入为8673亿元，占财险机构原保险保费收入的55%。正因为市场规模大，车险也成为了财险机构重点布局业务之一。

不同于之前的粗放式发展，在车险综合改革之后，车险领域的主旋律变成了"降价、增保、提质"。如何让消费者获得更多的服务、更实惠的价格成为了当前保司在车险领域探索的主方向之一。

那么，各家的车险业务究竟做得如何？车均保费的价格趋势是上升了还是下降了呢？从区间来看，大部分公司的车均保费集中在1000到3000元。车均保费在651至1000元区间的8家财险公司均为中小财险公司，包括前海联合财险、国任财险等。

具体来看，2023年四季度车均保费最高的是国泰财险，车均保费为6756.93元，紧随其后的是现代财险，车均保费为5500元，车均保费排名第三的是京东安联财险，车均保费为4426元；2023年四季度车均保费最低的是富德财险，仅为651元。

从数据对比来看，相较于2023年三季度的车均保费数据，有36家险企的四季度车均保费出现了下滑的情况；相较于2022年的车均保费数据，有35家机构的2023年车均保费都低于2022年，也就是说，2023年超过六成的险企车均保费是同比下降的（有3家无2022年参考数据），有七成的机构将车均保费维持在1000到3000元之间。这意味着，保司将"让利、降价"做到了实处。相比于2022年的车均保费，其2023年的车均保费下调超千元。

据悉，车险保费由费率和被保险车辆的价值决定。首都经贸大学农村保险研究所副所长李文中介绍说，相关披露信息显示，2023年我国乘用车总体单价为16.71万元，呈走高趋势。这说明，2023年机构和行业车均保费下降主要是因为费率的下调，而促使费率下调的原因可能是市场竞争和经营管理能力的提升。

车险定价趋向精细化方向

"车险行业经历了非常明显的三个阶段：2015年之前，行业对风险的差异性关注不多，导致对车险风险的理解不是很完整；2015年之后，行业开始逐步关注风险的差异化，到2020年综改就特别关注。"有业内人士此前在跟记者交流时表示，当下行业对于风险的关注不止停留在差异化表面，而是更多地去关注风险差异化背后的原因。

而这些也是监管的指导方向之一。2023 年 9 月，监管下发了《关于加强车险费用管理的通知》，严格规范车险费用管理，随后各地监管开始落实监管文件，规范车险行业手续费，行业进入"禁止返佣"时代。禁止返佣后，车险的价格差别开始显现，保司开始根据风险测算的结果给汽车定价。

"监管希望保险行业'降费增保'，目的是促进整个社会稳定，所以监管希望保险公司降费，让每个老百姓都能买到保险；而保险公司除了要增加车辆的保额，还要盈利。"某车险科技平台人士此前曾对记者表示，保险不同于其他商品，它的盈利是滞后的，也就是说，保司今年卖的车险产品，到明年才能知道是否实现了盈利，所以监管希望保司能从源头来做风险把控，区分出车辆的风险并进行精细化定价，从而保证这辆车在一年后是盈利的。

值得一提的是，保司虽然在车险保费和费率方面下足了工夫，但是却依然无法摆脱盈利这个大难题。

业内数据显示，2023 年行业车险保费收入为 8778.86 亿元，车险业务占比为 54.81%。车险综合成本率为 98.91%，车险综合赔付率为 71.03%，车险综合费用率为 27.88%。

具体到全行业，2023 年财险行业实现净利润 90.35 亿元，较 2022 年的 218.63 亿元同比下降 128.28 亿元。"从数据来看，财险市场格局并未发生根本性变化，利润向行业巨头高度集中，行业整体利润同比 2022 年大幅度下滑，'老三家'以接近七成的市场业务份额，贡献了超出整个行业的利润。"某业内人士表示。

新能源车险机遇与挑战并存

在竞争的驱使下，很多机构开始将目光锁定到新能源车险领域。乘联会数据显示，1 月国内新能源乘用车批发销量达到 68.2 万辆，同比增长 76.2%，渗透率为 32.6%，较 2023 年 1 月 26.8% 的渗透率提升 5.8 个百分点。

新能源车辆的增加，让保险机构看到了新蓝海，车险头部机构均将新能源车险作为业务增量的重点。以"老三家"为例，2023 年上半年，太保产险新能源车险保费收入同比增长 65.1%；人保财险新能源车承保数量达 282.4 万辆，同比提升 54.4%，保费收入为 126.3 亿元，同比提升 54.7%，占车险总保费的比例为 9.4%。

"随着国家'双碳'战略的推进，新能源汽车的市场份额不断上升，新能源车险也是财产险行业发展的必然方向。"普华永道中国金融业管理咨询合伙人周瑾表示，当然新能源汽车的成本结构和风险特性也与传统燃油车有很大差异，尤其很多新能源汽车都引入了自动驾驶等新技术，并且在使用过程中还产生有网络安全、产品责任和数据隐私等多方面的新风险，因此出险概率和维修成本更是和传统燃油车迥异。这就需要险企从数据、人才、精算、风控和流程等领域，打造适合新能源汽车的专业能力。

李文中认为，在国家"双碳"目标政策的引导下，新能源汽车在我国快速发展，这也必然导致汽车保险市场将快速地由燃油车保险向新能源车保险的切换。各家保险公司为了在激烈的市场竞争中抢得先机，自然应该将新能源车险作为车险发展的新方向。

不过，李文中也表示，当前，新能源车险发展仍然面临挑战及一些待解的难题。例如，公司和行业历史数据积累不足、费率厘定不精确，导致公司经营中面临较大的逆向选择风险；新能源车有别于传统燃油车的构造导致一方面出险率较高，另一方面车辆维修成本较高，最终导致新能源车险的赔付成本较高，给保险公司带来较大的经营压力。

（资料来源：去年超六成险企车均保费同比下降 . 每日经济新闻网，2024-2-24. 有改动）

问题：1. 汽车保险市场为什么会出现逆向选择的现象？

　　　2. 随着新能源汽车在我国快速发展，车险市场会发生什么变动呢小组发言记录：

教师点评：

个人回答：市场失灵是如何产生的，其产生的根源是什么？

解答：

任务二　政府失灵

📖 任务导航

市场会出现失灵，同样政府的作用也不是万能的，政府的干预也会出现失灵。在我国市场经济发展过程中，正确处理好政府与市场的关系，减少政府失灵，对于完善我国社会主义市场经济体制具有重要意义。因此，我们要分析政府为什么会失灵？怎样才能解决政府失灵？

在线课程集锦

🙂 育人在线

┃信息传递与大学生就业┃

2023 年全国两会期间，高校毕业生就业成为热点议题。从政策举措到服务手续，从培养模式到就业岗位，从高校到企业……多位代表委员为纾解高校毕业生就业难题支招。

提高人才培养与国家需求的匹配度

中国人社部日前表示，2023 年高校毕业生将达到 1158 万人，招工难、就业难并存的结构性矛盾依然突出，普工难招、技术工人短缺。

"'就业难'与'用工荒'并存，反映了高校人才培养与国家需求间，供需匹配度还有待协调。"在全国人大代表、华中科技大学校长尤政看来，供需不协调与高校人才培养评价体系、培养方式还无法完全满足现实需求有关。他建议，相关部门尽快出台配套政策，引导高校探索人才培养多元融合发展模式。

全国政协委员、武汉理工大学党委书记信思金也建议，深化高校人才培养模式和人才评价制度等改革，强化产教协同育人，加强就业指导，提高毕业生与就业岗位的匹配度。

"ChatGPT 等生成式人工智能，将可以胜任许多一般性白领人员的工作，会对教育和人才培养以及高校毕业生就业等产生巨大影响。"全国政协委员、四川大学副校长褚良银表示。

他建议，优化现有教育模式，使之朝着更加现代化和有效的方向发展，以更好培养学生的综合素质和能力，使他们能够更好适应未来社会的需求。

调动民营企业积极性

千万高校毕业生进入就业市场，压力如何缓解？

"民营企业作为中国吸纳就业的主力军，贡献了 80% 以上的就业机会。"全国政协委员、观澜湖集团主席兼行政总裁朱鼎健建议国家从政策层面出手，出台相关政策，调动民营企业的积极性，吸纳高校毕业生就业。

全国人大代表、58 同城 CEO 姚劲波建议，在 2022 年社保"缓返补"政策经验的基础上，研究出台鼓励企业扩大高校毕业生就业的相关政策，对于吸纳应届大学生的企业，根据招聘人数，实施前半年免、后半年减半缴纳社保的政策。

高校毕业生就业增量哪里找？全国政协委员、中国财政科学研究院院长刘尚希认为，数字经济在就业方面展现出显著的引领作用。

在刘尚希看来，传统的就业认知框架亟须突破，建议大力发展数字经济来吸纳青年就业，应鼓励、支持和拓展平台就业，以电商、网约车、物流配送、在线教育、信息服务和数字场景设计等作为吸纳青年就业的主要方式。

适度延长保留应届毕业生资格时限

"一些高校毕业生长期难以就业，极易产生焦虑、抑郁等情绪。"全国两会期间，民进中央提出《关于多措并举促进青年群体就业的提案》，建议通过提供一对一咨询、心理健康援助等方式，缓解就业焦虑，同时采取政府补贴的方式开展技能培训、就业见习、创业培训等，不断提高高校毕业生就业创业能力。

民进中央还建议，适度延长保留应届毕业生资格时限，进一步落实高校毕业生择业期政策，对当前部分地方公务员、事业单位要求须为"当年毕业"的做法予以纠正。

全国政协委员，北京城市学院党委书记、校长刘林则建议，对以灵活就业形式在新业态中就业的高校毕业生加强职业安全保障和医疗、养老、失业等方面的社会保障。

关于高校毕业生就业手续，全国政协委员、中国音乐学院教授吴碧霞建议，深入研究现行的高校毕业生就业工作机制，减少不必要的环节和要求，切实为学生和学校减负。

（资料来源：(两会观察)千万高校毕业生进入就业市场，压力怎么缓解?.中国新闻网，2023-03-07.）

〔解析〕

信息不对称是指在市场交易中，当市场的一方无法观测和监督另一方的行为或无法获知另一方行动的完全信息，或观测和监督成本高昂时，交易双方掌握的信息所处的不对称状态。劳动力市场是一个典型的不对称信息市场。一般说来，雇员比企业掌握有更多的劳动质量信息(如工作能力、态度和责任心等)。

要解决学生与用人单位之间的不对称信息应从以下几个方面着手：信号发送和信号筛选是典型的两种解决方式。但是，由于就业过程中竞争比较激烈，所以学生主动发送信号(投递简历)比较常见。学历是一个最常用的信号之一。受教育水平可以反映雇员劳动力质量等多方面的信息。雇员接受教育可以提高劳动生产力水平，雇员的受教育年数、学分的多少、知识水平的高低、学校的声誉等可以直接或间接地提供劳动力质量的信息。无论雇员所掌握的知识对以后的工作是否有益，其接受的教育水平可以作为雇员劳动生产力高低的信号，因为与弱工作能力的雇员相比，高质量的雇员更可能具备比较高的受教育水平，后者一般接受能力更强，更具创造性或工作更努力。所以，高质量的员工愿意通过自己接受的教育水平显示自己的生产力水平，并在企业里获得比较高的报酬。所以，受教育水平是劳动力质量的一个信号，表明了劳动者的生产技能，企业也愿意将受教育水平作为员工生产力水平的参考指标，因而工资率取决于受雇者的受教育水平(事实上，员工的受教育程度往往也取决于企业或雇主支付的工资水平)。

另外，现在的高校毕业生相对来说较多，由于目前的教育体制等方面存在一定的缺陷，各高校的教学质量也存在着比较大的差别，所以一张简单的学历证书是最常用的信号之一，但是它在解决信息不对称方面的作用是有限的。这就导致了学生在就业求职过程中出现上述各种现象和行为。

虽然不同的单位在不同的岗位对员工的要求不一定完全一致，但是不容否认信号发送过程中弱信号与强信号的存在，不同能力的学生发送了相同的信号，用人单位无法区分学生素质与能力的高低。只有高素质或高能力的学生发出了低能力学生不能发送的信息，将自己与后者区别开来，用人单位才能挑选到合适的员工，并给予相应的报酬。

任务准备

一、政府失灵的原因

市场失灵需要政府对经济进行干预，发挥"看得见的手"的作用。但是，政府调节机制也存在着缺陷，由于政府机制自身的缺失而导致的资源配置的低效率或无效率的情形，我们称之为"政府失灵"，其原因主要可以归纳为以下方面：

（一）有限信息

市场的不完全信息是造成市场失灵的一个因素，政府往往要承担起提供信息的职能，或者代替某些市场参与者进行决策。然而，由于现实生活是相当复杂而且难以预测的，如果私人部门难以掌握充分信息，政府也很难做到掌握充分信息，因为搜寻信息的成本对私人部门和政府来说都是一样的。由于信息有限，政府"犯错"的情况并不少见，一再修改自己的决策甚至否定过去的做法也是很常见。

（二）有限控制

有限控制是指政府对私人市场反应的控制有限。政府采取某些政策后，对私人市场可能的反应和对策往往无能为力。例如，政府采取医疗保险或公费医疗政策，却无法控制医疗费用的急速上升；一些国家为了吸引外资或鼓励投资，对外来资本或国内某些地区实行税收优惠政策，却没料到许多不应享受优惠的投资者也钻了空子；一些国家为了使收入均等化对高收入者征收高额累进税，却把这些人力资本和资产赶到了税率低的国家。

（三）有限决策

假设政府在提供公共产品时，拥有充分的信息，也能对私人市场反应进行有效控制，但通过政治途径在不同的方案之间做选择仍会产生困难。政府的决策会影响到许多人，但真正做出决策的只是少数人，不管这少数人是选举产生的还是以其他方式指定的，他们在决策时会自觉或不自觉地倾向于自己所代表的阶层或集团的偏好和利益。一些人指出，即使通过选举产生的决策人也往往服务于特定的利益集团，而一旦既得利益集团形成后，这种格局就很难打破。所以，民选政府的决策是否符合大多数人的经济利益也有一定的争议。

（四）时滞限制

政府做出一项决策往往要比私人做出决策慢得多，政府的公共政策从决策到执行都受到时滞的限制，这些时滞包括以下方面：

（1）认识时滞。认识时滞是指从问题产生到被纳入政府议事日程的这一段时间。政府是一个庞大的层级官僚机构，基层部门发现的问题要一层层向上汇报，这中间需要耗费不少时间。如果是中央政府做出决策，那么还需要地方政府反映和报告问题的时间。

（2）决策时滞。决策时滞是指从政府认识到某一问题到政府最后得出解决方案的那一段时间。这中间包括各种各样的论证、咨询和协调会议及公文"旅行"的时间。如果是重大决策，还要经过内部组织的讨论、争论、投票等环节一直到最高领导层否决等一系列环节，如果碰上决策人员休假或重大政治事件，解决方案就会一拖再拖，由此可见政府做出决策绝非易事。

（3）生效时滞。生效时滞是指从政府实施某项决策到引起私人市场反应的时间。一般估计，政府的一项宏观经济政策从实施到生效大概需要半年时间，有的甚至更长。

认识时滞和决策时滞也称内部时滞，这两种都是政府机构内部形成一项决策所需要的时间。

生效时滞也称外部时滞，是一项决策从实施到真正对经济活动产生影响所需的时间。

任何公共政策都难逃上述时滞，在一些时候，当针对某个问题的政策真正起作用的时候，该问题可能已经再不是什么重要问题了，而其他原先并不重要的问题开始居于主导地位，政府的既定政策就会误导私人市场。例如，一个本来对付经济过热的货币政策可能要等到经济过热结束后经济开始衰退时才能发挥作用，这样会使经济状况雪上加霜。然而，新的问题的对策又须经过上述时滞，仍然存在着出错的可能性，政府的政策要做到与时俱进的确很难。上述有限信息和有限控制属于政府调节机制的外在缺陷，即与政府的运行机制本身基本无关；而有限决策和时滞限制（除生效时滞外）则属于政府调节机制的内在缺陷，有限决策与公共决策的过程有关，而时滞限制与政府的官僚制度相联系。

二、公共决策

在很多国家，政府的公共决策一般都是通过投票进行的。在这种决策过程中，经济政策的取舍、公共产品的提供、公共预算的多少等都是由选民或选民代表投票决定的。这种简单多数、每人一票的决策方式看上去公平，但不一定有效，因为在决策过程中产生了两个问题：一是投票者的偏好显示；二是投票者的偏好加总。

在私人产品和服务的消费过程中，消费者选择产品和服务的行为也是一种投票机制。如果消费者愿意为某种产品支付较高的价格，这就表示他们投票"赞同"这种商品；如果消费者只愿意为某种产品支付较低的价格，这就意味着他们会投票"反对"这种产品，这样，消费者通过"货币投票"清楚地表示了自己对商品的真实偏好。例如，当汽车公司推出一种新型的汽车时，汽车销路好，代表大部分消费者投票赞成这种新型的汽车；而销路不好，则表示大部分消费者投了反对票，销路的好坏（投票的多少）实际上反映了消费者对这种新型汽车的偏好程度。但政治市场的选民投票机制与经济市场的货币投票机制不同。在上述经济市场中，消费者对每一个产品和服务进行多次投票，因此其对每一种产品和服务的偏好都能够通过市场或货币投票机制反映出来；而在政治市场中，选民们往往是对包括多种公共产品或政策的组合方案进行一次性投票，因而这种"一揽子"投票方式并不能真实地显示出选民对每一种公共产品或政策的偏好。例如，如果一项公共预算既包括增加国防预算，又包括提高失业补助的内容，那么偏好国家安全和偏好社会福利的选民就面临着两难选择，他们不论是投赞成票还是投反对票，都无法真实地显示出他们是国家安全偏好者还是社会福利偏好者。

公共决策是一个集体选择的行为，要求个人的偏好能够加总为社会偏好。但是，如果个人不能显示自己的真实偏好，按照多数原则加总后个人的偏好就可能不是真实的社会偏好，即这种偏好并没有代表大多数人的意愿，这样，政治市场决定的公共产品或政策就有可能不是社会的最优选择。

假定每一项公共决策可以分开进行投票，投票者也能真实地显示自己的偏好，结果是否会好一些呢？事实上，消费者个人的偏好具有可传递性，即个人偏好在逻辑上是一致的，但是按照多数投票制决定的社会偏好却不一定具备可传递性，也就是说，即使投票者能够显示出自己真实的偏好，仍然很难将个人偏好加总为社会偏好，这种情况被称为投票悖论，见表7-3。

表 7-3　个人偏好矩阵

偏好顺序	投票人		
	A	B	C
1	X	Y	Z
2	Y	Z	X
3	Z	X	Y

假定一个社会中有三个投票人（或三个集团、三个阶层）A、B、C 在三个公共方案 X、Y、Z 中间选择一个进行投票，假定这三个方案分别代表增加国防开支、增加科研开支和增加穷人补助三个公共预算。他们对这三种方案的偏好顺序如表 7-3 所示。从表中可知，投票人 A 在三个方案中最偏好 X，其次是 Y，最后是 Z；投票人 B 偏好顺序是 Y、Z 和 X；而投票人 C 则是 Z、X 和 Y。假设每一个人的偏好都具有可传递性，我们可以检验社会偏好是否也具备可传递性。这里，假设投票人都按照自己真实的偏好来投票。如果投票人要在 X 和 Y 方案中进行表决，则 X 方案会胜出，因为 A 和 C 两个投票人偏好 X 胜过 Y；如果在 Y 和 Z 方案中做出选择，则 Y 方案会被选中，因为 A 和 B 两个投票人偏好 Y 胜过 Z；然而，如果在 X 和 Z 方案中进行投票，则 Z 方案会通过，因为又有两个投票人 B 和 C 偏好 Z 胜过 X。这样，方案偏好出现了一个循环，即社会偏好是不可传递的，这就是投票悖论。也就是说，按照多数票的表决方式，我们始终无法知道社会大多数人的意愿究竟是要求增加国防预算，还是支持增加科研开支，或者是主张增加穷人补助。

投票悖论最先是由法国数学家和哲学家马奎斯·孔多赛（Marquis De Condorcet）在 1785 年提出的，而利用数学对其进行论证并将之一般化的是获诺贝尔经济学奖的美国经济学家肯尼斯·约瑟夫·阿罗（Kenneth J. Arrow）。投票悖论指出，即使社会中所有人的偏好具有可传递性，整个社会的偏好也不具备可传递性，因此，即使所有选民都能真实地显示自己的偏好，知晓一个代表社会大多数人意愿的社会偏好仍然存在着难以解决的困难。

从上述公共决策的不一致性中还可以发现，能控制表决程序的人就能使自己的利益得到满足，所以对选举表决规则和程序的控制权是一种强有力的权力。例如，假定投票人 A 拥有决定投票程序的权力，他清楚地了解到，如果首先让他最喜欢的加强国防开支的 X 方案和最不喜欢的增加穷人补助的 Z 方案进行表决，X 方案肯定会落败，因此他可以要求先对增加科研开支的 Y 和 Z 方案进行投票，胜者再和 Y 方案一决胜负。这样，在 Y 和 Z 方案的对决中，Y 方案会胜出，然后在 Y 和 X 方案的较量中，X 方案会稳操胜券，因此他（们）所主张的增加国防开支的方案就会获得通过。同样换一个投票顺序，Y 和 Z 方案都有胜出的可能。

假定三个投票人都无法控制表决程序，由于表决程序决定表决结果，表决程序又会成为表决的对象。如果表决结果进入了一个循环，就表决程序进行表决也会进入一个循环。因此，投票人在知道表决程序不可能达到一致的情况下，他（们）还可以在开始投票中伪装自己的偏好以达到最终有利于自己的目的。例如，如果投票人 A 一心想否定增加穷人补助的 Z 方案，他可能在 X 和 Y 方案表决中隐瞒自己的偏好，对 Y 方案投赞成票，结果 Y 方案获得通过。然后，在 Y 和 Z 方案的表决中，Y 方案会最终胜出，A 得到了一个"次优"结果，满足了他极力反对增加社会福利开支的愿望。因此，即使是貌似完全平等的一人一票的公共决策程序也可能被少数知道或决定规则的人操纵结果。

以上的讨论限于简单多数、一人一票的投票制度，也许有人会认为，换一种投票方式可能会产生不同的结果。遗憾的是，根据阿罗研究的结果，去寻求这样一种投票机制是在浪费时间，因为没有一种投票机制既能保证社会偏好的可传递性，又能满足公平和独立的原则。

不过，如果一定要找到具有可传递性的社会偏好，唯一的方法只有用个人偏好替代社会偏好，而这个人必然是独裁者。由于独裁者的个人偏好是可传递的，整个社会的偏好也就是可传递的。为了公平起见，独裁者也采取随机的办法从投票人中选出。从某种意义上说，由这种机制决定的社会偏好也是基于个人偏好的，因为每个人被选择的机会相等。但是，从根本上来说，用个人偏好替代社会偏好的方法是与市场经济制度不相容的，因为当分散决策机制在独裁者手中演变为集中决策机制时，市场经济制度赖以生存的根基就会荡然无存。

二、官僚制度

官僚是政府公共政策的执行者，由于他们通常是由选民选出的政治家任命的，因而他们不直接对选民负责，而是首先对任命他们的政治家负责。政治家与官僚按照决策权与执行权分离的原则实行职能上的分工，使得官僚在执行公共政策中具有相对的独立性。虽然选民作为个人不能对官僚的行为产生直接影响，却可以通过组织利益集团或者通过游说政治家对官僚施加影响，以便使官僚在制定和执行公共政策时做出有利于某些个人和某个利益集团的安排。总之，官僚虽然没有公共决策权，但在制定和执行公共政策上具有重大的影响力，任何公共决策的制定和执行都是与官僚和与之相关的官僚制度联系在一起的。

与私人企业的代理人相比，政府部门的官僚所受的制度约束要少得多，主要由以下原因造成：

（一）无产权约束

政府行政部门不像私人部门那样存在着明确的产权约束。政府部门的开支来自税收，因此，从理论上来讲，选民作为纳税人应该是政府的"所有者"，但每个选民的税收在政府的总开支中只占微不足道的部分，分散的、无组织的选民知道自己的选票对公共决策的结果无足轻重，因而也就不会认真地关心他所缴纳的那每一笔税收的真正用途和使用情况。这样，官僚在制定和执行公共决策时一般不会认真考虑纳税主体——选民的利益，选民所代表的产权约束对官僚来说基本上形同虚设。

（二）无成本分析

政府行政部门是非营利性的，公共政策的投入与产出之间不存在明确的成本和收益关系，也没有像私人部门那样有利润这个明确的经济指标，因此难以对政府行政部门的"生产"进行有效地成本分析。因此，官僚们一般不需要对行政过程进行成本核算，即使有成本核算也不是市场效率意义上的成本核算。

（三）高度垄断

政府行政部门是高度垄断的，不同私人部门存在市场竞争的外部压力，因此也就不能有私人部门的高效率。而且，官僚的工作和收入稳定，不像私人部门那样会随市场波动而波动，这样政府官僚对市场的依赖程度远远不及私人部门的管理人员，从而很难从效率的角度去分析和考虑问题。

（四）监督困难

不少政府行政部门都是由一些技术官僚组成的，他们具备了相关的专业和技术知识，掌握了公共产品生产和生产成本的真实信息，一般人很难得到或掌握这些信息，再加上对政府部门没有明确的考核指标，对官僚进行监督就要比监督私人部门的代理人更为困难。

由于上述原因，政府部门一般都办事拖拉、行政效率低下，产生内部时滞也就不足为奇了。但是，内部时滞只是问题的一个方面，官僚制度的低效率还体现在对公共产品的过度提供所造成的社会福利损失上。

对于理性人的假设同样适用于官僚，他们所追求的是在自己任期内获得个人的最大利益，而公共预算最大化是实现个人利益最大化的重要途径。通过增加预算，官僚们可以获得职位晋升、权限扩大、声誉提高等个人利益。而且，政府公共产品虽然由广大选民共同承担成本并且享受收益，但公共产品的生产却只让少数人受益。如果一个企业或一个地区承担了公共产品的生产任务，这个企业或地区会由此得到各种直接和间接的利益。因此，个人或利益集团会围绕公共产品的订单展开寻租活动，在这种寻租活动中，官僚会得到各种各样的好处，预算规模越大，官僚得到的好处也就越多。

对官僚行为的约束机制来自两个方面：一是政治家，二是选民。政治家虽然是由选民投票产生的，但政治家是有任期的，他们希望能在自己的任期内取得政绩以争取连任，或者在不能连任的情况下能有一个体面的下台，而政绩往往需要预算支撑，因此官僚预算极大化的行为实际上也迎合了政治家谋求政治资本的需要。并且，政治家也只是代表了一部分选民的利益，他们和这部分选民组织的利益集团有着千丝万缕的联系。为了满足这些利益集团的偏好和利益，政治家还有可能和官僚串谋来争取更多的预算。因此，从预算极大化这个角度来讲，政治家和官僚并没有根本的利益冲突，在某种程度上可以说是志同道合。

从选民的约束机制来看：一方面，选民们知道单个选民的选票对公共决策不会产生任何作用，因此会对公共决策采取漠不关心的态度；另一方面，公共产品生产的技术性和专业性很强，一般选民很难真正了解公共产品的生产过程和成本曲线，而这些信息往往掌握在官僚或者为官僚服务的技术阶层手中。例如，就国防预算来说，一般人很难知道制造一枚洲际导弹的成本究竟是多少，也不容易了解到底要布置多少核弹头以及怎样布置才具备第二次核打击的能力。即使选民能够获得这些信息也需要花费一定的时间和精力，而可能得到的收益（自己税收的减少）可以说是微乎其微的，即选民获得公共产品信息的成本得不到任何补偿或者只能得到微不足道的补偿，因此，选民对公共产品生产和成本的漠不关心也是理性的，是一种"理性无知"。由于理性无知的存在，选民就不可能对官僚预算极大化的行为形成有效约束。有些人认为，目前很多国家日益庞大的政府开支在很大程度上就是这种选民的理性无知造成的。

另外，政府部门由不同的职能部门构成，不同的职能部门往往又代表了不同利益集团的利益，在利益集团的压力下，各个部门都会从自身的利益出发，强调甚至夸大自己部门的重要性，以求部门预算的最大化，从而会对总预算规模的扩大起到推波助澜的作用，如国防部可以夸大敌人的潜在威胁以增加国防预算；能源部也可以利用人们对能源危机的担忧要求增加额外的石油储备预算。

官僚预算最大化行为可以如图 7-2 所示。在图 7-2（a）中，TC 线代表某项公共产品预算的总成本曲线，TB 线代表总收益曲线。在图 7-2（b）中，MC 和 MB 分别代表边际成本和边际收益曲线。按照边际收益等于边际成本的原则，公共产品的最优产量应该是图 7-2 中的 Q'，即图 7-2（a）中 TB 线和 TC 线斜率相等的产量，也就是图 7-2（b）中 MB 线和 MC 线相交的产量。但官僚会从预算极大化出发，把公共产品的产量扩大到 Q'，超过最优产量 Q'，造成公共产品的过度提供。但由于在产量为 Q' 时，总预算等于总成本，选民是可以接受这个产量水平的。显然，官僚预算极大化行为造成了社会福利的损失，损失为图 7-2（b）中阴影部分，即三角形 EFG 的面积。

因此，基于上述政府调节机制中的内在和外在缺陷，市场经济的支持者们认为政府在提高经济效益方面的作用是十分有限的，政府如果能起积极作用的话，也主要是在社会财富的再分配领域发挥作用，如失业救济、教育和收入再分配等。对于一些市场在经济效率方面的失灵现象，这一派经济学家也倾向于通过分权式的私人决策来解决，而非用集权的方法。例如，外部成本是要求政府介入的一大理由，但是，按照科斯定理，这也可以通过产权界定来解决，而政府最重要的作用还是加强法律秩序以保护个人产权。

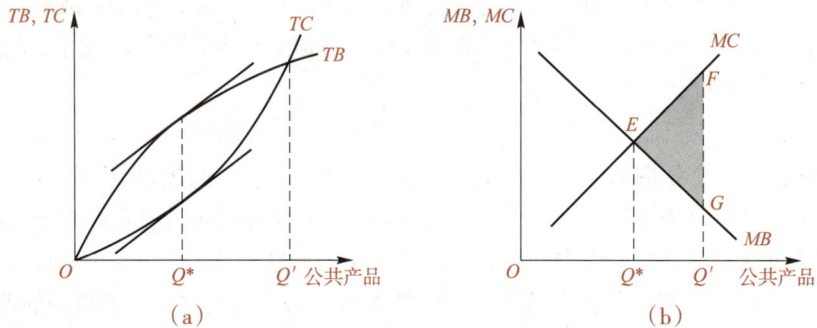

图 7-2　公共产品的过度提供

任务演练

要求：阅读以下材料，开展小组讨论，并作答。

在人类历史上，有许多野生动物是由于自然环境变化而绝种的，但也有许多野生动物是被人类消灭的。当欧洲人第一次到北美大陆时，野牛超过 6000 万头，但到 1900 年只剩 400 头左右。老虎、大象等动物都在人类的追杀之下，面临着灭绝的危险。

野生动物被灭绝，大都在于它们具有商业价值。但绝非具有商业价值的野生动物就应该灭亡。黄牛这类具有极高商业价值的动物不仅存在，而且还在发展。

同样具有商业价值，为什么不同动物却有着不同的命运？根据所查询的相关资料，提出你对这个问题的解决思路。

小组发言记录：

教师点评：

个人回答：什么是公共决策的不一致性？请举例说明。

解答：

任务三 寻 租

任务导航

　　随着我国经济的迅速发展和市场经济体制改革的不断推进，寻租现象在经济领域、政治领域、社会领域等各个领域内不断加剧。什么是寻租行为？为什么说寻租造成资源配置的扭曲并且耗费了社会资源呢？

在线课程集锦

育人在线

农村乱占耕地建房典型案例

　　2022 年 10 月 21 日，河北省农村乱占耕地建房专项整治工作领导小组办公室（以下简称省专项办）公开通报了乡镇和街道对农村乱占耕地建房监管不力和弄虚作假典型问题。

　　大名县万堤镇弄虚作假问题。 2022 年 8 月，大名县黄炉村××××农民专业合作社擅自占用大名县万堤镇前屯村 4.73 亩耕地建设粮食烘干和晾晒场，万堤镇在卫片系统填报为实地未变化，存在弄虚作假行为。现已补办设施农业用地备案手续。

　　对万堤镇工作人员 ××× 进行诫勉谈话。

　　平乡县中华路街道办事处对违法占地监管不力问题。 2022 年 2 月，崔某某未经批准，违法占用平乡县中华路街道东田村 2.4 亩永久基本农田建设库房。2018 年，崔某某曾在同一宗地违法占地建库房，被原平乡县国土资源局立案查处，依法拆除。对崔某某二次违法占地的行为，中华路街道办事处日常巡查监管不到位，查处整改不及时，形成新的违法占地。现已拆除复耕到位。

　　责令中华路街道办事处二级主任科员、包片干部 ××× 作出书面检查，对东田村包村干部 ××× 进行诫勉谈话，给予东田村党支部书记、村委会主任 ××× 党内警告处分。

　　张北县公会镇对设施农业用地监管不力问题。 2022 年 7 月，金某违反设施农业用地相关政策规定，擅自占用张北县公会镇梁家村 0.51 亩永久基本农田建设养牛场。公会镇日常巡查监管不到位，未采取有效措施制止，形成违法事实。现已拆除复耕到位。

　　对公会镇综合行政执法队队长 ×× 进行诫勉谈话，给予梁家村党支部书记、村委会主任 ××× 党内警告处分。

　　大城县权村镇对新建库房用地监管不力问题。 2022 年 4 月，吴某某未经批准，违法占用大城县权村镇西窑头村 2.12 亩耕地建设库房。权村镇对该违法占地行为未采取有效制止措施，日常监管不力。现已拆除复耕到位。

　　责令分管土地工作的权村镇人大主席 ××× 做出书面检查，对权村镇土地执法队负责人 ××× 进行诫勉谈话，给予西窑头村党支部书记、村委会主任 ××× 党内警告处分。

　　近年来，一些地方乱占耕地建房问题仍然屡禁不止，主要原因之一就是日常监管不到位。2022 年 12 月 12 日，河北省政府办公厅印发《关于加强基层自然资源执法监管工作的通知》，进一步明确了县乡村职责分工，提出自然资源领域部分执法权下放后，乡镇和街道不认真履行巡查、制止、查处职责，不作为、乱作为，失职渎职的，要依法依规严肃追究乡镇和街道党政主要负责人和相关人员责任。对违法用地行为，未及时发现或发现了不劝止、不报告，甚至默许、纵容的，要严肃追究村"两委"主要干部责任。各地要以案为戒、以案明责，进一步压实乡村两级日常监管责任，加强前端预警防控，着力构建"早发现、早制止、严查处"工作机制，切实筑牢耕地保护第一道防线。

　　（资料来源：对 11 起农村乱占耕地建房典型问题追究监管责任情况的通报.河北省自然资源厅宣传中心，2023-02-03.）

解析

　　乡村振兴背景下我国农村宅基地价值不断提升，农民建房需求大幅增加，但建设用地指标紧缺且审批复杂，因此滋生出农户违法占地与基层干部寻租现象。大规模的违法占地建房会造成国土资源的损失与浪费，政府和国家的公信力也会受到影响。我国自2020年起将农业农村部作为监察农村违法占地的主要执法部门，针对农户违法占地行为与农村基层干部寻租问题进行监察，确保不发生违法占地行为与寻租行为。

　　想要解决农村的农户违法占地与干部寻租问题，首先，政府应将监察重点放在地价较低、经济发展落后的地区，发达地区的农民法律意识高，且土地价格较高，其违法占地风险损失较大，不易发生违法行为；而经济落后地区农民违法占地的风险损失较低，更容易发生违法占地案件，且监察重点应放在面积较小的民宅、庭院等。其次，政府部门应出台相应的土地审批税收优惠，降低税金以减轻农户审批土地负担，同时提升土地违法处罚金额，公开违法占地处罚案例与处罚金，发挥典型案例的警示作用。要加强落实对基层干部的奖励制度，对认真履行督查工作的干部予以高额嘉奖，防止高额的贿赂金造成其寻租。最后，政府内部监察人员需加强学习，从以往的土地违法案例数据中不断改进调整监察方式与监察力度，争取以最小的监察力度让农户审批用地与基层干部依法上报达到理想均衡状态。

任务准备

一、寻租的含义

　　公共决策的不一致性使公共政策在决策过程中容易偏离帕累托最优，而官僚制度又使公共政策在制定和执行过程中产生了低效率，这是政府调节机制中的内在缺陷。除此之外，由于政府是一个掌握着公共决策权力的机构，围绕这些权力还会产生寻租行为。寻租是指个人或利益集团为了谋取自身经济利益对公共决策或政府官员施加影响的活动。虽然这种行为产生的最初动因源于非政府官员的经济利益，但这种行为的产生与政府的行政垄断权力有着不可分割的联系，而且它的最终受益者往往也包括政府或政府官员，因此也是导致政府调节机制低效率的另一个重要因素。

　　从社会收益的角度看，人们追求自身利益的活动大致可以分为两大类：一是生产性的增进社会福利的活动；二是非生产性的有损社会福利的活动。生产性的增进社会福利的活动给社会带来了新增财富，满足了人们日益增长的需要；而非生产性的有损社会福利的活动是对社会既定财富的再分配，虽然也满足了一部分人的需要，但却是以另一部分人的利益受到损害为代价的，而且这些活动本身还会耗费社会的经济资源。在经济生活中常见的是生产性活动，但非生产性活动也影响着我们的日常生活。寻租是维护既得的经济利益或对既得利益进行再分配的行为，因此也是一种非生产性的活动。

　　"租"，也称为"经济租金"，是指一种要素的实际收入超过其机会成本的余额。在完全竞争条件下，任何一种要素的收入必须等于其机会成本。如果某个产业中要素收入高于其机会成本，这个产业中就存在着该要素的经济租金，即存在着超额收入。在要素可以在部门间自由流动的情况下，租金的存在必然吸引要素由其他产业流入有租金存在的产业，增加该产业的供给，降低产品价格。在规模报酬不递增的前提下，要素的自由流动最终会使要素在该产业中的收入与其机会成本趋于一致，租金也会逐渐减少直到消散，从而达到均衡。所以，按照一般均衡理论，只要市场是自由竞争的，要素流动在各行业之间不受阻碍，任何要素在任何产业中的超额收入即经济租金都不可能长久稳定地存在。而在一个动态的经济结构中，某要素在一个产业中的经济租金既可以为正，也可以为负，这是社会经济在动态发展过程中不断调整、不断适应的正常现象。也就是说，在完全竞争条件下，作为一种长期趋势，任何要素的收入必须等于其机会成本，但在某一时期或者在某一个特定市场，要素的收入可以高于其机会成本，即存在着租金。

当一个企业成功地开发了一项新技术或一种新产品，该企业就能享受高于其他企业的超额利润，这种行为可以称为"创租"。创租是社会发展的动力，因为有利润存在，才能鼓励企业家努力创新和提高生产效率，因此创租是和创新联系在一起的。当其他企业看到应用这一新技术或生产这一新产品有利可图时，就会纷纷效仿，涌入这一市场，从而使产品价格降低，超额利润（租金）渐渐消散。后者的行为属于一种"寻利"行为，寻利行为是正常的市场竞争的表现，其特征是追求新增社会经济利益，因而会增进社会的福利。

但是，如果人们追求的是既得的社会经济利益，其行为的性质就变成了"寻租"。从这个意义上来说，偷盗、抢劫作为对财产所有权的直接侵犯，可以算是最原始的对社会既得经济利益实行再分配的寻租行为。偷盗、抢劫的直接后果是社会财富在个人之间的转移，绝不会使社会财富有任何增加，而且偷盗、抢劫不仅耗费偷盗、抢劫者本身的时间和精力，也耗费被偷盗、抢劫者的资源。另外，社会为了防止偷窃、抢劫，还需要投入时间和成本，造成了更多的非生产性资源损耗。

在现代社会中一种常见的也是更为高级的寻租行为则是利用行政手段来维护既得的经济利益或是对既得利益进行再分配。这类寻租行为往往需要采用阻碍要素在不同产业之间自由流动和企业之间自由竞争的办法来维护或攫取既得利益，如当一个企业开拓了一个市场后，它可能寻求政府的干预来阻止其他企业加入竞争，以维护其独家垄断的地位，确保它创造的租金不致消散。这时，他的行为已不再能增进社会福利了，反而阻止了社会从市场竞争中获益。同时，阻止其他企业加入竞争的行为本身也消耗了社会资源。再如，一个企业或企业群体事先知道另一些企业拥有比自己更先进的管理和技术，但他们不向后者学习，而是想方设法诱使政府采取保护政策，阻止那些先进企业加入竞争，以维护自身的既得利益。还有同样糟糕的例子是，一部分企业施展种种手段使政府以特殊政策对他们优先照顾，通过税收和补贴的办法使既得利益在企业间做重新分配，让这部分企业获得一种经济租金。

但是，最直接、最普遍的寻租活动是个人或利益集团通过游说或直接向政府官员行贿的方法取得某种经营活动（通常是公共产品或公用事业）的特许权（执照）。由于公共项目的垄断性质，一旦经营执照到手，经营者就能够享受垄断利润；又由于公共项目的经营风险较小，不存在通常意义上的私人市场压力，经营者往往能坐享其成；又由于公共项目生产的特殊性，经营者还能获得各种直接和间接的利益。因此，任何一个公共项目的招标都会引来各种各样的寻租活动，众多寻租者的相互竞争和"攀比"会节节抬高寻租成本，但他们花费了大量成本也未必能在众多寻租者中获胜，绝大多数寻租者最后都是竹篮打水一场空，因而造成了社会资源的浪费。20 世纪 90年代，美国决定投资 250 亿美元兴建一个高能物理的"超导超级对撞机"，美国 20 多个州为了争夺这个项目展开了一场"你死我活"的斗争，涌现出各式各样的建议书、名目繁多的论证会、花样百出的游说活动等，"你方唱罢我登场"，耗费了数以亿计的支出和大量的人力和物力。

二、租金消散

从上面的分析中可以看到，寻租不仅造成了资源配置的扭曲、阻止了更有效的生产方式的实施，而且使本来可以用于生产性活动的资源浪费在了对社会无益的非市场活动上，耗费了社会的资源。因此，经济学家们把寻租行为称为人类社会的"负和游戏"，即一场就社会整体而言损失大于得益的游戏。以争取公共项目执照的寻租活动为例，从整体上讲，得不到执照的寻租者的成本得不到任何补偿，是寻租者的净损失，也是社会的一种净损失；而得到执照的寻租者虽然能享受租金，但为了争取执照，他（们）付出了高昂的成本，甚至还有可能得不偿失。因此，从整个社会来看，寻租成本并不能通过租金收益得到补偿，也称为"租金消散"。

寻租者相互之间的竞争，就像一场赌博，并且是一场"赢者通吃，输者赔光"的赌博。虽说有租可寻，但中奖者只有一个，谁中奖在很大程度上取决于寻租者所下的赌注（成本）。为了在赌博中获胜，寻租者不得不增大赌注从而增加成本，甚至有可能使寻租成本超过他渴望从寻租中得到的预期收益。于是，寻租者的出发点是寻求超额利润（租金），但他们之间的竞争又使这一超额利润消散了。

可以用一个简单的例子来说明租金消散理论。假定两家企业 A 和 B 竞争一个地区有线电视的经营权，经营有线电视的边际成本为 15 元，这个地区对有线电视的需求函数为 $P = 55 - Q$，P 代表有线电视的月租费即价格，Q 代表用户数量，产量和价格的关系如图 7-3 所示。

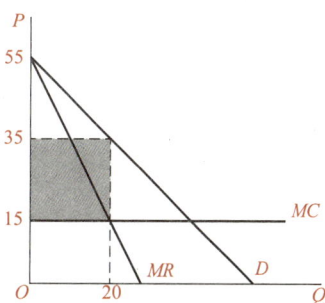

图 7-3　垄断经济租金

在图 7-3 中，按照上述给定的数据画出了市场的需求曲线 D、边际收益曲线 MR 以及水平的边际成本曲线 MC。根据需求函数，边际收益为 $MR = 55 - 2Q$。这样，按照利润最大化的原则，由边际成本等于边际收益得出的产量为 20 个单位，价格水平为 35 元。因此，如果其中一家企业能得到有线电视的经营权，就能享受 400 元的垄断利润，即图 7-3 中矩形阴影部分的面积。这一部分利润就是由垄断而形成的经济租金。

企业为了得到这部分经济租金可以采取公开行动，也可以采取不公开行动。公开行动如企业通过有关公开申请程序向政府部门申请经营有线电视的执照；不公开的活动如游说或行贿政府官员以争取经营权。如果执照的发放在很大程度上取决于主管官员的个人意志，寻求执照的个人或利益集团就会争相贿赂讨好这些官员。假定两家企业都只能通过行贿得到执照，谁贿赂的金额多，谁就能得到经营执照，而失败者将得不到任何补偿。如果两家企业能达成某种协议，如大家都支付相同的贿赂成本，那么，两家企业的机会相等，花落谁家便取决于各自的运气，因此每家企业寻租的预期收益如下：

$$0.5 \times 400 = 200（元）$$

但通常情况下，这种协议是无效的，因为执照只有一个，不能两家分享。因此，每家企业都想付出比对手更多的成本以得到经营许可权。这样，两家企业就会暗中较劲，以在支出贿赂的金额上压倒对手，取得最终胜利，与拍卖中的竞叫机制相似，出价最高的人可如愿以偿，其余的人则一无所得，唯一不同的是，输者要损失自己的出价（即寻租成本）。因此在这场赌博游戏中，双方都会层层加码，不断推高寻租成本，直到分出胜负。贿赂金额或寻租成本最高能达到什么水平呢？当每家企业寻租成本金额达到 200 元时，成本等于预期收益，企业的预期利润为零，企业就会停止寻租。这时，从社会角度来看，租金完全消散。因此寻租总成本最大不会超过 400 元的租金。但在这里，直觉并不可靠。实际上当预期利润为零时，"赌博"还有可能进行下去。这是因为，当每家企业的贿赂金额达到 200 元时，如果企业 A 把金额增加到 201 元，那么它就有可能得到执照，其利润为 400 元，减去寻租成本后还可能得到净租金 199 元，而如果不增大筹码万一输掉这场"赌博"的话会净损失 200 元，因此企业 A 会下注到 201 元。同样，企业 B 也会这样做，因此两家企业都可能继续下注。那么，赌注达到 400 元后，任何一家企业即使得到执照也不可能通过租金支付成本，从企业的角度来看，租金完全消散。经济学家发现，当寻租成本等于实际租金收益时，游戏还有继续下去的可能。因为任何一方如果输掉的话，要净损失 400 元，如果多增加一元钱能赢的话，净损失是 401-400=1（元），相比之下还是合算的，因此两家企业都不会就此罢休。

二、政府与寻租

寻租活动一旦形成，还会留下"后遗症"，受利益驱动的寻租行为可以在多个层次展开。在上述政府发放垄断经营权的执照时，企业或利益集团受超额利润的吸引就会想办法从有关政府官员那里得到执照，从而产生第一层次的寻租行为。因为这些寻租行为使政府官员们享受了特殊利益，又会吸引人力、物力为争夺主管官员的职位而发生第二层次的寻租竞争。如果部分或全部超额收入以执照费的形式转化为政府的财政收入，那么各个社会利益团体又可能为了这笔财政收入的分配而展开第三层次的寻租。因此，寻租行为的蔓延具有恶性循环的趋势。

政府在寻租行为中未必只扮演一个被动的被利用的角色。政府往往有政治创租（Political Rent Creating）和"抽租"（Rent-Extracting）的行为。政治创租指政府或政府官员利用行政干预的办法来增加私人企业的利润，人为地创造租金，诱使企业向他们支付报酬来作为得到这种租金的条件；抽租是指政府官员故意提出某项会使私人企业利益受损的政策作为威胁，迫使私人企业割舍一部分既得利益与政府官员分享。由于政治创租和抽租的存在，更增添了寻租活动的普遍性和经常性。

因为寻租的存在，市场竞争的公平性被破坏了，使人们对市场机制的合理性和效率产生了根本怀疑。于是人们更多地要求政府干预来弥补利益分配不均的现象。但是，这样反而提供了更多的寻租机会，产生了更多不公平的竞争。在面临寻租所造成的社会经济资源的巨大浪费时，政府即使清楚地意识到问题的严重性，也会处于两难境地。因为如果为了公平起见，让寻租者之间展开竞争，使租金消散，这样就会造成社会资源的无谓损失；而如果要限制寻租竞争，就限制了租金的消散，使得租者长享其利，则会更加不公平。

由于寻租行为的存在，政府干预经济活动将呈现这样的规律：一项政府政策造成的市场扭曲越是严重，有关人员和利益团体享有的超额利润或租金就越多，于是这项政策就越难得到矫正，因为任何矫正扭曲的努力都会遇到来自既得利益维护者的强有力的抵抗。如果由于其他寻租者的竞争活动使租金渐渐地从原先的享受者手中消散了，那么纠正扭曲政策的阻力就会小得多，尽管寻租竞争本身未必会矫正扭曲，如某些企业享受政府的特殊优惠贷款，这种优惠的量越多，持续的时间越长，这些企业就越有动力和实力来抗拒任何取消优惠的改革。但是如果其他寻租者对政府施加压力要求享受同样的待遇，使这些企业不得不支付相当大的代价去走后门，他们原先的租金就消散了，于是他们也就不那么积极地反对改变现状了。从这个意义上讲，租金的消散还是具有一定的正面意义的。

任务演练

要求：对以下问题开展小组讨论，并作答。

　　将世界各国经济发展中形成的"美国模式""日本模式""欧洲模式""中国模式"等进行对比，谈谈你对"中国模式"的国际影响和世界意义的认识。

小组发言记录：

教师点评：

个人回答：什么是寻租行为？为什么说寻租造成资源配置的扭曲并且耗费了社会资源？

解答：

名人堂

经济学家：维尔弗雷多·帕累托（Vilfredo Pareto，意大利，1848—1923）

简介：维尔弗雷多·帕累托，意大利经济学家、社会学家，对经济学、社会学和伦理学做出了很多重要的贡献。1892 年法国经济学家瓦尔拉斯（Walras，边际效用价值论创建人之一）推荐帕累托接替他在洛桑大学开设政治经济学教职。1893 年帕累托被任命为洛桑大学政治经济学教授，并开始发表作品。他的理论影响了墨索里尼和意大利法西斯主义思想的发展。

主要贡献：著有《政治经济学讲义》《政治经济学提要》《普通社会学》《社会主义体系》。提出了帕累托最优的概念，并用无差异曲线发展了个体经济学领域。帕累托因发现意大利 20% 的人口拥有 80% 的财产而著名，后来被美国现代质量管理学家约瑟夫·朱兰（Joseph M.Juran）和其他人概括为帕累托法则（80/20 法则），这一法则后来被进一步概括为帕累托分布的概念。

自我总结评价

项目名称：	总结日期：	码上刷题
专业班级：	总结评价人：	
本项目的主要知识点列示：	尚未掌握的部分列示：	

改进计划：（内容、方法、途径、时间安排、效果）

项目八　读懂国民经济运行数据

📖 项目导读

　　本项目开始带领我们进入宏观经济学的学习。宏观经济学以国家或地区的整体经济的运行为研究对象，它要研究一个国家或地区整体经济运行的规律，探讨研究和分析宏观经济运行的理论与方法，探讨宏观经济运行的机制、宏观经济运行出现问题的原因以及治理这些问题的宏观经济政策。本项目旨在让我们了解经济周期、失业与通货膨胀关系，理解宏观经济政策的实施，读懂国民经济运行数据。

⚙ 思维导图

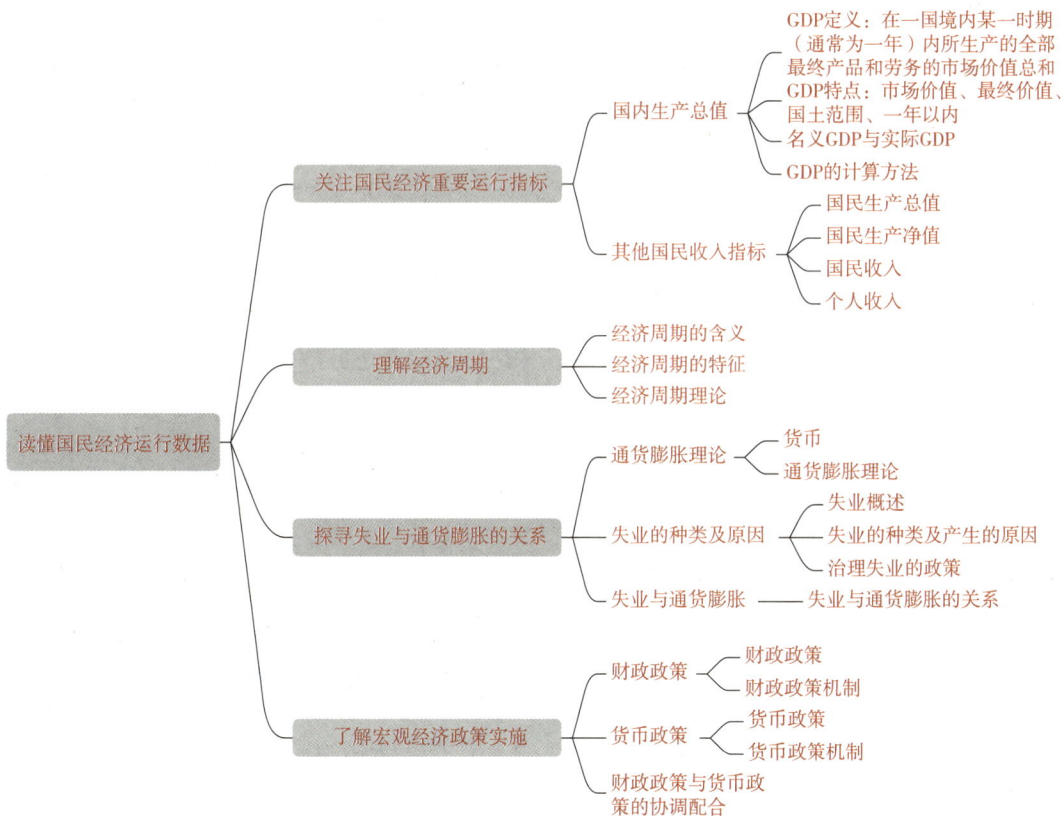

🏹 学习目标

知识目标

　　（1）掌握国民经济重要运行指标。

　　（2）理解经济周期、失业与通货膨胀关系。

　　（3）了解宏观经济政策实施。

（1）能够掌握国民经济重要运行指标、理解经济周期。
（2）能够解释失业与通货膨胀的关系，提出建议。

（1）培育和践行社会主义核心价值观，了解宏观经济政策的背景和目的。
（2）认识到国家和民族的利益高于个人和集体利益，增强学生的爱国情感和责任感。

任务一　关注国民经济重要运行指标

任务导航

宏观经济学在理论和方法上与微观经济学有很大不同，本项目符合当今最流行的将宏、微观经济视为相对独立的体系的研究思路。关于国民收入的决定理论，有很多的经济学家提出了不同的方法和分析问题的角度。本项目将以凯恩斯的理论作为分析问题的框架来阐述简单的国民收入决定理论。

在线课程集锦

育人在线

中国经济回升向好　未来发展前景光明

今年以来，面对复杂严峻的国际环境和艰巨繁重的国内改革发展稳定任务，在以习近平同志为核心的党中央坚强领导下，我们坚持稳中求进工作总基调，全面深化改革开放，加大宏观调控政策实施力度，着力扩大内需、提振信心、防范风险，经济运行回升向好，供给需求稳步改善，结构调整优化加快，就业物价基本平稳，高质量发展扎实推进。

宏观指标表现较好。经济总量较快增长，前三季度国内生产总值（GDP）同比增长 5.2%，增速在全球主要经济体中保持领先。物价水平基本稳定，前 10 个月居民消费价格（CPI）同比上涨 0.4%，与主要经济体高通胀形成鲜明对比。就业形势总体改善，10 月份全国城镇调查失业率为 5%，较 2 月份高点回落 0.6 个百分点。国际收支保持基本平衡。生产供给稳步回升。农业生产形势良好，预计全年粮食有望再获丰收。工业生产有所加快，前 10 个月规模以上工业增加值同比增长 4.1%。服务业增势良好，服务业生产指数增长 7.9%，前三季度服务业对经济增长的贡献率达 63%。市场需求较快恢复。消费热点亮点明显增多，前 10 个月社会消费品零售总额同比增长 6.9%，前三季度最终消费支出对经济增长贡献率达到 83.2%。投资结构继续优化，前 10 个月制造业投资增长 6.2%，其中高技术制造业投资增长 11.3%。质量效益持续改善。新动能加快成长壮大，前 10 个月太阳能电池、新能源汽车产量分别增长 63.7%、26.7%。工业企业利润持续恢复向好，三季度，规模以上工业企业利润在连续 5 个季度同比下降后首次由降转增。居民收入增长加快，前三季度全国居民人均可支配收入同比实际增长 5.9%，比上半年加快

0.1 个百分点。市场信心不断改善。11 月份制造业采购经理指数（PMI）中，生产经营活动预期指数为 55.8%，连续 2 个月上升。国际主流声音看好中国经济前景，国际货币基金组织（IMF）近期分别将 2023 年、2024 年中国 GDP 增速预测值从 5%、4.2% 上调至 5.4%、4.6%；经合组织（OECD）近期将 2023 年中国 GDP 增速预测值从 5.1% 上调至 5.2%。

展望下一步，中国经济发展仍然具备较多有利条件和支撑因素。一是拥有中国特色社会主义制度优势。我们有以习近平同志为核心的党中央的坚强领导，中国特色社会主义制度善于集中力量办大事，高水平社会主义市场经济体制不断完善，这些都将为推动高质量发展提供坚强保障。二是拥有超大规模市场的需求优势。中国是全球规模超大且最有潜力的消费市场，居民衣食住行和精神文化需求潜力巨大，短板领域、薄弱环节和开辟产业新领域新赛道投资还有很大空间，新型城镇化发展也将为需求扩大注入活力。三是拥有产业体系配套完整的供给优势。中国具有全球最完整的产业体系、日益完备的基础设施网络，粮食、能源资源、重要产业链供应链安全保障能力不断提升，经济韧性进一步增强，还有海量数据资源和丰富应用场景等优势，将助推传统产业数字化转型和新兴产业加快成长。四是拥有持续深化改革开放带来的动力优势。全面深化改革深入推进，支持国有企业深化改革，促进民营经济发展壮大，加大吸引外资力度，持续优化营商环境，都将不断激发经营主体的积极性、主动性、创造性。五是拥有较大的宏观调控政策空间。中国宏观调控体制更加完善，政策储备工具不断丰富，在应对国内外风险挑战中宏观调控经验不断积累，宏观政策仍有较大空间，将为驾驭各种复杂困难局面打下坚实基础。

总的来看，今年以来，中国经济战胜困难挑战、顶住下行压力，经济恢复呈现波浪式发展、曲折式前进的特征，经济运行总体回升向好，今年对全球经济增长的贡献将达到三分之一，仍然是全球增长最大引擎。中国经济韧性强、潜力足、回旋余地广，长期向好的基本面没有变也不会变，我们有信心、更有能力实现长期稳定发展，并不断以中国新发展为世界带来新动力、新机遇。

（资料来源：中国经济回升向好　未来发展前景光明——国家发展改革委国民经济综合司负责同志就当前宏观经济形势答记者问 . 国家发展改革委，2023-12-06.）

[解析]

2023 年面对复杂严峻的国际环境和艰巨繁重的国内改革发展稳定任务，按照党中央、国务院决策部署，统筹国内国际两个大局，统筹经济社会发展，统筹发展和安全，坚持稳中求进工作总基调，完整、准确、全面贯彻新发展理念，加快构建新发展格局，着力推动高质量发展，加大宏观调控力度，应对超预期因素冲击，保持经济增长，发展质量稳步提升，创新驱动深入推进，改革开放蹄疾步稳，就业物价总体平稳，粮食安全、能源安全和人民生活得到有效保障，经济社会大局保持稳定，全面建设社会主义现代化国家新征程迈出坚实步伐。

任务准备

一、国内生产总值

（一）国内生产总值的定义

国内生产总值（Gross Domestic Product，GDP）是指在一国境内某一时期（通常为一年）内所生产的全部最终产品和劳务的市场价值总和。

假设某国某年在其领土范围内生产的最终产品和服务共有 n 种，P_1，P_2，…，P_n 分别表示 n 种商品或服务在该年的价格，Q_1，Q_2，…，Q_n 分别表示 n 种商品或服务在该年被生产出来的产量，则该国该年度的 GDP 可表示为：

$$GDP = P_1Q_1 + P_2Q_2 + \cdots + P_nQ_n \tag{8-1}$$

（二）GDP的特点

1. GDP是一个市场价值的概念

各种最终产品和服务的价值都是用货币作为尺度加以衡量的，产品的市场价值就是用这些最终产品的单位价格乘产量获得的。

人们所处的社会每天都在生产成千上万的产品和服务，从大米、衣服、房子、汽车到理发、针灸、旅游等，不同的种类让人们目不暇接。但是宏观经济学并不关注每种产品和服务是如何生产的细节，它的目标是整体上把握和理解经济的行为。例如，宏观经济学者通常会问：总生产能力在这段时间内增长了吗？增长了多少？

市场价值是指所生产出的全部最终产品和劳务的价值都是用货币加以衡量的，非市场活动提供的最终产品和劳务因不用于市场交换，没有价格，就不计入 GDP。例如，农民自给自足的食物、由家庭成员自己完成的家务劳动、抚育孩子等，均没有计入 GDP。但如果非市场活动（自己做家务）变成市场交易（雇家政人员做家务），就计入了 GDP。所以，社会分工越细，非市场行为会更多地市场化，对 GDP 的贡献就越大。

2. GDP测定的是最终产品和服务的市场价值

GDP 核算时不能计入中间产品的价值，否则就会造成重复计算。中间产品是指生产出来后又被消耗或加工形成其他新产品的产品，一般指生产过程中消耗掉的各种原材料、辅助材料、燃料、动力、低值易耗品和有关的生产性服务等；最终产品是指在本期生产出来而不被消耗加工，可供最终使用的那些产品，具体包括各种消费品、固定资产投资品、出口产品等。例如，做一件衣服需要布料，生产布料需要纱线，而纱线是由棉花加工而成的，在这个过程中共生产了 4 种产品：棉花、纱线、布匹和衣服，但只有成衣为消费者直接使用，因此衣服是这个过程中的最终产品，而棉花、纱线和布匹则称为中间产品，在统计 GDP 的时候只统计衣服的价值。

3. GDP是一定时期在本国领土范围内生产的

GDP 是指在一国范围内生产的最终产品和劳务的价值，包括在本国的外国公民提供的生产要素生产的最终产品和劳务的价值，但不包括本国公民在国外提供生产要素生产的最终产品和劳务的价值。这是 GDP 区别于 GNP（国民生产净值）的关键点。

4. GDP是一定时期内（通常为一年）所生产的最终产品和服务的市场价值

计算 GDP 时，只计算当期生产的产品和劳务，不包括以前生产的产品和劳务，即便是当年生产出来但没有销售出去的存货也要计算进去。如果服装厂生产 100 万元的服装，销售 80 万元，剩余 20 万元，100 万元均应当计入当年 GDP；如果第二年还是生产 100 万元的服装，销售了 120 万元，其中包括前一年未销售掉的 20 万元，第二年的 GDP 仍然是 100 万元。

（三）名义 GDP 与实际 GDP

由 GDP 的概念可知，一个国家 GDP 的变动与两个因素有关：一个是所生产的产品和劳务的数量的变动；另一个是产品和劳务价值的变动。因此，如果 GDP 发生了变动，要弄清楚是由产量还是价格变动带来的结果。产量的增加所引起的 GDP 的增加是真实的，而价格水平上升所引起的 GDP 的变动是虚假的，为了使 GDP 的变动能够准确反映产量的变动情况，从而使不同年份的 GDP 进行比较，反映出生产实际变动的情况，经济学家把 GDP 区分为名义 GDP 与实际 GDP。

名义 GDP 是指用生产产品和劳务的当期价格计算的全部最终产品和劳务的市场价值。实际 GDP 是指用统计时确定的某一年（称为基年）的价格计算出来的全部最终产品和劳务的市场价值。实际 GDP 排除了价格的变化带来的影响，矫正了名义 GDP 中的通货膨胀效应。

假定某国只生产两种产品：服装和面包，以 2012 年为基年，现在需要核算 2022 年的名义 GDP 和实际 GDP，其计算结果，见表 8-1。

表 8-1　名义 GDP 与实际 GDP

产品名称	2012 年的名义 GDP	2022 年的名义 GDP	2022 年的实际 GDP
服装	10 万单位 ×90 元 =900 万元	20 万单位 ×200 元 =4000 万元	20 万单位 ×90 元 =1800 万元
面包	20 万单位 ×50 元 =1000 万元	40 万单位 ×70 元 =2800 万元	40 万单位 ×50 元 =2000 万元
合计	1900 万元	6800 万元	3800 万元

（四）GDP 的计算方法

GDP 衡量的是生产的产品和提供服务的总量，可以从生产、支出和收入三个方面来考察和统计，因而有生产法、支出法和收入法三种统计方法。常用的统计方法是支出法和收入法。

1. 生产法

生产法又称增值法，它是从生产的角度，按市场价格首先计算各部门提供的产品和服务中的增加值，然后将各部门的增加值相加即为统计期内的 GDP。之所以不直接计算最终产品的价值，是因为中间产品和最终产品有时很难进行区别，同一产品用于生产过程是中间产品，用于消费便属于最终产品。并且最终产品的种类无数，难以逐件去计算、统计。运用增值法能较有效地避免重复计算，又能相对降低统计的难度。

2. 支出法

支出法又称为最终产品法，一个国家在一定时期内生产的全部最终产品和服务会被各经济主体所购买，因此，我们将各经济主体在该时期的购买额即支出额相加，便可得到全部最终产品和服务的总产值，即核算出 GDP 为：

国内生产总值（GDP）＝个人消费支出（C）＋投资支出（I）＋政府支出（G）＋净出口（NX）

$$(8-2)$$

（1）个人消费支出（用 C 表示）。个人消费支出是指本国居民对最终产品和服务的购买支出，可细分为耐用消费品支出和非耐用消费品支出。个人消费支出按购买者实际支付的价格计算，将营业税、消费税等间接税包含在内，但不包括居民购买新建住宅的支出。

（2）投资支出（用 I 表示）。投资支出是指企业对最终产品和服务的支出总额，主要是对资本品的支出，包括三种类型：一是企业固定资本投资，是指对新的资本品的购买，如机器、厂房、办公楼等为生产产品所需要的资本品；二是居民住房投资，出于 GDP 统计的需要，居民住房投资归入企业投资类，但只考虑一定时期内新建房屋，而不考虑二手房买卖；三是存货投资，是指企业生产出来在当期没有卖出去的产品，它们被看作是企业自己购买了这些产品并且计入 GDP。

（3）政府支出（用 G 表示）。政府支出是指各级政府部门对商品和服务的购买支出，包括政府在国防、基础设施建设、物资方面的支出和向政府工作人员支付的薪金等。

政府购买支出的特点是以取得商品和服务作为有偿支出，它是一种实质性的支出，可以使经济资源的利用从私人部门转到公共部门。政府支出项目中的"转移性支付"是不以取得商品和服务作为报偿的支付，包括政府支付给退休人员的退休金，对残疾人士、退伍军人和低收入人群的社会保障金及补助金，政府支付的公债利息等，不计入 GDP。

（4）净出口（用 NX 表示）。净出口是指出口额减去进口额的差值。出口是指一个国家的产品和服务输出到国外，由国外消费者、生产者或者政府对这些产品或服务进行购买。进口是指本国居民、企业或政府对外国生产的产品和服务的购买。当一个国家的出口大于进口时，净出口为正；当一个国家的出口小于进口时，净出口为负。

3.收入法

收入法又称为要素收入法，或者要素支付法。收入法是从要素所有者的角度出发，把生产要素在生产中所得到的各种收入相加，即由劳动所得的工资、土地所得的地租、资本所得的利息和企业家才能所得的利润这四项加总组成。用收入法计算 GDP，包括以下七个项目：

（1）工资收入、岗位津贴、加班费等，包括这些收入必须缴纳的各种税款。

（2）净利息，即出让资本的使用权获得的价格，如银行存款利息、企业债券利息收入等，但不包括国债的利息，因为它被视为政府转移支付。

（3）个人租金收入，如出租房屋及其他资产等得到的租金收入。

（4）企业间接税。

（5）折旧。

（6）非公司企业的收入，如农民的收入、米粉店、小卖店店主等个体工商户的收入。

（7）公司的税前利润。

从理论上说，用支出法、收入法统计出来的同一个国家同一时期的 GDP 应当相等。

二、其他国民收入指标

国民收入（National Income）是指物质生产部门劳动者在一定时期所创造的价值，是反映整体经济活动的重要指标，也是国际投资者非常关注的国际统计项目。国民收入核算体系（System of National Accounts，SNA）是指一国（或地区）在国民经济核算中形成的，由各总量及其组成成分之间的联系和指标概念、定义、分类、计算方法、表现形式、记录手续和相关关系所构成的一套国民经济核算的标准和制度。在宏观经济的发展过程当中，不同的地区和国家在核算时，往往会采用不同的体系，主要包括物质产品平衡表体系和国民经济体系。

（一）国民生产总值

国民生产总值（Gross National Product，GNP）是指一个国家或地区所有常住机构单位在一定时期内（通常是一年）收入初次分配的最终成果。一个国家常住机构单位从事生产活动所创造的增加值在初次分配过程中主要分配给这个国家的常住机构单位，但也有一部分以劳动者报酬和财产收入等形式分配给该国的非常住机构单位。同时，国外生产单位所创造的增加值也有一部分以劳动者报酬和财产收入等形式分配给该国的常住机构单位。从而产生了国民生产总值概念，它等于国内生产总值加上来自国外的劳动报酬和财产收入减去支付给国外的劳动者报酬和财产收入。GNP 是与所谓的国民原则联系在一起的。

国民生产总值是一个价值指标，它的变动必然会受到产量和价格两方面的影响。为了准确地反映国民生产总值的变化情况，特别是产量与价格各自变动对国民生产总值的影响，一般分别按现价和不变价格计算国民生产总值。于是就产生了名义国民生产总值和实际国民生产总值指标。

名义国民生产总值，或名义 GNP（Nominal Gross national product，Nominal GNP），是指根据当前市场价格计算的一国利用其要素所生产的全部最终产品和服务的价值。

实际国民生产总值，或实际 GNP（Real Gross national product，Real GNP），是指考虑到通货膨胀因素并加以扣除的国民生产总值（GNP），即实际 GNP 等于名义 GNP 除以 GNP 紧缩指数。

按现价（当年价格）计算的国民生产总值称为名义国民生产总值；按不变价格计算的国民生产总值称为实际国民生产总值。二者关系为：

$$名义国民生产总值 = 实际国民生产总值 × 物价指数 \qquad (8-3)$$

名义国民生产总值既反映了实际产量（最终产品数量）的变动，又反映了价格的变动。实际国民生产总值只反映产量的变动。为准确反映国民经济的实际增长情况，通常根据实际国民生产总值进行计算。

另外，GDP 是一个地域概念，而 GNP 则是一个国民概念。例如，一个在美国工作的中国公民的收入要记入中国的 GNP，但不记入中国的 GDP 中，而要纳入美国的 GDP 当中。相反，一个在中国开设公司的美国老板取得的利润应该纳入美国 GNP 的一部分，但他是中国 GDP 的一部分。如果一个国家在一定时期内的 GNP 超 GDP，则说明该时期该国公民从外国获得的收入超过了外国公民从该国获得的收入；而 GDP 超过 GNP 时，说明情况刚好相反。

（二）国民生产净值

国民生产净值（Net Nomestic Product，NNP）是指一个国家的全部国民在一定时期内，国民经济各部门生产的最终产品和劳务价值的净值。任何产品价值中不但包含有消耗的原材料、燃料等的价值，还包含有使用的资本设备的折旧。最终产品价值并未扣去资本设备消耗的价值，因此，此时最终产品的价值还不是净增价值，最终产品市场价值总和只能称国民生产总值。最终产品价值中如把消耗的资本设备价值也扣除了，就得到了净增价值，因而从 GNP 中扣除资本折旧，就得到 NNP。净投资是总投资中扣除了资本消耗或者是重置投资的部分。

$$国民生产净值（NNP）= 国民生产总值（GNP）- 资本折旧 \qquad (8-4)$$

$$国民生产净值（NNP）= 国民收入（NI）+（间接税 - 津贴）\qquad (8-5)$$

（三）国民收入

国民收入（National Income）是指按生产要素报酬计算的国民收入。从国民生产净值中扣除间接税和企业转移支付加政府补助金，就得到一国生产要素在一定时期内提供生产性服务所得报酬，即工资、利息、租金和利润的总和。间接税和企业的补助金虽不列入产品价格，但也不成为要素收入。

（四）个人收入

个人收入（Personal Income）是指个人从各种途径所获得的收入的总和，包括工资、租金收入、股利股息及社会福利等收入。个人收入是预测个人的消费能力、未来消费者的购买动向及评估经济情况好坏的一个有效指标。个人收入提升代表经济景气，个人收入下降则是经济放缓、衰退的征兆，对货币汇率走势的影响不言而喻。如果个人收入上升过急，央行担心通货膨胀，就会考虑加息，加息会对货币汇率产生强势的效应。

生产要素报酬意义上的国民收入并不会全部成为个人的收入。例如，利润收入中要向政府缴纳公司所得税，公司还要留下一部分且不分配给个人，只有一部分利润会以红利和股息形式分给个人。职工劳动收入中也有一部分要以社会保险费的形式上缴有关机构。另一方面，人们也会以各种形式从政府那里得到转移支付，如退伍军人津贴、工人失业救济金、职工养老金、职工困难补助等。因此，从国民收入中减去公司未分配利润、公司所得税及社会保险税（费），加上政府给个人的转移支付，大体上就会得到个人收入。

（五）个人可支配收入

个人收入不能全归个人支配，缴纳个人所得税后的个人收入才是个人可支配收入（Disposable Person Income，DPI），即人们可随意用来消费或储蓄的收入。

$$DPI = PI - 个人所得税 \tag{8-6}$$

任务演练

要求：登录国家统计局网站：https://www.stats.gov.cn，查阅新中国成立以来历年的 GDP 数据，分组讨论回答以下问题。

1. 绘制我国自 1978 年改革开放以来的 GDP 总量的变化图。

2. 我国目前 GDP 总量处于世界第几位？与世界 GDP 排名第一的国家差距是多少？

3. 你认为我国 GDP 总量将来的发展会怎样？

小组发言记录：

教师点评：

任务二　理解经济周期

任务导航

　　各国的经济发展证明，没有哪一个国家能够持续地保持经济的长期增长，没有哪一个国家能够逃脱经济增长之后面临的停滞和萧条。经济的发展具有什么样的周期特征呢？随着社会的进步，周期的长短是否会发生改变呢？通过本任务的学习，能够帮助学生客观认识到经济发展的规律，从而更好地寻找到帮助我国经济进一步增长的动力所在。

在线课程集锦

育人在线

⌐跨周期调节如何促进经济行稳致远⌐

　　2008年国际金融危机爆发以来，发达经济体相继开启量化宽松搞"大水漫灌"式经济刺激，陷入债务驱动型增长泥潭，宏观经济中长久积累的体制性、结构性问题持续恶化。近年来全球大国博弈持续升级叠加保护主义、单边主义抬头，全球产业链在"安全"与"效率"的权衡中重新布局。2020年以来新冠疫情全球大流行进一步加剧了全球经济的不确定性。

　　新变局下，我国宏观调控既要严防系统性风险的"底线"，又要积极推动经济高质量发展突破结构性"上限"。传统的逆周期调节主要依靠财政政策和货币政策组合熨平短期经济波动，在应对收入分配失衡、人口老龄化等结构性问题时往往捉襟见肘。新变局面临的新挑战要求经济调控开出新药方。跨周期调节立足当前、着眼长远，正好满足了这一要求。

　　新中国成立以来，我国在社会主义建设中逐步探索出适应国情的宏观经济调控思路。从1956年《论十大关系》中对重工业和轻工业、农业，沿海工业和内地工业关系的论述，到1961年国民经济调整中的"调整、巩固、充实、提高"八字方针，再到改革开放以来逆周期调节框架的不断完善，我国宏观经济调控始终坚持短期调控与中长期结构性改革相结合，在一以贯之的继承和创新中不断丰富，形成了"以国家发展规划为战略导向，以财政政策和货币政策为主要手段，就业、产业、投资、消费、区域等政策协同发力的宏观调控制度体系"，保障了长期内我国经济跨周期持续健康发展，创造了举世瞩目的中国经济奇迹。

　　十八大以来，我国进一步形成了以供给侧结构性改革为主线，以货币政策和财政政策等逆周期需求管理工具为重点，守住不发生系统性风险为底线的宏观调控政策框架，有效应对了国内国外复杂挑战。2020年我国成为唯一实现经济正增长的大型经济体和全球外商直接投资（FDI）最大流入国，顺利开启国内国际双循环新发展格局。跨周期调节是立足近年来中国特色宏观经济调控实践基础上的理论创新，标志着我国宏观经济调控理念的进一步成熟。

　　当前，我国已实现第一个百年奋斗目标，防范化解重大风险、精准脱贫、污染防治三大攻坚战取得决定性成就，全面建成了小康社会，这为运用和加强跨周期调节奠定了坚实基础。未来，我国经济社会发展目标将更多转向"逐步实现全体人民共同富裕"，而制约我国经济运行的主要问题，也将从短期的经济周期性波动，转变为中长期体制性、结构性难题。

　　从历史上看，全球性经济金融危机往往孕育着经济发展理论和实践的大变革。新中国成立以来，我国经济建设取得举世瞩目的成就。根据世界银行标准，2025年我国将进入高收入国家行列，2035 年会成为中等发达国家，开创了大国和平崛起的"中国路径"。

（资料来源：贺洋.跨周期调节如何促进经济行稳致远.大众日报，2021-08-25.有删减.）

〔解析〕

　　跨周期调节植根于新中国成立以来的宏观经济调控实践，是中国经济发展经验的最新体现，是对传统的逆周期调节的进一步完善和超越，也经受住了实践的考验。未来面对新变局、新挑战，我们应进一步加强跨周期调节顶层设计，不断丰富调控政策工具箱、强化系统观，形成宏观调控新实践与新理念的深化互动，为全球经济持续健康稳定发展贡献中国智慧和中国方案，进一步提升我国的国际影响力，为新发展格局营造良好的外部环境。

■ 任务准备

　　经济发展的历史表明，经济的增长方式从来都不是一成不变的，任何经济的增长都是在经济波动中实现的，直线式的增长从来就未曾有过。一个国家可以享受多年的经济繁荣，而接下来的也许就是一场经济衰退，甚至是一场经济危机。于是，经济的总产出下降，利润和实际收入减少，大批工人失业。当经济逐渐衰退至谷底，便开始复苏。复苏的步伐可能快也可能慢，有可能恢复不到原来的经济水平。总之，经济在沿着经济发展的总体趋势的增长过程中，常常伴随着经济活动的上下波动，且呈现出周期性变动的特点。

一、经济周期的含义

　　经济周期（Business Cycle）又称为商业周期或商业循环，是指国民总产出、总收入和总就业的波动。美国著名经济学家米切尔（W.C.Mitchell）和伯恩斯（A.F.Bunms）对经济周期的经典定义为："经济周期是在主要以工商企业形式组织其活动的那些国家中所看到的总体活动的波动形态。一个周期包含许多经济领域在差不多相同时间所发生的扩张，跟随其后的是相似的总衰退、收缩和复苏，后者又与下一个周期的扩张阶段相结合，这种变化的顺序是反复发生的，但不是定期的；经济周期的持续期间从 1 年以上到 10 年、20 年不等；它们不能再分为性质相似、振幅预期接近的更短的周期。"

　　经济周期一般是用来描述经济总体水平上升和下降交替的波动过程，并依次分为四个阶段：收缩、萧条、扩张和繁荣。收缩阶段是指经济总体水平下降阶段；萧条阶段是指经济总体水平降到最低点的状态；扩张阶段是指经济总体水平由萧条向复苏不断上升的阶段；繁荣阶段是指经济总体水平上升的终点。繁荣和萧条是经济活动过程转向衰退和转向复苏的转折点，国民经济活动整体上的从繁荣到繁荣，或从萧条到萧条的扩张与收缩过程的交替变化称为经济周期，如图 8-1 所示。

　　划分经济周期的一种主要方法是用某个基准线来衡量，高于基准线是繁荣期或景气期，其特征是生产迅速增加，投资增加，信用扩张，价格水平上升，就业增加，公众对未来经济乐观；低于基准线称为衰退期或萧条期，其特征是生产急剧减少，投资减少，信用紧缩，价格水平下降，失业严重，公众对未来经济悲观。从谷到峰的期间称为扩张期间，从峰到谷的期间称为收缩期间。峰到谷或谷到峰的期间称为一个阶段，而两个相同转折点（峰—峰或谷—谷）之间的期间称为一个周期。

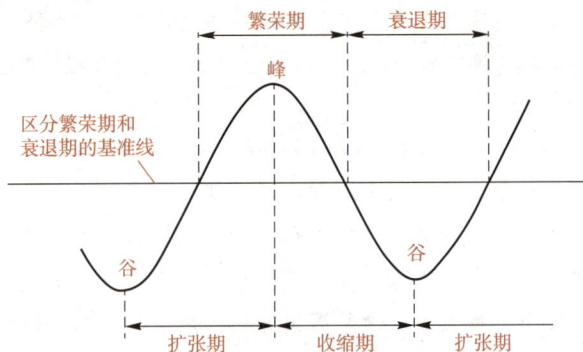

图 8-1 经济周期波动阶段区分示意图

知识拓展

中国的经济周期

国际上对经济周期的研究层出不穷，社会上普遍接受，且得到验证的经济周期理论主要分为以下几种。从长周期来看，以技术驱动为主的康德拉季耶夫周期，也就是市面上常说的康波周期，一般为 50 ～ 60 年。以房地产建筑投资驱动的库兹涅茨周期，以建筑兴衰为标志，一般为 15 ～ 25 年，平均 20 年。从中周期来看，有以投资为驱动的朱格拉周期，也称投资周期，一般为 9 ～ 10 年。从短周期来看，有以存货驱动的基钦周期，平均三年，也称之为存货周期。

中国经济长周期：康波周期（50 ～ 60 年）

每轮新技术的出现都会推动经济重新崛起。康波周期平均 50 ～ 60 年，从时间测算来看，上一轮信息技术革命距今 23 年，位于信息技术引导的周期的中后期。当下正处于信息技术革命的尾端，全球经济停滞，正在寻求新增长点。但新能源、人工智能等新技术不断涌现，未来有望迎来新一轮经济革命。

中国经济长周期：房地产周期（平均 20 年）

房地产大开发时代多伴随城镇化率提升，推动经济的新一轮复苏和崛起。中国经济曾经有过三轮房地产周期，但 2016 年在"房住不炒"政策下，房地产调控趋严，周期性逐渐减弱，随着房地产融资收紧，房企逐渐发生流动性危机，自 2021 年进入新一轮下行周期。从房地产周期角度看，当下房地产处于历史底部区间。

2022 年 12 月中央工作会议定调化解房企风险，因城施策，支持刚性和改善性住房需求。并从信贷、债券、股权等融资主渠道给予房地产企业支持，房地产政策由前期的紧张开始转缓。但从近期政府表态来看，依然保持房住不炒主基调，以稳为主，防范金融风险，虽然政策整体偏缓，但政策很难大幅改善，并未打算将大力发展房地产作为当下经济复苏的主要驱动力。

中国经济中周期：朱格拉周期（平均 10 年）

朱格拉周期，也是设备更新或投资周期，是经济中一种为期约 7 ～ 10 年的周期性波动，受设备更替和资本开支驱动。生产中由于机器设备存在磨损、技术迭代等因素，往往过几年就需要更新。

综合来看，中国投资前期以政府基建和房地产投资拉动为主，随着房地产拉动经济的动力放缓，投资周期步入底部区间。当下中国制造业存在设备转型升级的迫切需求。从政策导向看，政府不断给予政策和资金支持，未来有望迎来新一轮投资周期的起点。

中国经济短周期：存货周期（平均3年）

对于经济而言，由于产品从生产到投入使用需要一定时间。产生经济需求和供给错配。依据库存理论，当需求回暖，销量上涨，企业会相应增产，开始补库存过程；随着供给大量提供，逐渐产生供大于求的局面，当需求回落，销量下跌，企业会相应减产，进入去库存过程。由此呈现了经济短期的周期波动。

（资料来源：现在中国处于经济周期的哪个阶段？.2023-05-14.有改动）

二、经济周期的特征

如果不同的经济周期没有重要的共同特征，那么每一个周期都应作为一个独立的现象进行研究。尽管每个周期并非完全相似，但它们有一些重要的一般特征，这让对它们进行系统性研究成为可能。

1.经济周期是不可避免和无法预测的

经济波动与经济状况的变动是相对应的。当GDP增长迅速时，经济良好，消费者的消费增加，企业的利润也会增长；当GDP减少时，经济衰退，大多数企业的销售和利润都会随着减少。经济周期虽然要经历繁荣期和衰退期，但是经济什么时候会繁荣，什么时候会衰退很难进行预测。实际上，经济周期的波动根本没有规律。

2.经济周期是经济活动总体性、全局性的波动

GDP是最常见的用于监测经济波动的指标，因为GDP最全面衡量了经济活动，是衡量某一时期生产的所有最终产品与劳务的价值及经济活动中所有人的总收入。当经济衰退时，GDP减少，个人收入、公司利润、消费者支出、投资支出、工业生产、零售额、汽车销售额等都会减少，失业率上升，但他们下降或上升的幅度并不完全一样。这表明，经济周期是一种经济活动总体性、全局性的波动。

三、经济周期理论

自从进入市场经济起，经济周期就出现了。早在19世纪，一些经济学家就注意到了这一现象，并进行了研究，所提出的理论不下几十种之多。第二次世界大战之后，经济周期仍然存在，尽管经济波动程度不像战前那样严重，但对经济的不利影响仍然值得重视。所以，经济周期理论在宏观经济学中十分重要。

在经济周期理论发展过程中，对于经济周期的分析主要遵循以下两种方法：

（1）以经济周期波动特征描述为基础，对经济周期进行分析与预测。例如度量经济周期的长度、波动幅度、预测经济周期的阶段与转折点等。

（2）对经济周期产生原因的研究。例如以美国经济学家保罗·萨缪尔森（Paul A Sumuelson）的乘数加速模型为代表的传统经济周期理论、强调供给冲击的实际经济周期理论、强调货币政

策冲击的纯粹货币主义理论、投资过度论和消费不足论，以及政治经济周期理论等。由于各自强调的因素和条件不同，这些理论对经济周期波动的解释存在很大的差异。在经济周期理论发展过程中，这两种研究相互影响。

经济周期分析的主要内容包括：经济扩张的原因、扩张结束的原因、经济不是简单地达到平衡而是走向衰退的原因、衰退时决定经济下跌程度的因素、为什么收缩迟早会结束而复生会开始等问题。

由于国民经济运行是一个错综复杂的过程，经济周期分析不可能做到对构成波动的所有现象和影响因素进行全面的分析，因此在分析经济周期时，会出现多种理论假设，如技术创新理论、纯货币理论，投资过度理论、消费不足理论、农业收获理论、心理理论等。这些周期理论往往是侧重于分析国民经济运行整体过程中的某一方面或某些主要因素。然而，从宏观经济调控与决策管理的要求来看，仅仅侧重于从国民经济运行整体过程中的某一方面，或某些主要因素对经济周期进行分析显然是不够的，因此，现代经济周期分析注重的是对国民经济活动进行系统分析。

经济周期机制和影响因素的系统分析能够帮助我们对影响因素进行系统分类。可以从各种因素自身的学科属性和社会属性将影响因素分为经济因素和非经济因素；可以从各种因素的变动原因将影响因素分为内生因素和外生因素；可以从各种因素变动的性质将影响因素分为确定性因素和随机性因素；还可以从各种因素所起作用的时效将其分为长期因素和短期因素。

任务演练

要求：阅读下面一段文字，结合查阅相关信息，开展小组讨论，回答问题。

中央经济工作会议 2023 年 12 月 11 日至 12 日在北京举行。

……

会议认为，今年是全面贯彻党的二十大精神的开局之年，是三年新冠疫情防控转段后经济恢复发展的一年。以习近平同志为核心的党中央团结带领全党全国各族人民，顶住外部压力、克服内部困难，全面深化改革开放，加大宏观调控力度，着力扩大内需、优化结构、提振信心、防范化解风险，我国经济回升向好，高质量发展扎实推进。现代化产业体系建设取得重要进展，科技创新实现新的突破，改革开放向纵深推进，安全发展基础巩固夯实，民生保障有力有效，全面建设社会主义现代化国家迈出坚实步伐。

……

会议要求，明年要坚持稳中求进、以进促稳、先立后破，多出有利于稳预期、稳增长、稳就业的政策，在转方式、调结构、提质量、增效益上积极进取，不断巩固稳中向好的基础。要强化宏观政策逆周期和跨周期调节，继续实施积极的财政政策和稳健的货币政策，加强政策工具创新和协调配合。

……

1. 你认为，中国当前的经济处于经济周期中的哪一个阶段？
2. 我国将用到哪些手段调节当前经济？

小组发言记录：

教师点评：

任务三　探寻失业与通货膨胀的关系

任务导航

　　通货膨胀及失业与我们大家的生活息息相关，这是两个比较重要的社会问题，不仅受到宏观政策制定者的重视，也是公众关注的焦点。那么，通货膨胀及失业对社会到底有怎样的影响？我们该如何应对？它们之间又存在怎样的联系呢？

在线课程集锦

育人在线

疫情冲击下的中国就业市场：短期波动与长期展望

　　2020 年是一个特殊时期，就业市场经历了短期明显波动和变化。一季度伴随着新冠疫情这一外部重大事件的冲击，国内生产总值（GDP）首次出现下降，城镇调查失业率上升，就业市场景气指数走低。二季度以来，疫情得到有效控制，经济恢复增长。

一季度受疫情冲击，就业市场景气度明显下降

　　从国家统计局公布的数据看，受新冠疫情的冲击，一季度各项宏观经济指标，以及就业市场各项指标走势均不理想。其中，GDP 下降 6.8%，城镇调查失业率从 1 月的 5.3% 陡升至 2 月的 6.2%，创数据发布以来最大升幅，3 月仍维持在 5.9% 的高位水平。较之去年同期 1 月 5.1%，2 月 5.3%，3 月 5.2% 上升明显。另外，反映就业充分程度，以及就业质量的一些指标也变差。例如，企业工时从 1 月 46.7 小时，下降为 2 月的 40.2 小时、3 月 44.8 小时；就业人员在职未上班比例 2 月急剧上升至 49%，3 月有所下降，但仍在 18.3% 的高位。受疫情影响，6% 的就业者退出劳动力市场，就业总量下降。重点群体的就业状况也趋于恶化，外出务工的农民工群体由 2019 年底的 1.7 亿降低到 2020 年 2 月底的 1.2 亿，16～24 岁的青年失业率达到 13% 左右的高位。

　　由中国人民大学中国就业研究所利用智联招聘大数据发布的中国就业市场景气指数（以下简称 CIER 指数）也验证了上述分析结论。2020 年一季度受新冠疫情突发事件冲击，CIER 指数从 2019 年四季度的 2.18 大幅下降至 1.43，其中 3 月更降至 1.02 的历史低位。疫情对应届毕业生就业市场的影响更大，大学生 CIER 指数呈现明显回落，由 2019 年四季度的 2.17 下降至 2020 年一季度的 1.38。在新冠疫情和经济下行压力综合影响下，与去年同期相比，一季度大学生招聘需求人数减少了 16.77%，求职申请人数则增加 69.82%，导致 CIER 指数明显低于去年同期的 2.82 水平。综合来看，在疫情突发事件冲击下，就业市场的供需两端均显著承压，大学生就业市场承压尤为明显。

"保就业"政策力度空前，二季度以来景气度见底回升

　　二季度以来，国家空前加大了"保就业"政策的实施力度，提出各项政策要应出尽出，这对就业市场产生了积极影响，且效果显著。从国家统计局公布的数据看，各项宏观经济指标，以及就业市场的各项指标都呈现出见底回升的态势。其中，二季度 GDP 恢复正增长，达到 3.2%，城镇调查失业率 4～8 月不断降低，分别为 6.0%、5.9%、5.7%、5.7% 和 5.6%。企业周工作时间也从 4 月的 44.3 小时，进一步增加到 5 月的 46.1 小时，6～8 月达到 46.8 小时，且已超过 2019 年 6 月的 45.7 小时。就业人员在职未上班比例，4 月大幅下降至 3.5%，6 月以后继续下降至 0.8% 的低位，已恢复常态。特别是，农民工群体的就业状况有了明显改善。至二季度末，外出务工农村劳动力总量为 1.78 亿，已基本恢复到疫情暴发前的水平。至 6 月底就业人口持续增长，不仅达到，且已超过 1 月的就业水平和规模。进城农民工的失业率也从 7 月的 5.7% 降至 8 月的 5.4%。

（资料来源：疫情冲击下的中国就业市场：短期波动与长期展望 . 新华网，2020-09-28. 有删减 .）

【解析】

　　在国家加大宏观调控，出台了各项应出尽出的稳企业和保就业政策之后，城镇调查失业率开始下降，就业市场景气指数见底回升。

任务准备

一、通货膨胀理论

（一）货币

　　在日常生活中，人们每天都在与货币打交道。对部分人来说，一般提到货币，首先就会联想到钱，提到富翁就会联想到这个人拥有很多钱。但从经济学的角度来分析，刚才所提到的"钱"的确是货币，但货币并非仅仅指"钱"。经济学中讲到的货币不是一般意义上的财富，而是一种特殊的财富。货币是指经济活动中人们经常用于同他人交换商品和劳务的一组资产，即货币是人们普遍愿意接受的资产，货币的这种性质是由其职能所决定的。

1. 货币的职能

　　一般而言，货币有三种基本职能：计价单位、交换媒介和价值储藏。

　　（1）计价单位。作为计价单位，货币以自己为尺度来表现和衡量其他商品和劳务的相对价格。在种类繁多的商品和劳务世界里，货币充当了衡量交换价格的标尺，使人们对商品和劳务有了一个统一的衡量标准。例如，我们到超市买水果，看到苹果的售价为 8 元 1 千克，橙子的售价为 2 元 1 千克，而不是 1 千克苹果的价格为 4 千克橙子，或 1 千克橙子的价格为 0.25 千克苹果。可见，如果没有货币作为计价单位，要想对众多商品和劳务进行价值比较将是一件十分困难的事情。

　　（2）交换媒介。货币作为交换媒介，可以被人们用来交换所需要的商品或劳务。人们平常从商品买卖过程中所看到的货币的作用，就是属于这一种。货币作为交换媒介，极大地促进了经济的发展。试想在没有货币的物物交换年代，一笔交易的达成必须是双方恰好同时需要交换对方的物品。例如一个农民想用他养的羊去换锄头，而生产锄头的铁匠并不想要羊而是想换件衣服，如果这时候刚好有裁缝想用衣服换羊，那么他们三人经过协商后交易就可以达成，但这样的概率很小。如果裁缝的衣服是想用来换其他的东西而不是羊，显然他们的交易就无法达成。而现在有了货币作为交换媒介，他们之间的交换就变得轻而易举。农民可以将羊售卖然后用卖羊得到的货币去购买锄头，铁匠可以用卖锄头得到的货币去买衣服，裁缝可以用卖衣服得到的货币去买他想买的物品……在现代经济中，不仅存在有形商品，还存在着更为复杂的无形商品——劳务，人们的需要也多种多样，在这种类繁多的商品和劳务市场中，如果没有货币，经济将寸步难行。

(3) 价值储藏。价值储藏是也是货币的职能之一。作为社会财富的一般代表，货币可以作为一般等价物购买其他商品和劳务，因而人们有储藏货币的欲望。例如，人们生存需要食物，但大家知道即使有了防腐措施，食物还是不可能长期储存的，因此人们不可能把所有的货币用来购买食物储存起来，而是选择把手中的货币储存起来，等到需要食物的时候再把货币拿出来购买食物。从这个例子可以看出，虽然有些产品是无法长期储存的，但是货币可以使这些产品在价值形态上而不是实物形态上得到储存。当货币退出流通领域，处于静止状态时就行使了价值储藏这一职能。

2. 货币的种类

在现代经济社会里，货币主要包括以下几种：

(1) 铸币。铸币是一种小面额的辅币，一般由金属铸造而成，如金、银、铜、镍等。

(2) 纸币。纸币是一种法定货币，称为法币。法币是政府强制流通的货币。纸币发行的基本权力为政府所有，具体由中央银行掌握。纸币和硬币的总和称为通货或现金。

(3) 存款货币。存款货币是指商业银行的活期存款，又称为银行货币。由于活期存款可以随时提取或是以支票形式在市场上流通，所以也是一种货币。

(4) 定期存款和储蓄存款。商业银行定期存款和其他储蓄机构的储蓄存款是在一定时间以后才能提取的可以获得利息的存款。这些存款虽然不能以开支票的方式使用，但通常只要预先通知银行便可以把它转换成现金或活期存款。

(5) 准货币。准货币又称为近似货币，是指能够执行价值储藏职能，并且易于转换成交换媒介，但本身还不是交换媒介的资产。例如，股票和债券等金融资产就是准货币。

(6) 货币替代物。货币替代物是指能够暂时执行交换媒介职能，但不能执行价值储藏职能的东西。例如，信用卡在交易中只是代替货币执行交换媒介的职能。

在经济学中，一般把货币分为狭义货币和广义货币，分别用 M_1 和 M_2 来表示。其中：

$$M_1 = 现金 + 商业银行活期存款 \tag{8-7}$$

$$M_2 = 现金 + 商业银行活期存款 + 定期存款和储蓄存款 = M_1 + 定期存款和储蓄存款 \tag{8-8}$$

3. 银行与货币的供给

(1) 商业银行与中央银行。中西方对商业银行的具体定义的提法不尽相同。一般认为商业银行的定义包括以下三点：第一，商业银行是一个信用授受的中介机构；第二，商业银行是以获取利润为目的的企业；第三，商业银行是唯一能提供"银行货币"（活期存款）的金融组织。换句话说，商业银行是以经营工商业存、贷款为主要业务，并以获取利润为目的的金融机构。

中央银行是一个国家的最高货币金融管理机构，在各国金融体系中居于主导地位。中央银行的主要业务有：货币发行、集中存款准备金、贷款、再贴现、证券、黄金占款和外汇占款、为商业银行和其他金融机构办理资金的划拨清算和资金转移的业务等。中央银行所从事的业务与其他金融机构所从事的业务的根本区别在于，中央银行所从事的业务不是为了营利，而是为实现国家宏观经济目标服务，这是由中央银行所处的地位和性质决定的。

中央银行的性质具体体现在其职能上，一般来说，中央银行有以下三大职能：①中央银行是负责发行的银行。中央银行垄断着货币的发行权，是一个国家唯一的现钞发行机构。②中央银行是银行的银行。办理"存、放、汇",仍是中央银行的主要业务内容,但业务对象不是一般企业和个人,而是商业银行与其他金融机构。作为金融管理的机构,这一职能具体表现在集中存款准备、最终贷款人、组织全国的清算三个方面。③中央银行是政府的银行。它为政府提供服务,也代表国家从事金融活动。例如,中央银行制定和执行货币政策,实施宏观经济调控。在必要时,中央银行还向政府提供贷款,帮助政府平衡财政收支。另外,中央银行还经管国库收支,保管国家的黄金储备和外汇储备。在有些国家,中央银行还承担着监督管理商业银行的职能。

(2) 准备金与货币创造。大多数国家都是由中央银行发行货币,由商业银行通过存款创造其他货币。商业银行起源于英国,最早具有银行性质的是金匠铺,又称金匠银行,主要承接保管黄金和贵重物品的业务,并没有贷款业务。那时候金匠银行的收益只靠收取保管费,而代储户保管的存款分文不动以保证储户提取现金时有足够的货币支付。这些银行得到但没有贷出去的存款就称之为准备金。当时的金匠银行从某种意义来讲就属于100%准备金银行,这类以储备金形式持有所有存款的银行对货币供给没有影响。但从经济学角度来看,企业家的本性就是追求利润最大化,如果100%准备金,那么金匠银行得到的存款就无法为其赚取更多的利润,这显然与其利润最大化的目标背道而驰。因此随着经济的发展,金匠银行逐渐放弃的100%准备金,而采取小部分作为准备金,剩余的大部分用作投资盈利。就这样,现代意义上的部分准备金银行形成了。

为了说明部分准备金银行如何影响货币的供给,首先要提到的一个概念就是准备金率,它是指银行在总存款中作为准备金持有的比例,而这个比例由政府管制和银行政策共同决定。假设现金是唯一的货币形式,某商业银行甲银行吸收了100万元的活期存款,而甲银行的存款准备金率为10%。这就意味着甲银行将100万元存款中的10万元作为准备金,剩下的90万元存款贷出。从这里可以看出,在甲银行发放贷款之前,货币供给是银行中的100万元存款。但发放贷款后,货币的供给就增加了。储户的活期存款仍然是100万元,但现在贷款的债务人持有了90万元的现金。而货币供给等于现金加商业银行活期存款,也就是190万元。因此,当银行只把部分存款作为准备金时,银行就创造了货币。

但是,甲银行贷出的90万元虽然使债务人有了购买商品和劳务的能力,但债务人也需要向银行偿还这笔债务,并不是说他就增加了90万元的财富。在这个货币创造的过程结束时,从交换媒介增多这一角度来说,经济的流动性更强了,但财富并没有增加。

(3) 货币乘数。货币乘数是指银行体系用1元准备金所创造的货币供给量。假设甲银行的债务人用90万元购买了某人的东西,而这个人又把钱存入乙银行。如果乙银行的准备率也是10%,那么它把9万元作为准备金,其余的81万元作为贷款发放出去。此时,乙银行就创造了额外的81万元货币。如果再继续,这81万元存入了丙银行,丙银行准备率也为10%,它就会留8.1万元作为准备金,发放72.9万元贷款。这个过程一直继续下去,被创造出来的货币就会更多。创造货币的过程,如图8-2所示。

从结果来看,这个货币创造过程虽然可以一直继续下去,但它并没有创造出无限的货币量。这无限的一系列数字相加

初始存款	=100万元
甲银行贷款	=90万元
乙银行贷款	=81万元
丙银行贷款	=72.9万元
……	
货币供给总量	=1000万元

图8-2　货币创造的过程

起来刚好等于 1000 万元，也就是说 100 万元的存款创造了 1000 万元的货币。根据货币乘数的定义，在这个例子中，每 1 元存款创造了 10 元的货币，货币乘数为 10。从这里可以看出，货币乘数是准备率的倒数。即准备率为 10%（1/10），因此货币乘数是它的倒数——10。假设 R 为准备率，那么货币乘数就等于 $1/R$。如果上述例子中准备率只有 5% 即 1/20，那么货币乘数就是 20，银行体系创造的存款是准备金的 20 倍即 2000 万元的存款。由此，可以得出银行创造货币的多少取决于准备率，准备率越高，每个银行贷出的款越少，货币乘数就越小，创造的货币也就越少；反之亦然。

（4）货币政策工具。货币政策工具又称货币政策手段，是指中央银行为实现货币政策目标所采用的政策手段。中央银行经常采用的三大政策工具分别是公开市场业务、法定准备金和贴现率：①公开市场业务。公开市场业务是指中央银行通过在金融市场上公开买卖有价证券来调节市场中货币供给量的行为。当中央银行认为应该减少货币供给时，就在金融市场上卖出所持有的有价证券（主要是政府债券）。公众用自己持有的现金或银行存款来购买这些有价证券时，就直接减少了流通中的货币量。反之，如果要增加货币供给就买进有价证券。②法定准备金率。中央银行规定的商业银行在所吸收的存款中最低必须持有的准备金比率就是法定准备金率。中央银行通过提高法定准备金率使商业银行可支配的资金减少，贷款能力下降，货币乘数变小，市场中货币流通量便会相应减少；反之，降低法定准备金率则会增加市场中的货币流通量。③贴现率。贴现率是指中央银行对商业银行发放贷款的利率。当中央银行提高贴现率时，市场中货币的流通量就会减少；反之，降低贴现率就会增加市场中货币的流通量。

（二）通货膨胀理论

通货膨胀是指货币贬值、大多数商品和劳务的价格普遍而持续上升的现象。要理解这一概念，应注意两点：第一，价格的上涨是指大多数商品和劳务价格或者说物价总水平的上涨，单个或少数几种商品或劳务价格的上升不能视为通货膨胀。第二，价格不是一时的上升，而是持续较长时间的上升，一般来说以一年作为通货膨胀的计算单位。

1. 物价水平与货币价值

只要留心观察，我们就会注意到同一种商品不同时期的价格变化。例如某一时期红富士苹果的价格为 1 元 / 千克，而现在每千克的价格却是 8 元左右。人们消费同样多的苹果，却要比以前支付更多的货币。出现这种情况的原因可能是，人们对苹果的偏好并没有太大的变化，只是随着经济的发展和时间的变化，用来购买苹果的货币贬值了。

通货膨胀是物价总水平的持续上涨，关于经济中的物价总水平，可以从两个方面来看。一方面，可以把物价总水平看作是一揽子商品与劳务的价格，当物价总水平上升时，购买同样的商品与劳务就需要支付更多的货币。另一方面，还可以把物价总水平看作是衡量货币价值的一种指标。当物价总水平上升时，人们钱包中每一元钱所能买到的商品或劳务的数量就比以前更少了，即货币的价值就下降了。

我们可以通过数学方法来理解物价水平与货币价值的关系。假设 P 是用消费物价指数或 GDP 平减指数所衡量的物价水平。那么 P 也就衡量了购买一揽子商品与劳务所需要的货币数量。反过来考虑，即用一元钱所能购买的商品与劳务量等于 $1/P$。即 P 是用货币衡量的商品与劳务的价格，而 $1/P$ 就是用商品和劳务衡量的货币价值。当 P 增加时，即当物价水平上升时，$1/P$ 就会变小，即货币的价值下降。

2.货币供给、货币需求与货币均衡

商品的价格是由商品的供给与需求所决定的，而货币的价值也是由货币的供给与需求决定的。

（1）货币的供给。当中央银行在金融市场上卖出所持有的有价证券时，它就换回了市场上流通的货币，减少了货币的供给量。反之，当中央银行购买有价证券时，支付了货币，增加了市场上货币的供给量。此外还有准备金及贴现率。为了简化分析，我们暂不考虑银行体系的复杂性，而是把货币供给量简单地看作是由中央银行控制的政策变量。

（2）货币的需求。影响货币需求的因素有很多，但市场中的平均物价水平这一因素是最基本的。市场上平均物价水平越高，人们进行交易时需要的货币就越多，反之越少。即物价水平上升增加了货币的需求量，物价水平下降减少了货币的需求量。此外，还有其他一些因素也会影响货币的需求，如当债券的利率较高时，大部分人就会选择购买这种债券以获取更多的利润，而不是将货币放在自己的钱包里或存入银行活期账户。

（3）货币均衡。货币均衡主要取决于时间的长短。在短期内利率起着关键作用，而在长期中，物价总水平是关键。如果物价水平高于均衡水平，人们想要持有的货币量就大于了货币的供给量，此时物价水平必然会下降以使供求达到平衡。如果物价水平低于均衡水平，情况则刚好相反。只有当物价水平等于均衡物价水平时，人们想持有的货币量才与中央银行所供给的货币量相等，货币的供给与需求才达到了均衡。

如图 8-3 所示，图的横轴表示货币量；左边纵轴表示货币价值 $1/P$，右边纵轴表示物价水平 P。从图 8-3 中可以看出左右两条纵轴上的值刚好互为倒数，货币价值越高就越接近顶端，而物价水平越低才越接近顶端，这就意味着当货币价值较高时物价水平就较低，反之亦然。图中的两条曲线就是货币的供给曲线 S 与货币的需求曲线 D。货币的供给曲线是一条垂直于横轴的直线，因为中央银行固定了货币的供给量。而货币的需求曲线是一条向右下方倾斜的曲线，表示当物价水平较高即货币价值较低时，人们购买商品和劳务就需要花费更多的货币。在均衡时，如图中 A 点所示，货币的需求量与供给量平衡。这种货币供给与需求的均衡就决定了货币价值和物价水平。

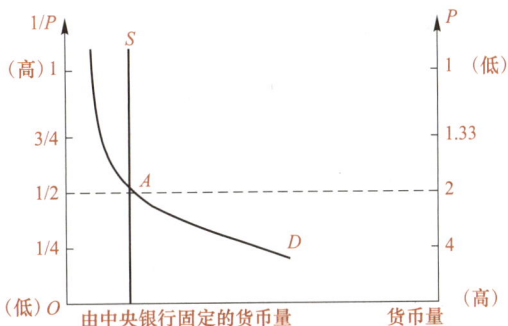

图 8-3　货币供给与需求如何决定均衡的物价水平

3.通货膨胀的影响

（1）通货膨胀的衡量与分类。通货膨胀的程度通常是用通货膨胀率来衡量的，即当期与前期价格变动的百分比，用公式表示为

$$通货膨胀率 = \frac{前期价格指数 - 前期价格指数}{前期价格指数} \times 100\% \tag{8-9}$$

例如，今年的消费价格指数为 110，去年的消费价格指数为 100，那么今年的通货膨胀率为（110-100）÷100×100%=10%。

根据通货膨胀程度的不同，即通货膨胀率的高低，西方学者将通货膨胀分为以下三种类型：①温和的通货膨胀。温和的通货膨胀是指通货膨胀率在 10% 以内。这种缓慢而持续的价格上升

对大多数国家尤其是发展中国家来说，在经济的发展过程中是难以避免的。西方经济学者一般认为这种温和的通胀不会对经济造成严重的恶性影响。②奔腾的通货膨胀。奔腾的通货膨胀是指通货膨胀率在 10%～100%。在这个阶段，货币流通速度提高，其购买力下降速度加快。西方学者认为，由于价格上涨过快，公众会预期价格将进一步上涨，因此他们会采取一定的措施来保护自己，如抢购。而这种预期及采取的行为往往会进一步加剧通货膨胀。③超级通货膨胀。超级通货膨胀是指通货膨胀率在 100% 以上。发生这种通货膨胀时，价格在短期内迅速呈倍数增长，人们都想尽快将手中的钱花出去，对货币完全失去信任，正常的经济秩序遭到严重破坏，以致最后货币体系和价格体系完全崩溃，情况严重的还可能出现社会动乱。例如津巴布韦 2008 年 7 月的通货膨胀率竟然达到了 231000000%，而 2009 年 1 月，其央行发行的 100 万亿津巴布韦元大钞，1 的后面有 14 个 0，也算是一项世界纪录。大部分居民日常交易以美元及南非币作为流通币，而在一些乡镇，许多村民则是拿自己家里的鸡或其他产品来换取所需要的物品，人们似乎又回到了以物换物的时代。

（2）通货膨胀的影响。大多数经济学家认为通货膨胀对经济是不利的。①对再分配的影响：对债务人有利而对债权人不利。通货膨胀对再分配的作用主要通过影响人们手中财富的实际价值来实现。一般来讲，如果没有预期到通货膨胀，则通货膨胀会使财富从债权人手中再分配给债务人。例如甲向乙借了 10000 元，约定一年后归还，而到了归还的时间物价水平上涨了一倍，这时甲还给乙的 10000 元相当于只有一年前他借钱时的一半。②对收入的影响：利富不利贫。如果工资或救济金的增长率低于了通货膨胀率，那么靠固定收入维持生活的人的购买力将随着物价的上涨而下降。因此通货膨胀不利于大多数工薪阶层、退休者、失业者、贫困者和接受政府救济者。但是，通货膨胀有利于企业主、厂商和靠变动收入维持生活的人。如果企业产品的价格上涨快于生产要素价格的上涨，则企业的收益增长比成本增长更快，企业主从中获利。③对经济效率的影响：扭曲资源配置。在一个高通货膨胀的经济中，商店会频繁地变动价格，导致相对价格混乱无序、难以适从。例如，如果服装业每三个月调整一次价格，而日用品的价格持续上升。这样鞋和日用品的比价就会持续发生变化，造成了资源配置的扭曲。④对就业和国民收入（产出）的影响：较高的通货膨胀影响就业和产出水平。由于需求增长而引起的通货膨胀在一定条件下，能促使厂商扩大生产规模、增加雇佣工人；通货膨胀使银行的实际利率下降，这会刺激消费和投资需求。由于成本增加引起通货膨胀，则会使企业的利润下降，从而导致供给减少，失业率上升。

二、失业的种类及原因

（一）失业概述

1.失业的含义

失业是指在一定年龄范围内的人愿意工作而没有工作，并且正在寻找工作的经济现象。而这些人就被称为失业者。要理解失业这一定义，需要注意以下几点：

（1）要没有工作。这一点是最基本的，下面提到的两点都是以这一点为前提的，如果有工作，就表明已经就业，因此也就不存在失业不失业的问题。

（2）有一定的年龄范围。对于工作年龄的问题，各国的规定并不完全一致。在我国现阶段，工作年龄根据性别的不同各有规定，女性为 16～55 岁，男性则为 16～60 岁。在这个年龄范围之外的人即使没有工作，也不把他列入失业者的范围。例如一个 70 岁的老太太退休后在家闲不住想找份工作但一直没找到，就不属于失业范畴。

（3）要有工作的意愿。有工作意愿是指这个人要愿意工作，想要获得工作的机会。如果没有工作的意愿，即使属于工作年龄范围内的人，没有工作也不能算作失业。例如一个应届生毕业后整天只想待在家里玩，不想出去工作，那么就不能把他划到失业的范围内。

2. 失业的衡量

衡量一个经济社会中失业状况的指标有多种，最基本的一种就是失业率，即失业人数占劳动力总人数的百分比。失业人数是指属于上述失业范围，并且到有关部门登记的失业者人数；劳动力总人数则是指失业人数与就业人数之和。失业率用公式表示为

$$失业率 = \frac{失业人数}{劳动力总人数} \times 100\% = \frac{失业人数}{失业人数+就业人数} \times 100\% \tag{8-10}$$

（二）失业的种类及产生的原因

根据造成失业的原因不同，一般将失业分为自然失业、周期性失业和隐蔽性失业三大类。

1. 自然失业

由于经济中某些不可避免的因素所引起的失业称为自然失业。这种失业普遍存在于各个市场经济国家中。根据造成失业的具体原因不同，自然失业又有可以细分为以下几类：

（1）摩擦性失业。摩擦性失业是指人们在各行业、部门或地区之间变换工作而产生的失业。这属于正常的劳动力流动而引起的部分工人的失业，一般只是短期性的。例如随着经济发展，由于种种原因生产 DVD 利润急剧减少，甚至无利可图，这就迫使从事 DVD 生产的部分工作人员转行，而在转行期间没找到工作造成的失业就属于摩擦性失业。此外，通常把新加入劳动力队伍，正在寻找工作而造成的失业也归为摩擦性失业。

（2）求职性失业。求职性失业是指由于不满足现行工资或工作条件而造成的失业。求职性失业在更大程度上是由于工人主观原因而造成的。这种失业青年人占有较大比重，他们往往不满足于现状，希望能找到更为理想的工作，一旦现有工作条件或待遇与自己理想中的工作出现偏差，他们宁愿辞职寻求新的工作。例如一些人为了谋求更大的发展空间，决定辞掉现有工作到北京、上海等大城市去求职，在刚去的一段时期内总会有人找不到工作，这种情况就属于求职性失业。

（3）结构性失业。结构性失业指由于经济、产业结构、生产形式或规模发生变化，劳动力不能适应劳动力需求导致的失业。例如随着经济、产业结构的变动，电视、电脑等的出现使曾经风靡一时的收音机市场逐渐萎缩，而生产收音机的工人如果不改变自己的职业技能，就很难谋求到新的工作。

（4）技术性失业。技术性失业是由于技术进步而引起的失业。例如随着技术的进步，某工厂引进了新的流水线，原来需要 10 个工人才能完成的工作现在仅需两名工人就能完成。这样，工厂对劳动力的需求就会减少，从而使失业增加。此外，随着技术的进步，设备越来越先进，那些素质较低、技能较差的工人难以掌握新设备的操作技术，从而沦为失业者。

（5）季节性失业。季节性失业是指由于某些行业随季节变动而引起的失业。常见于受自然条件约束的农牧业、旅游业等。这些行业由于受气候、季节影响较大，在旺季需要的劳动力多，而在淡季需要的劳动力少。例如一些集中化生产的农场，在农忙季节需要雇佣很多工人，而到了农闲季节几乎不需要雇佣工人，或仅雇佣少数几名工人帮忙管理。又如我国海南省冬季的游客量是夏季的若干倍，这时对劳动力的需求量也是夏季的若干倍，到夏季游客减少时，旅游业

及相关行业就会减少工人的雇佣量。

（6）工资刚性失业。工资刚性失业是指由于工资能升不能降造成部分工人无法受雇而引起的失业。理论上来讲工资本身是具有伸缩性的，即通过工资的升或降可以实现人人都有工作。当劳动力的供给大于需求时，可以通过降低工资来实现供求平衡，从而增加就业人数。但现实中，人们的本性是不愿意升上去的工资又降下来，即不愿意牺牲自己的既得利益来帮助他人就业。此外，工会的存在与最低工资标准也限制着工资的下降，从而使工资具有能升不能降的刚性，最终导致部分工人无法受雇而形成失业。

2.周期性失业

周期性失业是指处于经济周期中的衰退、萧条阶段时，由于需求下降而引起的失业。当经济处于衰退或萧条阶段时，消费需求和投资需求不足，对劳动力的需求减少，生产者要么降低工人工资，要么减少工人的雇佣量，这就进一步影响到消费和投资的积极性，使经济更加不景气，如此循环往复，就成为一个相互制约的"死结"。但如果采用适当的政策来刺激消费和投资，则经济有望复苏直至繁荣。因此，周期性失业只是一种短期的、暂时性的失业，一旦经济开始复苏，这种失业将会逐渐减少，最终不复存在。

与周期性失业相关的有两个概念，即充分就业与自然失业率。充分就业是指消灭了由于需求不足造成的周期性失业时的就业状态。充分就业并非指所有人都有工作，即充分就业时仍然存在着失业，而这种失业是由于经济中某些不可避免的因素所引起自然失业。实现充分就业时的失业率就是自然失业率。

3.隐蔽性失业

隐蔽性失业是指一些人表面上有工作，实际上他们对生产并没有做出贡献的一种现象。即这些工人的边际生产力为零，即使减少这些就业人员，产量也不会下降。隐蔽性失业常常存在于发展中国家，它的存在给经济造成了巨大的损失。

（三）治理失业的政策

1.失业的影响

失业的影响主要包括对个人、社会和经济的影响。

（1）对个人的影响。对个人来说，如果是自愿失业，即这个人是因为不愿意工作或对现有工作条件及待遇不满主动辞职而引起的失业，那么失业给他带来的是闲暇及享受，或者是一个找到更好工作的机会。但如果是其他原因引起的非自愿失业，则会使失业者及其家庭的收入减少，生活水平下降。失业者若长期找不工作可能会悲观失望，有的还会造成巨大的心理创伤，甚至失去对生活的信念。

（2）对社会的影响。对社会来说，失业的增加会使社会福利支出加大，从而加重财政负担。政府一般通过对失业者发放补贴及最低生活保障来解决他们的生活问题，这些资金主要依靠财政拨款，每年政府都会提前拟定所需款项及具体金额，如果某一段时间内失业者人数急剧增加，则可能造成财政困难。此外，过高的失业率还可能带来一系列社会问题，影响社会的安定。

（3）对经济的影响。对于整个经济来说，失业带来的最大损失就是实际国民收入的减少。20世纪60年代，美国经济学家阿瑟·奥肯（Arthur M.Okun）根据美国的数据，提出了经济周期中失业变动与实际国民收入变动的经验关系，被称为奥肯定律。

奥肯定律的内容是：失业率每增加1%，实际GDP将减少2%；反之，失业率每减少1%，实际 GDP 就增加 2%。西方学者认为，奥肯定律揭示了产品市场与劳动市场之间极为重要的关系，它描述了实际 GDP 的短期变动与失业率变动的联系。根据这个定律，可以通过失业率的变动推测或估计 GDP 的变动，也可以通过 GDP 的变动预测失业率的变动。例如，失业率增加了 3%，则实际 GDP 就会降低 6%。

关于奥肯定律，需要注意的是失业率与实际 GDP 增长率之间 1:2 的关系只是根据经验统计资料得出来的，因此它只是一个平均数，在不同国家及不同时期这个比例并不是完全不变的。

2.治理失业的政策

治理失业的政策大致可以分为主动的失业治理政策和被动的失业治理政策两大类。

主动的失业治理政策是指从劳动力供给与需求角度出发来考虑治理政策。不论是哪种类型的失业，它们的共同点是劳动力供给量大于劳动力的需求量。因此，要治理失业首要的问题就是控制劳动力的供给规模及增加对劳动力的需求量。

在控制劳动力供给规模方面，可以考虑延长劳动者受教育的时间，该方法一方面推迟了青年人进入劳动力市场的时间，缓解了就业压力，从而减少了摩擦性失业的发生。另一方面也提高了劳动者的素质，降低了结构性失业的可能性。而在增加对劳动力的需求量方面，可以采取的政策一是政府可以兴建公共工程、增加政府支出，从而增加就业岗位；二是采用相应的政策促进经济发展，根据奥肯定律实际 GDP 每增加 2%，失业率就会减少 1%，因此可以通过发展经济来保证实际 GDP 的稳步增长，从而降低失业率。

此外，社会中还存在一些容易失业的弱势群体，如低技能劳动者。对于这种情况，一方面可以降低这部分人的最低工资来实现增加就业，另一方面可以对他们进行再就业培训或职业技能培训，从而提高这类劳动者的自身素质，使其在质量与结构上符合社会对劳动力的需求。

主动的失业治理政策还包括为劳动力市场的供求双方提供交流平台，提供就业信息服务，从而加速劳动力的自由流动。

上述主动的失业治理政策主要是从防患于未然的角度出发，即通过政策措施来改变一些可能导致失业的现状，使其不会进一步发展下去，从而减少失业的发生，提高就业率。但不管政府采用的政策措施多有效，在市场经济条件下，要彻底消除失业现象是不可能的。既然无法避免，就只能被动地接受，对于已经失业的人员，应采取被动的失业治理政策，即对他们进行救济。一般来说需要建立起一套完善的社会保障体系，通过发放失业救济和失业保障，使失业者能维持基本的生活，以提高社会的公平性。

但是，失业救济与失业保障如果应用不当反而会加剧失业问题。例如欧洲的一些国家，其福利被称为"懒人福利"，由于失业救济和失业保障金额过高，超过最低生活所需，人们仅依靠救济金就可以生活得舒舒服服，有些地方发放的救济金甚至超过了当地一些技术含量较低工种的工资，致使一些人宁愿待在家里靠救济金生活也不愿去工作。此外，过高的失业救济和失业保障金使得劳动力成本不断上升，从而也会加剧失业问题。

三、失业与通货膨胀

（一）失业与通货膨胀的关系

失业与通货膨胀是经济中的两个主要问题，众多经济学家对二者之间的关系进行了研究，主要有以下几种观点：

1. 凯恩斯的观点

凯恩斯认为失业与通货膨胀不会并存。在未实现充分就业的情况下，总需求的增加只会引起国民收入的增加，而不会引起价格水平的上升。换句话说，就是未实现充分就业就不会发生通货膨胀。反之，如果实现了充分就业，则总需求的增加只会引起价格上升，而不会使国民收入增加，即如果发生通货膨胀就证明已经充分就业。

凯恩斯关于失业与通货膨胀之间关系的论述是建立在20世纪30年代经济大萧条背景的基础之上的，因而并不是任何时间、任何国家都适用。因此，经济学家们试图对两者的关系做出新的解释。

2. 菲利普斯曲线

菲利浦斯曲线是用来表示失业与通货膨胀关系的曲线。1958年，新西兰经济学家威廉·菲利普斯（Alban William Phillips）根据英国1861—1957年失业率与货币工资变动率的经验统计资料，提出了这条用以表示失业率和货币工资变动率之间交替关系的曲线。这条曲线表明：当失业率较低时，货币工资增长率较高；反之，当失业率较高时，货币工资增长率较低，甚至是负数。

由于工资普遍上涨会直接增加产品的成本，从而引起物价总水平的提高，造成通货膨胀。因此，以美国经济学家保罗·萨缪尔森（Paul A.Samuelson）为代表的新古典综合派认为工资上涨率又可以用来表示通货膨胀率，菲利普斯曲线就可以表示失业率与通货膨胀率之间此消彼长的关系：即失业率高，表明经济处于萧条阶段，工资水平与物价都较低，因此通货膨胀率也较低；反之，失业率越低，表明通货膨胀率越高。如图8-4所示，横轴表示失业率，纵轴表示通货膨胀率。从图中可以看出A点的失业率为3%，通货膨胀率为6%；B点的失业率为8%，通货膨胀率为2%。正好说明了失业率与通货膨胀率之间负相关的。

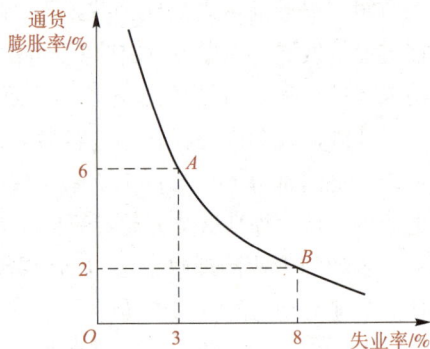

图 8-4 菲利普斯曲线

从图中还可以看出，即使通货膨胀率为零，失业率也不会为零，这是因为有自然失业率的存在。因此，通货膨胀率为零时的失业率就是自然失业率。

菲利普斯曲线提出了这样几个重要的观点：第一，通货膨胀是由于工资成本推动所引起的，这就是成本推动通货膨胀理论。人们正是根据这一理论把货币工资增长率与通货膨胀率联系起来的；第二，承认了通货膨胀与失业的交替关系。这就否认了凯恩斯关于失业与通货膨胀不会并存的观点；第三，当失业率为自然率失业时，通货膨胀率为零。因此，也可以把自然失业率定义为通货膨胀率为零时的失业率；第四，为政策选择提供了理论依据。这就是可以运用扩张性宏观经济政策，以较高的通货膨胀率来换取较低的失业率；也可以运用紧缩性宏观经济政策，以较高的失业率来换取较低的通货膨胀率。这也是菲利普斯曲线的政策含义。

菲利普斯曲线所反映的失业与通货膨胀之间的负相关关系基本符合20世纪50—60年代西方国家实际情况。但到20世纪70年代末期，由于滞涨的出现，失业与通货膨胀之间的这种关系已经不复存在了。

（二）失业与通货膨胀的权衡

关于失业与通货膨胀的权衡取舍，在过去的几十年间学术界一直存在着争论，但其中的一些原理现在被人们所认可，具体有以下几个主要观点：

1.失业与通货膨胀的短期权衡

在短期时间内，一些西方学者认为失业率与通货膨胀率之间存在负相关关系。这就意味着可以通过选择牺牲其中一项来保证另一项的稳定。例如通过高通胀率来保证低失业率，或者通过提高失业率来降低通货膨胀率。

具体而言，需要先确定一个经济社会的临界点，从而确定一个人们能接受的失业与通货膨胀的组合区间。如果失业率即通货膨胀率在该区间内，则决策者可以任其自由发展；一旦超过了该区域，则可以根据菲利普斯曲线所表示的关系进行调节。如图 8-5 所示，图中假定失业率与通货膨胀率在 6% 以内时是可以接受的，在图中阴影部分区间内经济社会被认为是安全的，则称为安全区域，这时 A 点就为临界点。若经济社会中失业率与通货膨胀率在安全区域内，如图 8-5 中 C 点的失业率及通货膨胀率均为 2%，则决策者无须采取任何措施来调整。

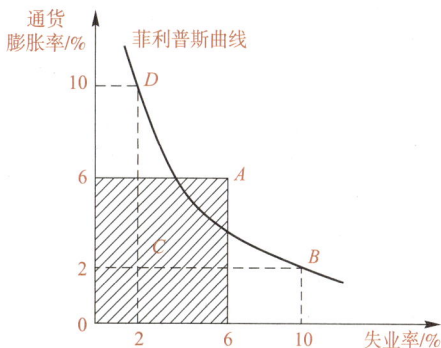

图 8-5　短期菲利普斯曲线与政策的应用

但如果失业率超过了 6%，如图 8-5 中 B 点，失业率为 10%，通货膨胀率为 2%。可以看出，通货膨胀率低于 6% 的临界点，而失业率则超过了 6%。此时根据菲利普斯曲线，决策者可以采取相应措施来提高通货膨胀率，从而使失业率降低到安全区域内。但是，通货膨胀率最高也只能提高到 6%，否则又会出现如图 8-5 中 D 点的情形，虽然失业率降低到安全区域内，但通货膨胀率又超出了所能接受的范围，这种情况又需要采取措施提高失业率以使通货膨胀率降至安全区域内。

2.长期菲利普斯曲线

从长期来看，一些西方学者认为失业率与通货膨胀率之间不存在负相关关系，企图通过提高通货膨胀率来降低失业率或提高失业率来降低通货膨胀率的宏观经济政策是无效的。

按照这些西方学者的说法，工人可以根据实际情况不断调整自己对通货膨胀的预期，而工人预期的通货膨胀率与实际通货膨胀率迟早会达到一致，这时工人会要求改变名义工资，从而消除通货膨胀对工资的影响，使实际工资不变。在这种情况下，提高通货膨胀率并不会使失业率降低。如图 8-6 所示，横轴代表失业率，纵轴代表通货膨胀率，则长期菲利普斯曲线是一条垂直于横轴的直线，它表明失业率与通货膨胀率之间不存在替代的关系。而且长期来看，经济社会只要能够实现充分就业，其失业率就将保持在自然失业率的水平。

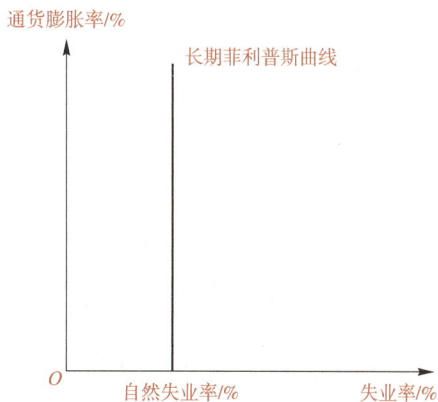

图 8-6　长期菲利普斯曲线

✏️ **任务演练**

要求：阅读以下文字，开展小组讨论，回答问题。

关于我国调查失业率统计的几个问题：

　　我国失业率调查基本上是按照国际劳工组织推荐的标准进行统计的。失业率是失业人数除以劳动力供给，其中劳动力供给等于失业人数加上就业人数。失业人数是当前没有工作，近 3 个月积极寻找工作，如果有合适工作能在 2 周内去工作的人；就业人数是为取得报酬工作 1 小时及以上的人，包括因休假、临时停工等未上班但继续领取工资的人，这与国际劳工组织的推荐标准是一致的。由于在短时间获取全部失业人数和就业人数有困难，国际劳工组织推荐了抽样调查，我国目前失业率数据也是通过抽样调查获取的，也就是在全国范围内按随机原则抽取一定住宅，然后对住宅内所有 16 岁及以上的人口就业失业状况进行调查，以获取就业人数和失业人数的数据。

　　国际劳工组织之所以提出的是推荐标准，就是考虑到各国实际情况的不同，各个国家按照推荐标准结合本国实际提出具体的做法，这是符合实际的。各国开展失业率调查时，在概念上、方法上等原则方面都是一致的，但在具体做法上又都存在着不同程度的差异。如对于因单位原因暂时离岗，但雇主给出明确返岗日期的人，美国将其直接视为失业，而欧盟要求必须有寻找工作行为，才视为失业。

　　我国在开展失业率调查时，始终坚守概念和方法等方面与国际标准一致，但也根据我国的情况，对一些具体问题作了一些符合实际的处理。主要表现在以下几个方面，一是体现出了外来人口、外来常住人口虽然户籍不在城镇，但也在城镇调查失业率覆盖范围内；二是体现出了农业和非农业人口，对农业和非农业人口采用一致的就业失业标准，从事农业的人口农闲时间如果正寻找工作，但没有找到工作也属于失业人口；三是体现出全年龄就业状况，考虑到农村老年人仍会继续务农，城镇许多人退休后也选择继续工作，因此就业和失业人口没有年龄上限。

　　……

（资料来源：李晓超：关于我国调查失业率统计的几个问题 . 国家统计局，2020-09-28.）

（1）什么是"城镇调查失业率"？

（2）失业率与通货膨胀率是什么关系？

（3）一国失业率高的时候，是否还应该实施"延迟退休制度"？为什么？

小组发言记录：

教师点评：

任务四　了解宏观经济政策实施

📋 任务导航

宏观经济政策是政府有计划地运用一定的政策工具调节宏观经济运行、解决经济问题的指导原则和措施，本任务将带领大家学习财务政策、货币政策以及两种政策如何协调配合发挥作用，从而了解宏观经济政策的实施和运行。

在线课程集锦

🎓 育人在线

⌐稳字当头稳中求进 实施好积极的财政政策⌐

党的十八大以来，我国连续十年实施积极的财政政策，适时适度预调微调。特别是党的十九大以来，面对世纪疫情和百年变局交织的严峻形势，积极的财政政策持续加码发力，更加注重精准施策、提质增效，全力护航"六稳""六保"工作。财政支出强度持续加大，民生和重点领域经费保障不断增强。实施大规模减税降费，"十三五"以来的六年间，累计新增减税降费超过 8.6 万亿元，市场主体活力持续激发。强化政府债务管理，深化财税体制改革，全面落实过紧日子要求，创新建立并常态化实施财政资金直达机制，推动经济社会发展行稳致远。

财政实力更加雄厚，统筹保障能力进一步增强。在经济保持平稳运行基础上，财政实力取得长足发展。党的十九大以来，全国财政收入从 17.26 万亿元增长到 20.25 万亿元，五年收入总量达到 93.18 万亿元；全国财政支出从 20.31 万亿元增长到 24.63 万亿元，五年支出总量达到 115.48 万亿元，教育科技、农业农村、生态环保、基本民生等重点领域得到有效保障。

（资料来源：刘昆 . 稳字当头稳中求进 实施好积极的财政政策 . 求是网，2022-04-17.）

解析

财政政策作为宏观经济调控的主要手段，对经济增长和社会发展起着重要作用，但财政政策实施过程中存在一定的局限性。因此，政府需要审慎地实施运用财政政策，注重各种政策的相互协调与配合。我国财政制度在宏观调控和公共利益实现方面具有较为显著的优点。

📚 任务准备

一、财政政策

（一）财政政策的定义

财政政策是指国家或政府以特定的财政理论为依据，运用各种财政工具以达到财政目标的经济政策。一般指政府变动支出、税收和借债水平来调节经济的政策。政府支出包括两种形式：政府购买（政府购买商品与劳务的支出）和政府转移支付（例如社会福利支出）。税收是指政府筹集财政收入的一种规范形式，主要包括企业所得税、个人所得税和其他税收。变动税收是指改变税率和税率结构。税收、政府购买、转移支付被称为财政政策三大工具。

（二）财政政策机制

1.财政政策

（1）扩张性财政政策。扩张性财政政策又称膨胀性财政政策，是指政府通过变动财政收支规模刺激和增加总需求的财政政策。在总需求不足时，政府通过实施扩张性财政政策，增加财政支出和减少税收以刺激总需求，增加国民收入。其最典型的方式是通过财政赤字增加财政支出规模。

（2）紧缩性财政政策。紧缩性财政政策也称盈余性财政政策，是指政府通过减少财政支出和增加税收来降低财政赤字和债务水平，抑制社会总需求，减少国民收入，从而控制通货膨胀和经济衰退。

（3）中性财政政策。中性财政政策是指保持财政收支平衡以实现对总需求影响既不扩张也不紧缩的财政政策。

2.内在稳定器

财政政策中的内在稳定器（又称自动稳定器）是指在国民经济中某些财政制度本身具有的自动调节经济运行的机制。例如在经济衰退期收入减少，税收也会自动减少。内在稳定器能自发的调节稳定经济，但只能发挥有限的配合作用。

二、货币政策

（一）货币政策的定义

货币政策是指国家为实现特定的宏观经济目标而采取的控制和调节货币供应量的方针政策的总称。在我国，中国人民银行在国务院领导下，制定和执行货币政策。

货币政策目标是指保持货币币值的稳定以促进经济增长。为实现货币政策目标所运用的调控手段，一般包括存款准备金制度、再贴现政策、公开市场业务三大传统政策手段。

存款准备金制度是指中央银行通过调整法定存款准备金率来影响商业银行信贷规模，从而间接地对社会货币供应量进行控制的政策措施。

再贴现政策是指中央银行通过直接调整或制定对合格票据的贴现利率，来干预和影响市场利率，从而调节货币供应量的政策措施。

公开市场业务是指中央银行在金融市场上公开买卖各种有价证券以控制货币供给量并影响利率水平的行为。19世纪初，英国英格兰银行首先使用这种政策。20世纪30年代美国将公开市场业务确定为货币政策的主要工具。当经济过热可能造成通货膨胀时，中央银行通过在公开市场上卖出有价证券减少货币供应量；当货币量供给不足时，中央银行通过买进有价证券增加货币供应量。

（二）货币政策机制

1.扩张性货币政策

扩张性货币政策是指以降低法定存款准备金率和利率，降低存款准备金率，降低贴现率和再贴现率；扩大信贷支出的规模和增加货币供应量，以刺激社会总需求。

2.紧缩性货币政策

紧缩性货币政策是指以提高法定存款准备金率和利率，提高贴现率和再贴现率；减少信贷支出的规模和减少货币供应量，以抑制社会总需求。

三、财政政策与货币政策的协调配合

宏观经济政策的实施运行需要财政政策和货币政策相互协调配合来解决问题。在社会经济实际运行过程中，必须采用财政政策与货币政策的有效组合和搭配模式，才能减少调控中可能产生的矛盾，发挥宏观经济调控的最优效果。主要有以下几种组合模式：

（一）紧缩性财政政策和紧缩性货币政策的配合

这种组合模式又称双紧缩政策，通过采取紧缩性的财政政策和紧缩性的货币政策来减少和控制社会总需求，是抑制通货膨胀的有效手段。这种组合双管齐下，效果明显，缺点也十分明显，长期使用会引起生产萎缩、失业增加、经济衰退。该模式适用于通货膨胀严重、经济秩序混乱时期，应谨慎使用。

（二）扩张性财政政策和扩张性货币政策的配合

这种组合模式又称双扩张政策，采取扩张性财政政策和扩张性货币政策相配合的策略在短期内增加社会需求，有效刺激经济增长，是治理通货紧缩的有效手段。在这种组合方式中，政府通过实行减税和增加支出，甚至采用赤字政策增加支出规模，同时通过调低存款准备金率和再贴率、增加货币发行等措施来增加货币供应量。实施双扩张政策适用于市场长期疲软，经济持续低迷之时，适用于单一扩张手段不能奏效时。运用此种组合方式要注意避免经济运行走向另一个极端而引起经济过热和通货膨胀问题。

（三）扩张性财政政策和紧缩性货币政策的配合

这种组合模式又称"一松一紧政策"，通过扩张性财政政策和紧缩性货币政策搭配增加支出规模减少货币供应量，这种方式在刺激总需求的同时抑制通货膨胀，但容易导致财政赤字。

（四）紧缩性财政政策和扩张性货币政策的配合

这种组合模式又称"一紧一松政策"，该方式通过增加财政收入、减少财政支出的同时增加货币供应量，可以在刺激经济增长的同时减少财政赤字，但不利于通货膨胀的消除。主要适用于财政收支严重失衡、商品库存过多，储蓄率高而市场疲软时。

上述四种财政调控与货币政策组合方式各有利弊。社会经济运行的实际情况纷繁复杂，在实际应用时要根据社会经济运行的具体情况，选择最佳的搭配组合方式。

任务演练

要求：分组讨论以下问题，查阅相关资料后作答。

一国经济萧条的时候，应当采用什么样的货币政策与财政政策相配合？你认为我国当前应采用什么样的货币政策与财政政策？

小组发言记录：

教师点评：

扩张的货币政策有哪些？扩张的财政政策有哪些？

小组发言记录：

教师点评：

知识拓展

滞胀

滞胀是指在一个经济体系中，既存在通货膨胀又伴随着经济停滞的现象。这种情况通常由以下几个因素而引起：

（1）货币供应过多。当货币供应量超过一定限度时，会引起购买力的增强，从而导致商品和服务价格的普遍上涨，这就是所谓的通货膨胀。

（2）经济增长不足。如果一个国家的经济增长速度减慢或者陷入停滞状态，那么市场需求通常会随之减少，进一步影响到生产和就业。

（3）供需失衡。当市场上商品的供应无法满足需求时，商品和服务的价格会上扬，从而加剧通货膨胀压力。

滞胀不仅会影响物价水平的稳定性，还可能阻碍经济增长，降低生活质量，并可能引发社会不满和抗议。为了缓解滞胀的影响，政府可能需要采取一系列措施，包括加强货币政策调控、控制资产泡沫、提高利率、控制财政赤字等。此外，政府还可以通过促进经济增长的政策来减轻滞胀的压力，如增加投资、扩大内需、刺激消费等。

总的来说，滞胀是一种复杂的经济现象，涉及货币供应、经济增长、供需关系等多个领域，需要综合考虑多种政策和策略来解决。

名人堂

经济学家：约翰·梅纳德·凯恩斯（John Maynard Keynes，英国，1883—1946）

简介：约翰·梅纳德·凯恩斯，现代西方经济学最有影响的经济学家之一，他创立的宏观经济学与弗洛伊德所创的精神分析法以及爱因斯坦发现的相对论一起并称为二十世纪人类知识界的三大革命。

主要贡献：1936年发表《就业、利息和货币通论》(*The General Theory of Employment, Interest and Money*)，为拯救美国乃至世界经济复苏做出贡献，所倡导的"政府应当干预经济"成为罗斯福新政的主要经济复苏手段；提出三大基本理论：边际消费倾向递减规律、资本边际效率递减规律、流动性偏好陷阱。

自我总结评价

项目名称：	总结日期：	码上刷题
专业班级：	总结评价人：	
本项目的主要知识点列示：	尚未掌握的部分列示：	

改进计划：（内容、方法、途径、时间安排、效果）

项目九　感受中国经济增长的奇迹

📖 项目导读

改革开放 40 多年以来，中国经济持续快速增长，平均 10% 以上的高速增长保持了 30 多年，被国内外学者称为"中国经济增长奇迹"。在世界经济增长史上，许多国家高速经济增长都不超过 10 年，但是中国作为一个巨型经济体，高速经济增长超过了 30 年，创造了世界经济增长史上的奇迹，令世界各国刮目相看。中国经济增长的奇迹是人类社会最重要的变化之一，引起了国际社会的广泛关注，成了国际范围内讨论的重大课题，也是中国经济学理论创新的重大问题。本项目主要阐述中国经济增长奇迹的表征、中国经济增长的发展趋势等内容。

⚙ 思维导图

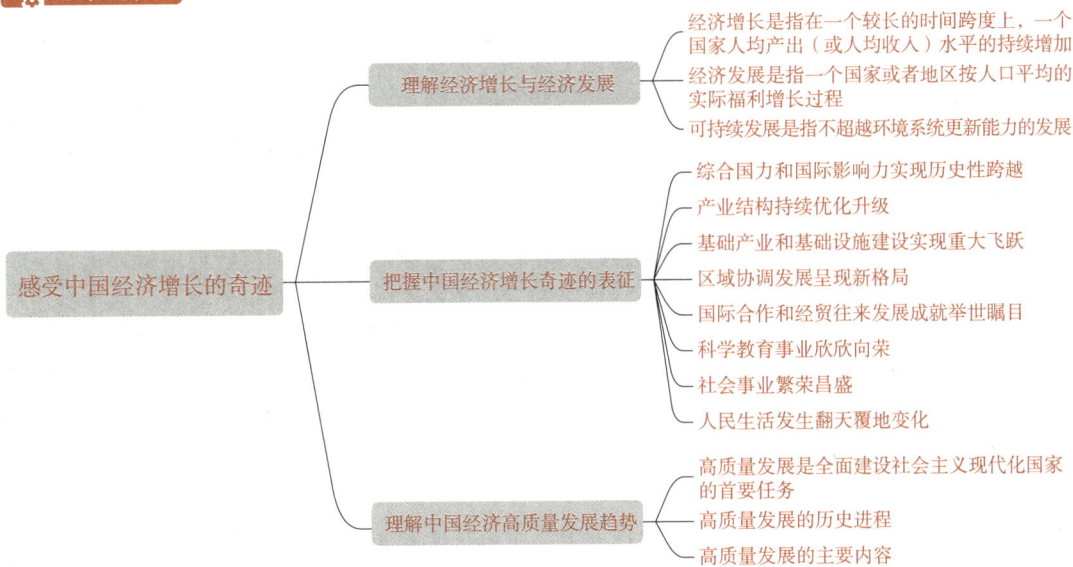

✍ 学习目标

知识目标

(1) 掌握经济增长和经济发展的概念。

(2) 了解中国经济增长的表征。

(3) 理解经济增长与经济发展的关系。

能力目标

(1) 能够区分不同类型的经济增长方式。

(2) 能够解释中国经济增长的奇迹并提出建议。

（1）培育和践行社会主义核心价值观。

（2）培养经世济民、为社会主义现代化建设贡献青春力量的精神。

任务一　理解经济增长与经济发展

任务导航

　　一个国家的经济是怎么发展的，又是怎么增长的？两者之间是什么关系？前面，我们学习了国民经济运行的一些指标，接下来，本任务将说明我国的经济增长与经济发展方式，以便找到更好的经济增长途径。

在线课程集锦

育人在线

中国经济持续向好

　　国家统计局 2022 年 1 月 17 日公布的数据显示，初步核算，2022 年中国经济总量超过 121 万亿元，跃上新台阶，按不变价计算，全年国内生产总值比上年增长 3%。

中国经济韧性强、潜力大、活力足，是经济持续发展的重要支撑

　　14 多亿人口和全世界规模最大的中等收入群体，造就了超大规模的国内市场，成为推动经济持续发展的强大引擎。满足这一市场需求的消费、投资等经济活动，产生巨大的经济潜力和经济活力，孕育出连绵不绝的经济发展内生动力。

　　2022 年，中国最终消费支出、资本形成总额、货物和服务净出口分别拉动经济增长 1.0%、1.5%、0.5%，对经济增长的贡献率分别为 32.8%、50.1%、17.1%，由消费与投资构成的强大内需，是拉动中国经济发展的决定性力量。

　　2022 年，中国粮食总产量达到 13731 亿斤，连续 8 年稳定在 1.3 万亿斤以上；全国工业增加值达到 40.2 万亿元，制造业增加值达到 33.5 万亿元，均居世界首位。中国是联合国产业分类中全部工业门类、产业配套最好的国家之一，产业链供应链稳定可靠、抗风险能力强，是中国经济攻坚克难、逆势而上的雄厚基础。

宏观调控的丰富经验和有效手段，有力维护经济大盘总体稳定

　　2022 年，在复杂严峻的国际国内形势下，需求收缩、供给冲击、预期转弱三重压力持续演化。二季度前期，受一些超预期因素冲击，国民经济一度下滑，党中央、国务院及时出台稳经济一揽子政策和接续措施，各地区、各部门跟进出台符合本地区、本部门实际的相应政策措施，精准施策，有效推动了经济企稳回升，保持了经济总体稳定。

　　2022 年 3% 的经济增速，是一个比较快的增长速度，快于多数主要经济体。中国就业形势总体稳定，全年城镇新增就业 1206 万人，超额完成 1100 万人的全年预期目标任务；12 月全国城镇调查失业率 5.5%，比上月下降 0.2%。此外，得益于粮食和能源等重要生活生产资料保供稳价政策措施，居民消费价格全年上涨 2%，物价形势保持平稳，与欧美等主要经济体的高通胀形成鲜明对比。

高质量发展取得新成效，民生保障持续加强

改革开放红利持续释放，着力激发市场活力。中国全面深化改革，持续推进"放管服"改革，营造市场化、法治化、国际化营商环境，为各类市场主体创造更加公平的竞争环境；实行更加积极主动的开放战略，形成更大范围、更宽领域、更深层次的对外开放格局，货物贸易连续 6 年保持世界第一，并保持了吸引外资"增量提质"的态势。

新动能支撑作用进一步凸显，增强经济发展后劲。2022 年，中国高技术产业投资快速增长，比上年增长 18.9%，增速快于全部投资 13.8%。其中，高技术制造业投资增长 22.2%，高技术服务业投资增长 12.1%。另外，规模以上高技术制造业增加值比上年增长 7.4%，快于全部规模以上工业 3.8%。深入实施创新驱动发展战略，新动能蓬勃发展，成为经济持续发展的重要动力源。

民生保障有力有效，发展成果惠及更多人民群众。在收入方面，2022 年，全国居民人均可支配收入实际增长 2.9%，与经济增长基本同步；全国居民人均转移净收入比上年名义增长 5.5%，快于全部居民收入增速。在投资方面，2022 年，社会领域投资比上年增长 10.9%，其中，卫生和社会工作投资增长 26.1%，比上年加快 6.6%，民生领域投资继续增长。

长期向好基本面没有改变，2023 年中国经济将会整体好转

2022 年，中国经济交出沉甸甸的成绩单，宏观经济大盘总体稳定，经济总量持续扩大，发展质量稳步提高，发展韧性彰显。尽管国际形势依然复杂严峻，国内需求收缩、供给冲击、预期转弱三重压力仍然较大，经济恢复基础仍不牢固，但随着继续实施积极的财政政策和稳健的货币政策，加大宏观政策调控力度，加强各类政策协调配合，着力扩大国内需求，着力稳增长、稳就业、稳物价，大力提振市场信心和改善社会心理预期，2023 年，中国经济运行整体好转并实现质的有效提升和量的合理增长是有基础、有条件的。

（资料来源：张德勇.2022 年中国经济交出沉甸甸的成绩单.中国网推荐，2023-01-20.）

〔解析〕

面对风高浪急的国际环境和艰巨繁重的国内改革发展稳定任务，中国高效统筹经济社会发展，因此，能取得这样的成绩殊为不易。

知识拓展

经济增长是宏观经济学也是经济学研究的永恒主题。半个多世纪以来经济增长理论出现过三次高潮。第一次是 20 世纪 50 年代，英国经济学家哈罗德（Harrod）、美国经济学家多马（Domar）提出了哈罗德－多马增长模型；第二次是 20 世纪 60 年代，以美国罗伯特·墨顿·索洛（Robert Merton Sdow）、斯旺（T.swan）等为代表的经济学家肯定了技术进步在经济增长中的作用，提出了新古典增长模型；第三次是 20 世纪 80 年代，以美国保罗·罗默（Paul M.Romer）、罗伯特·卢卡斯（Robert E. Lucas）为代表的经济学家提出内生增长理论机器模型。经济增长有其内在规律，不论发达国家还是发展中国家都一样。

一、经济增长及其方式

（一）经济增长

经济增长通常是指在一个较长的时间跨度上，一个国家人均产出（或人均收入）水平的持续增加。经济增长率的高低体现了一个国家或地区在一定时期内经济总量的增长速度，也是衡量一个国家或地区总体经济实力增长速度的标志。决定经济增长的直接因素有投资量、劳动量、生产率水平。用现价计算的 GDP，可以反映一个国家或地区的经济发展规模，用不变价计算的 GDP 可以用来计算经济增长的速度。

经济增长是经济学研究的核心和永恒的议题，经济增长带来经济规模的扩大和经济结构的演进。经济规模的扩张，主要体现一国经济发展的数量变化，而经济结构演进主要反映一国经济发展质量的提高，在这一过程中产业结构占据重要的地位。一般来说经济总量扩大并不意味着经济的强大，在经济规模扩大过程中实现产业结构升级对国家或区域的高质量发展来说至关重要。

库兹涅茨认为经济增长有三方面的含义：经济增长集中表现为经济实力的增长，即商品和劳务量的增加；技术进步是实现经济增长的必要条件；制度与意识的相应调整是经济增长的充分条件。

（二）经济增长的方式

经济增长方式是指一个国家（或地区）经济增长的实现模式，它可以分为两种形式：粗放型和集约型。根据总量生产函数分析和资本产出弹性与劳动产出弹性的计算，可将一个时期的经济增长率进行分解，即由生产要素投入量增加导致的经济增长和由要素生产率提高导致的增长。如果要素投入量增加引起的经济增长比重大，则为粗放型增长方式；如果要素生产率提高引起的经济增长比重大，则为集约型增长方式。但经济增长方式的区分只是相对的，不是绝对的，二者有时还是互相交叉的。

1. 粗放型增长方式

粗放型经济增长方式又称外延型增长方式。其基本特征是依靠增加生产要素量的投入来扩大生产规模，即增加投资、扩大厂房、增加劳动投入，来增加产量，实现经济增长。以粗放型方式实现经济增长，消耗较高，成本较高，产品质量难以提高，经济效益较低。

2. 集约型增长方式

集约型经济增长方式是指在生产规模不变的基础上，采用新技术、新工艺，通过改进机器设备、加大科技含量的方式来增加产量，这种经济增长方式又称内涵型增长方式。其基本特征是依靠提高生产要素的质量和利用效率，来实现经济增长。以集约型方式实现经济增长，消耗较低，成本较低，产品质量能不断提高，经济效益较高。

经济增长方式的选择应坚持以下三条原则：①是否有利于持续、协调的经济增长；②是否有利于投入产出效益的提高；③是否有利于满足社会需要，即有利于经济结构优化、社会福利改善和环境保护等。

二、经济发展

（一）经济发展的概念

经济发展不仅是财富和经济体的量的增加和扩张，而且意味着其质的方面的变化，即经济结构、社会结构的创新，社会生活质量和投入产出效益的提高。简而言之，经济发展是指在经济增长的基础上，一个国家或地区经济结构和社会结构持续高级化的创新过程或变化过程。

（二）经济发展的层次

就当代经济而言，发展的含义相当复杂。发展总是与发达、工业化、现代化、增长交替使用。一般来说，经济发展包括以下三层含义：

（1）经济量的增长，即一个国家或地区产品和劳务的增加，它构成了经济发展的物质基础。

（2）经济结构的改进和优化，即一个国家或地区的技术结构、产业结构、收入分配结构、消费结构及人口结构等经济结构的变化。

（3）经济质量的改善和提高，即一个国家和地区经济效益的提高、经济稳定程度、卫生健康状况的改善、自然环境和生态平衡以及政治、文化和人的现代化进程。

经济发展是通过经济结构的改进和优化、经济质量的改善和提高达到经济量的增长的过程。

三、可持续发展

可持续发展（Sustainable Development）概念的明确提出，最早可以追溯到 1980 年由世界自然保护联盟（IUCN）、联合国环境规划署（UNEP）、世界自然基金会（WWF）共同发表的《世界自然资源保护大纲》。1987 年世界环境与发展委员会（WCED）发表了《我们共同的未来》这份报告，正式使用了可持续发展概念，并对此做出了比较系统的阐述，产生了广泛的影响。

（一）自然可持续发展

"持续性"一词首先是由生态学家提出来的，即所谓"生态持续性"（Ecological Sustainability），意在说明自然资源及其开发利用程序间的平衡。1991 年 11 月，国际生态学联合会（INTECOL）和国际生物科学联合会（IUBS）联合举行了关于可持续发展问题的专题研讨会。该研讨会的成果是发展并深化了可持续发展概念的自然属性，将可持续发展定义为"保护和加强环境系统的生产和更新能力"，也即可持续发展是不超越环境系统更新能力的发展。

（二）社会可持续发展

1991 年，由世界自然保护同盟（IUCN）、联合国环境规划署（UNEP）和世界野生生物基金会（WWF）共同发表《保护地球——可持续生存战略》（*Caring for the Earth*: *A Strategy for Sustainable Living*），将可持续发展定义为"在生存于不超出维持生态系统涵容能力之情况下，改善人类的生活品质"，并提出了人类可持续生存的九条基本原则。

（三）经济可持续发展

美国经济学家爱德华 B. 巴比尔（Edivard B.Barbier）在其著作《经济、自然资源：不足和发展》中，把可持续发展定义为"在保持自然资源的质量及其所提供服务的前提下，使经济发展的净利益增加到最大限度"。英国经济学家皮尔斯（D.Pearce）认为"可持续发展是今天的使用不应减少未来的实际收入"，"当发展能够保持当代人的福利增加时，也不会使后代的福利减少。"

（四）科技可持续发展

斯帕思（Jamm Gustare Spath）认为"可持续发展就是转向更清洁、更有效的技术，尽可能接近'零排放'或'密封式'的工艺方法，尽可能减少能源和其他自然资源的消耗。"

🖋 **任务演练**

要求：阅读以下材料，开展小组讨论，回答问题。

　　随着生产社会化、知识功能化与社会经济化，社会经济结构已经复杂化，经济增长与经济发展、经济发展与社会发展在内涵和外延两方面逐渐趋同，GDP 增长已经不能真实反映经济的增长。即使经济增长也离不开经济发展，但当今时代经济增长只有抽象的意义，用 GDP 来计算经济增长、衡量经济发展已经不符合时代的要求。经济发展是价值的发展不是金钱的增长，是效益的提升不是效率的增长，是全面的发展不是片面的增长，是辨证的发展不是线性的增长。"经济发展"概念要把发展经济学和增长经济学区别开来，把经济增长与经济发展、经济发展与社会发展统一起来，把经济学定位为发展经济学，使发展经济学成为一门科学。

讨论：经济增长与经济发展之间如何相互促进？

小组发言记录：

教师点评：

要求：个人完成；查阅与我国生态文明可持续发展方面的资料，谈谈你对这方面的认识。

解答：

教师点评：

任务二　把握中国经济增长奇迹的表征

📖 任务导航

　　新中国成立后，尤其在改革开放以后，我们取得了举世瞩目的经济增长成绩。经济增长表现在哪些方面呢？在哪些重点领域实现了突破？学习本任务来对中国经济增长做全面的了解。

在线课程集锦

🔗 育人在线

┤中国经济快速增长的奇迹├

　　新中国成立 70 年来，城乡居民收入保持了快速增长，消费水平明显提高，特别是扶贫开发取得的骄人成绩为世界所赞誉。1949 年我国居民人均可支配收入仅为 49.7 元，2018 年居民人均可支配收入达到 28 228 元，名义增长 566.6 倍，扣除物价因素实际增长 59.2 倍，年均实际增长 6.1%。1956 年我国居民人均消费支出仅为 88.2 元，2018 年居民人均消费支出达到 19 853 元，名义增长 224.1 倍，扣除物价因素实际增长 28.5 倍，年均实际增长 5.6%。按照 2010 年农村贫困标准，1978 年末我国农村贫困人口 7.7 亿人，2018 年末我国农村贫困人口减少至 1660 万人，比 1978 年末减少约 7.5 亿人。

　　……

　　居民食品消费实现从匮乏到富足的跨越，衣着消费实现从穿暖到穿美的巨变。食品从匮乏到富足，食品烟酒支出水平大幅增长。改革开放前城乡居民的食品消费由于供给数量不足，品种单调，居民的消费水平较低；改革开放以来，食品供给实现了从匮乏到富足的转变，居民食品消费水平大幅增加。2018 年城镇居民人均食品烟酒支出 7 239 元，比 1956 年增长 58.3 倍。2018 年农村居民人均食品烟酒支出 3 646 元，比 1954 年增长 88.1 倍。在居民食品消费水平提高的同时，消费结构发生了明显变化。从食物消费量看，城乡居民的粮食消费量明显减少，肉蛋奶等食品消费量显著增加。2018 年城镇居民人均粮食消费量 110.0 公斤（1 公斤 =1 千克），比 1956 年下降 36.6%；人均猪肉消费量 22.7 公斤，比 1956 年增长 2.9 倍；人均牛羊肉消费量 4.2 公斤，比 1956 年增长 1.6 倍；人均蛋类消费量 10.8 公斤，比 1956 年增长 2.2 倍；人均奶类消费量 16.5 公斤，比 1985 年增长 6.5 倍。2018 年农村居民人均粮食消费量 148.5 公斤，比 1954 年下降 33.0%；人均猪肉消费量 23 公斤，比 1954 年增长 5.2 倍；人均牛羊肉消费量 2.2 公斤，比 1954 年增长 1.4 倍；人均蛋类消费量 8.4 公斤，比 1954 年增长 9.5 倍；人均奶类消费量 6.9 公斤，比 1983 年增长 8.9 倍。

　　……

　　耐用消费品从无到有，不断升级换代。新中国成立初期，城乡居民家庭拥有的耐用消费品非常有限。1956 年城镇居民平均每百户拥有自行车 6.7 辆，机械手表 10.0 只，电子管收音机 2.7 部。改革开放初期，城乡居民家庭拥有的耐用消费品主要是自行车、手表、缝纫机和收音机。1979 年，城镇居民平均每百户拥有自行车 113.0 辆、手表 204.0 只、缝纫机 54.3 架、收音机 70.5 部；农村居民平均每百户拥有自行车 36.2 辆、手表 27.8 只、缝纫机 22.6 架、收音机 26.1 部。当时，电视机还属于稀缺消费品，直到 1980 年，城镇居民平均每百户拥有电视机 32.0 台，农村居民平均每百户拥有电视机仅 0.4 台。至 2018 年，不仅冰箱、洗衣机、彩色电视机在城乡居民家庭普及，移动电话、计算机、汽车也逐渐走入寻常百姓家，居民生活更加便捷和舒适。2018年，城镇居民平均每百户拥有移动电话243.1部、计算机73.1台、汽车41.0辆、空调142.2台、热水器97.2台；农村居民平均每百户拥有移动电话257.0部、计算机26.9台、汽车22.3辆、空调65.2台、热水器68.7台。

（资料来源：人民生活实现历史性跨越 阔步迈向全面小康——新中国成立70周年经济社会发展成就系列报告之十四.国家统计局，2019-08-09.）

解析

　　新中国成立70年以来，党中央、国务院高度重视改善人民生活，始终把提高人民生活水平作为一切工作的出发点和落脚点。特别是改革开放以来，城乡居民收入大幅增长，居民消费水平明显提升，生活质量显著改善，从温饱不足迈向全面小康，城乡居民生活发生了翻天覆地的变化。党的十八大以来，以习近平同志为核心的党中央坚持以人民为中心，出台实施了一系列惠民政策措施，尤其是精准扶贫战略带动居民收入继续快速增长，消费水平和生活质量进一步提高，为全面建成小康社会奠定了坚实的基础。

任务准备

　　改革开放以来，我国GDP总量快速增长。截至2022年，年均GDP增速达9.1%，中国从一个低收入国家快速跨越至中上等收入国家，创造了"中国奇迹"。其中，1978年至2011年，中国GDP年均增长10%，2012年至2022年中国GDP年均增速降至6.4%。中国经济的快速增长是近几十年世界上最令人瞩目的现象之一。

一、综合国力和国际影响力实现历史性跨越

　　2010年，我国GDP超过日本，成为世界第二大经济体，并不断缩小与第一大经济体美国的差距。目前我国已成为世界第一制造业大国、第一大货物贸易国、第一大外汇储备国、第二大其他国家直接投资目的地国和来源国。改革开放以来，我国经济增长对世界经济增长的年均贡献率高达30%左右，如图9-1所示。

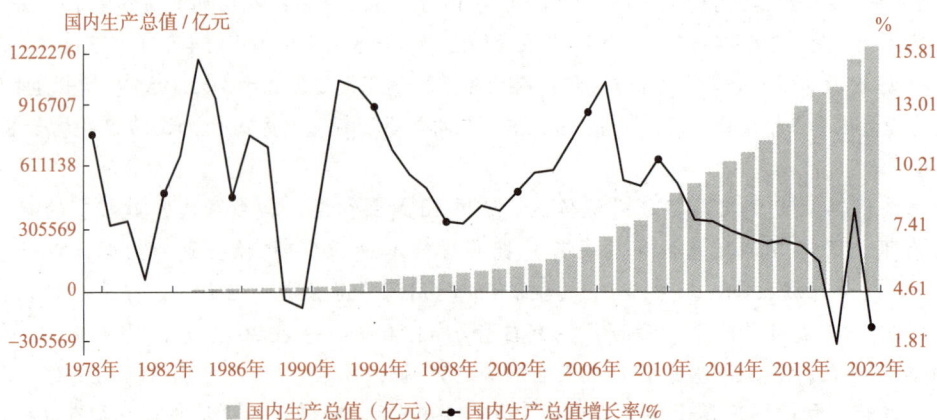

图 9-1　我国改革开放以来 GDP 走势（数据来源：国家统计局网站）

（一）国民经济持续快速增长，经济总量连上新台阶

中华人民共和国成立之初，我国经济基础极为薄弱。1952 年我国国内生产总值仅为 679 亿元，人均国内生产总值为 119 元。经过长期努力，1978 年我国国内生产总值增加到 3679 亿元，占世界经济的比重为 1.8%，居全球第 11 位。改革开放以来，我国经济快速发展，1986 年经济总量突破 1 万亿元；2000 年突破 10 万亿元大关，超过意大利成为世界第六大经济体；2010 年达到 412119 亿元，超过日本并连年稳居世界第二。党的十八大以来，我国综合国力持续提升，近三年，我国经济总量连续跨越 70 万、80 万和 90 万亿元大关，2018 年达到 900309 亿元，占世界经济总量的比重接近 16%。2022 年全年国内生产总值 1210207 亿元，按不变价格计算，比上年增长 3.0%。

（二）财政实力由弱变强，外汇储备大幅增加

中华人民共和国建立初期，财政十分困难。1950 年全国财政收入仅为 62 亿元，1978 年增加到 1132 亿元。改革开放以来，随着经济快速发展，财政收入大幅增长，1999 年全国财政收入首次突破 10000 亿元。进入新世纪后，财政收入实现连续跨越，2012 年达到 117254 亿元。党的十八大以来，财政收入继续保持较快增长，2018 年达到 183352 亿元。1951—2018 年全国财政收入年均增长 12.5%，其中 1979—2018 年年均增长 13.6%，为促进经济发展、改善人民生活提供了有力的资金保障。20 世纪 50—70 年代，我国外汇储备相当紧张，1952 年末外汇储备只有 1.08 亿美元，1978 年末也仅为 1.67 亿美元，居世界第 38 位。改革开放以来，我国外汇储备稳步增加，2006 年末突破 1 万亿美元，超过日本居世界第一位。2018 年末，外汇储备余额为 30727 亿美元，连续 13 年稳居世界第一。2022 年末国家外汇储备 31277 亿美元。如图 9-2 所示。

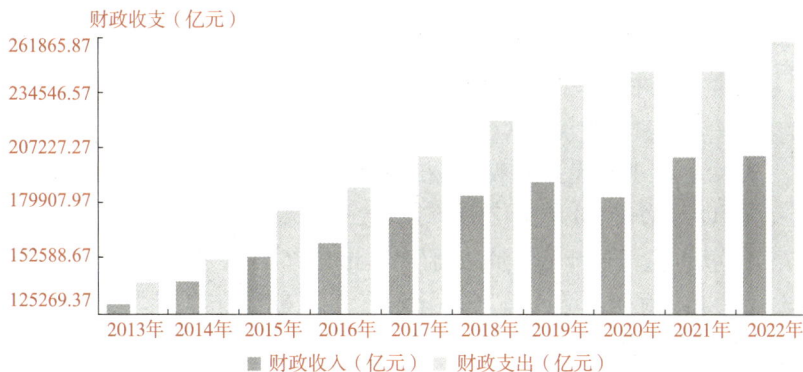

图 9-2 近年财政收支情况图（数据来源：国家统计局网站）

（三）国际地位显著提升，影响力日益彰显

20 世纪 70 年代，我国恢复在联合国的合法地位，与其他国家和国际组织交往明显扩大。改革开放以来，我国积极融入国际社会，在国际事务中发挥愈加重要的作用。1980 年 4 月和 5 月，我国先后恢复了在国际货币基金组织和世界银行的合法席位；2001 年加入世界贸易组织，以更加积极的姿态参与国际经济合作。2003 年以来，我国与亚洲、大洋洲、拉美、欧洲等国家和地区先后建设自贸区，目前已与 25 个国家和地区达成了 17 个自贸协定，促进了我国与世界各国的互利共赢。党的十八大以来，我国积极推动共建"一带一路"，得到 160 多个国家（地区）和国际组织的积极响应；倡议构建人类命运共同体，积极参与以 WTO 改革为代表的国际经贸规则制定，在全球治理体系变革中贡献了中国智慧，展现了大国担当。

二、产业结构持续优化升级

我国农业基础作用不断加强，工业主导地位迅速提升，服务业对经济社会的支撑效应日益突出，三次产业发展趋于均衡，经济发展的全面性、协调性和可持续性不断增强，数字经济蓬勃发展。

（一）农业生产条件持续改善，综合生产能力快速提升

中华人民共和国建立初期，我国农业生产基础单薄，"靠天吃饭"现象明显，粮食产量较低。20世纪60～70年代，我们在十分困难的条件下推进了农田水利设施建设。改革开放以来，随着农村改革的深化，农业综合生产能力不断提升，农业经济快速发展，粮食总产量由1978年的30477万吨增加到2012年的61223万吨，农林牧渔业总产值由1978年的1397亿元上升到2012年的86342亿元。党的十八大以来，农业机械化程度持续提高，主要农产品产量稳定增长，其中谷物、肉类、花生、茶叶、水果等产量持续位居世界第一。回首过去的70年，我国粮食总产量由1949年的11318万吨提高到2018年的65789万吨，农业机械总动力由1952年的18万千瓦提高至2018年的10亿千瓦，全国耕地灌溉面积由1952年的1996万公顷扩大到2022年的7036万公顷，有力保障了国家粮食安全。

（二）工业体系逐步完善，多项工业品产量居世界第一

中华人民共和国建立之初，我国工业部门十分单一，只有采矿业、纺织业和简单加工业，大量工业产品依赖进口。新中国的成立拉开了我国工业化的大幕，20世纪50～70年代我国初步建成比较完整独立的工业体系，为之后的工业发展打下了宝贵基础。改革开放以来，我国工业发展进入腾飞期，2012年工业增加值比1978年实际增长38.2倍。党的十八大以来，我国工业经济保持较快增长，对国民经济平稳增长形成有力支撑，如图9-3所示。2013—2021年，我国工业增加值年均增长6.1%，远高于世界其他主要经济体增长水平。2021年，我国工业增加值比上年增长9.6%，主要工业产品产量实现快速增长。拉动经济增长3.1个百分点，对国内生产总值（GDP）增长的贡献率达到38.1%，是国民经济平稳运行的重要支撑力量。2021年，我国集成电路产量达到3594亿块，比2012年增长361.0%；乙烯产量2826万吨，增长90.1%；天然气产量2076亿立方米，增长87.7%；房间空气调节器产量2.2亿台，增长76.1%；化学纤维产量6709万吨，增长74.8%；发电量8.5万亿千瓦时，增长71.1%；十种有色金属产量6477万吨，增长62.3%；粗钢产量10.4亿吨，增长43.0%；液晶电视机产量1.7亿台，增长52.6%；微型计算机设备产量4.7亿台，增长46.8%；移动通信手持机产量16.6亿台，增长40.6%；汽车产量2653万辆，增长37.6%。

（三）服务业蓬勃发展，满足生产生活需求的能力不断提高

从中华人民共和国建立初期直至20世纪70年代，生产资料行业优先发展，服务业发展相对缓慢。1952年，我国第三产业增加值仅为195亿元，到1978年也只有905亿元。改革开放以来，服务业随市场繁荣而日益兴旺，进入发展快车道。党的十八大以来，服务业呈现稳步扩张的良好态势，逐步擎起国民经济的"半壁江山"，成为支撑和拉动经济发展的主动力。2012—2021年，我国服务业增加值从244856亿元增长至609680亿元，按不变价计算，2013—2021年年均增长7.4%，分别高于国内生产总值（GDP）和第二产业增加值年均增速0.8%和1.4%。此外，现代服务业也在蓬勃发展。2021年，信息传输、软件和信息技术服务业，金融业，租赁和商务服务业增加值占服务业增加值比重分别为7.2%、15.0%和5.8%，比2012年提高2.3个百分点、0.6个百分点和1.4个百分点。

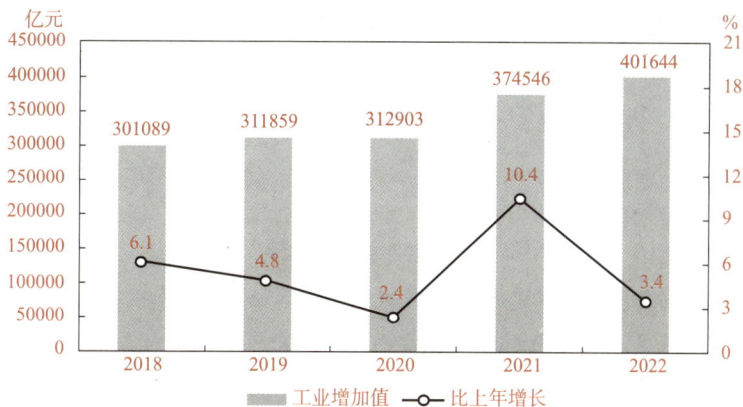

图 9-3　2018—2022 年全部工业增加值及增长速度（数据来源：国家统计局网站）

（四）产业结构不断优化，从以依赖单一产业为主转向依靠三次产业共同带动

中华人民共和国建立初期，我国农业占比较高，工业和服务业相对薄弱。1952 年，第一、二、三产业增加值占国内生产总值的比重分别为 50.5%、20.8% 和 28.7%。20 世纪 50 ～ 70 年代，随着工业化建设推进，第二产业比重不断提升。1978 年，第一、二、三产业比重分别为 27.7%、47.7% 和 24.6%。改革开放以来，工业化、城镇化快速发展，农业基础巩固加强，工业和服务业发展水平不断提高。2012 年，第三产业比重达到 45.5%，首次超过第二产业，成为国民经济第一大产业。党的十八大以来，我国产业结构不断优化，转型升级成效显著。2013—2021 年，我国粮食生产保持平稳，年均产量 6.6 亿吨；第二产业增加值年均增长 6%。2021 年第三产业增加值占 GDP 的比重为 53.3%，比 2012 年提高 7.8 个百分点，稳居国民经济第一大产业。三次产业结构由 2012 年的 9.1∶45.4∶45.5 调整为 2022 年的 7.3∶39.9∶52.8，如图 9-4 所示。

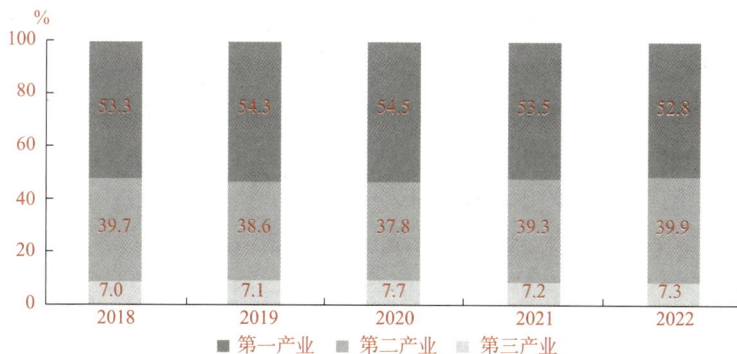

图 9-4　2018—2022 年三次产业增加值占国内生产总值比重（数据来源：国家统计局网站）

（五）数字经济快速发展的奇迹

在新一代科技革命和产业革命的推动下，全球数字经济快速发展。近年我国数字经济占 GDP 比重快速提升，2016 年中国数字经济增速为 18.9%，2012—2022 年，中国数字经济规模从 11 万亿元人民币增长到 50.2 万亿元，数字经济占国内生产总值比重由 21.6% 提升至 41.5%，我国数字经济总量已跃居世界第二。此外，中国已建成全球规模最大、技术领先的网络基础设施，所有地级市全面建成光网城市，千兆用户数突破 5000 万，5G 移动电话用户数超过 4.2 亿户。产业数字化继续成为数字经济发展的主引擎。2022 年，我国数字产业化规模为 9.2 万亿元，占数字经济比

重为 18.3%，数字产业化发展正经历由量的扩张到质的提升的转变。2022 年，产业数字化规模达到 41 万亿元，占数字经济比重为 81.7%，产业数字化转型持续向纵深加速发展。全国在建 5G+工业互联网项目超过 1 800 个，数字工厂、智慧矿山等新场景、新模式、新业态蓬勃发展。

知识拓展

数字经济

数字经济是指人类通过大数据（数字化的知识与信息）的识别—选择—过滤—存储—使用，引导、实现资源的快速优化配置与再生、实现经济高质量发展的经济形态。

凡是直接或间接利用数据来引导资源发挥作用、推动生产力发展的经济形态都可以纳入数字经济范畴。在技术层面，包括大数据、云计算、物联网、区块链、人工智能、5G 通信等新兴技术；在应用层面，"新零售""新制造"等都是其典型代表。

三、基础产业和基础设施建设实现重大飞跃

新中国成立 70 年来，我国交通邮电快速发展，基础产业地位不断巩固，能源供给能力稳步提升，基础设施建设加快，为经济社会持续发展提供了坚实保障。

（一）交通运输发展成就斐然，综合运输网络四通八达

改革开放以来，我国综合运输体系建设逐步加快，交通网络日益完善，运输能力和效率明显提升。交通线路长度随现代化建设的推进成倍增长，2012 年末，我国铁路营业里程和公路里程分别比 1978 年末增长了 0.9 倍和 3.8 倍。党的十八大以来，我国综合运输大通道基本贯通，交通基础设施网络化水平进一步提高，服务保障能力大幅提升。2018 年末，我国铁路营业里程达 13.1 万公里，比 1949 年末增长了 5 倍，其中高速铁路达到 2.9 万公里，占世界高铁总量 60% 以上，以"四纵四横"为主骨架的高铁网基本形成；党的十八大以来，我国加快建设"八纵八横"高速铁路主通道、"71118"国家高速公路主线、世界级港口群、世界级机场群，综合交通网突破 600 万公里，2012 年到 2021 年底，铁路、公路增加里程约 110 万公里，高速铁路、高速公路对 20 万以上人口城市的覆盖率均超过 95%。

（二）邮电通信水平全面提升，现代信息通信体系加快构建

中华人民共和国建立初期，我国邮政通信发展水平很低，邮路总长度仅为 70.6 万公里，长途明线仅为 14.6 万公里。改革开放以来，邮电通信业规模不断扩大，电信基础设施建设加快推进，信息化网络化后来居上。党的十八大以来，我国加快构建高速、移动、安全的新一代信息基础设施，建成了全球规模最大的光纤网络和 4G、5G 网络。2021 年末，全国光缆线路总长度达 5481 万公里，互联网宽带接入端口数量 10.2 亿个，分别是 2012 年的 3.7 倍和 3.2 倍。2021 年末，我国光纤接入（FTTH/0）端口占互联网接入端口的比重由 2012 年末的 22.7% 提升至 94.3%，4G 基站占比由 2014 年的 24.2% 提升到 59.2%，实现城镇地区深度覆盖。与此同时，信息通信技术在 5G、高端光电子、集成电路芯片等领域不断突破，自主创新能力显著提升。2019 年 5G 商用启动后，5G 网络建设快速推进。2021 年末，我国累计建成并开通 5G 基站 142.5 万个，5G 基站比重达 14.3%，数量占全球 60% 以上，5G 移动电话用户达到 3.55 亿户，5G 手机终端连接数达到 5.2 亿户，5G 网络已覆盖全国所有地级市城区、超过 98% 的县城城区和 80% 的乡镇镇区。

（三）能源供给能力大幅提升，基础保障作用日益增强

中华人民共和国建立初期，我国能源供给严重短缺。1949 年，我国能源生产总量只有 0.24 亿吨标准煤，远远满足不了国内需求。经过 70 年来特别是改革开放以来的不断努力，我国能源供给能力明显增强，建立了较为完善的能源供给体系。2018 年我国能源生产达到 37.7 亿吨标准煤，比 1949 年增长 158 倍。2018 年末，全国发电装机容量 19 亿千瓦，比 1978 年末增长 32.3 倍。党的十八大以来，我国积极推动能源供给革命，坚持立足国内多元供应，深化能源供给侧结构性改革，优先发展可再生能源，推进煤炭清洁高效开发利用，加大油气勘探开发力度，供应保障能力不断提升，能源生产清洁化进程加快。2021 年，全国一次能源生产总量 43.3 亿吨标准煤，比 2012 年增长 23.2%，年均增长 2.3%，如图 9-5 所示。

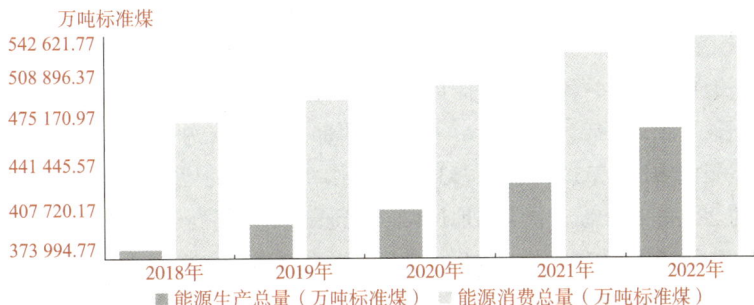

图 9-5　2018—2022 年能源生产及消费总量（数据来源：国家统计局网站）

四、区域协调发展呈现新格局

中华人民共和国成立以来，我国区域发展战略稳步实施，城乡区域经济社会发展一体化新格局逐步形成，不同地区比较优势有效发挥，从东到西、从南到北旧貌换新颜。

（一）城镇化水平显著提高，城市建设多姿多彩

中华人民共和国建立初期，我国城镇化水平很低，城镇人口占总人口的比重仅为 10.6%，1978 年末常住人口城镇化率也仅为 17.9%。改革开放以来，我国城镇化进程明显加快，城镇化水平不断提高。党的十八大以来，城市规模结构持续改善，2021 年末，全国城市数量达 691 个，比 2012 年末增加 34 个。其中，地级以上城市 297 个，增加 8 个；县级市 394 个，增加 26 个；建制镇 21 322 个，比 2012 年末增加 1 441 个。城市人口规模不断扩大，按 2020 年末户籍人口规模划分，100 万～200 万、200 万～400 万、400 万以上人口的地级以上城市分别有 96 个、46 个和 22 个，分别比 2012 年末增加 14 个、15 个和 8 个；50 万以下、50 万～100 万人口的城市分别有 47 个和 86 个，分别减少 7 个和 22 个。

（二）农村建设成效显著，乡村面貌焕然一新

中华人民共和国建立初期，我国农业生产方式十分落后。随着人口较快增长，农民温饱问题长期未得到解决，农村建设相对滞后。改革开放以来，党中央国务院高度重视"三农"问题，在积极推进城镇化发展的同时，坚持工业反哺农业、城市支持农村，农村基础设施建设持续加强，农村交通、通信明显改善。2021 年，农林牧渔业总产值 147013 亿元，比 2012 年增加 60671 亿元，2013—2021 年年均增长 4.2%。分产业看，农林牧渔各业均保持稳定增长，其中农业产值增加最多，农林牧渔专业及辅助性活动增长速度最快。2021 年，农业产值 78340 亿元，

比 2012 年增加 33494 亿元，2013—2021 年年均增长 4.5%；林业产值 6508 亿元，增加 3101 亿元，年均增长 6.1%；牧业产值 39911 亿元，增加 13420 亿元，年均增长 2.7%；渔业产值 14507 亿元，增加 6103 亿元，年均增长 3.4%；农林牧渔专业及辅助性活动产值 7748 亿元，增加 4554 亿元，年均增长 7.8%。

（三）区域经济联动发展，新的增长极、增长带蓄势崛起

中华人民共和国建立初期，我国地区差距很大，工业基础薄弱，且都集中在"广（州）大（连）上（海）青（岛）天（津）"等沿海城市。20 世纪 50 ～ 70 年代，在工业化建设中，生产力布局逐步变化。改革开放以来，随着西部大开发、中部崛起、东北振兴、东部率先发展等地区协调发展战略统筹推进，区域发展新空间不断拓展。2018 年，东部地区生产总值占全国的比重为 52.6%，比 1978 年上升 9.0%。2018 年，中部、西部地区生产总值占全国的比重分别为 21.1% 和 20.1%，分别比 2000 年提高 1.9% 和 2.7%❶，中西部后发优势不断显现。党的十八大以来，京津冀协同发展、长江经济带、粤港澳大湾区、长三角一体化等一系列重大区域发展战略扎实推进，新的经济增长极加快形成。2021 年，中部和西部地区生产总值分别达到 25 万亿元、24 万亿元，与 2012 年相比增加 13.5 万亿元、13.3 万亿元，占全国的比重由 2012 年的 21.3%、19.6% 提高到 2021 年的 22%、21.1%。中西部地区经济增速连续多年高于东部地区。东部与中西部人均地区生产总值比分别从 2012 年的 1.69、1.87 下降至 2021 年的 1.53、1.68，东西差距持续缩小，区域发展的协调性逐步增强。

五、国际合作和经贸往来发展成就举世瞩目

（一）贸易大国地位日益巩固，货物贸易规模跃居世界首位

中华人民共和国建立初期，我国外贸落后失衡，进出口规模十分有限。1950 年，货物进出口总额仅为 11.3 亿美元。20 世纪 50 ～ 70 年代，进出口规模略有扩大但仍处于较低水平。1978 年货物进出口总额为 206 亿美元，居世界第 29 位。改革开放以来，特别是 2001 年正式加入世界贸易组织后，我国对外贸易快速发展。2018 年，货物进出口总额达到 4.6 万亿美元，比 1978 年增长 223 倍，连续两年居世界首位；服务进出口总额 7919 亿美元，比 1982 年增长 168 倍，居世界第二。党的十八大以来，我国坚定支持多边贸易体制，积极推进贸易投资自由化、便利化，多边经贸关系和区域经济合作全面发展，共建"一带一路"效果显现。2022 年我国外贸进出口总值 42.07 万亿元，比 2021 年增长 7.7%。其中，出口 23.97 万亿元，增长 10.5%；进口 18.1 万亿元，增长 4.3%。2022 年，我国外贸结构持续优化，一般贸易进出口 26.81 万亿元，比 2021 年增长 11.5%。我国对东盟、欧盟、美国分别进出口 6.52 万亿元、5.65 万亿元、5.05 万亿元，分别增长 15%、5.6%、3.7%。东盟继续为我国第一大贸易伙伴，进出口贸易量占我国外贸总值的 15.5%。同期，我国与"一带一路"沿线国家进出口合计 13.83 万亿元，比 2021 年增长 19.4%。我国与区域全面经济伙伴关系协定（RCEP）的其他 14 个成员国合计进出口 12.95 万亿元，比 2021 年增长 7.5%。

---

❶ 东部地区包括：北京、天津、河北、上海、江苏、浙江、福建、山东、广东、海南；中部地区包括：山西、安徽、江西、河南、湖北、湖南；西部地区包括：内蒙古、广西、重庆、四川、贵州、云南、西藏、陕西、甘肃、青海、宁夏、新疆；东北地区包括：辽宁、吉林、黑龙江。

（二）引进外资大幅增加，日益成为吸引全球投资的热土

中华人民共和国建立初期直至20世纪70年代，我国利用外资渠道单一、规模很小。改革开放以来，我国市场准入条件不断放宽，投资环境持续优化，引进外资规模大幅增加。2018年，我国实际使用非金融类外商直接投资1350亿美元，比1983年增长146倍，年均增长15.3%，连续两年成为全球第二大外资流入国；1979—2018年，累计吸引非金融类外商直接投资20343亿美元。党的十八大以来，我国加快推进高水平对外开放，全面落实准入前国民待遇加负面清单管理制度，引进外商直接投资领域不断拓展，2018年服务业吸收外资占比达68.1%，服务业逐渐成为外商投资的新热点。

（三）对外投资层次和水平不断提升，参与国际分工能力明显加强

中华人民共和国建立初期至20世纪70年代，我国只有少数企业开展对外交流。改革开放以来，外贸迅速发展，带动了企业逐步走出去。进入21世纪，我国企业对外投资步伐明显加快。党的十八大以来，共建"一带一路"促进了设施联通和贸易畅通，2018年我国对"一带一路"沿线56个国家非金融类直接投资156亿美元，占非金融类对外投资总额的13%。截至2022年3月底，中国已与149个国家、32个国际组织签署200多份共建"一带一路"合作文件，涵盖互联互通、投资、贸易、金融、科技、社会、人文、民生、海洋等领域。

六、科学教育事业欣欣向荣

（一）科技实力显著增强，重大成果不断涌现

中华人民共和国建立初期，我国科技发展水平落后，科研人员和机构短缺，全国科技人员不超过5万人，专门科技机构仅有30多个。20世纪50～70年代，我国自力更生发展科技事业，国防工业和国防科技体系初步建立，取得了"两弹一星"等重大成果，但总体科技水平仍然明显落后于发达国家。改革开放以来，随着科教兴国战略的实施，科技体制改革深入推进，一系列重大科技计划出台，产学研结合不断强化，科技领域投入持续增加，带动创新产出不断扩大。我国自2013年起成为世界第二大研发经费投入国，研发人员总量、发明专利申请量分别连续6年和8年居世界首位。党的十八大以来，我国在载人航天、探月工程、量子科学、深海探测、超级计算、卫星导航等诸多领域取得重大成果，创新驱动发展战略的成效不断显现。

（二）教育普及程度大幅提高，总体教育水平跃居世界中上行列

中华人民共和国建立初期，我国教育水平低下，人口文化素质差，学龄儿童入学率只有20%左右，全国80%以上人口是文盲。20世纪50～70年代，我国重视发展基础教育。1978年，基本普及小学教育，学龄儿童入学率达到95.5%；1982年，文盲率降至22.8%；改革开放以来，我国教育进入全面发展时期，义务教育不断完善，高等教育逐步加强，国民受教育程度不断提高；党的十八大以来，我国教育事业取得历史性进展，总体发展水平跃居世界中上游，现代职业教育体系初步建立。2018年，我国高等教育毛入学率已达到48.1%，高于中高收入国家平均水平；中等职业教育学校达到10 340所。2022年，全国学前三年毛入园率89.7%，比2012年提高了25.2个百分点；普惠性幼儿园覆盖率达到89.6%，九年义务教育巩固率达到95.5%，比2012年提高了3.7个百分点，适龄残疾儿童入学率超过95%，高中阶段教育毛入学率91.6%，比2012年提高6.6个百分点。我国基础教育普及水平总体达到世界中上行列。教育事业发展有效提升了全民族的科技文化素质，为社会主义现代化建设培养了大量人才。

七、社会事业繁荣昌盛

（一）文化事业不断繁荣，国家软实力明显增强

中华人民共和国成立初期，我国文化事业发展落后，公共图书馆、博物馆、广播、图书、报纸等严重不足。20世纪50～70年代，社会主义文化在曲折中发展，总体上仍难以满足人民精神文化生活需要。改革开放以来，我们坚持中国特色社会主义文化发展道路，逐步建立覆盖城乡的公共文化体系，文化事业实现快速发展。2018年末，全国共有公共图书馆3 173个，比1949年增长56.7倍；电视节目综合人口覆盖率达到99.3%；全年出版各类图书95亿册（张），比1950年增长34倍。党的十八大以来，我国文化事业和文化产业共同发展，文化软实力逐步增强，中华文化的国际影响力显著提升，在众多国家兴起汉语学习热潮。2018年末，全球154个国家（地区）建立了548所孔子学院和1 193个孔子课堂。当前，将近20个国家将春节作为法定节假日，全球约有五分之一的人口以不同形式庆祝农历新年。春节民俗活动走进约200个国家和地区，成为充满欢乐的全球文化盛宴。

（二）医疗卫生长足进步，国民健康水平持续提高

中华人民共和国建立初期，我国医疗卫生水平很低，且大部分医院集中在城镇。20世纪50～70年代，经过努力，我国公共卫生体系初步建立。1978年末，我国共有医疗卫生机构17万个，床位204万张，卫生技术人员246万人，但医疗卫生事业总体水平依然不高。改革开放以来，在公共卫生领域的投入不断加大，医疗科技水平迅速提高，医疗卫生体系建立健全。党的十八大以来，医疗、医保、医药事业深入发展，医疗卫生体制改革不断深化，分级诊疗制度逐步建立，全民医保体系加快健全，为人民健康撑起牢固保障网，我国医疗卫生事业发展取得的成效显著。

（三）体育事业蓬勃发展，竞技体育迭创佳绩

中华人民共和国建立初期，我国体育发展水平与国际水平差距较大。20世纪50～70年代，群众性体育活动广泛开展，竞技体育取得突破性发展。1956年，举重运动员陈镜开成为新中国第一个打破世界纪录的运动员；1959年，容国团成为新中国历史上第一个世界冠军。改革开放以来，我国体育事业取得长足进步。1984年，我国首次参加在洛杉矶举办的夏季奥运会，实现了中国奥运史上金牌"零"的突破。2008年，北京成功举办了第29届夏季奥运会，我国体育代表团所获金牌数首次位列奥运会金牌榜首。党的十八大以来，体育产业快速发展，各种健身场所迅速兴起，有力促进了群众体育运动的开展。近年来，全国人均体育场地面积达到1.6平方米以上，近4亿人经常参加体育锻炼，我国运动员在各项国际比赛中捷报频传。

（四）环境保护从无到有，生态文明建设日益加强

我国从20世纪70年代起就重视环境保护，特别是"三废"（废水、废气、废渣）等污染物的治理。1972年，我国参加了联合国人类环境会议，之后成立了一批环境保护相关机构。20世纪80年代，我国将环境保护列为基本国策，90年代制定实施可持续发展战略。党的十八大把生态文明建设纳入"五位一体"总体布局，"绿水青山就是金山银山"理念深入人心，大气、水、土壤污染防治攻坚战全面打响，改善环境质量的工作取得突出成效。近十年来，我国清洁能源消费占能源消费总量的比重从2013年的15.5%上升到2022年的25.9%，提升超10个百分点，能源消费结构持续向清洁低碳转型，全国首批实施《环境空气质量标准》的74个城市PM2.5平均浓度比2013年下降42%，二氧化硫平均浓度下降68%；十大流域劣V类水质断面比例比2013年下降2.1%。

八、人民生活发生翻天覆地的变化

（一）就业规模不断扩大，就业结构逐步改善

中华人民共和国成立前，经济凋敝，城镇劳动力多数处于失业状态。1949 年末，全国城乡就业人员 18082 万人，其中城镇就业人员仅有 1533 万人，城镇失业率高达 23.6%。20 世纪 50 ～ 70 年代，通过积极发展经济，我国就业状况逐步改善。1978 年末，我国就业人员达到 40152 万人，其中城镇就业人员 9514 万人。改革开放以来，随着经济发展和就业优先政策的实施，我国就业总量大幅增加，大量农村富余劳动力向第二、三产业转移。党的十八大以来，放管服改革持续深入，大众创业、万众创新蓬勃发展，有效激发了市场活力，促进了新兴就业岗位不断涌现，第三产业、中小微企业和民营经济成为吸纳就业的主渠道，就业形势稳中向好。2013—2018 年，我国城镇新增就业人数连续 6 年超过 1300 万人。2023 年，全国城镇新增就业 1244 万人，高校毕业生等青年就业基本稳定、持续好转，农村劳动力外出务工规模继续增加，脱贫人口务工规模达 3397 万人。

（二）居民收入持续增加，消费水平不断提高

中华人民共和国成立之初，居民收入和消费水平很低。1956 年，全国居民人均可支配收入仅为 98 元，人均消费支出仅为 88 元。由于人口增长快、积累和消费关系不合理，1978 年全国居民人均可支配收入也仅为 171 元，人均消费支出为 151 元。改革开放以来，经济持续快速发展带动城乡居民收入水平不断提升。2018 年全国居民人均可支配收入达到 28 228 元，比 1978 年实际增长 24.3 倍。随着收入的较快增长和居民消费能力的显著提升，消费结构升级趋势明显。2018 年，全国居民人均消费支出为 19 853 元，比 1978 年实际增长 19.2 倍；全国居民恩格尔系数为 28.4%，降低 35.5%。家电、汽车等耐用消费品拥有量大幅增加，居住条件显著改善。党的十八大以来，农村居民人均可支配收入实际增速连续多年快于城镇居民，城乡居民收入差距不断缩小，城乡居民人均可支配收入之比在 2022 年已下降至 2.45。居民人均可支配收入从 2012 年的 16 510 元增加到 2022 年的 36 883 元，扣除价格因素，2022 年比 2012 年增长 83%，增速快于经济增长。

（三）社会保障不断加强，织就广覆盖的民生安全网

中华人民共和国建立初期，我国社会保障尚属空白。20 世纪 50 ～ 70 年代，国家和单位开始对城镇职工提供劳保等福利，并由集体对农民实行少量保障。改革开放以来，适应经济社会发展需要，我国社会保障制度逐步建立，覆盖面持续扩大，待遇水平稳步提升。党的十八大以来，多层次社会保障体系加快构建，社会保障水平稳步提高。截至 2021 年底，全国基本医疗保险参保人数为 13.63 亿，参保率稳定在 95% 以上。

（四）贫困人口大幅减少，创造人类减贫史上的伟大奇迹

20 世纪 50 ～ 70 年代，城乡居民生活有所改善，但农村贫困问题始终突出。按照 2010 年的标准，1978 年末我国农村共有贫困人口 7.7 亿人，农村贫困发生率高达 97.5%。改革开放以来，随着农业、农村改革不断深入和扶贫开发的大力推进，我国贫困人口数量大幅下降。2012 年末我国农村贫困人口数下降至 9899 万人，农村贫困发生率降至 10.2%。经过 8 年持续奋斗，脱贫攻坚目标任务如期完成，现行标准下 9899 万农村贫困人口全部脱贫，832 个贫困县全部摘帽，12.8 万个贫困村全部出列，困扰中华民族几千年的绝对贫困问题得到历史性解决，创造了人类减贫史上的伟大奇迹。

任务演练

要求：登录国家统计局网站（https://www.stats.gov.cn/），查阅历年宏观经济数据，开展小组讨论，并回答以下问题：中国经济增长奇迹的主要动力和原因是什么？

小组讨论记录：

教师点评：

任务三　理解中国经济高质量发展趋势

📖 任务导航

在保持经济增长的同时，必须考虑经济的高质量发展。什么是高质量发展？如何理解高质量发展？又如何实现高质量发展？

在线课程集锦

🎓 育人在线

⌐ 全国数字经济发展概况 ¬

2022年7月5日，由国家工业信息安全发展研究中心编制的《全国数字经济发展指数（2021）》报告（以下简称"报告"）正式发布。报告结合我国数字经济发展特色，以数字产业化、产业数字化、数字化治理三个方面为分析视角，基于工信部、国家统计局、商务部、两化融合公共服务平台等权威数据，通过逐级加权方法计算和评价2021年我国整体及31个省（自治区、直辖市）的数字经济发展情况，旨在为各地制定数字经济相关的政策法规提供科学参考，推动我国数字经济长期稳定向好发展。

报告测算结果显示，截至2021年12月，我国数字经济持续稳步提升，全国数字经济发展指数为130.9，环比增长2.4%，同比增长15.3%。一级指标数字产业化、产业数字化、数字化治理指数分别为55.8、62.6和12.5，分别同比增长28.3%、3.8%和23.8%。2021年，5G和千兆宽带建设呈现爆发式增长，5G基站数和千兆宽带用户数分别同比增长98.5%、440%，对整体数字经济发展指数拉动提升作用明显。

（资料来源：速览！全国数字经济发展概况→．澎湃网，2022-07-28.）

🔖 解析

党的二十大报告提出"建设现代化产业体系"，要求"坚持把发展经济的着力点放在实体经济上"，"加快发展数字经济，促进数字经济和实体经济深度融合，打造具有国际竞争力的数字产业集群"。习近平同志在二十届中央财经委员会第一次会议上强调，加快建设以实体经济为支撑的现代化产业体系，这关系着我国在未来发展和国际竞争中赢得战略主动。大力推动数字经济和实体经济深度融合，加快建设制造强国和网络强国，着力建设以实体经济为支撑的现代化产业体系，为全面建设社会主义现代化国家提供有力支撑。

📕 任务准备

一、高质量发展的概念

党的十九大报告作出了"我国经济已经由高速增长阶段转向高质量发展阶段"的科学判断，高质量发展是中国经济学的重要理论创新，开拓了中国发展经济学的新境界。中国经济正在加速从数量型增长向高质量发展转变。高质量发展是全面建设社会主义现代化国家的首要任务，发展是党执政兴国的第一要务。没有坚实的物质技术基础，就不可能全面建成社会主义现代化强国。必须完整、准确、全面地贯彻新发展理念，坚持社会主义市场经济改革方向，坚持高水平对外开放，加快构建以国内大循环为主体、国内国际双循环相互促进的新发展格局。

二、高质量发展的历史进程

2017 年，中国共产党第十九次全国代表大会首次提出"高质量发展"表述，表明中国经济由高速增长阶段转向高质量发展阶段。党的十九大报告中提出的"建立健全绿色低碳循环发展的经济体系"为新时代下的高质量发展指明了方向，同时也提出了一个极为重要的时代课题。高质量发展的根本在于经济的活力、创新力和竞争力。而经济发展的活力、创新力和竞争力都与绿色发展紧密相连，密不可分。离开绿色发展，经济发展便丧失了活水源头；离开绿色发展，经济发展的创新力和竞争力就失去了根基和依托。绿色发展是我国从速度经济转向高质量发展的重要标志。

2018 年《国务院政府工作报告》中提出"按照高质量发展的要求，统筹推进'五位一体'总体布局和协调推进'四个全面'战略布局，坚持以供给侧结构性改革为主线，统筹推进稳增长、促改革、调结构、惠民生、防风险各项工作"。

2020 年 10 月，党的十九届五中全会提出，"十四五"时期经济社会发展要以推动高质量发展为主题，这是根据我国发展阶段、发展环境、发展条件变化作出的科学判断。我们要以习近平新时代中国特色社会主义思想为指导，坚定不移贯彻新发展理念，以深化供给侧结构性改革为主线，坚持质量第一、效益优先，切实转变发展方式，推动质量变革、效率变革、动力变革，使发展成果更好惠及全体人民，不断实现人民对美好生活的向往。

2021 年，恰逢"两个一百年"奋斗目标历史交汇之时。特殊时刻的两会，习近平同志接连强调"高质量发展"，意义重大。2021 年《国务院政府工作报告》中介绍，"十四五"时期是开启全面建设社会主义现代化国家新征程的第一个五年。我国发展仍然处于重要战略机遇期，但机遇和挑战都有新的发展变化。要准确把握新发展阶段，深入贯彻新发展理念，加快构建新发展格局，推动高质量发展，为全面建设社会主义现代化国家开好局、起好步。

2021 年 3 月 30 日，中共中央政治局召开会议，审议《关于新时代推动中部地区高质量发展的指导意见》。"十三五"时期，在习近平新时代中国特色社会主义思想科学指引下，我国经济加快从速度规模型向质量效益型转变，在城镇化和区域协调发展、高质量发展体制机制建设等方面取得显著进展，为我国发展培育了新动力、拓展了新空间，有力推动我国发展朝着更高质量、更有效率、更加公平、更可持续、更为安全的方向前进。

2021 年 9 月 14 日，国务院发布《关于推进资源型地区高质量发展"十四五"实施方案》的批复（国函〔2021〕93 号），原则同意国家发展改革委、财政部、自然资源部《推进资源型地区高质量发展"十四五"实施方案》。

2022 年 10 月 16 日，在中国共产党第二十次全国代表大会开幕会上，习近平同志提出，高质量发展是全面建设社会主义现代化国家的首要任务。发展是党执政兴国的第一要务。没有坚实的物质技术基础，就不可能全面建成社会主义现代化强国。必须完整、准确、全面贯彻新发展理念，坚持社会主义市场经济改革方向，坚持高水平对外开放，加快构建以国内大循环为主体、国内国际双循环相互促进的新发展格局。

2023 年 3 月 5 日，习近平同志参加十四届全国人大一次会议江苏代表团审议，集中系统地阐述了全面建设社会主义现代化国家的首要任务——"高质量发展"。习近平同志着眼全面建设社会主义现代化国家全局，从必由之路、战略基点、必然要求、最终目的以及坚持和加强党的全面领导、坚定不移全面从严治党五个方面，为江苏省乃至全国的高质量发展作出重要部署。

三、中国高质量发展的主要内容

坚持以推动高质量发展为主题，把实施扩大内需战略同深化供给侧结构性改革有机结合起来，增强国内大循环内生动力和可靠性，提升国际循环质量和水平，加快建设现代化经济体系，着力提高全要素生产率，着力提升产业链供应链韧性和安全水平，着力推进城乡融合和区域协调发展，推动经济实现质的有效提升和量的合理增长。

（一）构建高水平社会主义市场经济体制

坚持和完善社会主义基本经济制度，毫不动摇地巩固和发展公有制经济，毫不动摇地鼓励、支持、引导非公有制经济发展，充分发挥市场在资源配置中的决定性作用，更好地发挥政府作用。深化国资国企改革，加快国有经济布局优化和结构调整，推动国有资本和国有企业做强做优做大，提升企业核心竞争力。优化民营企业发展环境，依法保护民营企业产权和企业家权益，促进民营经济发展壮大。完善中国特色现代企业制度，弘扬企业家精神，加快建设世界一流企业，支持中小微企业发展。深化简政放权、放管结合、优化服务改革。构建全国统一大市场，深化要素市场化改革，建设高标准市场体系。完善产权保护、市场准入、公平竞争、社会信用等市场经济基础制度，优化营商环境。健全宏观经济治理体系，发挥国家发展规划的战略导向作用，加强财政政策和货币政策协调配合，着力扩大内需，增强消费对经济发展的基础性作用和投资对优化供给结构的关键作用。健全现代预算制度，优化税制结构，完善财政转移支付体系。深化金融体制改革，建设现代中央银行制度，加强和完善现代金融监管，强化金融稳定保障体系，依法将各类金融活动全部纳入监管，守住不发生系统性风险底线。健全资本市场功能，提高直接融资比重。加强反垄断和反不正当竞争，破除地方保护和行政性垄断，依法规范和引导资本健康发展。

（二）建设现代化产业体系

坚持把发展经济的着力点放在实体经济上，推进新型工业化，加快建设制造强国、质量强国、航天强国、交通强国、网络强国、数字中国。实施产业基础再造工程和重大技术装备攻关工程，支持专精特新企业发展，推动制造业高端化、智能化、绿色化发展。巩固优势产业领先地位，在关系安全发展的领域加快补齐短板，提升战略性资源供应保障能力。推动战略性新兴产业融合集群发展，构建新一代信息技术、人工智能、生物技术、新能源、新材料、高端装备、绿色环保等一批新的增长引擎。构建优质高效的服务业新体系，推动现代服务业同先进制造业、现代农业深度融合。加快发展物联网，建设高效顺畅的流通体系，降低物流成本。加快发展数字经济，促进数字经济和实体经济深度融合，打造具有国际竞争力的数字产业集群。优化基础设施布局、结构、功能和系统集成，构建现代化基础设施体系。

（三）全面推进乡村振兴

全面建设社会主义现代化国家，最艰巨、最繁重的任务仍然在农村。坚持农业农村优先发展，坚持城乡融合发展，畅通城乡要素流动。加快建设农业强国，扎实推动乡村产业、人才、文化、生态、组织振兴。全方位夯实粮食安全根基，全面落实粮食安全党政同责，牢牢守住十八亿亩耕地红线，逐步把永久基本农田全部建成高标准农田，深入实施种业振兴行动，强化农业科技和装备支撑，健全种粮农民收益保障机制和主产区利益补偿机制，确保中国人的饭碗牢牢端在自己手中。树立大食物观，发展设施农业，构建多元化食物供给体系。发展乡村特色产业，拓宽农民增收致富渠道。巩固拓展脱贫攻坚成果，增强脱贫地区和脱贫群众内生发展动力。统筹乡村基础设施和公共服务布局，建设宜居宜业和美乡村。巩固和完善农村基本经营制度，发展新型农村集体经济，发展新型农业经营主体和社会化服务，发展农业适度规模经营。深化农村土地制度改革，赋予农民更加充分的财产权益。保障进城落户农民的合法土地权益，鼓励依法自愿有偿转让。完善农业支持保护制度，健全农村金融服务体系。

（四）促进区域协调发展

深入实施区域协调发展战略、区域重大战略、主体功能区战略、新型城镇化战略，优化重大生产力布局，构建优势互补、高质量发展的区域经济布局和国土空间体系。推动西部大开发形成新格局，推动东北全面振兴取得新突破，促进中部地区加快崛起，鼓励东部地区加快推进现代化。支持革命老区、民族地区加快发展，加强边疆地区建设，推进兴边富民、稳边固边。推进京津冀协同发展、长江经济带发展、长三角一体化发展，推动黄河流域生态保护和高质量发展。高标准、高质量建设雄安新区，推动成渝地区双城经济圈建设。健全主体功能区制度，优化国土空间发展格局。推进以人为核心的新型城镇化，加快农业转移人口市民化。以城市群、都市圈为依托构建大中小城市协调发展格局，推进以县城为重要载体的城镇化建设。坚持人民城市人民建、人民城市为人民，提高城市规划、建设、治理水平，加快转变超大特大城市发展方式，实施城市更新行动，加强城市基础设施建设，打造宜居、韧性、智慧城市。发展海洋经济，保护海洋生态环境，加快建设海洋强国。

（五）推进高水平对外开放

依托我国超大规模市场优势，以国内大循环吸引全球资源要素，增强国内国际两个市场两种资源联动效应，提升贸易投资合作质量和水平。稳步扩大规则、规制、管理、标准等制度型开放。推动货物贸易优化升级，创新服务贸易发展机制，发展数字贸易，加快建设贸易强国。合理缩减外资准入负面清单，依法保护外商投资权益，营造市场化、法治化、国际化一流营商环境。推动共建"一带一路"高质量发展。优化区域开放布局，巩固东部沿海地区开放先导地位，提高中西部和东北地区开放水平。加快建设西部陆海新通道。加快建设海南自由贸易港，实施自由贸易试验区提升战略，扩大面向全球的高标准自由贸易区网络。有序推进人民币国际化。深度参与全球产业分工和合作，维护多元稳定的国际经济格局和经贸关系。

（六）推动数字经济与实体经济深度融合

数字技术进入加速创新的爆发期。数字技术加快系统创新和智能引领的重大变革，从基础理论、底层架构、系统设计等呈现全链条突破，代际跃迁不断加速。5G、云计算、大数据、工业互联网、人工智能、区块链等新兴技术加快交叉融合、迭代创新，网络连接从人人互联、万物互联迈向泛在连接，形成诸多新业态新模式，为经济社会发展注入了新动能。通用人工智能、量子信息等颠覆性前沿技术加速突破应用，围绕"数据＋算力＋算法"的技术集成创新持续加快，为数字经济和实体经济融合发展提供更多动力源泉。

任务演练

要求：查阅相关资料，开展小组讨论，回答以下问题：
为什么高质量发展是全面建设社会主义现代化国家的必然要求？

小组发言记录：

教师点评：

小组协作完成以下任务，通过查询网络资料，搜集我国从"一五"到"十四五"的国家发展规划，找出经济发展目标并分析经济发展目标变化原因，制作 PPT 并在课堂上展示调研成果。

本小组分享要点：

教师点评：

阅读以下案例，独立回答问题。

　　今年上半年，西部陆海新通道沿线省区市经新通道进出口货值达 3500 亿元人民币，同比增长约 40%。"以前，泰国等东南亚国家的水果运到重庆、四川等地，平均需要 20 多天，如今搭乘西部陆海新通道班列，最快 4 天就能抵达川渝地区。"重庆洪九果品股份有限公司总经理彭何说。2022 年，重庆、成都联合入围全国首批 15 个国家综合货运枢纽补链强链城市。2023 年以来，成渝中部地区打造多个现代化综合货运枢纽，重庆西部陆海新通道江津综保区冷链产业园、成都天府国际空港综合保税区等若干枢纽港站建设加速推进。

（资料来源：区域发展新亮点丨成渝双城经济圈打造高质量发展新突破口 . 中国青年网，2023-08-19）

根据以上内容，回答成渝双城经济圈如何实现高质量发展？

解答：

教师点评：

名人堂

经济学家：薛暮桥（1904—2005）

简介： 薛暮桥是当代中国杰出经济学家，中国经济学界泰斗，首届中国经济学奖获得者，被誉为"市场经济拓荒者"，亲身参与中国两个经济体制建设，是新中国第一代社会主义经济学家和高级经济官员之一。

主要贡献：

薛暮桥探索经济体制改革，提出了财税、金融、价格、外贸以及国有企业等体制改革的方案。他的《中国社会主义经济问题研究》一书对新中国经济建设历程进行了系统的总结和深刻的反思，成为中国经济体制改革的启蒙教材，此书坚定地倡导并积极推动了经济体制的市场取向改革，对按照经济规律办事、加快实现四个现代化起了重要的促进作用。

作为新中国第一代社会主义经济学家和高级经济官员，薛暮桥却"相信商品、相信市场"。这既需要务实求真的学术精神，更需要罕见的政治勇气，他既因此获罪入狱，也因此声名日隆。凭借对理念信仰的执着精神，薛暮桥完全堪称后来者的典范，尤其是他勇于反思的精神则更令人感叹。他是新中国社会主义计划经济体制的设计者之一，但也最早开始主动对这种僵化体制进行痛苦而深刻的反思，如怎样让价值规律在市场上自发调节价格、怎样以公有制为基础并让多种所有制共存、怎样在保留按劳分配的同时改革社会分配制度，以及怎样让所有企业公平参与竞争等，在社会主义经济理论与政策领域掀起一场又一场"革命"。

自我总结评价

项目名称：	总结日期：	
专业班级：	总结评价人：	码上刷题
本项目的主要知识点列示：	尚未掌握的部分列示：	

改进计划：（内容、方法、途径、时间安排、效果）

项目十　把握数字经济发展脉搏

项目导读

　　数字经济是继农业经济、工业经济之后的主要经济形态，是以数据资源为关键要素，以现代信息网络为主要载体，以信息通信技术融合应用、全要素数字化转型为重要推动力，促进公平与效率更加统一的新经济形态。数字经济正推动生产方式、生活方式和治理方式的深刻变革，对世界经济、政治和科技格局产生深远影响。本项目将引领学生深入学习数字经济的内涵和特征、了解数字贸易发展现状，从而把握数字经济发展脉搏，探索建设数字中国的实践经验及优秀方案。

思维导图

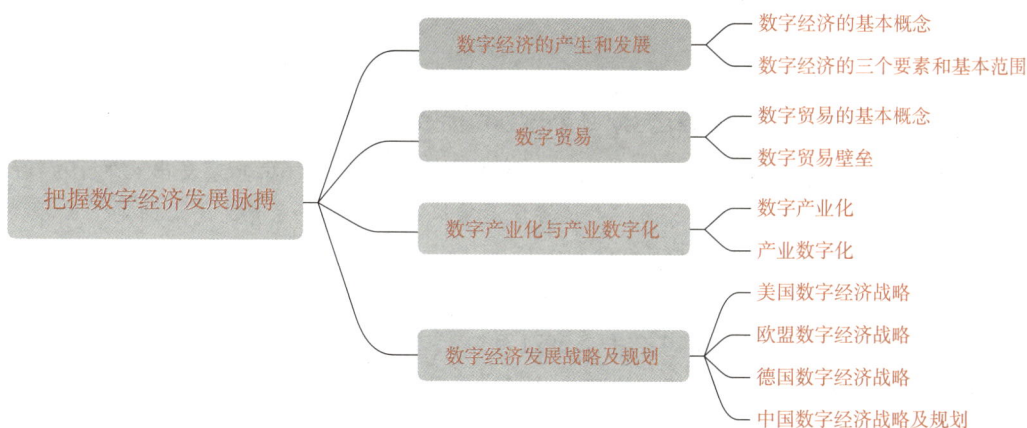

学习目标

知识目标

　　(1) 了解数字经济的概念和基本要素。
　　(2) 熟悉数字经济时代数字贸易的发展现状。
　　(3) 了解数字产业化和产业数字化。
　　(4) 了解世界主要国家的数字经济战略。

能力目标

　　(1) 能够掌握数字经济基本理论和动态学习方法。
　　(2) 能够掌握 ABCD 技术的概念。
　　(3) 能够总结建设数字中国的实践经验及优秀方案。
　　(4) 能够分析中国经济的现实问题。

素质目标

（1）了解我国在数字经济领域内的领先地位，增进学生的爱国主义情怀。

（2）使学生树立推动民族复兴的历史责任感，增强对社会主义核心价值观的认同。

任务一　数字经济的产生和发展

任务导航

从农业经济、工业经济到数字经济，人类社会正在经历着前所未有的深刻变革。在工业经济诞生初期，《国富论》《资本论》等一系列伟大的著作为人类经济社会发展指明了方向；时至今日，面对数字时代的到来，经济的发展、社会的治理，都值得我们重新思考和归纳，那么数字经济是如何产生和发展的呢？数字经济具有哪些基本要素呢？

在线课程集锦

育人在线

新晴尽放峰峦出，不断做强做优做大我国数字经济

从1987年"跨越长城，走向世界"这封只有8个字的电子邮件由北京发出，到1994年中国全功能接入国际互联网，再到我国数字经济发展乘风而起、日新月异，涓涓细流汇成奔腾不息的滔滔江河，中国经济转型升级蓬勃发展。

党的十八大以来，我国加快建设网络强国、数字中国、智慧社会，从国家层面部署推动数字经济发展，取得显著成就。从2012年至2021年，我国数字经济规模从11万亿元增长到45.5万亿元，数字经济占国内生产总值的比重由21.6%提升至39.8%。我国数字经济规模连续多年位居全球第二，其中电子商务交易额、移动支付交易规模位居全球第一，一批网信企业跻身世界前列，新技术、新产业、新业态、新模式不断涌现，推动经济结构不断优化、经济效益显著提升。在数字经济的驱动引领下，中国经济正阔步迈向高质量发展。

（资料来源：造物鼎新开画图——习近平总书记指引我国数字经济高质量发展纪实.中国网信杂志，2022-07-21.）

解析

放眼全球，互联网、大数据、云计算、人工智能、区块链等技术加速创新，日益融入经济社会发展各领域和全过程。数字经济发展速度之快、辐射范围之广、影响程度之深前所未有，正在成为重组全球要素资源、重塑全球经济结构、改变全球竞争格局的关键力量。党的十八大以来，以习近平同志为核心的党中央统筹中华民族伟大复兴战略全局和世界百年未有之大变局，准确把握中国经济发展的阶段性特征，深刻洞察数字经济发展趋势和规律，出台一系列重大政策、作出一系列战略部署，推动我国数字经济发展取得显著成就，为经济社会高质量发展注入强劲动能。

任务准备

一、数字经济的基本概念

数字经济是指人类通过大数据的识别—选择—过滤—存储—使用，引导、实现资源的快速优化配置与再生，实现经济高质量发展的经济形态。随着云计算、大数据、移动互联网、人工智能、量子信息技术为代表的新一代信息技术的迅猛发展，我们的社会生产方式和生活方式正在发生深刻的改变，一个全新的数字时代已然来临。

20 世纪 90 年代，加拿大经济学家唐·泰普斯科特（Don Tapscott）在《数据时代的经济学：对网络智能时代机遇和风险的再思考》一书中首次提出了"数字经济"的概念，将数字经济描述为"可互动的多媒体、信息高速公路以及互联网所推动的以人类智慧网络化为基础的新型经济"。其后，美国计算机科学家尼古拉斯·尼葛洛庞蒂（Nicholas Negroponte）在《数字化生存》中将数字经济表述为"利用比特而非原子"的经济，对数字经济与传统经济的差异进行了界定。1998 年，美国商务部发布《兴起的数字经济》研究报告，指出信息技术对经济发展将带来全面的变革。此后，美国一直保持着数字经济领域的引领者地位。2009 年，澳大利亚政府发布《澳大利亚数字经济：未来方向》报告，提出数字经济是通过互联网、移动电话等数字技术实现经济社会的全球网络化。2012 年，英国经济社会研究所发布《大数据衡量英国数字经济》，指出数字经济是各类数字化投入带来的全部经济产出。2016 年，G20 杭州峰会发布全球首个由多国领导人共同签署的《二十国集团数字经济发展与合作倡议》，提出数字经济是指以使用数字化的知识和信息作为关键生产要素、以现代信息网络作为重要载体、以信息通信技术的有效使用作为效率提升和经济结构优化的重要推动力的一系列经济活动。

1994 年 4 月 20 日，中国实现了与互联网的全功能连接，开始融入全球数字经济发展浪潮。经过近二十年的努力，中国在数字经济领域成功赶超部分先发国家，成为位居全球第二的数字经济领先国家。

2021 年，国务院发布《"十四五"数字经济发展规划》的通知，明确定义数字经济是继农业经济、工业经济之后的主要经济形态，是以数据资源为关键要素，以现代信息网络为主要载体，以信息通信技术融合应用、全要素数字化转型为重要推动力，促进公平与效率更加统一的新经济形态。近年来，我国深入实施数字经济发展战略，新一代数字技术创新活跃、快速扩散，加速与经济社会各行业各领域深入融合，有力支撑了现代化经济体系的构建和经济社会的高质量发展。

二、数字经济的三个要素和基本范围

数据资源、现代信息网络、信息通信技术是数字经济的基本要素。

1. 数据资源

农业经济的关键生产要素是劳动力和土地，工业经济的关键生产要素是资本和技术，而数字经济的关键生产要素是数据资源。随着数字经济时代的到来，数据对提高生产率及资源配置的效率、优化经济结构的作用凸显，已成为新型生产要素和重要资源。在数据市场化配置过程中，需确保数据标准化和资源化、使数据充分参与价值分配，在此过程中，高效、安全的流通使数据能够应用于各个具体的生产应用，这是数据资源产生价值的关键。数据资源具有可复制

性、共享性等优势，打破了传统生产要素对经济增长的制约，从而推动经济实现新的增长和高质量发展。

2. 现代信息网络

现代信息网络是数字经济的主要载体。现代信息网络是数据资源开发利用和现代信息技术应用的基础，是数据、信息的载体和流通渠道。信息网络使相互孤立的计算机连接到一起，到现在已经将整个人类社会连接到一个"地球村"中，成为现代国家的重要基础设施。现代信息网络的飞速发展，推动了数字经济的发展，引领了社会生产变革，拓展了国家治理领域，极大地增强了人类认识世界、改造世界的能力。

现代信息网络发展呈现出信息基础设施建设持续推进、成为大国关注焦点，全球数字经济成发展强劲引擎、多国强化顶层设计和布局，数字政府建设步伐加快、一体化在线政务服务成趋势，新技术赋能媒体融合、算法规制加强，网络安全风险不断加剧、国际信息网络秩序加速重塑，网络法治建设进程加快、多国不断推出细分领域立法，网络空间碎片化程度加剧、新技术治理成共识等八个方面的特点。

3. 信息通信技术

信息通信技术是数字经济发展的重要推动力。从 1947 年第一台计算机诞生，到互联网出现、"三网融合"（电信网、广播电视网、互联网）的快速推进，信息通信技术呈现数字化、智能化、融合化的发展趋势。例如 5G、物联网技术、云计算与云存储技术、传感器技术、图像识别技术、大数据等技术都给数字经济的发展带来新的机遇和挑战。信息通信技术在数字经济的发展中发挥重要的支撑作用。

2021 年，国家统计局发布的《数字经济及其核心产业统计分类（2021）》中强调数字经济紧扣三个要素，即数据资源、现代信息网络和信息通信技术，并从"数字产业化"和"产业数字化"两个方面确定了数字经济的基本范围，将其分为数字产品制造业、数字产品服务业、数字技术应用业、数字要素驱动业、数字化效率提升业五大类。

其中，前四大类为数字产业化部分，即数字经济核心产业，是指为产业数字化发展提供数字技术、产品、服务、基础设施和解决方案的产业，以及完全依赖于数字技术、数据要素的各类经济活动，是数字经济发展的基础。

数字化效率提升业为产业数字化部分，是指应用数字技术和数据资源为传统产业带来的产出增加和效率提升，是数字技术与实体经济的融合。该部分涵盖智慧农业、智能制造、智能交通、智慧物流、数字金融、数字商贸、数字社会、数字政府等数字化应用场景，体现了数字技术已经并将进一步与国民经济各行业产生深度渗透和广泛融合。

任务演练

要求：查阅习近平同志《不断做强做优做大我国数字经济》这一重要文章，开展小组讨论，回答以下问题：

1. 我国数字经济目前存在的问题是什么？

2. 为什么说"数字经济事关国家发展大局"？你是怎么认识数字经济对我国经济发展的作用的？

小组发言记录：

教师点评：

任务二　数字贸易

任务导航

全球数字经济蓬勃发展，全球数字贸易的重要性日益凸显。人类社会正迈向以数字贸易为重要特征的第四次全球化浪潮，且数字贸易对全球供应链、产业链、价值链产生巨大的影响，国家间经济分工、贸易利益分配面临巨大的挑战，数字贸易规则成为国际经贸规则重构的关键和各方博弈的焦点。因此，正确理解数字贸易的本质特征，顺应数字化、网络化、智能化发展趋势，共同致力于消除"数字鸿沟"，将成为中国掌握国际贸易主导权、推动形成基于多边规则的合作共赢、构建数字贸易体系的关键。

在线课程集锦

育人在线

第二版《数字贸易衡量手册》发布

为了帮助各方在衡量数字贸易上采取更为一致的行动，世界贸易组织（WTO）、经济合作与发展组织（OECD）、国际货币基金组织（IMF）和联合国贸易和发展会议（UNCTAD）在2019年发布第一版《数字贸易衡量手册》后，于2023年7月28日再次发布第二版的手册，以期全面总结衡量和统计数字贸易中涉及的各方面问题。第一版手册认为数字贸易是指以数字方式订购或以数字方式交付的国际贸易，第二版手册讨论了数字化订单贸易和数字交付贸易两种数字贸易的形式，并对数字中介平台（DIP）的功能与作用进行了分析。

作为相对较新的经济活动形式，数字贸易面临的壁垒出现明显的阶段性特点。经合组织"数字服务贸易限制性指数（DSTRI）"显示，2014年发布数据以来，全球数字贸易壁垒明显增加。其中，2015—2020年，DSTRI指数从0.16逐渐上升将近至0.165；2023年出现了跳跃性上升，达到0.21。数字贸易壁垒的增加既是贸易方式吸引力增强引起更多市场竞争的结果，也受不少国家在数字贸易领域表现敏感和出台更多监管规则的影响。而从壁垒的类别来看，基础设施的障碍和可连接性是影响最大的，占比高达64%；排在其后的分别是"其他数字贸易壁垒""电子交易""支付系统"和"与知识产权有关的壁垒"。这从一个侧面说明，数字贸易仍处于发展的早期，支撑其发展的条件还有较大的不足，因而在相关领域的投入可能产生更为明显的促进作用。

无论要测量数字化订购还是数字化交付，第二版手册都对数据来源和测量方法进行了探讨。为了获得更为准确的描述，两个分指标数据都需要搜集包括买卖关系、中介平台和问卷调查在内的信息，通过比对尽量刻画这两个指标。值得注意的是，贸易不论产生于数字化订购还是数字化交付，都需要通过比对分析剔除重复数据。当然，一些大型跨国公司有时候对数字贸易表现出矛盾的心态，既希望数字贸易的发展为全球业务网络效率的改进和竞争力的提升带来益处，又担心来自不同国家数字贸易壁垒和其他合规要求给其带来的巨大成本而踌躇不前。

第二版手册专门介绍了中国在数字贸易统计中的两个案例。一个案例是中国海关在2014年推出的"跨境直购"代码（HS9610），不仅提高了海关的监管效率，而且有利于更好地完成统计。而2014年和2016年推出的跨境综合试验区采用的保税跨境采购代码（HS1210）和其他地区采用保税跨境采购代码（HS1239）与 HS9610 一起为中国统计跨境电商交易额提供了重大便利。不仅如此，跨境电商平台的数据和不定期业务访谈也被用于进一步完善对跨境电商发展的数据统计，相关数据的发布进一步引导了市场预期，降低了业务发展与统计数据之间的偏差。另一个案例是通过中国商务部促进对外贸易和国际经济合作参与 WTO 电子商务谈判，推动数字贸易发展。在包括信息技术外包、业务流程外包和知识流程外包的三类数字化交付的引导和政策支持下，超过 6.7 万家企业参与其中，创造了超过 1000 万个就业机会，出口涉及全球 200 个经济体。同时，商务部从 2007 年开始推出服务外包调查制度，两年后推出在线的服务外包监测系统，定期开展数据整理和全国范围的人员培训。相关举措通过能力建设和全国范围的行动协调，为数字贸易发展创造了良好的发展环境，为数字贸易的创新发展提供了有效支撑。

（资料来源：周密 .《数字贸易衡量手册》第二版正式发布 . 新浪财经，2023-08-01.）

【解析】

　　通过对数字贸易的测量，我们可以看到数字贸易对全球经济产生的重大影响，数字技术使数字贸易的双方在全球范围内下单和接受订单变得越来越便捷，既凸显出数字贸易的强大优势，也显示出全球数字贸易壁垒日益增加，全球贸易数字化转型带来了挑战和机遇。同时我国的相关举措也为数字贸易发展创造了良好的发展环境，为数字贸易的创新发展提供了有效支撑。

任务准备

一、数字贸易的基本概念

　　数字经济的飞速发展催生出了另一个全球化的新概念"数字贸易"，数字贸易的兴起源于数字经济。2013 年，美国国际贸易委员会率先提出数字贸易概念，即通过互联网络传输实现产品与服务的交换活动。2014 年，美国国际贸易委员会发布《美国和全球经济中的数字贸易Ⅱ》，对数字贸易内涵进行了拓展和延伸，将数字贸易分为四类，分别是搜索引擎、社会媒介、数字化交付内容以及其他数字产品或服务。2017 年，美国贸易代表办公室（USTR）发布《数字贸易的主要壁垒》报告，提出数字贸易的概念既包括在互联网上的产品销售和线上服务的提供，又包括能够实现全球价值链的数据流、实现智能制造的服务等。

　　除了美国相关机构做出的阐释外，国际组织也对数字贸易进行了相关界定。2019 年，经济合作与发展组织（OECD），世界贸易组织（WTO）和国际货币基金组织（IMF）共同发布了《数字贸易测度手册》（*Handbook on Measuring Digital Trade*），该手册定义了数字贸易的概念框架，提出数字贸易是由"以数字方式订购"和"以数字方式交付"两大模式组成，并强调了这两个概念下数字中介平台（DIP）的重要性。

　　数字贸易是以数字方式完成的贸易，数字技术在贸易中起到关键性的作用。数字贸易的两大结构模块为数字订购和数字交付。而数字订购和数字交付均以数字技术为实现基础，许多数字贸易既是数字交付也是数字订购，为应对因交叉造成的统计误差，《数字贸易测度手册》定义只有服务可以数字化交付，而商品则不可。由此可知，数字贸易可简单分为两部分：一是以数字交付为特点的贸易方式，贸易对象是数据；二是以数字订购为特点的贸易方式，通常跨境电商交易的是货物，但通过数字订购来实现。

2019 年 11 月，《中共中央　国务院关于推进贸易高质量发展的指导意见》正式提出要加快数字贸易发展，提升贸易数字化水平，推进文化、数字服务、中医药服务等领域特色服务出口基地建设。2023 年，国务院发展研究中心对外经济研究部和中国信息通信研究院联合推出《数字贸易发展与合作报告 2023》。报告显示，2022 年，全球数字服务贸易规模为 3.82 万亿美元，同比增长 3.9%，ICT（电信、计算机和信息）服务继续领跑细分数字服务贸易增长规模，区域数字服务贸易增长出现分化，跨国公司数字领域投资保持较快增长。中国数字贸易发展规模、增速位居世界前列。2022 年中国数字服务进出口总值 3710.8 亿美元，同比增长 3.2%，占服务进出口比重的 41.7%。中国互联网企业出海呈现三大趋势：出海主体从头部企业向中小企业延伸；出海策略从资本驱动到资本与技术并行，企业出海进程中的技术含金量不断提升；出海产品从工具类向多品类拓展。中国跨境电商规模扩大、结构持续优化。

二、数字贸易壁垒

2014 年，美国国际贸易委员会（USITC）在《美国和全球经济中的数字贸易Ⅱ》中定义了数字贸易壁垒的七种形式：一是本地化要求，该规则要求企业在本国进行数据的存储、管理和处理，并且使用一定数量的本地内容；二是市场准入限制；三是个人信息保护；四是知识产权侵权，是指数字贸易中的知识产权、专利等侵权问题；五是不确定的法律责任，是指当侵权行为发生后，因本国没有对数字贸易企业的法律责任进行明确规定，而出现的法律纠纷；六是审查措施；七是海关措施。

随着数字技术与产业变革加快推进，各国积极推进数字化转型，这对数字贸易开放发展的规则环境与监管协调提出了更高要求，但目前全球尚未建立统一的数字贸易规则，各国政府出于本国数据主权和信息安全的考虑，在知识产权、存储本地化、跨境数据流、网络安全等方面设置数字贸易壁垒，数字贸易规则成为国际经贸规则重构的关键和各方博弈的焦点。因此，在构建数字经济时代新发展格局的过程中，必须重视数字贸易壁垒对中国出口贸易带来的影响，多措并举推动形成基于多边规则的数字贸易体系，加强国际协调与合作，保障分享数字贸易机遇，弥合"数字鸿沟"和提升贸易规则包容性，共同构建适应数字全球化发展的有利制度环境，进一步促进国际数字贸易发展。

任务演练

要求：小组合作讨论以下问题，并做好记录。

数字贸易的范围是否包括基于信息通信技术而带来的产品交易？中国在过去三年时间里的数字贸易额在全球处于什么地位？

小组发言记录：

教师点评：

任务三   数字产业化与产业数字化

任务导航

数字经济浪潮奔涌而来，成为第四次工业革命的突破性力量。数字经济发展的核心是"数字产业化"和"产业数字化"，那么具体什么是数字产业化和产业数字化呢？

在线课程集锦

育人在线

"东数西算"工程全面启动，四川数字经济如何"算"？

日前，国家发展改革委等部门联合印发文件，同意在京津冀、长三角、粤港澳大湾区、成渝、内蒙古、贵州、甘肃、宁夏启动建设国家算力枢纽节点，并规划了10个国家数据中心集群。至此，全国一体化大数据中心体系完成总体布局设计，"东数西算"工程正式全面启动。

地处西部的四川，为何成为"东数西算"工程布局的重点地区？四川的机遇又在哪？

国家有需要，四川有优势也有基础

"国家有需要，四川有优势也有基础。"四川省发展改革委相关负责人说，国家算力枢纽节点和国家数据中心集群布局四川是"水到渠成"。

先看国家需要。近年来，随着数字经济等新业态、新模式的发展，全国算力需求不断攀升。但从全局来看，东部地区土地成本持续增加、用能负荷不断趋紧，而西部地区在土地成本和能源供应上优势比较突出。因此，必须从全国层面解决东西部算力供需失衡问题。

再看四川优势。除土地成本偏低，四川最突出的优势是清洁能源富集。近年来，借着国家清洁能源基地建设等契机，四川清洁能源产能再上新台阶。目前，四川水电装机容量和年发电量、天然气（页岩气）探明储量和年产量均居全国第一，风能、太阳能的开发空间极为广阔。而数据存储、传输等领域是用电强度极大的产业。

在基础方面，近年来，四川数字经济产业发展步入快车道。省委十一届三次全会以来，四川将数字经济纳入"5+1"现代工业体系重点打造。去年，全省数字经济核心产业增加值达到4 012亿元，同比增长约18%，高出GDP增速9.8%。

"算、存、传三个领域，四川都有优势。"易华录董事长林拥军说。该公司目前已在雅安建设800Pb的"数据湖"，大量来自上海、杭州等东部城市的订单已经落地。

截至2021年底，全省已建成超6.6万个5G基站，规模居西部第一。成都、绵阳、泸州、眉山入选全国首批"千兆城市"，入选数量居全国第一。同时，成都超算中心建成投运，在建数据中心总投资超千亿元。

"在这个背景下，四川自然脱颖而出。"电子科技大学的教授周涛说，产业基础雄厚和人才优势明显的成渝，自然成为国家布局的重点区域。

不只是数字经济，产业转型和新基建也将迎风口

按照国家布局，西部数据中心将主要负责处理后台加工、存储备份等业务。这将给四川带来哪些发展契机？

"是培育发展新动能的机遇，也是加快推进新基建的机遇。"在四川省发展改革委数字经济发展处相关负责人看来，"东数西算"工程的启动和天府数据中心集群的设立，为四川数字经济发展、产业转型发展和新基建提速带来更大底气。

首先，机遇展现在数字经济自身上。

"最近订单一直在增加。"四川省一家数据处理企业负责人介绍，自去年明确"东数西算"布局以来，该公司已承接数十个东部地区的订单。为了满足业务需求，该企业计划年内在雅安和凉山再增加 10 亿元投资，以提升数字存储等能力。

这也对数字经济上游提出更高要求。四川省经济和信息化厅此前提出要借助"东数西算"契机，进一步提升优化以"芯屏存感端""大智网云安"为支撑的数字核心产业新体系。

其次，机遇体现在其他产业的转型升级提速上。

随着数据处理能力的提升，四川有望成为创新技术的发源地、应用场景的"实验田"。而这也有望加速制造业、农业和服务业的数字化转型。

"比如，产业链的补链、强链和企业对接合作，过去都要靠人工调查、分析、研判，时间成本高、效率低。而借助大数据，最多几分钟就能解决问题。"四川省产业大数据应用研究院相关负责人透露，预计今年全省将实施大数据技术改造项目 6 000 个，总数居全国前列。

最后，新基建也将借此提速。

四川省通信管理局副局长刘小文介绍，以通信网络为例，"十四五"期间，全省信息基础设施将累计投资 1000 亿元，围绕 5G 和千兆光纤"双千兆"网络，建设"信息高速公路"，建成 5G 基站 25 万个，实现乡镇及以上区域和行政村普遍覆盖，5G 用户普及率达到 60%。

根据《四川省"十四五"新型基础设施建设规划》，2025 年，四川的创新基础设施将满足建设具有全国影响力的科技创新中心的需要，初步建成集约高效、经济适用、智能绿色、安全可靠的新型基础设施体系。

（资料来源：涂伟."东数西算"工程全面启动 四川数字经济如何"算"？.川观新闻，2022-02-18.）

解析

算力作为当今时代的核心生产力，其对于数字经济时代发展的重要性，如同水利之于农业、电力之于工业，已经成为推动经济社会数字化发展的重要驱动力，也正成为全球战略竞争的新焦点。国家在全社会算力需求激增、算力资源区域分布不均衡的背景下，推出了"东数西算"这一超级工程。"东数西算"对于整合优化我国算力资源，推动东西部地区算力需求与土地、能源等资源的互补与匹配具有重要战略意义，"东数西算"超级工程的实施对国家和企业而言都具有深远意义。

从宏观层面看，全国"一盘棋"的算力总体规划对我国数字经济发展具有重要的战略引导作用，既有利于促进合理布局、绿色集约、互联互通的数据中心发展，又肩负着战略性保障国家数据安全、调整全国产业布局的使命。基于算力总体规划，实施"东数西算"工程，有利于促进国家整体经济协调发展，既有助于提升国家整体算力水平，促进国家整体经济发展，又有利于推动区域协调发展，通过算力枢纽和数据中心集群建设带动产业上下游投资，形成东西部协同发展新格局。

从企业层面看，实施"东数西算"工程是促进企业绿色集约、降本增效、自主创新发展的新机遇。一方面，数据中心能耗高、占地多，而西部绿色能源、土地资源充裕，将数据中心统筹布局至西部，可大幅节约企业电力和土地成本。另一方面，当前我国信息产业在关键核心能力自主创新上仍存在较大不足，表现在基础软件过度依赖国外技术、新技术突破引领不足上。实施"东数西算"工程，为企业推进关键核心技术攻关、构建科技领先优势进而实现产业创新发展带来历史性契机。

任务准备

一、数字产业化

数字产业化是数字经济的基础部分，根据中国信息通信研究院的定义，数字产业化是指信息通信产业，主要包括电子信息制造业、电信业、软件和信息技术服务业等，是国民经济稳步发展的压舱石，是数字经济发展的根基和动力源泉。以人工智能、区块链、云计算、大数据为代表的 ABCD 技术，构成了数字产业的技术基础。发展数字产业化要立足国家的新发展格局，重点提升我国产业链、供应链的稳定性和竞争力，尤其要聚焦 ABCD 技术引申的关键领域，强化精准攻关，加快技术突破，增强自主可控能力。

（一）人工智能

1956 年达特茅斯会议上，科学家们首次提出了人工智能概念。人工智能是研究、开发用于模拟、延伸和扩展人的智能的理论、方法、技术及应用系统的一门新的技术科学，是计算机科学的一个分支。

（二）区块链

区块链是一个分布式网络，由多个节点组成，并且需要通过各个块链才能验证数据结构及存储数据，这转变了数据的存储和编辑模式，增加了系统的安全性和可靠性。美国作家马尔科·扬西蒂（Marco Lansiti）和卡里姆·拉哈尼（Karim R.Lakhan）在《哈佛商业评论》中指出区块链技术的本质是公开分布式账本，它能快速、安全地记录交易过程和数据，具备共识算法、不可篡改性、智能合同等特点。区块链模式的数字经济与互联网模式的数字经济的区别在于前者是去中心化部署。

（三）云计算

云计算是一种基于互联网的计算方式，它是分布式计算（Distributed Computing）、并行计算（Parallel Computing）、效用计算（Utility Computing）、网络存储（Network Storage Technologies）、虚拟化（Virtualization）、负载均衡（Load Balance）等多种信息科技网络技术融合发展的产物。云计算起源于 20 世纪 60 年代美国数学博士约翰·麦卡锡（John Mccarthy）提出的把计算能力作为一种像水和电一样的公用事业提供给用户的理念。随着信息技术和数字经济的日益发展，云计算作为一种新兴的资源使用和交付模式逐渐为学界和产业界所认知。云计算到目前为止还没有一个标准的定义，最为广泛接受的是美国国家标准与技术研究院（NIST）的定义："云计算是一种按使用量付费的模式，这种模式提供可用的、便捷的、按需的网络访问，可配置的计算资源共享池（资源包括网络、服务器、存储、应用软件、服务）中的资源能够被快速提供，并且只需投入很少的管理工作或与服务供应商进行很少的交互。"

云计算的主要部署模式分为四种：公有云（Public Cloud），是指由云服务提供商拥有和管理、通过互联网向企业或个人提供计算资源的云服务；私有云（Private Cloud），是指单个客户专用的云服务，具有更高的安全性和隐私性；混合云（Hybrid Cloud），是指公有云和私有云结合的服务方式，允许将数据保留在私有云中，以保证安全性，同时使用公有云来运行应用程序；社区云（Community Cloud），是指特定组织或行业共享的云计算服务。

（四）大数据

大数据又称巨量资料，"大数据"的概念早在 1980 年就被提出，美国未来学家阿尔文·托夫勒（Alvin Toffler）在《第三次浪潮》中提出了"大数据"一词，并在文中将"大数据"称颂为"第三次浪潮的华彩乐章"。

二、产业数字化

产业数字化是指传统产业实现数字化转型升级的过程。在产业数字化过程中，数字化技术是至关重要的核心驱动力。通过将传统生产过程、交易方式、管理模式等数字化，引入各种信息化技术和数字化工具，使传统产业供应、产业链实现数字化改造。通过产业数字化，可以有效提高实体经济生产效率、降低成本、提升产品质量，并能够更好地适应市场需求变化。

2020 年，国家信息中心联合发布《中国产业数字化报告 2020》对产业数字化概念内涵做出新界定，提出产业数字化是在新一代数字科技支撑和引领下，以数据为关键要素，以价值释放为核心，以数据赋能为主线，对产业链上下游的全要素数字化升级、转型和再造的过程。产业数字化具有六个方面典型特征：一是以数字科技变革生产工具；二是以数据资源为关键生产要素；三是以数字内容重构产品结构；四是以信息网络为市场配置纽带；五是以服务平台为产业生态载体；六是以数字善治为发展机制条件。

据中国信息通信研究院资料显示，2016—2020 年，中国产业数字化规模逐年上升，2020 年我国产业数字化规模约为 31.7 万亿元，同比增长 10.3%。2021 年，我国产业数字化规模达到 37.2 万亿元，占 GDP 比重 32.5%。各行各业已充分认识到发展数字经济的重要性，工业互联网成为制造业数字化转型的核心方法论，服务业数字化转型持续活跃，农业数字化转型初见成效。

2022 年，我国数字产业化规模与产业数字化规模分别达到 9.2 万亿元和 41 万亿元，占数字经济比重分别为 18.3% 和 81.7%，数字经济的二八比例结构较为稳定。其中，三二一产数字经济渗透率分别为 44.7%、24.0% 和 10.5%，同比分别提升 1.6%、1.2% 和 0.4%，二产渗透率增幅与三产渗透率增幅差距进一步缩小，形成服务业和工业数字化共同驱动发展的格局。

任务演练

要求：阅读以下材料，小组展开讨论后回答问题。

物联网最早可以追溯到 1995 年比尔盖茨在《未来之路》一书中提及的构想，但在当时并未引起广泛重视。其后美国麻省理工学院首次提出被称为 EPC 系统的"物联网"的概念。1999 年美国麻省理工学院建立了"自动识别中心（Auto-ID）"，提出"万物皆可通过网络互联"，阐明了物联网的基本含义。随着数字技术的发展，物联网的内涵已经发生了较大变化。2003 年美国《技术评论》提出传感网络技术将是改变人们未来生活的十大技术之首。2004 年日本总务省（MIC）提出 u-Japan 计划，该战略力求实现人与人、物与物、人与物之间的连接，希望将日本建设成一个随时、随地、任何物体、任何人均可连接的泛在网络社会。2005 年 11 月 17 日，在突尼斯举行的信息社会世界峰会（WSIS）上，国际电信联盟（ITU）发布《ITU 互联网报告 2005：物联网》，引用了"物联网"的概念，物联网的定义和范围已经发生了变化，覆盖范围有了较大的拓展，不再只局限于最初基于 RFID 技术的物联网。

1. 目前，物联网技术应用于生活中的哪些方面？请举例。

2. 我国物联网技术与西方发达国家相比处于什么样的地位？

小组发言记录：

教师点评：

任务四　数字经济发展战略及规划

📖 任务导航

随着数字经济在全球的蓬勃发展，世界主要经济体对数字经济的重视度也日益提升，并且制定了一系列数字经济的发展战略及相关规划。中国作为规模位居全球第二的数字经济领先国家，基于数字经济建设和发展的实践经验，不断优化合作共赢的战略部署及规划，开启数字中国建设全面加速的新征程，为全球数字经济发展贡献智慧和力量。

在线课程集锦

🎓 育人在线

┤汇聚数字中国建设的强大合力├

国家数据局近日正式揭牌。组建国家数据局，是以习近平同志为核心的党中央从全局和战略高度作出的重大决策。国家数据局正式运行，对于提高我国数字经济治理体系和治理能力现代化水平，统筹推进数字中国、数字经济、数字社会规划和建设，构建新发展格局、建设现代化经济体系、构筑国家竞争新优势，具有重大意义。

作为"信息时代的石油"，数据已成为基础性资源和战略性资源，融入生产、分配、流通、消费和社会服务管理等各个环节，深刻改变着生产方式、生活方式和社会治理方式。党的十九届四中全会首次将数据列为与劳动、资本、土地、知识、技术、管理并列的生产要素；党的二十大报告明确提出，加快发展数字经济，促进数字经济和实体经济深度融合，打造具有国际竞争力的数字产业集群。

数据这一重要生产力，需要新的生产关系来进一步激活。根据2023年3月份印发的《党和国家机构改革方案》，国家数据局负责协调推进数据基础制度建设，统筹数据资源整合共享和开发利用，统筹推进数字中国、数字经济、数字社会规划和建设等。

具体而言，过去由中央网信办承担的研究拟订数字中国建设方案、协调推动公共服务和社会治理信息化、协调促进智慧城市建设、协调国家重要信息资源开发利用与共享、推动信息资源跨行业跨部门互联互通等职责，国家发展改革委承担的统筹推进数字经济发展、组织实施国家大数据战略、推进数据要素基础制度建设、推进数字基础设施布局建设等职责，都将由国家数据局一并承担。

……

国家数据局挂牌成立，标志着数字中国建设将开启全面加速的新征程。我国将加快形成以数据要素制度为基础、以数据资源开发利用为主线、以数据基础设施为载体的新格局，为全球数字经济发展贡献智慧和力量。

（资料来源：金观平.汇聚数字中国建设的强大合力.经济日报，2023-11-06.）

> **解析**
>
> 　　我国数据要素的市场化目前还处于起步阶段，国际上也没有可借鉴的先进经验。目前数据交易、数据流通市场等建设还缺乏标准化、规范化和体系化的制度。成立国家数据局，统筹推进数据基础制度建设、统筹数据资源整合共享和开发利用，统筹推进数字中国、数字经济、数字社会规划和建设是充分激活数据要素潜能、做强做优做大数字经济的战略举措，对于赢得全球数字经济竞争新优势具有重要意义。

任务准备

一、美国数字经济战略

　　美国作为超级大国，在科技和经济等方面长期处于世界领先地位。早在 1993 年，时任美国总统的克林顿（Clinton）推出了"国家信息基础设施"工程计划（NII），即"信息高速公路"战略。该战略的实施为美国数字经济的发展奠定了基础，并在全球范围产生了深远的影响。1998 年，时任美国副总统艾伯特·戈尔（Albert Arnold Gore Jr.）首次提出"数字地球"的概念，随后美国商务部出台了一系列数字经济政策与举措。2010 年，美国商务部提出了"数字国家"概念。2015 年，美国国家经济委员会与科技政策办公室联合发布了《美国国家创新战略》，提出建设新一代数字化基础设施等具体规划。2016 年 2 月，美国政府发布了《网络安全全国家行动计划》，并于同年 3 月发起"全民联网"宽带普及战略规划。2016 年 12 月，美国国家网络安全促进委员会发布了《加强国家网络安全——促进数字经济的安全与发展》报告。

　　在当前数字经济全球化的发展态势下，美国国际开发署发布了《数字战略（2020—2024）》，旨在在世界范围内构建以美国为主导的数字生态系统。

二、欧盟数字经济战略

　　为保障欧盟数字经济的发展，欧盟先后出台了《欧盟网络安全战略》《欧洲数字议程》《数字化单一市场战略》《产业数字化规划》《地平线欧洲》《塑造欧洲的数字未来》《2030 数字指南针：欧洲数字十年之路》等战略和规划。2010 年，为了打破欧盟各成员国的数字市场壁垒，欧盟委员会通过了"欧洲 2020"计划。2020 年 12 月，欧盟委员会发布《数字服务法案》和《数字市场法案》，以强化数字平台监管，推进反垄断和数字税改革，规范数字市场。

　　作为在数字经济领域的相对落后者，欧盟制定了一系列宏大的发展规划，包括到 2030 年半导体产业增加值要占到全球 20%——而目前这个指标欧盟只占全球 10%。2023 年，欧盟委员会通过了名为《Web4.0 和虚拟世界的倡议：在下一次技术转型中领先》的新战略，希望通过该战略的实施提高欧洲在数字经济时代的国际话语权与竞争力。

三、德国数字经济战略

　　2010 年，德国联邦政府发布了《信息与通讯技术战略：2015 数字化德国》，首次从国家战略层面规划数字化发展方向。2013 年，德国政府正式提出实施德国"工业 4.0"战略。2016 年，德国经济部发布"数字战略 2025"，首次对数字化发展做出系统安排。2018 年德国政府发布"建设数字化"战略，从数字化能力建设、数字化基础设施、数字化转型创新、数字化转型社会和现代国家五个方面做出规划。2019 年，德国联邦经济和能源部发布了《国家工业战略 2030》，将数字经济发展融入未来科技创新战略，以确保德国数字经济发展竞争力和工业领先地位。

四、中国数字经济战略及规划

中国关于数字经济的战略与规划政策始于 2013 年发布的《国务院关于印发"宽带中国"战略及实施方案的通知》，其后由工业和信息化部牵头相继发布《信息通信行业发展规划（2016—2020 年）》《信息基础设施重大工程建设三年行动方案》《关于全面推进移动物联网（NB-IoT）建设发展的通知》等政策文件，持续完善我国数字信息基础设施建设。

随着大数据、物联网、云计算、区块链等数字技术的飞速发展，近年来国务院等相关部门陆续出台《国务院关于促进云计算创新发展培育信息产业新业态的意见》《推进互联网协议第六版（IPv6）规模部署行动计划》等一系列政策，强调科技创新，积极发展物联网等数字产业。2017 年后，国家开始侧重于以大数据、人工智能等新一代信息技术为核心的数字新动能发展，出台了《新一代人工智能发展规划》《大数据产业发展规划（2016—2020 年）》《中华人民共和国国民经济和社会发展第十四个五年规划和 2035 年远景目标纲要》（以下简称"十四五"规划）等重大战略规划。在"十四五"规划中，"加快数字化发展 建设数字中国"单独成章，提出充分发挥海量数据和丰富应用场景优势，促进数字技术与实体经济深度融合，赋能传统产业转型升级，催生新产业、新业态、新模式，壮大经济发展新引擎。从数字经济、数字政府、数字社会、数字生态四个维度出发勾勒出建设数字中国的宏伟蓝图。

2023 年全国两会召开前夕，中共中央、国务院印发了《数字中国建设整体布局规划》，布局"2522"整体框架，即夯实数字基础设施和数据资源体系"两大基础"，推进数字技术与经济、政治、文化、社会、生态文明建设"五位一体"深度融合，强化数字技术创新体系和数字安全屏障"两大能力"，优化数字化发展国内国际"两个环境"，为数字中国建设提供了根本遵循。并提出到 2025 年基本形成横向打通、纵向贯通、协调有力的一体化推进格局，数字中国建设取得重要进展。数字基础设施高效联通，数据资源规模和质量加快提升，数据要素价值有效释放，数字经济发展质量效益大幅增强，政务数字化智能化水平明显提升，数字文化建设跃上新台阶，数字社会精准化、普惠化、便捷化取得显著成效，数字生态文明建设取得积极进展，数字技术创新实现重大突破，应用创新全球领先，数字安全保障能力全面提升，数字治理体系更加完善，数字领域国际合作打开新局面。到 2035 年，数字化发展水平进入世界前列，数字中国建设取得重大成就。数字中国建设体系化布局更加科学完备，经济、政治、文化、社会、生态文明建设各领域数字化发展更加协调充分，为全面建设社会主义现代化国家提供有力支撑。

任务演练

要求：查阅《数字中国建设整体布局规划》，小组学习并讨论后，回答以下问题：

1. 建设"数字中国"的主要着力点在哪些方面？

2. 你认为在数字经济中，数字安全、数字产业、数字贸易与数字技术四个方面之间是什么关系？

3. "数字化"与"数智化"的根本区别在什么地方？

小组发言记录：

教师点评：

知识拓展

数字货币

数字货币，简称为 DC（Digital Currency），是以电子形式存在的替代性货币。数字货币是受开发者发行和管理，并被特定虚拟社区的成员所接受和使用的一种不受管制的、数字化的货币。数字货币可以在特定的虚拟社区内使用，如网络游戏或某些社交平台，并且可以用来购买实物商品和服务。此外，数字货币也可以在计算机网络上，尤其是在互联网上进行价值转移。数字货币可以分为不同的类型，包括但不限于以下几种：

（1）数字金币。这是一种预先铸造好的加密货币，具有固定的数量和面额。

（2）密码货币。这种货币是基于密码学原理构建的，不需要中心化的信任机制。

（3）中央银行发行的数字货币。中央银行发行的数字货币是指中央银行直接创建并管理的数字版本的基础货币。

数字货币的特点在于它的可编程性和不可篡改性，这使它可以实现即时交易和所有权转移。尽管数字货币在全球范围内得到了广泛的关注和应用，但它仍然面临着一些挑战，包括如何保证其安全性、稳定性和合规性等问题。

数字货币的历史可以追溯到 20 世纪 90 年代，而比特币作为第一款区块链分散式数字货币，标志着这一领域的开端。随着时间的推移，更多的国家和机构正在探索和研究数字货币的可能性，以适应和支持这个快速发展的新兴市场。

总而言之，数字货币是一种新型的货币形式，它以电子方式存在，不受物理形态的限制，并且在全球范围内得到越来越多的认可和使用。

名人堂

经济学家：米尔顿·弗里德曼（Milton Friedman，美国，1912—2006）

简介：米尔顿·弗里德曼是美国经济学家，以研究宏观经济学、微观经济学、经济史、统计学及主张自由放任资本主义而闻名。他曾担任多个政府机构的顾问，其学术思想对美国几届政府的经济政策都产生过重要影响。他在消费分析、货币供应理论及历史、稳定政策复杂性等领域成绩卓著，于 1976 年获得诺贝尔经济学奖。主要著作有《实证经济学论文集》《消费函数理论》《资本主义与自由》等。

主要贡献：

（1）现代货币数量论。该理论认为通货膨胀起源于"太多的货币追逐太少的商品"，政府可以通过控制货币增长来遏制通胀。

（2）消费函数理论。该理论对凯恩斯经济理论中的边际消费递减规律进行驳斥。凯恩斯认为，随着社会财富和个人收入的增加，人们用于消费方面的支出呈递减趋势，与此同时储蓄则越来越多。因此政府可以通过增加公共支出来降低个人消费的减少带来的影响，从而保证经济的持续增长。弗里德曼指出，这一理论站不住脚，因为人们的欲望实际上永无止境，原有的欲望得到满足后，新的欲望随即产生。

（3）"自然率假说"理论。该理论认为长期来看，自然失业率永远存在，是不可消除的。因此长期来看政府的宏观调控政策是不起任何作用的。

自我总结评价

项目名称：	总结日期：	
专业班级：	总结评价人：	码上刷题
本项目的主要知识点列示：	尚未掌握的部分列示：	

改进计划：（内容、方法、途径、时间安排、效果）

参考文献

[1] N. 格雷戈里 . 曼昆 . 经济学原理 [M].6 版 . 北京：清华大学出版社，2017.

[2] 高鸿业 . 经济学基础 [M].3 版 . 北京：中国人民大学出版社，2022.

[3] 梁小民 . 西方经济学基础教程 [M]. 北京：北京大学出版社，2003.

[4] 约翰·梅纳德·凯恩斯 . 就业、利息和货币通论：重译本 [M]. 高鸿业，译 . 北京：商务印书馆，1999.

[5] 约翰·冯·诺依曼 . 博弈论 [M]. 刘霞，译 . 沈阳：沈阳出版社，2023.

[6] 王琦 . 经济学基础 [M]. 北京：北京理工大学出版社，2010.

[7] 李超 . 西方经济学 [M]. 成都：四川大学出版社，2006.

[8] 陆改红，陈瑜 . 经济学基础 [M]. 沈阳：东北大学出版社，2020.

[9] 黄亚钧 . 微观经济学 [M].4 版 . 北京：高等教育出版社，2015.

[10] 侯俊华，程国江，秦顺乔 . 西方经济学案例分析 [M]. 南京：南京大学出版社，2018.

[11] 郭福春，潘静波 . 经济学基础 [M]. 北京：高等教育出版社，2022.

[12] 孙晶晶，黄志勇 . 经济学基础 [M]. 北京：高等教育出版社，2021.

[13] 李晓西 . 宏观经济学（中国版）[M]. 北京：人民大学出版社，2005.

[14] 保罗·海恩，彼得·勃特克，大卫·普雷切特科 . 经济学的思维方式 [M]. 鲁东旭，译 . 13 版 . 北京：机械工业出版社，2015.

[15] 何伟，孙克，胡燕妮，等 . 中国数字经济政策全景图 [M]. 北京：中国人邮出版社，2022.

[16] 武力 . 中国经济这十年（2012—2022）[M]. 北京：经济科学出版社，2022.

[17] 人民日报理论部 . 中国式现代化 [M]. 北京：东方出版社，2021.

[18] 吴晓波 . 激荡三十年 [M]. 北京：中信出版社，2017.

[19] 周伟 .《财政学》市场失灵理论的课程思政设计探索 [J]. 产业与科技论坛，2021，20（15）：2.

[20] 任保平 . 从中国经济增长奇迹到经济高质量发展 [J]. 政治经济学评论，2022，13（6）：3-34.

[21] 林毅夫 . 新中国成立 70 周年和中国经济发展奇迹的解读 [J]. 科学社会主义，2019（3）：4-8.